珍藏本
纪念版

汉译世界学术名著丛书

东南亚的印度化国家

〔法〕G.赛代斯 著

蔡华 杨保筠 译

蔡华 校

商务印书馆
SINCE 1897 The Commercial Press

2017年·北京

G. Cœdès
LES ÉTATS HINDOUISÉS
D'INDOCHINE
ET
D'INDONÉSIE
Nouvelle édition revue et mise à jour
PARIS, Editions E. DE BOCCARD, 1964
根据法国 E. 德博卡尔出版社 1964 年修订版(即第三版)译出

汉译世界学术名著丛书
（120 年纪念版·珍藏本）
出 版 说 明

2017 年 2 月 11 日，商务印书馆迎来 120 岁的生日。120 年前，商务印书馆前贤怀揣文化救国的理想，抱持“昌明教育，开启民智”的使命，立足本土，放眼寰宇，以出版为津梁，沟通中西，为中国、为世界提供最富智慧的思想文化成果。无论世事白云苍狗，潮流左右激荡，甚至战火硝烟弥漫，始终践行学术报国之志，无改初心。

迻译世界各国学术名著，即其一端。早在 20 世纪初年便出版《原富》《天演论》等影响至今的代表性著作，1950 年代后更致力于外国哲学和社会科学经典的译介，及至 1980 年代，辑为“汉译世界学术名著丛书”，汇涓为流，蔚为大观。丛书自 1981 年开始出版，历时三十余年，迄今已推出七百种，是我国现代出版史上规模最大、最为重要的学术翻译工程。

丛书所选之书，立场观点不囿于一派，学科领域不限于一门，皆为文明开启以来，各时代、各国家、各民族的思想与文化精粹，代表着人类已经到达过的精神境界。丛书系统译介世界学术经典，引领时代思想，为本土原创学术的发展提供丰富的文化滋养，为推动中国现代学术和现代化进程做出了突出的贡献。

为纪念商务印书馆成立120周年，我们整体推出“汉译世界学术名著丛书”120年纪念版的珍藏本，寄望既利于文化积累，又便于研读查考，同时向长期支持丛书出版的译者、编者和读者致以敬意。

两甲子后的今天，商务印书馆又站在了一个新的历史时间节点上。我们不仅要铭记先辈的身影和足迹，更须让我们的步伐充满新的时代精神。这是商务人代代相传的事业，更是与国家和民族的命运始终紧密相连的事业。我们责无旁贷，必须做好我们这代人的传承与创造，让我们的努力和成果不仅凝聚成民族文化的记忆，还能成为后来人可以接续的事业。唯此，才能不负前贤，无愧来者。

商务印书馆编辑部

2017年10月

译者前言

本书原名《印度支那和印度尼西亚的印度化国家》，为简洁起见，我们依据作者结论中的用语，将中译本改名为《东南亚的印度化国家》。全书叙述自公元初年至 1511 年葡萄牙人占领马六甲止的东南亚历史。在世界历史研究中，这是把东南亚地区作为一个整体进行综合性研究的第一部论著，受到国际上东南亚历史学者的推崇。

本书作者乔治·赛代斯(1886—1969 年)是法国东方学家，早年就读于巴黎文学院和高等研究学院，获文学学士学位。1911 年到河内法国远东学院学习，1914 年取得法学博士学位。历任曼谷暹罗国家图书馆馆长(1918 年)、暹罗王家学院秘书长(1927 年)、河内法国远东学院院长等职。1946 年回法国任巴黎埃努里博物馆馆长，并被选为碑铭和文学科学院及海外科学院院士、不列颠科学院通讯院士。1955 年再度到泰国从事考古研究。赛代斯在东南亚地区度过了三十余年，专门从事东南亚历史研究，享有很高的学术声誉，在碑铭学方面造诣尤高。他主持了许多重要的考古发掘，释读和翻译了大量当地的碑铭和编年史，著述甚丰。除本书和数以百计的学术论文外，他的重要著作还有:《暹罗碑铭集》、《柬埔寨碑铭集》、《为了更好地了解吴哥》、《柬埔寨研究》、《曼谷国家博物馆考古文集》、《老挝西部文献集》、《印度支那半岛诸民族》等。

本书把除越南北部和菲律宾之外的东南亚地区称为“外印度”；将印度文化在那里的传播作为一个运动来考察，强调该地区各国在古代都同受印度文明影响这一突出特征。作者认为，“印度文明的这一传播是标志着世界历史进程的若干插曲之一，是决定了人类相当一部分人的命运的显著事件之一。”本书采用了梵文、巴利文、吉蔑文和泰文碑铭和史籍中大量的第一手资料，填补了东南亚国别史中的一些空白，并大量运用当时整理翻译成法文的中国史料，广泛吸取了其他同行的研究成果，至今仍是东南亚古代史的权威性专著。书中还对一些比较敏感而又有争议的问题作了简要介绍，并提出了作者认为模糊不清尚需深入研究的问题。这些对我们了解和进一步研究东南亚古代史都有较大的参考价值。

但是，我们也要指出本书存在的错误。如作者认为，与印度文化向东南亚的和平传播形成对照，中国文化向那里的传播是以武力为先导的；中国兴盛，东南亚诸国即衰弱，反之，中国衰弱，则东南亚各国就发展等。这些都是不符合历史事实的。中国与东南亚各国之间有着两千多年的友好关系。中国的思想、文学、艺术、风俗习惯、生产技术，以及丝绸、瓷器等工艺品，通过商人、使者的往返和民族的迁徙，很早就流传到东南亚地区。中国文化的传播主要是以和平的方式发生的。如三国时吴国的康泰、唐代的义净、明代的郑和，都是把中国文化和平地传播到东南亚地区的代表。在历史上，中国同柬埔寨、马来西亚、新加坡、泰国、文莱等国家，从未兵戎相见。关于古代中国与东南亚各国之间在历史发展过程中的逻辑联系，我们应当指出，在复杂纷纭的历史现象中，任何一个国家的兴盛或衰弱，产生影响的因素是多方面的，绝不会仅仅为某一邻国的兴衰所决定。所以，不可能简单地说中国衰弱，东南亚国家就兴盛（当然，也不可能是中国兴盛，同时就带来东南亚国家的兴盛）。各国历史的发展从来是不平衡的，不存在这样简单的因果关系。可见，赛代斯的这些观点，不仅容易将读者引入形而上学的死胡同，而且会被一些别有用心的人用来反华。书中类似这样的错误论点，相信中译本的读者是会加以分析鉴别的。

本书最初于 1944 年由河内远东出版社以《远东印度化国家古代史》的书名出版。后来，作者参考了 1944 年以后的有关著作，特别是汉学和碑铭学的研究成果，重写了与扶南、前吴哥时期的柬埔寨及占婆有关的章节，于 1947 年在巴黎再版，列入由 M. E. 卡韦尼亚克主编的《世界史》，作为该丛书的第八卷。1963 年，作者根据最新研究成果，再次修改，重写了很多段落，并增添了一部分参考书目，于 1964 年在巴黎出第三版。中译本就是根据巴黎 E. 德博卡尔出版社 1964 年第三版译出的。

在翻译过程中，我们对作者使用的中国文献资料逐一作了校订，少数作了补注，有理解错误或断句错误的地方，作了订正。凡译者加注的地方，都加“译者”或“译者按”字样。注释中的法文和德文文献，我们悉数译出，其他语种的文献我们保留了原文。原书页码作为边码排在切口一边。

本书作者的名字（Georges Cœdès）过去被误译为乔治·戈岱司或柯代司，现据名从主人的原则，译作乔治·赛代斯。由于本书原注释中征引的刊物较多，为了节省篇幅，凡多次出现的外刊名称，我们均采用外文缩写，另在书末附一刊名表，列出这些刊物的外文缩写、全称及其中译。赛代斯的这部主要著作,内容丰富,涉及面广,而文笔甚为艰涩,句子冗长,翻译此书对我们来说实在是一件相当艰巨的工作。无论在专业知识上或对法文的理解和汉译的表达上,我们的译本难免有错误或欠妥之处,请读者批评、指正。

本书的序言、第一章至第八章和结论是蔡华翻译的,杨保筠承担了第九章至第十四章的翻译。全书由蔡华进行了校改和专有名词、文字风格的统一。最后,金旭东、何卫东再次就全书的专有名词作了复核。在翻译过程中,译者得到了邹启宇、宁超和施子愉等几位老师的许多帮助。邹启宇和宁超通读了全部译稿,提出了一些宝贵的意见。译者在此对他们表示衷心的感谢。

蔡　华

1983 年于云南省社会科学院东南亚研究所

附注:此译稿 1991 年已付型准备出版,但因购买中文版版权出现问题,延至目前出版。

目　录

序　　言 1

1935年，L.德拉瓦莱·普森发表了名为《从迦腻色伽直至伊斯兰教传入时印度诸王朝及其历史》的著作，贡献给《世界史》丛书作为第六卷的第二部分，本书是它的补篇。在他的那部著作中（第296页）已谈到本书，而且可以说在他的充实的注释中和参考书目里，本书被提前引用了（附录2：《航海与拓殖》，第291—297页）。也许我应当仿效L.德拉瓦莱·普森的方法，使用同样的体例，即向读者提供一个附有评注，并且在可能的情况下，还附有总的看法的纲要。对印度支那和马来群岛历史的研究尚不及印度历史研究那么深入，并且目前就着手对一些还未完全弄清的材料作系统的叙述似乎还为时过早。[①] 然而我仍然作了这样的尝试，因为我的意图不在于详尽地陈述这一地区的历史，而是通过综合性论述来说明历史上各种各样的因素是怎样交织在一起的。

这里，在地理上称之为"外印度"的那个区域包括除菲律宾以

① 一般而论主要参考著作目录有：H.科尔迪埃：《印度尼西亚文献目录》（Publ. E. F. E. O.，XV—XVIII），卷4及索引，巴黎，1912—1932年。——J.F.恩布里和L.O.多森：《关于东南亚大陆诸民族及文化的书目》，纽黑文，1950年。——C.C.霍布斯：《东南亚：参考书目选注》，华盛顿，1952年。——美国太平洋关系研究所：《东南亚，文献目录选》，纽约，1955年。

2 外的马来群岛和印度支那半岛或恒河以外的印度，其中有马来半岛和缅甸，但不包含只是作为印度和孟加拉的延伸部分的阿萨姆，也不包括东京和其历史发展处于印度影响之外的越南北部。

以上确定的这一地区的自然资源和地理位置使它具有头等重要的地位。大约在公元初年，那里是印度航海者纷纷扬帆而往的“黄金地”；几个世纪之后，对阿拉伯人和欧洲人来说，该地区（尤其是马来群岛）成了香料、樟脑和香木之国；近年则变成了橡胶、锡和石油的最大生产地之一。此外，马来半岛和巽他群岛的位置使它们成为往返于西方、印度和中国之间的航海者必经的中途停靠港；由此可见其对航海贸易之重要。

从文化方面看，外印度现在是以曾在那里发生过的印度化过程所留下的深度不一的痕迹为其特征的，它们包括：在当地使用的各种语言中梵语成分占一定的比例，这些语言过去用于书面或今天仍用于书面的字母来源于印度，印度的法规和行政编制所产生的影响，甚至在改信伊斯兰教或僧伽罗佛教的国家中依然保存着婆罗门教的某些传统，以及存在着其建筑艺术和雕刻均与印度艺术有关并带有梵文碑铭的古建筑物。

印度文明“向东方的这些地区和岛屿传播，同时中国文明也怀
3 着惊人相似的抱负来到这里，仿佛去迎接印度文明似的”，[①]印度
文明的这一传播是标志着世界历史进程的若干插曲之一，是决定
了人类相当一部分人的命运的显著事件之一。S. 累维写道：[②]“作

① S. 累维：《文明的印度》，第 136 页。

② 同上书，第 30 页。

为智慧之母，印度将自己的神话赠给邻邦，这些邻邦又把它教给了全世界。作为宗教信仰与哲学之母，她给予亚洲四分之三地区一个神，一种宗教信仰，一套教义，一种艺术。她将自己神圣的语言、文学、制度带到马来群岛，一直带到当时已知的世界的边沿，从那里又跳往马达加斯加，或许到了非洲海岸，今天印度移民似乎就是循着过去那些已模糊不清的足迹汇集到非洲去的。”

只要略作观察，我们便能估量出印度文化传播的全部重要意义：就体质或体形特征而言，柬埔寨农民与普侬人或桑雷人之间差异甚微。然而这些山民，像越南摩伊人一样，仍停留在部落组织阶段；他们依据不成文习惯法解决纠纷；作为宗教，他们仅有相当粗浅的万物有灵论，而且在各部落之间其内容彼此不同；他们对宇宙的认识是初级的；他们没有文字符号记录自己的语言。然而即使是发展程度最低的柬埔寨人，都处于按严格的等级制度划分的国家组织之中；裁决由法庭根据成文法典进行；他们极虔诚地奉行着一种具有信条、神圣的经典和宗教职业者的宗教，宗教职业者用一系列密切相连的观点既向他们解说宇宙万物的次序，也解说来世，很大一部分亚洲人都具有这些观点；最后，他们有一套可行的文字，使他们得以进入广泛的文学领域，并使他们有可能与远方的同
胞相互联系。这一切都应归功于印度。为了用一个比较粗略的定 4
义来简述这一事实，我们可以说：柬埔寨人是印度化了的普侬人。变换一下其中的字眼，该定义即可用于缅甸人、南方泰族、古代占族、马来人[①]以及伊斯兰教传入之前的爪哇人。

在这次印度化过程中，整整诞生了一批王国。它们是：柬埔

① 参阅 R. O. 温斯泰德："马来世界中的印度影响"，JRAS.，1944 年，第 195 页。

寨、占婆、马来半岛诸小国、苏门答腊王国、爪哇王国、巴厘王国，以及缅人和泰人的王国。它们一成为真正的印度化国家之后，便在当地原有基础的反作用下，各自按其自身的特性演化，但在它们的文化表现中，仍然保留着同族的面貌，它们把这归结于它们的共同起源。总之，这些王国通过孟人和吉蔑人接受了印度的文化。

奇怪的是，印度很快就遗忘了她的文化曾向东及东南方向传播到一片如此广阔的土地上。直到最近一些时候，印度学者对此都一无所知，倒需要他们中的一个小组，在掌握法语和荷兰语之后，到巴黎大学和莱登大学的导师们那里去求学，以便在我们的著作以及我们的荷兰和爪哇同行的著作中弄清他们现在可以自豪地称之为“Greater India”——大印度的历史。[1]

本书题为“地区与居民”的第一章极扼要地介绍了地理概貌，简述了有关印度支那和马来群岛史前史和民族学方面目前掌握的情况。[2] 对这个地区接受印度文明的基础有一些概念的确是重要
5 的。第二章探讨在前一章限定的区域里逐渐进行的印度化过程的种种原因、时代、各种方式以及最初的结果。以后的十二章叙述直至欧洲人到来前构成外印度古代史脉络的那些突出史实。

要给这样庞大而又复杂的题目划分章节，可以说，最简单的办法似乎就是将其纵向切开，或者说按地理划分，像 R. 格鲁塞在其著作中所做的那样，[3]然后根据最新研究成果，调整各章内容，简

① U. N. 戈沙尔：《大印度研究的进展》，加尔各答，1943 年。

② 关于这些问题，在 G. 赛代斯的《印度支那半岛诸民族》（巴黎，1962 年）一书的第一部分：“印度支那的殖民”中，可以找到更为丰富的材料。

③ 《亚洲史》，巴黎，1922 年；《远东史》，巴黎，1929 年；《东方诸文明》，巴黎，1929—1930 年；《直至十五世纪的东亚》，巴黎，1941 年。

述各位作者的著作。关于扶南和柬埔寨，有 E. 艾莫涅[1]、P. 伯希和[2]、G. 马司帛洛[3]、B. R. 沙特吉[4]、R. C. 马君达[5]、L. P. 布里格[6]等人的著作；关于占婆，有 G. 马司帛洛[7]和 R. C. 马君达[8]的著作；关于缅甸，有 A. P. 费尔[9]和 G. E. 哈威[10]的著作；关于暹罗，有 W. A. R. 吴迪[11]和 P. N. 博瑟[12]的著作；关于老挝，有 P. 勒布朗热[13]的著作；关于马来西亚，有 G. 费瑯[14]、R. C. 马君达[15]、尼拉坎塔·萨 6
斯特里[16]、R. O. 温斯泰德[17]、R. 布拉德尔[18]、L. P. 布里格[19]以及 P. 惠特利[20]等人的著作；关于印度尼西亚，有 N. J. 克罗姆[21]、F. W. 斯

---

① 《柬埔寨史》，卷 III：《吴哥建筑群及其历史》，巴黎，1904 年。

② 《扶南考》，BEFEO.，第 III 期，第 248—303 页。

③ 《吉蔑帝国、其历史和文献》，金边，1904 年。

④ 《印度文化对柬埔寨的影响》，加尔各答，1928 年。

⑤ 《柬埔寨的代瑟或柬埔寨的古代印度殖民地》，马德拉斯，1944 年。

⑥ 《古代吉蔑帝国》，费城，1951 年。

⑦ 《占婆史》，巴黎，1928 年。

⑧ 《远东的古代印度殖民地，I. 占婆》，达卡，1927 年。

⑨ 《缅甸史》，伦敦，1883 年。

⑩ 《缅甸史》，伦敦，1925 年。

⑪ 《暹罗史》，伦敦，1926 年。

⑫ 《暹罗的印度殖民》，旁遮普东方（梵文）丛书，卷 XIII，1927 年。

⑬ 《法属老挝史》，巴黎，1930 年。

⑭ 《苏门答腊的室利佛逝帝国》，JA.，1922 年。

⑮ 《远东的古代印度殖民地，II. 金洲》，达卡，1937—1938 年。

⑯ 《室利佛逝》，BEFEO.，第 XL 期，第 239—313 页；《室利佛逝史》，马德拉斯，1949 年。

⑰ 《马来亚史》，JRASMB.，第 XIII 期，1935 年（1962 年在新加坡出第二版）；《马来亚及其历史》，伦敦，1948 年。

⑱ 《马来半岛和马六甲海峡古代研究介绍》，出处同上，第 XIII 期，1935 年；《古代马来亚简志》，出处同上，第 XX—XXIV 期，1947—1951 年。

⑲ 《吉蔑帝国与马来半岛》，FEQ.，第 IX 期，1950 年，第 254—305 页。

⑳ 《黄金半岛》，吉隆坡，1961 年。

㉑ 《印度化爪哇史》，海牙，1926 年（1931 年第二版）。

塔佩尔[1]、B. H. M. 弗莱凯[2]和 H. J. 德格拉弗[3]等人的著作。

使用上述方法，每当涉及各国关系时，或者仅仅涉及同时牵连好几个国家的历史事件时，都不得不再三地重复叙述。因此我宁愿采取这样一种方法，即把外印度作为一个整体，将课题照横断面切开，或者说按年代编写。

这种划分法显得比人们所认为的要容易，其原因是，已受到印度文明影响的马来群岛和印度支那各国，由于地理位置的关系，也受中国政治势力的制约。其中大部分国家都受到那些震撼印度半岛或中国的大事件的影响。公元四世纪三谟陀罗笈多征服恒河流
7 域和南印度，十一世纪坦焦尔的注辇诸皇帝所采取的扩张主义政策，这些对孟加拉湾彼岸都有影响。此外，中国的大事件都非常明显地影响了外印度的历史。中国人对在南海形成的那些强国从不以赞同的眼光看待，有一个值得注意的事实是，扶南、柬埔寨、爪哇和苏门答腊各王国鼎盛之际，一般均值中国各大王朝衰弱之时。另一方面，外印度各国又因有一系列的地理和经济关系而彼此相连，每次其中一国内部发生动乱，既震撼本国的民众，也对其他国家有些影响，例如：扶南帝国的解体，苏门答腊室利佛逝王国的诞生，阿奴律陀在蒲甘登基或苏利耶跋摩二世在吴哥登基，素可泰泰族王国的建立，这些事件的影响都远远超出了本国的界限。因此，有一些关键的日期，它们在外印度历史中，与那些真正的“转折点”

① 《荷属东印度史》，阿姆斯特丹（第二版），1943 年。

② 《印度尼西亚群岛，东印度群岛史》，1943 年；《东印度群岛史》，1947 年；《印度尼西亚群岛，印度尼西亚史》，1960 年。

③ 《印度尼西亚论文集》，海牙，1949 年。

是一致的，可以用来确定某些时期的上下限，因为每个时期各具特点，或以强权人物的印记为标志，或以强国的政治霸权为特征。

印度给在一千多年中受益于其文明影响的国家留下了一笔遗产，最后一章是结论，它力图对此编制一份简要的清册。

常常违反我意愿的是，叙述将具有朝代编年史的性质，给人以有骨无肉的印象。这与所使用的材料（中国编年史、碑铭材料）的
性质有关，也是由于对印度支那和印度尼西亚研究工作进展的状 8
况所致。起初研究者们的当务之急是考证古代地名，确定各朝代的年代，一句话，划定地理范围和年代界限。现在对于大部分国家来说，这些工作已大致有了一个完整的轮廓，而且对于其中好几个国家来说，已经圆满完成。对各种宗教和艺术开始有了相当的研究，可是政治制度史和物质文明史方面还有大量工作要做。关于这些问题，待将来对用当地文字书写的文献的释读取得更大的进展时，[①]碑铭是可以提供大量材料的。释读工作历来不易，而且只吸引着极少数的研究者。

另一个必将使读者感到不快的缺陷是，同一章中各个段落的笔调不一致，我要说几乎是风格不一。因此，从十一世纪缅甸的蒲甘王国一出场，我们就会觉得，它的历史远比柬埔寨史更富有生气，也正是因为如此，对于某些时期来说，柬埔寨历史上注有精确日期的政治事件显得远不如占婆史中的丰富。叙述中各部分的这种不统一，是由于所使用的材料的性质本身造成的。目前柬埔寨

① 关于这个课题，见 G. 赛代斯的《吉蔑研究的前途》，1960 年 11 月 26 日作于碑铭和文学研究院报告会。

史首先是以碑铭学为基础，然而占婆史则得益于中国和越南编年史的大量史料，缅甸史也有若干编年史可依。如果柬埔寨也有一些像缅甸那种以文学体裁撰写的编年史，那么耶输跋摩和苏利耶跋摩二世模糊的形象就会极为清晰地呈现出来，而且会像蒲甘各
9 位国王那样具有浓郁的生气，栩栩如生。阇耶跋摩七世的情况便是证明，因为有关他的那些碑铭抛弃了惯用的神话般的夸张，叙述了他生平的确切史实，使这个人物立即就变得实在起来，使人可以重新绘出一幅跃然于纸上的肖像。

印度支那和马来群岛的印度化国家的历史是以下列文献为依据的：碑铭、当地编年史、外国人（中国人、阿拉伯人和欧洲人）的记述，这些资料在前面提及的那些一般性的著作中已列举过。从列举的情况可以看出，两大资料来源是中国编年史和碑铭。这些资料的价值主要在于年代的准确性，但是不足之处亦很多。它们只与某几项史实有关：中国与南方各国的外交和贸易关系，修建宗教建筑的情况。这些资料中对这个时期的记载很丰富，而对另一时期的记载又很缺乏，这样往往就可能使人对真实情况产生错觉，因这些资料中缺乏记载而作出否定的推论，则最为危险。例如，公元802年至850年间，柬埔寨的国王阇耶跋摩二世就没有留下任何碑铭，但如果据此便断定他统治的时期是无关紧要的，这就可能是个误解。至于中国史料，其中没有对某个国家的记载，绝不意味着这个国家消失了，而往往是中国对外政策暂时衰弱的结果。

自从欧洲开始对外印度诸国发生兴趣以来——主要是出于殖民方面的缘故——考古研究和历史研究在各地进展很不平衡。

尽管柬埔寨、占婆和爪哇的考古发掘给从事这一工作的人带

来了荣誉，但是发掘工作远未结束，每年都还能见到一些从吴哥出 10
土的新碑铭。在苏门答腊才开始勘探，在暹罗和马来半岛，这项工作也刚刚开始。除缅甸（那里只有为数极少的翻译的碑铭材料）外，[①]碑铭学在各地都有令人相当满意的进展。有关扶南、占婆、马来群岛某些地区的中国史料已整理完毕，有关柬埔寨、缅甸和各泰族国家这几个部分的整理尚远未完成。

研究和使用文献时缺乏连贯性，是外印度分为若干处于不同制度下、发展不平衡的国家或殖民地的不可避免的结果。加之上述资料的性质不同，结果，这种不连贯就使这里所做的初次尝试——发表一部外印度各国的综合性历史著作变得更艰难了，而且可能使它成为一个早产儿。

柬埔寨部分，我一般都作了较详细的叙述，参考了较多的原始资料，对此我希望得到谅解。因为这并非出于某种职业上的癖好，使我对吉蔑人民的历史给予了什么优越的地位，而是鉴于例如关于占婆和爪哇，已有 G. 马司帛洛和 N. J. 克罗姆的历史专著，全面地简述了现已掌握的情况，而对柬埔寨则毫无类似的东西。[②] 根
据最新研究成果，将柬埔寨古代史的各重点部分分布在本书各章 11
中，以便在一定程度上填补这一空白，我相信是有益的。

本书不仅仅是为读者大众而撰，也是为那些缺乏世界这一地

① 为此，近年来在 G. H. 卢斯和佩貌丁主持下，仰光大学出版了五部壮观的碑铭复制品集子，题名为《缅甸碑铭集》（东方研究出版物第 2 至 6 号），它们覆盖了自公元 1131 年至 1364 年这一时期。

② 这里我们撇开了本书第 5 页注⑥中引用过的 L. P. 布里格的著作，以及两个普及性小册子：M. 吉托的《柬埔寨史》，巴黎，1958 年，A. 多芬・默尼埃的《柬埔寨史》，巴黎，1961 年（见《我知道什么》，第 916 种）。

区史料汇编的历史学家、文献学家和民族学家而写的，遇有机会时，我就毫无犹豫地对某些敏感的或有争议的问题就目前讨论的情况作简要的介绍，因此叙述显得缓慢了。但是，倘若只字不提，或者相反地作太明确的肯定，都将会使人对这方面的状况形成一个错误的概念。如果因概述了迄今为止已取得的成果[①]，并且指出那些仍然模糊不清需要深入研究的问题，本书还显得有些用处的话，那么我希望它的不足之处将会得到原谅。

* * *

为了便于印刷，本书中的专有名词和属于印度、印度支那、马来群岛语言的词汇的音译，都尽可能地简化了。

现代地名，除极少数例外，均用法国读者所熟悉的拼法。

法国远东学院所采用过的中文音译，都援例照用。

但是对于越南文则不同，国语中的大量音符都要除掉，并且所
12 有标注声调的符号都删除了。带一横的 d 失去了它的小横杠。o 和 u 上的胡须被分音符取代。

柬埔寨语、老挝语和泰语中正式采用的拉丁语化的词汇，均照此简化。

至于梵文和巴利文，其转写则要作如下更改：长音符号由法语长音符号代替——腭音辅音 c 和 ch 写成 ch 和 ch'；在正体铅字中，原顶音辅音下的圆点取消，改作斜体字，与原字情况正相反(pa*nd*ita，p*a*nd*i*ta)；鼻化音(m)和送气音(h)的情况亦然——塞辅音

---

① 本书注释中提供的书目绝不声称是齐全的。它仅仅引用了那些基本的著作，读者在那些著作中可以找到更为完整的书目资料。

前的鼻音彼此无任何符号区别，其发音取决于塞辅音（Gangâ，喉头鼻音；pancha，腭鼻音，等等），但是当其性质需要确定时，喉音转写成ng，腭音为n'；一般s下加一小点表示的舌擦辅音，写成sh。

本书第一版于1944年在河内（远东印刷局）以《远东印度化国家古代史》为名出版。在印度支那很快便销售一空。

在印度支那处于隔离状态并与欧美断绝关系的那段时期里出版的著作虽然相当少，但是此次第二版对这些著作都尽可能地给予了重视。由于考虑到了尚未发表的最新汉学和碑铭学成果，与扶南、前吴哥时期的柬埔寨以及占婆初期有关的好几个章节重写了，这些新近的研究成果将在《法国远东学院学报》或其他地方发表。

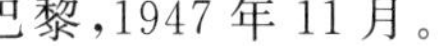

巴黎，1947年11月。

13

由于第二版也于1962年绝版了，已有必要出第三版。我愿借此机会出版一部大家非常需要的著作。战后，大量关于东南亚的著作使我们对这一地区的历史的认识有了很显著的进展。因此我充实了参考书目，尤其是原稿中与今天的研究情况已不相称的许多段落都重写了。我相信我第一个对印度化国家的历史作了综合性概述，[①]对于这些国家历史的研究吸引着越来越多

① 我很高兴地看到我的做法很快就被下列著作所仿效：A. 马松的《印度支那史》（《我知道什么？》，第398种），巴黎，1950年；R. 莱梅的《东南亚的文化》，伦敦，1954年（第二版，1956年）；B. 哈里森的《东南亚简史》，伦敦，1955年；D. G. E. 霍尔的《东南亚史》，伦敦，1955年；黎成恢的《东南亚史》（《我知道什么？》，第804种），巴黎，1959年。

参阅D. G. E. 霍尔的《东南亚历史学家》，伦敦，1961年。

的学者,我希望,凭借他们新取得的进展,再过十五年,第三版也将被超过。

巴黎,1963年11月。

第一章 地区与居民 15

1. 地理概况

在印度东海岸以外，受印度文化影响的是一个广阔而又复杂的地区，本节对此不拟详细描述。关于地球上这一地区的情况，我们在丁·西翁的著作《季风区的亚洲》一书第二卷第四部分《印度支那和马来群岛》一节中，可以读到权威性的描述[①]。在这里，本章需要清楚陈述的只是那些一般的共同特征，从而让人们对这个地区的全貌得出一个较为完整的概念，掌握这个概念，对于理解以这个地区为舞台所发生的各个历史事件是必不可少的。

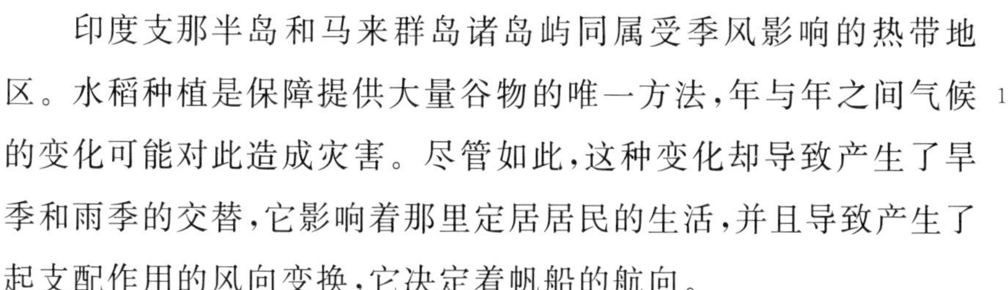

印度支那半岛和马来群岛诸岛屿同属受季风影响的热带地区。水稻种植是保障提供大量谷物的唯一方法，年与年之间气候 16
的变化可能对此造成灾害。尽管如此，这种变化却导致产生了旱季和雨季的交替，它影响着那里定居居民的生活，并且导致产生了起支配作用的风向变换，它决定着帆船的航向。

---

① 也见 P. 古鲁:《热带国家》，巴黎，1947 年;《亚洲》，第四部分，第十七至十九章，巴黎，1953 年。——关于印度支那东部，见 Ch. 罗伯坎:《法属印度支那》，巴黎，1935 年。——关于马来半岛和马来群岛，见 Ch. 罗伯坎:《马来世界》，巴黎，1946 年。

由缅甸、马来半岛和苏门答腊岛构成的外印度西侧，濒临印度洋，按S.累维的说法，①印度洋里“支配着航行的洋流系统和周期性风系，长久以来维持着一个以物易物的体系。非洲沿海地带、阿拉伯半岛、波斯湾、印度、印度支那及其背后的中国，在这一交换体系中，一直都是相通有无的”。

在马来半岛及其延伸出去的各岛屿所构成的天然屏障的另一侧，由中国海、暹罗湾和爪哇海组成了一个名副其实的地中海。尽管这个内海有台风和暗礁，然而自有史以来，它在沿岸居民之间与其说是个障碍，毋宁说是一条纽带，早在其他区域的航海者到来之前，这里的居民就拥有自己的船只；尽管他们的民族渊源不尽相同，但是由于不断地交往，在他们的文化中已演变出了一定程度的共同性，对此，下文将有所论述。在近海地区，在湄公河、湄南河、伊洛瓦底江和萨尔温江等各大河流域及其三角洲地区，在爪哇低地平原，以及越南、马来半岛和苏门答腊的近海河流（这些河流虽不大适宜通航，但于灌溉则极其有利）流域，这种前印度化时期的
17 文化，都已有所发展。J.西翁写道（第513页）：“那里开化的人基本上只是在平原地区的人；过去在很长一个时期内，他们曾凭借黍、几种不同的稻谷和畜群而掌握了利用山区的办法，而现在他们把这些并非都很贫瘠的山区留给了当地土人。”当地的土著和“那些不大开化的人”退往山区，大概是一个非常古老的现象，其影响已持续了若干世纪，想必印度化时期尤其显著。这就可以在很广泛的范围内解释外印度各地区的民族层序学。在那里，今天山区仍然是

---

① 《关于罗摩衍那的历史》，JA.，1918年1—2月号，第147页。

人们生活的地方，居民们从事狩猎、采集和刀耕火种，间或以游牧为业；时至二十世纪，他们似乎才刚刚脱离新石器时期的生活。

2. 史前史

关于外印度地区的史前情况，其中关于印度支那部分，有H. 芒絜[1]、M. 科拉尼、E. 帕特、J. 弗罗马若和E. 索兰、P. 莱维[2] 18
等的论著；关于马来亚和马来群岛部分，有I. H. N. 埃文斯[3]、H. D. 科林斯[4]、M. W. F. 特威迪[5]、P. V. 范·斯坦因·卡伦费尔

① 《印度支那史前史》，巴黎，1931年。国际殖民陈列馆：法属印度支那，自然科学部分（包括他的一份论著篇目）；《史前史和原始史》，此篇收在G. 马司帛洛的《法属殖民帝国：印度支那》（卷I，第83—92页）一书中。

② 除了在M. 芒絜的《史前史和原始史》中引用过的研究结果外，另见科拉尼：《印度支那史前时期研究》，BEFEO.，第XXX期，第299—422页；《上遼的巨石建筑》，巴黎，1935年（Publ. EFEO.，第XXV—XXVI期）；《远古时代石器的使用》，河内，1940年（《古老顺化之友会刊》，Bull. des Amis du Vieux Hué）。

帕特：《印度支那史前时期简论》，载《印度支那地质处公报》，1923—1932年；《史前时期的印度支那》，载《人类学杂志》，1936年，第277—314页。

弗罗马若和索兰：《安南山脉北部和上遼新生代及其晚近时期的地质层系初探（地质学，史前史，人类学）》，载《印度支那地质处公报》，第XXII期，3，1936年。——关于此后的发现物，见这两位作者的被收在《第三届远东史前史学家大会论文集》（新加坡，1938年，第51—90页）中的论著。

莱维：《梅卢波列地区的史前史研究，附考古比较》，河内，1934年（Publ. EFEO.，第XXX期）。

③ 《马来半岛民族学和考古学论文集》，剑桥，1927年；《马来联邦博物馆馆刊》的第VII、IX、XII、XV等几期中载有他的许多文章。

④ 《马来半岛的一处更新世遗址》，载《自然》，142，第375页；以及他的其他文章（见BRM，丛书B，新加坡）。

⑤ 《马来亚的史前史》，JRAS.，1942年，第1—13页和《马来亚的石器时代》，JRASMB.，第XXVI期，1953年，第2分册（中有一份文献目录）。

斯[1]、A. N. J. TH. ATH. 范德·霍普[2]、R. 冯·克尼斯瓦尔德[3]、H. R. 范·黑克伦[4]等的论著；关于暹罗部分，有 F. 萨拉森[5]、T. 德夏尔丹[6]、H. R. 范·黑克伦[7]等的著述；关于缅甸，有 J. 科金·布朗[8]、T. C. 莫里斯[9]、H. L. 莫维尤斯[10]，尽管他们作了这些努力，
19 但是外印度史前史的研究仍旧处在探索阶段，R. 冯·海涅·格尔

① 《关于霹雳的山洞出土文物的报告》，载《考古报告》，1926 年，第 184—193 页，以及 JFMSM.，第 XII 期，1928 年；《桑蓬隐藏在岩石下的发掘物初探》，巴达维亚，1932 年；《东南亚新石器时代年表》，载《考古报告》，1926 年，第 174—180 页；《史前时期文物简介》，载《K. Bat. Gen. Jaarboek》第 II 期，1934 年，第 69—106 页；以及他在 BRM（丛书 B，新加坡）上发表的文章。

② 《苏门答腊南部的巨石建筑遗迹》，Thieme，Zutphen，1932 年；以及 F. W. 范·斯塔佩尔的《荷属东印度史》（卷 I，第 8—111 页）中关于史前史的那一章。

③ 《爪哇旧石器时代的人工制品》，TKNAG，1936 年，第 41—44 页；《新石器时代的万隆地区》，TBG；第 LXXV 期，1935 年，第 324—419 页；《更新世时期的爪哇》，《第四纪》，柏林，1939 年，第 28—53 页。

④ 《印度尼西亚的石器时代》，VKI，第 XXI 期，海牙，1957 年；《印度尼西亚的青铜器-铁器时代》，出处同上，第 XXII 期，1958 年。

⑤ 《暹罗史前史研究》，JSS.，第 XXVI 期，1933 年，第 171—202 页；《暹罗史前史研究》，载《人类学》，第 XLIII 期，1933 年，第 1—40 页。

⑥ 《暹罗的旧石器时代》，载《人类学》，第 LIV 期，第 547 页。

⑦ 《在暹罗发现的史前时期文物》，载《史前史学会论文集》，剑桥，2，第 24 页；《赛育岩洞出土文物初探》，JSS.，第 XLIX 期，1961 年，第 99 页；《1961—1962 年间赛育出土文物简论》，出处同上，第 L 期，1962 年，第 15 页。

⑧ 《缅甸的石器时代遗迹》，JBRS.，第 XXI 期，1935 年，第 33—51 页。

⑨ 《缅甸史前时期的石器》，出处同上，第 XXV 期，1935 年，第 1—39 页；《缅甸的铜和青铜古物》，出处同上，第 XXVIII 期，1938 年，第 95—99 页。

⑩ 《缅甸的石器时代》，载《美洲哲学学会学报》，第 32 期，第 341 页；《南亚和东亚的旧石器早期文化》，出处同上，第 38 期，第 4 号，1949 年；《南亚和东亚的旧石器时期考古》，见《世界史手册》，卷 II，巴黎，1954 年。

登[1]和J.诺杜[2]斐然大观的总结性论文，也只能视为研究工作中的假说。关于史实的回顾，在这里应限于那些能够对各种文化和受到印度文明影响的各民族的古代分布情况提供一个大概轮廓的事件，印度文明对这些民族产生的影响过程将在下一章探讨。

自远古时代起，外印度居民的成分便极为复杂，一支与尼格利陀人及维达人融合，另一支与澳大利亚人及巴布亚-美拉尼西亚人融合，最后还有一支与印度尼西亚人融合。[3] 由此可以得出的最清楚的结论是，印度支那和马来群岛的原始居民曾与今天仍然繁衍于太平洋诸岛的居民有关系；蒙古血统成分的渗入是很晚近的事情。不过这里重要的不是种族问题，而是文化的类型。

这些古代居民留下了石器、骨器、金属器、陶器和玻璃装饰物的碎片，而且在某些地区，还留下了一些巨石建筑。这些遗存
的年代至今尚未作出令人满意的编排。不仅绝对准确的年代难 20
以考定，而且相互衔接的各种类型的成套工具的先后次序也始终没有恰当地确定。磨制石器常常与一些铁制器物掺杂在一

① 《澳斯特洛尼西亚人的起源及其早期迁徙》，载《人类学》，第XXVII期，1932年；《论东南亚新石器时期的年代编排》，载《纪念文集》，P. W. 施密特，1928年；《印度尼西亚的史前史研究》，《印度考古学年鉴》，1934年第IX期，第26—38页；《印度殖民地艺术的史前概况》，《维也纳对亚洲艺术文化史的贡献》，第VIII期，1934年；《荷属东印度史前史研究》，纽约，1945年；《印尼艺术入门》，亚洲研究会，1948年。

② 见A.瓦拉尼亚克主编的《有文字之前的人类》，巴黎，1935年，第153和315页。

③ P.于阿尔和E.索兰：《印度支那颅骨学研究现状》，载《印度支那地质处公报》，第XXV期，卷I，1938年。

起，这种情况足以证明这里的史前时期比在欧洲持续得长久得多。因此可以毫不夸张地说，在公元前的最末几个世纪中，当中国和雅利安印度有文字记载的历史时期的文明即将开始产生深刻影响之际，外印度的居民在其近邻的影响下，才开始广泛地采用金属器。

在爪哇发现的更新世遗骸（特里尼尔的直立猿人，梭罗的尼安德特人，瓦贾克的原始澳大利亚人），因其过于古老，超出了本书的范围，我们置之不论，在这里将仅限于指出东南亚和印度支那史前各主要时期。

旧石器时期的工艺（这个术语，采用欧洲史前学中该词的含义），在缅甸以“古代阿尼亚塔文化”为其代表，其特征是用砾石整修而成的石斧，这种石斧在暹罗的芬内和上寮的富雷也有发现这种工艺大概是出自古代澳大利亚人之手，他们在爪哇也留下了“舍利”型工艺的痕迹。

紧接着的一个时期，特征是打制石器，可是几乎完全没有陶器。这个时期在下列地区留下了痕迹：东京（和平省）和越南北部，老挝（琅勃拉邦），暹罗（清莱、华富里、叻武里等地）及马来亚（瓜克帕、霹雳）。此外在苏门答腊东海岸发现的单边磨利的石斧，看来同样可以溯源于这一时期。一些作者把通常所称的“和平”文化定
21 为“中石器时期”。

在某些文化层中，打制石器同一些磨过刃口的工具混杂在一起，具有“北山”文化（发现于东京北山山区）技艺的特点，还混杂有少量篮式陶器和一些骨器。

从和平同北山遗址的人体遗骸来看，其所表现出的特征，有些

更接近于澳大利亚人种和巴布亚-美拉尼西亚人种，[①]另一些属于印度尼西亚型，并已表现出一些蒙古人种的特征，而且这些特征越来越显著。

相反，与一种在苏门答腊、爪哇、婆罗洲和西里伯斯都已经得到证实的，以大量陶器碎片和细石器为标志的技艺结合在一起的那些人体遗骸，又好像是来自尼格利陀人和维达人。

末了，最后一种旧石器晚期或中石器时期的文化是以成套的骨器为特征的，在印度支那、暹罗和马来亚都得到了证实。这种文化从苏门答腊，经由爪哇、西里伯斯、婆罗洲、菲律宾、中国台湾及琉球群岛，传至日本，它可能与某个种族的迁徙或扩张有关系，但究竟是何种族，尚待考证。

在远东各地都可以见到新石器时期技艺的遗迹。这种技艺一部分可能是新来的人引入的，他们大概是印度尼西亚人，今天外印度居民的绝大部分都是由印度尼西亚人组成的。具有大量带图案（有时这种图案令人联想到古老中国和西方的图案）的陶器的这种新石器时期的文化并未因为金属器的传入而消失，几乎可以说，这种文化的特点在某些居住在山区或内地落后的人群中至今依然存在。 22

新石器时期，我们发现在本节研究的地理范围内，南北之间曾一度有过分裂，其原因可能是第一批蒙古血统的或蒙古化了的民族的迁移。印度支那中部、中国南部和印度东北部都属于使用带柄有肩石斧的区域，这是操澳-亚语族诸语言的民族所特有的工

① P. V. 范·斯坦因·卡伦费尔斯：《东亚美拉尼西亚人的文化》，见《拉弗雷博物馆公报》，丛书 B，卷 I，1936 年，第 41—51 页。

具。[1] 至于位于南部讲印度尼西亚语的地区，则仅有很少的一些横断面呈三角形或半圆形的凿形石斧。

分布在整个外印度的巨石建筑，从与其相联系的那些成套工具来看，已属金属时代，即属原始史时期。最古老的巨石建筑是爪哇东部的石棚（其中只发现青铜器物，没有铁器）。它们逐渐演变，产生了巴厘的石棺。我们看到的所有这些遗存，不论是石棚、地下墓穴（爪哇中部、苏门答腊南部、霹雳等地）、[2]独石瓮（上寮），还是糙石巨柱（上寮、马来亚、苏门答腊和爪哇等地），都是用于丧葬的建筑，都与对祖先和已故首领的崇拜有关。这一发现导致产生了一些最大胆的理论。[3]

23 现在的问题是：说在外印度有一个“青铜时代”是否恰当？石器的使用在那里持续到了很晚的时候，而且铁器与青铜器几乎是同时出现。不可忽略的是，到公元前最后两个世纪，汉朝统治时期，中国的武器尚属青铜铸造，而铁器当时还是刚刚输入的东西。[4] “东山”文化的年代与东京和越南北部（这些地方可能是铜

① L. 芬诺：《史前时期的印度支那》，载《法属亚洲》，1919 年 2—7 月。另见本书边码第 24 页。

② R. O. 温斯泰德：《石棚与铁器》，JRASMB.，第 XIX 期，1941 年，卷 I，第 93—100 页。——J. 洛温斯坦因和 G. deG. 西夫金：《论马来亚的金属器时代》，出处同上，第 XXIX 期，卷 II，1956 年。

③ W. J. 佩里：《印度尼西亚的巨石文化》，曼彻斯特，1918 年；《太阳的子孙》，第二版，伦敦，1927 年。——H. G. 夸里奇·韦尔斯：《大印度的形成》，伦敦，1951 年，1961 年；《前印度化时期吉蔑文化的基础》，JRAS，1952 年，第 117—123 页；《神山》，伦敦，1953 年；《东南亚的史前史与宗教》，伦敦，1957 年。

④ C. B. 塞里格曼和 H. C. 贝克：《远东的镜子：有的来自西方》，BMFEA，第 10 期，1938 年，第 49—50 页。

鼓扩散的中心)的青铜器时代相当，[1]它没有留下任何足以被视为属早于公元前最后几个世纪的遗存。P. V. 范·斯坦因·卡伦弗尔斯曾建议，把青铜来到印度支那和群岛地区的时间，分别定在公元前 600 年左右和公元前 300 年左右。[2]

在大多数情况下，从新石器晚期到第一批印度化遗存，中间都没有过渡时期。一方面，在越南海滨和柬埔寨，沙萤[3]和三隆森[4]的各新石器时期文化层与春禄的巨石建筑[5]之间，没有什么中介；另一方面，占婆和柬埔寨的第一批古迹之间，也同样如此。在印度 24
人开拓的俄厄[6](在交趾支那)和瓜拉赛林辛[7](霹雳国，在马来西亚)，出土了一些用二至五世纪的梵文字体雕刻的人名印章，这两个地方还发掘出了一些磨制石器。在西里伯斯僧帕加一个新石器时期人类栖居遗址上面，发现了一尊代表阿摩罗伐蒂传统的青铜

① V. 戈卢贝:《东京和安南北部的青铜器时代》，BEFEO.，第 XXIX 期，第 1—46 页。——O. 简斯:《印度支那的考古研究》，3 卷，坎布里奇(马萨诸塞)，1947 年，1951 年；布鲁日，1958 年。

② 《青铜鼓时代》，BRM，丛书 B，卷 I，n°3，第 150 页。——V. 戈卢贝觉得这两个日期过分早了，见他的《泓化的金属鼓》，BEFEO.，第 XL 期，第 396 页，n°1，然而这两个日期与 B. 卡尔格伦的研究结果完全一致，他研究的结果倾向于将东山文化的上限确定在公元前四到三世纪(《早期东山文化的年代》，BMFEA.，第 14 期，1942 年，第 128 页)。参阅 B. 格雷的《中国或东山》，载《东方艺术》，第 II 期，1949—1950 年，第 99—104 页。

③ H. 帕芒蒂埃:《沙萤(广义、安南)的瓮棺葬》，BEFEO.，第 XXIV 期，第 321—342 页。——M. 科拉尼:《上寮的巨石建筑》，卷 II，第 237 页及后文。

④ H. 芒絮:《三隆森和隆布劳(柬埔寨)的史前时期遗址》，河内，1902 年；《对三隆森(柬埔寨)史前时期文化层研究的新成果》，载《印度支那地质处文集》，第 X 期，第 I 册。

⑤ H. 帕芒蒂埃:《春禄的巨石建筑遗迹》，BEFEO.，第 XXVIII 期，第 479—485 页。——E. 加斯帕多尼:《春禄的墓葬》JGIS，第 IV 期，1937 年，第 26—35 页。

⑥ 见本书边码第 42 页。

⑦ I. H. N. 埃文斯在 JFMSM 的第 XII 和 XV 期上，发表过好几篇有关该遗址的报告。

佛像。因此,可以毫不夸张地说,当印度传来的婆罗门教——佛教文化和外印度居民接触时,他们还完全处于新石器文化的晚期。

3. 澳-亚文化

然而新石器晚期的接触已不是第一次的接触了。在前面刚刚列举的各类文化的大传播,以及特别是在印度支那和群岛上的新石器时期文化层中发现的来自印度的大量玻璃珠子就可以证明,从史前时期起,不仅在外印度各地之间,而且在外印度与印度本土之间,都存在着海上交通。

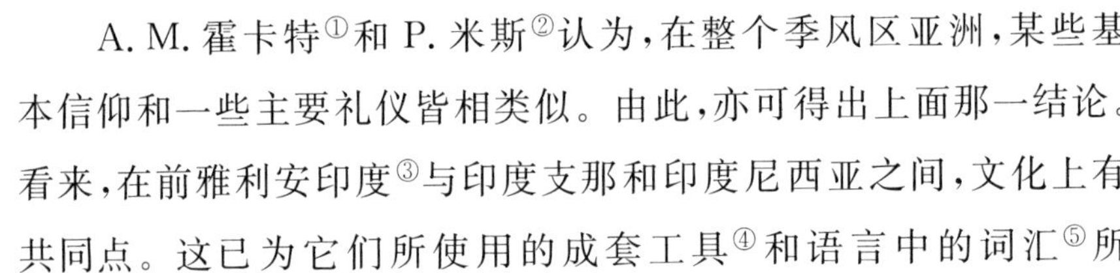

A. M. 霍卡特[①]和 P. 米斯[②]认为,在整个季风区亚洲,某些基
25 本信仰和一些主要礼仪皆相类似。由此,亦可得出上面那一结论。看来,在前雅利安印度[③]与印度支那和印度尼西亚之间,文化上有共同点。这已为它们所使用的成套工具[④]和语言中的词汇[⑤]所

① 《帝王统治》,朱津大学,1927 年;《印度与太平洋》,载《锡兰科学杂志》,第 I 期,第二册,第 61—84 页。

② 《东方所理解的印度:占婆的印度式祭礼和当地祭礼》,BEFEO.,第 XXXIII 期,第 367—410 页。

③ S. 累维、J. 普尔兹鲁斯基和 J. 布洛克写的关于印度前雅利安和前达罗毗荼时期诸文化的论著,已由 P. C. 巴格奇汇编成册:《印度的前雅利安人和前达罗毗荼人》,加尔各答,1929 年。——又请参阅 C. 雷加梅的《关于印度文化及其诸语言中非雅利安成分的论著要目》,BEFEO.,第 XXXIV 期,第 429—566 页。

④ 参阅本书边码第 21—22 页。

⑤ W. 施米德:《孟-高棉民族——中亚与奥斯特洛尼西亚各民族之间纽带》,BEFEO.,第 VII 期、II 期,第 213—263 页;第 VIII 期,第 35 页。G. 德埃韦西在其《印度人中的芬兰-乌戈尔族人》(维也纳,1932 年)一文中的考证(以及在一些语言学杂志中发表的大量文章)始终未能消除孟-高棉语族与印度的蒙达语族之间词汇学方面不可否认的关系。(参阅 JAOS,第 65 期,1945 年,第 56 页及其后文。)

证实。

有一部分学者认为，①在雅利安人入侵之前，可能已经有一次或者是好几次起源于印度支那或诸海岛的民族迁徙浪潮波及印度了。另一部分学者②的意见则相反，他们认为，达罗毗荼人或雅利安人从西北进入印度时，可能将当地土著居民驱赶至印度东部或南部。嗣后，这些土著可能到了印度支那和马来群岛，在那里他们大概首次完成了那些地方的前雅利安时期的印度化。与此同时，印度尼西亚人则可能离开大陆，移居到诸海岛上去了。③ 目前尚 26
不宜强求非得把这个问题搞得十分确凿不可，J. 普尔兹鲁斯基④的那种谨慎的办法较为可取。他认为，“在青铜器时代的第二个时期(指欧洲的)，印度支那进入了包括东南亚的大陆部分和印度尼西亚在内的航海文明的轨道”。

不论这种文明的起源如何，反正是印度尼西亚人(在他们印度

① J. 霍内尔：《印度舟船设计的由来及这种设计在民族学方面的意义》，载《孟加拉亚洲学会集刊》，第 VII 期，1920 年。——见以上引用过的 P. V. 范 · 斯坦因 · 卡伦费尔斯、R. 冯 · 海因 · 格尔德恩的论文。——N. J. 克罗姆：《印度化爪哇史》，第 38 页及其后文。

② S. 累维：《印度的前雅利安人和前达罗毗荼人》，JA，7 至 9 月号，1923 年，第 55—57 页。——H. 克恩：《Verspreide Geschriften》，第 XV 期，第 180 页。——J. 普尔兹鲁斯基：《乌敦巴拉人》，JA，1 至 3 月号，1926 年，第 1—59 页；《萨尔瓦人》，出处同上，4 至 6 月号，1929 年，第 311—354 页。——A. M. 霍卡特：《帝王统治》；——R. C. 马君达：《马来人》，JGIS，第 III 期，1936 年，第 86—96 页。

③ H. 克恩：《Taalkundige gegevens terbepaling van het stamland der Maleisch-Polynesiche Talen》，《Verspr Geschr》，第 VI 期，第 105 页。

④ 见 S. 累维编的《印度支那》，第 54 页。

化之前也罢,[1]之后也罢[2])把这种文明一直带到马达加斯加的。

这种文明可能也曾波及日本。日本与外印度南部各地的关系,在其史前工具、[3]语言[4]和民间传说[5]等各个方面,曾经多次引起人们的注意。

有人建议[6]把澳-亚文化的混合体与"澳斯特罗尼西亚"文化体系联系起来。这个体系的特点是使用弓、实行母权制以及图腾崇拜。必须提防那种过分刻板的分类和过于僵死地划定的范围,因为在这样的情况下,富有生气的多变的事实就会令人遗憾地遭到歪曲。[7] 然而在

① 这是 N. J. 克罗姆的论点,见前引著作。

② G. 费瑯的《昆仑人与古代大洋之间的航行》(参阅本书第 27 页)一文将这件事的时间确定在公元二至四世纪。——J. 霍内尔在其《印度尼西亚人对东非文化的影响》(JRAL.,1934 年,第 315 页)一文中,大概想把它上溯到更早一些的时期。——又请参阅 C. 诺特博姆的《马达加斯加与印度尼西亚的关系》,载《扎伊尔》,第 III 期,1949 年,第 881—894 页。

③ P. V. 范・斯坦因・卡伦费尔斯:《世界研究领域内日本史前学的任务》,Shizengaku-Zasshi,第 IV 期,1932 年,第 6 页。

④ N. 马特絮莫托:《日语与南亚语族》(《南亚》,卷 I),巴黎,1928 年。——O. 格杰德曼:《阿伊努语与其他语言中相同的词》,载《东方世界》,第 XX 期,1926 年,第 29 页。

⑤ N. 马特絮莫托:《试论日本神话》(《南亚》,卷 II),巴黎,1928 年。

⑥ G. 蒙唐东:《文化人种学论》,巴黎,1934 年。

⑦ 当一种文化的古代材料一鳞半爪,仅能从民间传说和民族学来对它形成概念时,要对其各构成部分作很明确的描述也许太轻率了。N. J. 克罗姆在其《印度化爪哇史》一书(第 47 页及其后文)中概述印度人来到之前爪哇的印度尼西亚文化时,提到了作为这种文化的特点之一的威扬或曰影戏。然而,影戏(châyânataka)对印度的梵文戏剧理论家们来说却是很熟悉的。(R. 皮舍尔:《古代印度的影戏》,载《普鲁士皇家科学院报告集》,柏林,1906 年,482—502 页。——G. 亚科布:《皮影戏史》,1925 年。——参阅 A. K. 库马拉斯瓦米:《锡兰的影戏》,JRAS,1930 年,第 627 页,《印度和印度尼西亚艺术史》,第 89 页。)威扬是印度人引入爪哇的呢,抑或属于它们的共同财富? A. 伦特瑟的《影戏之由来》(JRASMB.,第 XX 期,1947 年,第 12—15 页)否定了它起源于印度。对于文化方面的其他许多事实,我们也可以提出同样的疑问。

此我们还是可以指出，这种前雅利安文明的特征大约是：从物质方 27
面看，有水稻田的耕作，黄牛和水牛的驯养，金属的初步使用和航海技术；社会结构方面，妇女和以母系为世系的作用占有重要地位，以及因灌溉耕作的需要而产生的组织；宗教方面，万物有灵论、崇拜祖先和土地神、修建在高地上的祭祀场所、石瓮葬或石棚葬；从神话方面看，“皆为宇宙二元论，其中高山对大海，飞禽对水族，居住在山区的人则与沿海的人相对”；[1]从语言学的角度看，都使用互不相通的语言，这些语言因有前缀、后缀和中缀而派生能力很强[2]。

大概在很大程度上正是文化上的这种统一性，使中国人把外印度各不同民族统称为“昆仑”。[3] 而实际上，这个名称是在印度化之后的一个时期才出现的，由此大概也可以设想，这个名称表达
的正是印度化文化的统一性。这一看法的依据是出自中国人谈及 28
“昆仑文字”这一事实，而这种文字本身就是印度文化带来的各种基本因素之一。可是，当他们谈及“昆仑的各种语言”、“昆仑商人和海盗”时，他们这个词似乎又是针对一种民族——语言的实体而发。[4] “昆仑”这个词已经被作过多种解释。根据费琊的研究，结

① 见 J. 普尔兹鲁斯基的前引著作（收在《印度支那》一书中）。

② G. 赛代斯：《印度支那诸语言》，载《巴黎大学语言学研究院报告集》，1940—1948 年，第 63 页。

③ G. 费琊：《昆仑人与古代南海中大洋之间的航行》，JA.，1919 年，3—4 月号，第 239—333 页；5—6 月号，第 431—492 页；7—8 月号，第 5—68 页；9—10 月号，第 201—241 页。

④ 关于这个问题，见 R. 斯坦因：《林邑考》，载《汉学》（北京汉学研究中心学报），第 II 期，1947 年，第 211 页及其后文。——A. H. 克里斯蒂：《作为民族学专有名词的昆仑》，见《东方学家第二十三届国际会议报告集》，剑桥，1954 年，第 297 页。——G. H. 卢斯：《缅甸历史上的原始暹罗人》，JSS.，第 XLVI 期，1958 年，第 191 页。

论是:“昆仑”这个词应当可以翻译许多不同的在汉文中被混淆了的土著词汇。S. 累维从中释读出一个相同的梵文习语德维班德勒(dvîpântara),意为“海岛上的民族”。[1] N. J. 克罗姆则指出这样一个等式有可能成立:昆仑=马来亚;[2]而 R. C. 马君达最近却提出了一些新的假说,[3]主张给予马来人(即与蒙古血统的外来民族接触而演变了的印度尼西亚人)作为南亚文化的媒介的优越地位。纵然我们认为他的那些比较还有些肤浅,但是他的假说基本上还是能够使这种看法具有一定的可靠性。

因此,印度人当时碰到的绝不是没有文化的野蛮人,而是一些
29 有组织并具有各自文化(尤其是东山文化)[4]的社会。他们的文化与印度人的文化也不无共同之处。关于这些社会的状况,我们从今日印度支那和马来西亚某些山区落后居民中可以得到一个大致相同的概念。

---

① 《昆仑与德维班德勒》,BKI.,第 88 期,1931 年,第 621—627 页。

② 《印度化爪哇史》,第 110 页。

③ 《马来人》,JGIS.,第 III 期,1936 年,第 86 页。——K. A. 尼拉坎塔·萨斯特里在其《德维班德勒》(出处同上,第 IX 期,1942 年,第 1—4 页)一文中表示了类似的看法。

④ 我们知道,式样最古老的铜器以及类似的青铜器物是在印度支那南部、马来半岛和印度尼西亚诸岛发现的。主要见 L. 马尔雷的《柬埔寨、马来西亚和印度尼西亚的有共同特征的青铜器物》,AA.,第 XIX 期,1956 年,第 308 页。——W. 林汉的《铜器时代文化的遗迹》,JRASMB.,第 XXIV 期,第 3 册,1951 年。——H. 代迪埃:《巴达维亚博物馆馆藏的一面铜鼓考释》,BSEI.,第 XXIV 期,1949 年,第 53 页。

〔补遗〕:关于印度尼西亚的铜鼓,见 H. R. 范·黑克伦的《铜鼓》,载《Amerta》第 II 期,1954 年,第 37 页(该文已被 L. C. 达梅斯收入《印度尼西亚书目提要》,BEFEO.,第 LI 期,1963 年,第 544 页)。关于最近在交趾支那发现的一个新石器时代晚期的人类栖居地,见 E. 索兰的《邻近春禄的贡洞史前人类栖居地》,BEFEO.,第 LI 期,1963 年,第 433 页。

尽管有 P. W. 施米德从人体测量中得出的那些结论，然而我们所知道的该文化的各个组成部分（其中语言是最重要的成分）表面上的统一，肯定掩盖着种族上的多样性。

南亚文化在借用或吸收一些民族的某些物质和精神要素的同时，将这些民族掩盖了。这些民族曾经长时期地存在过，而且迄今仍旧遗下一些人数不多的孤立的人群。我们所研究的这个范围内的各个不同民族的共同点，往往是其中一个民族的情况，或者甚至是他们的已经消失了的共同基础的情况。P. 里韦把这些语言命名为“大洋洲语”。[①] 他针对这些语言的共同特征所提出的意见，似乎不仅可以运用于语言方面，而且也适用于澳-亚文化混合体的其他各个方面。

4. 民族概述

现在让我们来看一看程度不同地受到这种文化渗透的、雅利安印度的文明对其产生了影响的是些什么民族。[②]

当东南亚的印度化开始的时候，即公元初年前后，美拉尼西亚 30

① 《大洋洲语族》，载《巴黎语言学会学报》，第 XXVII 期，第 152 页：“很显然，像（澳大利亚人和美拉尼西亚人，印度尼西亚人和波利尼西亚人）这样一些如此不同的民族，他们的语言方面的共同之处是一个次要的现象，而主要的是其中一个民族的语言为所有民族接受了，至于它是由于什么原因和在什么情况下发生的，目前我们尚不得而知。”

② 有必要明确说明的是，下文中使用的每一个民族学专有名词，都是指按语言或者按人种-语言划分的民族，而绝不表示该词在体质意义上所指的“种族”。在没有确切的人类学资料的情况下，我们只好暂且以每个种族集团所操的语言、他们的习俗和信仰为根据，来确定他们属于什么民族。

人、印度尼西亚人以及澳-亚人的史前大迁徙已经结束：在印度支那半岛南部和群岛上，各主要民族大体上就已经占据了他们今天所居住的地方。实际情况也确是如此。第一批用当地文字撰写的碑铭一出现，我们就发现在柬埔寨使用的是吉蔑文；在越南的各个占族省份，是占文；在苏门答腊，是马来文；在爪哇，是爪哇文。相反，在有文字记载的历史时期中，我们在半岛中部和北部看到的则是越南中部的占族在越族面前退却了，湄南河和伊洛瓦底江流域的孟族在泰族和缅族的面前后退了。

那种由于诸三角洲和大海的吸引而产生的“向南推进”，[①]是很古老的事情了。它可以解释今天印度支那各民族的分布状况，在一定程度上也可以说明今天诸岛各民族的分布状况。因为，如前所述，各岛屿上的移民和文化混合体当来自大陆。

即使迁移的人群真的只可能从发源于中国和西藏边缘的狭窄河谷进入印度支那，人们仍然可能错误地把那些人口的移动当作一批人流，以为这些人流是那些表面上很接近的民族形成的原因。我认为，这也许是一种误解。其实这种见解是由记录了移民现状的那些民族分布图所反映出的状况造成的。实际上，这些人流是相继而来的，一俟到达印度支那诸平原或诸海岛，他们就散布开了，并且一次又一次地叠盖起来。

31 此外，在某些情况下，应当将这个过程视为某种文化或者某种语言的传播过程，而非一个真正的移民过程。

看来，作为真正的迁移运动的结果，新来的人灭绝或驱逐一块土地上旧有的全部居民的情况比较少，多数是后者接受了征服者

① 这是J.西翁的用语，见《季风区的亚洲》，卷II，第403页。

或新统治阶级的语言和习俗。例如，泰族的扩张，特别是在半岛的南部，就未必是大规模人群迁移的结果。而是一个尚武的贵族集团强制推行了他们的语言，使之在异族中得到了传播。

另外，相继而来的民族-语言人流并非一批完全覆盖了另一批。在已经开辟出的方向上超过其前驱者的那一批人流，在另一个方向上则未达到其前驱的极限，并且他们还避开了一些高山、小岛屿和边缘地带。孟-高棉族就是这样，他们没有与印度尼西亚人绝对地重叠，也没有被泰族完全覆盖；越族是沿着海岸和河流逐渐深入的，仅散布于各三角洲；跟尼格利陀人、维达人和达罗毗荼人有关系的土著则仍然游荡在各岛屿和马来半岛的山区腹地。

哪里有民族人流的叠合，哪里就有不同民族之间的杂交，从而就会遗留下一些属于最古老的民族的体质和文化特征来。

以上论述足以解释印度支那和群岛上极为丰富多彩的民族学
材料。在这本献给作为印度本土文化附属的外印度的书中，那些 32
退居在印度化过程未能达到的山区的部落没有扮演任何角色。在此只考虑被印度文明波及的那些民族，为此我们能够对公元初年左右他们的分布状况和他们的地理位置作很简略的描绘。

鉴于“向南推进”的方向，位于最南部的民族，最有可能在更早的时候就控制了他们今天居住的地区。实际上，构成各海岛居民基础的印度尼西亚人，[①]大概自新石器时期以来就定居在那里了。J. 西翁写道（第 483 页）：“印度尼西亚人可能是原始马来人。尽管

---

① J. P. 克莱伊·德兹瓦恩：《东印度群岛的种族》，1925 年；《东印度群岛及其邻近地区的体质人类学》，1923 年。——J. H. 涅埃森：《爪哇的种族》，韦尔特瑞登，1929 年。——J. 屈恩斯特：《东印度群岛诸民族》，莱登，1946 年。

已经同当地土著结合，但是大概由于居住在各大岛屿内地，使他们得以更长久地保持自己的种族纯洁性。苏门答腊的巴达克人、婆罗洲的达雅克人、西里伯斯和文老古群岛的阿尔弗尔人也都属于这种情况。马来人其实可能就是滨海地区的印度尼西亚人，只是由于婚配太杂，使他们的民族的纯洁性受到的影响较其他民族要更大一些……；因此这是一个混杂的种族，由于其散布面广和成分繁多，是一个庞大而且复杂的种族”。我们已经知道，中国和印度航海者的昆仑和德维班德勒这两个称呼，可能就是用于沿海马来人的。苏门答腊的马来人，爪哇的巽他人、爪哇人和马都拉人，以及巴厘人就是群岛上接受和传播印度文化的主要代理人。N. J.
33 克罗姆在其《印度化爪哇史》中，描绘了在印度人到来之前马来文化，尤其是爪哇文化的情形。[①] 其中很大一部分是假说，因为其根据主要是未被印度化的那些印度尼西亚人的民族学现状。于是，在代表他们物质文化的那些因素中，他列举了下列几项：稻田的灌溉，用称作“巴提克”的染色法印染棉布，称为“加美兰”的管弦乐曲，叫作“威扬”的影戏。[②] 关于他们的社会组织，荷兰人在群岛上悉心收集的习惯法汇编，[③]是极其珍贵的资料。

在半岛上，严格意义上讲的马来人大部分是较近一个时期从苏门答腊和爪哇来的移民，印度人在那里的沿海地区大概碰到了原始马来人——已高度蒙古利亚化了的印度尼西亚人，其后裔今

---

① 《印度化爪哇史》，第二章。

② 关于“威扬”，参阅同上书。

③ 以《习惯法汇编》为名出版，海牙，1911 年及其后几年。

天被称作“贾昆”。[①]

在印度支那半岛上，印度人遇到的民族如下：

——在越南中部和南部沿海地区，是占族，属于马来-波利尼西亚语系，他们的最后一批后裔今天仍然占据着南越的几个县（藩朗、藩切）；

——在交趾支那三角洲、今柬埔寨和湄公河中游地区，是吉蔑族，他们今天已被越族从交趾支那的部分地区排挤出去，并且被泰族驱逐出了北部；[②]

——在湄南河流域和下缅甸，是孟族，亦称勃固族或得楞族。[③] 从语言学上看，他们与吉蔑人同族，今天仅限于伊洛瓦底江 34
三角洲和丹那沙林或被赶回了暹罗；

——在伊洛瓦底江和锡兰河流域，是藏—缅人群的前锋，其最主要的成分（当时受到孟族的威胁）是在缅族和泰族源源而来的移民浪潮中消失或融合了的骠族。

这些便是我们将看到印度人的文明对之产生影响的那些民族。

① W. W. 斯基特和 C. O. 布莱格登：《马来半岛的蒲甘种族》，伦敦，1906 年。

② 关于法属印度支那的人种志，见博尼法西的《印度支那人种志课本》，河内，1919 年。——G. 马司帛洛：《印度支那》，卷 I，巴黎，1929 年。——J. 普尔兹鲁斯基：《法属印度支那的居民》，收于 S. 累维主编的《印度支那》，巴黎，1931 年，卷 I，第 47—60 页。——A. 比戈特：《法属印度支那民族学简介》，收于《法属印度支那》，河内，1938 年，第 33—58 页。——L. 马尔雷：《法属印度支那诸民族》，西贡，1937 年。

③ C. C. 劳伊斯：《缅甸的部落》，仰光，1910 年。——R. 哈里戴：《得楞族》，仰光，1917 年。

35 # 第二章　印度化

1. 印度化的定义

印度文明的东传史，至今尚未从整体上作过描述。我们对这一文化的传播在各个被单独看待的国家里产生的结果已有所了解，然而，关于传播的起源及其过程，我们的研究还处在假设阶段。我并不奢望在以后的几节中能解决这些问题，而仅仅企望汇集已经获得的结果，并确定外印度所有印度化王国所普遍具有的共同特征。

为了便于叙述，我至今一直在使用“印度化”、“印度文化的传播”这两个词语。它们给人一种印象，好像其含义是指在一个确定
36 的时期突然发生的一个简单的历史事件。这个概念有必要明确一下。由前一章可知，印度本土与外印度之间的关系可以追溯到史前时期，但是，只是从某个时期起，这些关系才在印度支那半岛和群岛上导致了一批印度化王国的建立。这些国家给我们留下的最古老的考古遗存，不一定就是第一次印度文化浪潮的证据。很可能最初已经有一些航海者、商人或移民先于那些为第一批婆罗门教或佛教寺庙举行仪式以使之神圣化的僧侣，以及撰写最早的梵

文碑铭的文人到达那里，他们是第一批印度化殖民地的创建者。这些殖民地也不完全都是新建立的，在许多地方（交趾支那的俄厄、霹雳的爪拉赛林辛、西里伯斯的僧帕伽等），它们都是建立在新石器时期的遗址上，来自印度的航海者们可能从远古时代以来就常到这些地方去。

因此，印度人来到东南亚一事不能和欧洲人到达美洲相比，因为他们在这个邻近印度的地区并不是发现新大陆的陌生人。在某个特定的历史背景下，到那时为止仍然散居各地的印度商人和移民才汇集起来，结果建立了一批印度化王国。它们沿袭了印度的艺术、习俗和宗教，并将梵语作为神圣的语言来使用。关于他们汇集日期的确定尚须努力，而对汇集背景的确定，我们可以作些尝试。

A. 富歇写道：[①]“看来许多移民（同现在仍然涌入东非的那些人一样）遇到的只是一些赤身裸体的野蛮人。他们引入这些富庶 37
的三角洲和岛屿的，完全是他们自己的文化，或者至少是他们文化的翻版，包括他们的习俗和法律、字母和发达的语言、他们的社会的和宗教的全部等级，其形式与他们的种姓制度和宗教信仰极其近似。总之，这里指的不是一种简单的影响，而是名副其实的殖民化。”

下边我们来探讨一下应该怎样看待这种与宗主国没有政治联系的“殖民化”。对于当地人来说，与老挝和越南山民的情形一样，他们裸身露体不是“未开化”的标志。上文我们已经知道，印度人

① 《乾陀罗的希腊-佛教艺术》，卷 II，第 618 页。

遇到的并不是没有任何文化的“野蛮人”，相反，是一些具有一定文化的人，并且他们的文化与前雅利安时期的印度文化不无共同之处。雅利安化的印度人传播其文化很迅速而且很容易，这从下列事实中大概可以得到一些解释：土著从这些移民的习俗和信仰中，认出了掩盖在印度式的外表之下的，整个季风区亚洲所共有的基础。

因此，这里所指的既不是陌生人之间的往来，也不是说第一次接触。外印度的印度化之所以于公元初年前后作为一个新事物出现，是因为在这个时期来到的印度人（他们并不是第一批迁移来的，只是迁徙的规模更大）中，首次伴有能用梵文传播印度宗教和艺术的、有学问的成员。外印度的印度化是“婆罗门教化过程”在海外的继续。婆罗门教化的发祥地在印度西北部，“早在佛陀之前

38 即已开始，跟印度南部的情况一样，至今仍在孟加拉继续进行”。①而且，事实上，外印度最古老的梵文碑铭比印度本身最早的梵文碑铭晚得并不多。

因而，印度化过程在本质上应当理解为一种系统的文化传播过程。这种文化建立于印度的王权观念上，其特征表现在婆罗门教和佛教的崇拜、《往世书》里的神话和遵守《法论》等方面，并且用梵文作为表达工具。这就是为什么有时我们不用“印度化”，而用“梵文化”这个词的原因。

---

① L.德拉瓦莱·普森：《印度诸王朝及其历史》，第360页。——又见M.N.斯里尼瓦斯：《略论梵文化与西洋化》，FEQ.，第XV期，1956年，第481页。——V.拉格哈范：《印度文化形式的多样化与一体化》，出处同上，第497页。——J.F.斯塔尔：《梵文与梵文化》，JAS.，第XXII期，1963年，第261—275页。

这种梵文的或印度的文化确实是自然而然地就移植到了东南亚。它与孟加拉和达罗毗荼人地区的“梵文文化”之间的唯一差别，可能即在于这一事实：前者是由海路传播，而后者则从陆路传播，也可以说是通过相互渗透传播的。东南亚的这种印度文化，我们根据地区，分别称为“印-吉蔑文化”、“印-爪哇文化”等等。很自然，这种文化我们是可以从碑铭学和考古学文献中区分出来的。这是一种上层社会的文化，而不是属于全体居民的，我们对普通民众的信仰和生活方式的认识还非常不够。如果对此没有更深入的了解，要对以下两种对立意见的争议作出裁决将是徒然的：一些人认为，当地社会在印度式的外表下保留着它们原始特征的本质，而另一些人则认为，当地社会已融合成了一个印度型的社会。[①] 39

2. 外印度印度化最早的证据

有人曾想在月护王（公元前四世纪末至前三世纪初）的大臣、婆罗门考底利耶所作的关于政治和管理的论著《政事论》的一段文字中找出证据，以证明上述意义上的印度的殖民至少可以追溯到孔雀王朝时期。L. 芬诺驳斥了这种以一部目前年代还根本不明确的文献为根据而提出的说法。[②] 况且，即便《政事论》年代久远，但是它除了简单地向国王建议“在夺取别国领土时或弃置自己过

---

① 关于社会学家与印度学家之间的这些讨论，见 F. D. K. 鲍斯赫：《“地方神”与爪哇古代艺术》，阿姆斯特丹，1952 年。——G. 赛代斯：《柬埔寨和爪哇的本地基础与印度化上层建筑》，载《世界史手册》，卷 1、2，1953 年 10 月。

② 《印度人在印度支那殖民的起源》，BEFEO.，第 XII 期，8，第 1—4 页。

剩的领土时，移民到一个原已控制的或者新征服的地区去”之外，大概再证明不了其他什么。而且它的记述也不如《本生经》和《罗摩衍那》明显。《本生经》中有关于航海者的记述，《罗摩衍那》则提到了爪哇，可能还涉及苏门答腊。[①] 巴利文正典《阐释论》至迟也可以上溯到公元初的几个世纪，这部文献提供了更明确的材料。它列举了一批梵文的或梵文化的地名。S. 累维提出的考证，[②]已证明这些地名就是指外印度的一些地方。就目前掌握的情况看，既
40 没有任何考古学和碑铭学材料，也没有任何外国的原始资料能使殖民化的时间追溯到《阐释论》之前。另外，在此先简略地提一下哪些是与第三章中外印度诸印度化王国存在有关的最古老的证据。

在缅甸，关于印度文化的传入，撇开公元前三世纪阿育王可能派往苏勿吒蒲迷的由佛教僧人苏那和嗢呾罗组成的宗教使团不讲（苏勿吒蒲迷即“黄金地”，不论正确与否，一般考证认为，它是古代孟人的国家，更具体地讲就是直通城），我们便没有掌握比在摩沙和莫恩贡发现的那些巴利文经典残片的年代更早的任何遗迹。这些残片在古代卑谬遗址附近，其年代可以追溯到公元五百年左右。[③]

在湄南河流域，佛统府遗址及其以西的北碧河上的蓬德遗址[④]提供了一些大建筑物的墙基及一些笈多和后笈多风格的佛教

① S. 累维：《关于〈罗摩衍那〉的历史》，JA.，1918 年 1 至 2 月号，第 80 页及其后文。

② 《托勒玫、〈尼德萨〉和〈布里赫德格塔〉》，Et. Asiat. EFEO.，第 11 期，第 1—55 页。

③ 参阅本书边码第 122 页。

④ 参阅本书边码第 123 页。

雕塑，[①]还有一尊起初被认为属于阿摩罗伐蒂画派的小铜佛，[②]这 41
就可能使它的年代上溯到公元三世纪或四世纪，然而实际上显然要更晚些。[③]

南萨科河上西贴的婆罗门教塑像，也许并不像我 1932 年首次发表对它们的研究时认为的那样古老，[④]但是出自同一遗址的那些碑铭却不可能晚于公元五至六世纪。[⑤] 有一尊受笈多风格影响的小铜佛可以上溯到公元四世纪，是在呵叻地区发现的。[⑥]

---

① 笈多时期在印度开始于公元四世纪。在佛统府发现了好几个石“法轮”，它们代表着佛教无偶像崇拜的古老传统，但是，从其装饰判断，它们不会早于五世纪。见 G. 赛代斯：《出自佛统府遗址的刻有巴利文铭文的一个法轮》，AA.，第 XIX 期，1956 年，第 221 页。

② A. 富歇在其《希腊-佛教艺术》一书（卷 II，第 617 页）中写道：“阿摩罗伐蒂距克里希纳河口不远，看来它已成为希腊-佛教影响输往印度支那和马来群岛的大装货口岸之一。”

阿摩罗伐蒂艺术流派在印度的极盛时期是公元二至四世纪。一般身穿褶法衣的佛陀立像就属于这一流派。在许多地方，这些佛像都是印度人来到外印度的最早的确凿证据。这些佛像都塑成提洹羯佛，该佛的名称使人想到诸岛（dîpa，dvîpa），看来它是出海人的保护者（A. 富歇：《佛教肖像学》，第 77—84 页）。关于东南亚属所谓阿摩罗伐蒂流派的佛像年代的推定，以及它们是起源于印度还是僧伽罗的问题，见 M. L. 德昂科纳的《阿摩罗伐蒂、锡兰和三件输入的“青铜艺术品”》，载《艺术集刊》，第 XXXIV 期，1952 年。——P. 杜邦：《东南亚的所谓阿摩罗伐蒂流派的佛像》，载《第二十三届国际东方学家大会材料汇编》，剑桥，1954 年，第 269 页。

③ 这里说的不是亚历山大学派的铜灯（Ch. 皮卡尔：《蓬德（暹罗）的亚历山大学派灯》，AA.，第 XVIII 期，1955 年，第 137—149 页），那盏灯是与西方发生关系的证据，这些关系可以追溯到中国人记载罗马的一些乐人同杂技演员从缅甸到中国（公元 120 年）的一次旅行，以及所谓马卡斯·奥里欧斯的使团（公元 166 年）的那个时期。

④ 《东方学研究》（利诺西埃文集），第 159—164 页。关于这个问题，见 P. 杜邦：《印度支那西部的戴冠毗湿奴》，BEFEO.，第 XLI 期，第 233—254 页。

⑤ 《印度的艺术和文学》，1936 年，第 66 和 85 页。参阅 B. CH. 查布雷：《雅利安印度文化的传播》，JASB.，通讯，I，1935 年，第 54—55 页。

⑥ JSS.，第 XXI 期，1928 年，图版 18。

在柬埔寨，中国人将婆罗门㤭陈如建立扶南王国的时间定在公元一世纪。中国人与扶南王国于三世纪上半叶开始有联系，这个国家给我们遗留下来的四块梵文碑铭中最古老的一块就可以上溯到那个时期。[1] 在茶荣（交趾支那）发现的、受到了科
42 林斯地峡著名的吕西玻斯塑像影响的波塞冬小铜像，[2]以及在交趾支那西部巴泰山以南的俄厄发掘出土的各种文物（其中最古老的是一枚带有安敦尼头像的金质纪念章，上边所注日期为公元152年），[3]说实在的，这些都不能构成印度化的证据。但是，那枚罗马纪念章在俄厄是与其他一些肯定属于印度的文物在一起的，尤其是旁边的一些凹雕宝石和一些刻有梵文铭文的印章，其年代就可以追溯到与罗马纪念章相同的时期和往后的几个世纪。[4]

从公元190年到193年起，中国人开始谈及位于今越南海滨的占婆王国。迄今在占族地区发现的最古老的考古遗存是那尊东洋（在广南地区）佛陀像，它是所谓阿摩罗伐蒂艺术最精美的样品之一，[5]然而它实际上受到了笈多的影响，其年代最早可以追溯到

① 关于扶南、占婆、马来亚和马来群岛，见下一章的附注。

② Ch. 皮卡尔：《出自远东的一尊吕西玻斯风格的小塑像：茶荣的铜塑“舞蹈者”》，AA.，第XIX期，1956年，第342—352页。

③ L. 马尔雷：《湄公河三角洲考古》，卷III，巴黎，1962年，第115页。

④ 关于在俄厄的新发现，参阅G. 赛代斯：《在交趾支那的发掘：俄厄遗址》，AA.，第X期，1947年，第193—199页。——L. 马尔雷：《印度支那的罗马痕迹》，载《第二十二届国际东方学家大会会刊》，伊斯坦布尔，1951年，第332页（附有很全面的参考书目）；《湄公河三角洲考古》，巴黎，第4卷，1959—1963年（发表于BEFEO.）。

⑤ V. 鲁吉埃：《广南新发现的占族文物》，BCAI.，1912年，第212—213页；BEFEO.，第XI期，第471页；第XXI期，第72页。——A. K. 库马拉斯瓦米：《印度和印度尼西亚的艺术史》，第197页。

公元四世纪。

关于马来半岛，从公元二世纪起，中国人记载了一些印度化的小国家。半岛上的梵文碑铭没有可以上溯到公元四世纪之前的。[①]

群岛部分，幕拉跋摩在库泰地区和婆罗洲留下的梵文碑铭可以追溯到公元五世纪初，甫尔纳跋摩在爪哇西部的梵文碑铭可追溯到同一个世纪的中叶。但是有一些佛陀像更古老，尤其以在西 43
里伯斯发现的那一尊为最，[②]它与阿摩罗伐帝和锡兰（四至五世纪?）的传统风格是一致的，另外是在任抹（爪哇东部）省南部发现的，[③]它受到了僧迦罗（四至六世纪）的影响，最后一尊是巨港（在苏门答腊）瑟贡唐山的佛陀[④]。

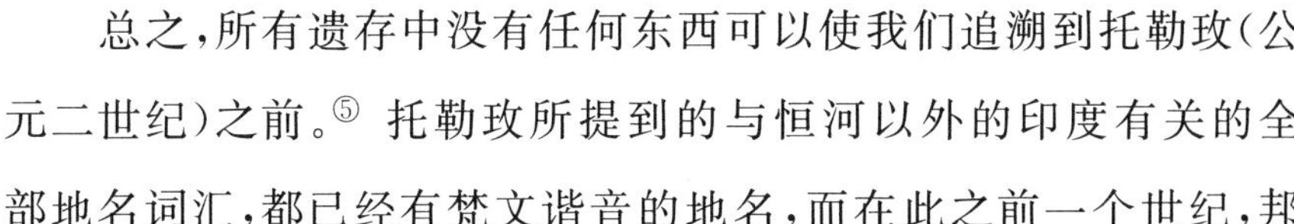

总之，所有遗存中没有任何东西可以使我们追溯到托勒玫（公元二世纪）之前。[⑤] 托勒玫所提到的与恒河以外的印度有关的全部地名词汇，都已经有梵文谐音的地名，而在此之前一个世纪，邦

① 让我们注意，其年代上溯到公元前四至五世纪的雅典器皿碎片是在腾库伦布（玻璃市）发现的，JRASMB.，第XXV期，1952年，第187页。

② 参阅本书边码第28页。

③ W. 科赫恩：《东方艺术中的佛陀》，莱比锡，1925年，第28页。

④ F. M. 斯赫尼特格：《印度化苏门答腊考古》，莱登，1937年，图版I。

⑤ 有关印度和远东可参考的编注本是L. 勒努的《托勒玫的地理学，印度》（VII，1—4），巴黎，1925年。至于纠正托勒玫的地图和考证恒河以外的印度的地名的文章，主要请参阅：G. E. 格里尼：《托勒玫东亚地理探》，伦敦，1909年；A. 贝特洛：《托勒玫笔下的古代中亚和东南亚》，巴黎，1930年；A. 黑尔马恩：《在古希腊罗马及其文化影响下的丝绸之国和西藏》，莱比锡，1938年。以数学计算为根据的结果是很不可靠的，至今只有文献学有可能使我们取得令人满意的考证结果。

朋纽斯·梅拉、老普林尼以及《红海航海记》中，①都还只是很模糊地知道，有一个黄金地，“Chrysê”，在恒河口以外。

尽管如此，由于G.费琊错误地认为，132年爪哇已经印度化，并假设“在漫长的年代中，爪哇人的印度化过程可能仅仅是进展得很缓慢而已”，因此他进一步推断：“在恒河以外的印度和印度尼西
44 亚，印度化的开端应当早于我们的纪元。”②前边已经谈到过，印度本土与恒河以外诸地区之间开始来往是很古老的事情，并且这种交往是持续不断的。如果我们记得这一点，那么费琊的结论就显然是不能令人接受的。只要伴随有僧侣或文化人的更多的商人和移民汇集起来，便足以在原先只有一些土著部落的地方很快地发动建立起一些印度化王国。对于通过一个婆罗门和一个赤身露体的妇女结合而建立起扶南一事，扶南最古老的梵文碑铭，比中国人确定的日期只晚一个半世纪。因此，我认为只讲在公元二、三世纪印度人殖民活动很频繁，四世纪和五世纪这种殖民结出了它的全部果实，这样似乎要谨慎些。

对此，我们还可以作一点补充。在越南中部海滨和西里伯斯发现了一些来自印度的佛陀像，其年代早于五世纪。这一发现是大规模迁徙的一个佐证。从公元初的几个世纪起，这种迁徙运动就把印度人一直带到了他们的殖民活动所达到的最远点。

---

① 根据J.皮雷纳的《〈红海航海记〉年代考》(JA.，第CCXLIX期，1961年，第441页)，这部文献大约成书于公元230年左右，因此可能晚于托勒玫。

② JA，7至8月号，1919年，第20页。——叶调即“Yavadvîpa”(爪哇)这一考证结论已被费琊接受(出处同上，11至12月号，1916年，第520页)，R.斯坦因却在其《林邑考》中对该结论提出了反对意见，参阅本书123页注①。

3. 印度文化传播的原因

对于一个认为越过“黑水”与弥戾车野蛮人接触会招致耻辱和亵渎的民族来说，[①]在他们中间出现航海高潮的原因何在？人们曾到公元前三世纪阿育王在印度东海岸对羯陵伽的血腥征服，以及这次征服所引起的大批居民逃亡这些事件中，去探究其遥远的起因。然而我们有理由考虑，为什么其结果在三个世纪之后才表 45
现出来？如果确有逃亡者的话，我们可以设想，最多他们是为以后更大规模的迁移开辟了道路。

有人曾考虑到公元一世纪贵霜人入侵对大批印度居民所造成的压力。[②] 就年代而言，这种想法较容易为人接受。可是这仅仅是个假设，尚无任何确凿的事实作为佐证。

也曾有人提出过这样一个假说，印度高级瓦尔纳的冒险家可能曾到海外寻找过出路。[③] 但这也只不过是个假设而已。

相反，我们已经掌握的一系列材料表明，公元最初几个世纪印度文化的传播是起源于贸易交往。

---

① 至少这是一个相当普遍的信仰。但是，关于这个问题，M. J. 菲利奥扎希望我注意《姆里根德拉格默》中的一段话，他说，“这部典籍把为了征服或获利而出海旅行作为合法行为对待，并规定对传人的仪式使用明火”（载《法国印度学研究院出版物》，本地治理，N°23，1962 年，第 76 页）。

② L. 德拉瓦莱·普森：《孔雀王朝和蛮族时代的印度，希腊人，斯基泰人，安息人和月支人》，见《世界史》，卷 VI，1，巴黎，1930 年。——参阅 S. 累维：《迦腻色伽和萨塔瓦哈纳》，JA.，1 至 3 月号，1936 年，第 94 页。

③ C. C. 伯尔格：《爪哇文学史概论》，格罗宁根，1929 年。

继亚历山大东征之后，在地中海世界与东方之间建立起来的联系，阿育王帝国以及后来迦腻色伽帝国在印度的建立，塞琉古帝国和罗马帝国在西方的诞生，这一切使“奢侈品”贸易大为增长。
46 对此，公元一世纪传统道德的拉丁卫道士曾悲叹一时。[①] 黄金、香料、香木（檀香木、沉香木）、香树脂（樟脑、安息香）都被列为恒河以外诸地区和各岛屿的方物。塔科拉（“小豆蔻市场”）、格尔布勒德维伯（“樟脑岛”）、纳里盖勒德维伯（“椰树岛”），以及其他若干类似的梵文地名，都表明了是什么利益把印度人吸引到这些地方去的。

然而，如果这些地区不是又像希腊文和拉丁文地理书籍中早已记录的遥远传闻那样，以富有黄金而闻名，那么这些地区的吸引力可能就不会那么大。

S. 累维写道：[②]“关于羯尼迦布罗，即海岛民族的黄金城，我要想强调一下寻求黄金一事在印度文化传播到印度支那和印度尼西亚的过程中所起的作用；不仅苏勿吒蒲迷和苏伐罗洲这样一些传统名称可以证明这一点，托勒玫《地理学指南》中记载的那些江河名称也令人想到由印度尼西亚的沙子源源不断地带来的那种‘传

① E. H. 沃明顿：《罗马帝国与印度的贸易》，剑桥，1928 年。——G. 儒沃-迪布勒伊：《印度与古罗马人》，巴黎，1921 年。——H. G. 罗林森：《印度与西方世界的往来》，剑桥，1916 年。——M. P. 查尔斯沃思：《罗马帝国的商路和贸易》，剑桥，1926 年。——J. 菲利奥扎：《公元最初几个世纪印度与罗马帝国的贸易》，载《历史杂志》，1949 年，1 至 3 月号；该作者在对本文所作的说明文章（JA.，第 CCXXXVII 期，1949 年，第 368 页）中，提供了一些关于樟属植物和桂皮贸易的有趣的详细材料。——关于樟脑和其他食物的贸易情况，请再参阅：O. W. 沃尔特：《波斯松树》，BSOAS，第 XXIII 期，1960 年，第 323—350 页。B. 普拉卡什：《巴勒西格德维伯》，AA，第 XXIV 期，1961 年，第 399—402 页。

② 《昆仑与德维班德勒》，BKI，第 88 期，1931 年，第 627 页。

说中的金属’正是这里的金子将印度引向远东的这块乐土——（假想中的）黄金国。这些江河名称的方言来源很多，可能显示着淘金者的来源不一”。

我们知道，十九世纪发现了加利福尼亚和南非的富矿。依我们看，外印度的黄金含量似乎并不能证明曾引起过像那两个金矿发现时的那种“蜂拥而往”的淘金热。然而，黄金在当时还极为稀 47
罕（这是一个重要事实，但是看来与外印度的印度化无关），而且公元之前不久印度刚刚丧失了她输入贵金属的主要来源。

早先印度是购买西伯利亚的贵金属，沙漠商队从那里沿着经由大夏的路线将黄金运给她；可是中亚各民族公元前最后两个世纪的大迁徙，[1]正好切断了这条道路，使印度失去了她所需要的黄金。正因为如此，公元一世纪时印度才寻求从罗马输入金属币，这种金属币的样品后来被大量从地下发掘出来，[2]并且其中一部分应当是为流通而铸造的。但是由于韦伯芗皇帝（公元 69—79 年）成功地制止了这种当时给帝国经济带来严重损害的铸币外流，另寻来源的欲望成了冒险家们成批拥往“黄金半岛”的原因之一是不无可能的。

此外，还有两种性质完全不同的条件对他们远航海外提供了便利。

① L. 德拉瓦莱·普森，前引书。

② R. 休厄尔：《在印度发现的罗马硬币》，JRAS.，1904 年，第 591—638 页。——W. W. 塔恩：《大夏和印度的希腊人》，第 106—109 页。——P. 梅勒：《泰米尔印度的耶槃那人》，JA.，1940—1941 年，第 86—87 页。——R. E. M. 惠勒博士在《古代印度》一书（第 2 册第 116—121 页）中提出了最新最完整的一览表。

首先是物质方面的，即印度人和中国人发达的船队，[①]以及制
48 造这些可载 600 至 700 人的远洋帆船的能力。制造这些船采用了当时波斯湾地区的技术。[②] 公元三世纪中国的一部文献对此提供的详细记载[③]表明，他们的纵向帆缆索具可能使船能"逼风航行"，这是航海术中的一项重大改革。另外我们知道，约公元一世纪中叶，希腊航海家希帕洛斯就发现了季风风向是定期变换的，当时阿拉伯人也知道，但对此保密。由于这一发现，印度与红海——西方的门户——各港口之间的航海贸易奇迹般地飞速发展起来。因而印度与东方各大陆地区和名岛屿的海上来往必然要受到影响。S. 累维写道：[④]"要碰到可与之比拟的经济革命，必须往后推移十四个世纪，到葡萄牙人发现新航路而彻底改变整个亚洲的所有商路之时。"

其次是精神方面的，即佛教的发展。佛教为自己的信徒拆除了种姓间的壁垒，并取消了在种族纯洁性方面的过分要求，同时也就给改信这种新宗教的印度人解除了以前由于担心与野蛮人接触会受到污染而对出海旅行设下的羁绊。

综上所述，自然使我们将公元初年印度文化的东传，至少在很
49 大程度上看作是商业活动和航海者不断汇集的结果。这些航海者

① 关于印度与中国之间最早的海路交往，参阅 P. 伯希和的文章(见《通报》，第 XIII 期，1912 年，第 457—461 页)，以及 K. A. 尼拉坎塔·萨斯特里的《印度与中国交通之开端》(IHQ.，第 XIV 期，1938 年，第 380—387 页)，虽然萨斯特里的结论可能是有争议的，但是他提供了一些参考材料。——请再参阅王赓武的重要文章：《南海贸易：南中国海中国早期贸易史探》，JRASMB.，第 XXXI 期，第 2 册，1958 年。

② P. 伯希和：《涉及印度化的印度支那的汉文文献》，Et. Asiat. EFEO.，第 II 期，第 261 页。

③ 同上书，第 255 页。

④ 《文明的印度》，巴黎，1939 年，第 156 页。

最初是从"海上商人"中征集的，他们的类型很多，在古代佛教文献中都有描述。看来他们特别虔信提洹羯佛，即"靖海佛"（应为"燃灯佛"。——译者）。[①] S. 累维写道：[②]"《本生经》中大量的故事都与海上冒险有关。在构思这些故事的那个时代，大海和海上航行在印度的生活中显然占据着一个重要的位置"。

4. 第一批印度殖民地形成的方式

寻找香料的那些商人和寻求黄金的冒险家们经历了一个什么样的过程才最终组成一些清一色的、组织十分严密的共同体，从而导致了一批真正的印度化王国的诞生？

我们只能根据对别的地方其他时代（然而是在类似的环境中）所发生的情况的观察，尽力对此勾画出一个轮廓。

G. 费琅的文章中有好几页述及爪哇的印度化过程，其中大概包括很大一部分想象。然而谨慎地加以对待，是可以适用于外印度的其他地区的。我摘引其中几段：[③]

"真实的情形大致应当是这样：二、三只印度船沿着相同的航线航行，终于辗转抵达爪哇。这些新来的人与该地区众首领建立了联系，通过送礼、治病和送护身符，使上层人士对他们产生好感。 50

① S. 累维：《"海上商人"和他们在早期佛教中的作用》，载《法国东方之友联合会集刊》，1929 年 10 月号，第 19—39 页。

② 《默尼梅克拉海神》，载《比利时科学院通讯集》，1930 年，第 282 页。参阅 IHQ.，第 VII 期，1931 年，第 173 和 371 页。

③ 《昆仑》，JA.，1919 年，7—8 月号，第 15 页及其后文。

从亚丁湾、非洲东海岸到中国，在所有我居住过的原始文明地区，要和平地进去，唯一有效的方法不论在哪里都一样：送见面礼、分发有效药物以及能预防各种真实的和想象的疾病并能使人避免危险的护身符。外来的人必须是，并且也被认为是富翁、能治病的人和巫师。就使用这样的办法而言，谁也没有印度人那样灵巧。大概他们自称出身于皇族或王侯之家，因而只会给其主人留下深深的好感。

“移居到这块陌生的地方后，印度人无人充任翻译。因此为了取得在弦戻车人中立足的权力，他们必须学习与自己的语言截然不同的土著语言，克服这第一道障碍。接着就是与首领们的女儿结婚，[①]只是到了这个时候，外族的文化和宗教的影响才可能有机会成功地发挥作用。他们的土著妻子为此而受到了熏陶，此后便成了宣传新观念和新信仰的最佳代言人。如果公主或贵族女儿肯定新的观念和信仰比他们从祖先那里承袭下来的道德、习俗和宗教优越，她们的同胞就几乎不会与之相抵触了。

“爪哇语中没有为传播社会、道德和宗教方面的这些新鲜事物
所需要的相应的词汇，他们对这一切尚无认识。因而在所有这些
51 领域内都必须推行印度的专门词汇。这些词汇，两千年之后印度
尼西亚仍在使用。”

G. 费瑯根据他在伊斯兰教进入马达加斯加的萨卡拉瓦人地区时的亲身经历，加上假设，再现了爪哇人的有关情况。对印度尼西亚世界具有真知灼见的 R. O. 温斯泰德在其《马来亚史》一书

① 关于这类通婚，各种文献都有记载。参阅本书边码第 53 页。

中，[①]对这一段作了发挥，并补充了一些类似的情况。他写道："久而久之，这些印度人中有的在印度尼西亚人的大户之家娶了亲，引进了印度人的王权观念。正如一千年后穆斯林泰米尔人与马六甲苏丹和盘陀诃罗（即宰相。——译者）的家族联姻一样。看来印度人当时来到马来亚的情形与后来从印度和哈德拉毛来的穆斯林到达时的情况非常相似，那时婆罗门和刹帝利所占据的地位转而为赛义德所僭代。"

这大概便是印度化的第一阶段。更确切地说，这个阶段就是一个人或几个人合伙从事的和平的、无预先计划的交易活动，而不是大规模的迁徙。如果是大规模的迁徙，则外印度的澳-亚人和印度尼西亚人在体质型态方面会产生更大得多的变化。N.J.克罗姆的见解大致就是这样。[②] 对此，有人提出异议。认为对于当时聚集在沿海新拓居地的印度人来说，要与内地的土著社会接触到可以在文化方面对他们产生影响的程度是困难的。[③]

然而，对于那些继商人之后，也可以说是追随他们而来的，属 52
于前两个瓦尔那的有学问的成员，必须加以重视，舍此，将无法理解外印度的那些深受印度宗教和梵文文学渗透的文化是怎么出现的。关于这个问题，曾有人提出一种假设，认为按照商人的说法，婆罗门以具有神奇的力量而著称，他们可能是被土著首领召集起

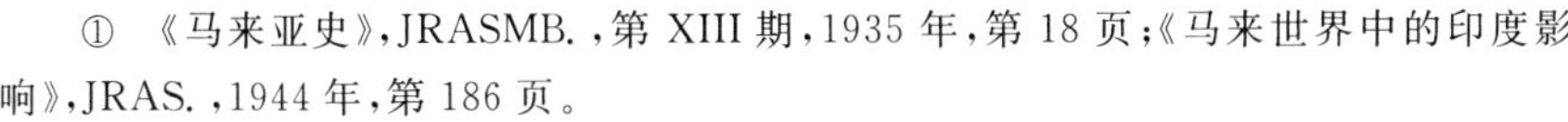

① 《马来亚史》，JRASMB.，第XIII期，1935年，第18页；《马来世界中的印度影响》，JRAS.，1944年，第186页。

② N.J.克罗姆：《印度化爪哇史》，海牙，1931年。

③ F.H.范·纳尔森：《印度尼西亚的文化交往和社会冲突》，纽约，1946年；《印度尼西亚文化印度化过程的开始》，载《诃陵》（Orientalia Neerlandica），1948年，第414—422页；《印度尼西亚文化的社会表现形式》，载《Zaire》1948年6月。

来，以便加强自己的权力和提高威望。[1] 此外，对于最早的扶南王国我们也有这方面的证据。中国人对该王国提供了确切的材料：在扶南，有的官员是印度人，这可以从他们的姓是一个表示民族名称的词汇“竺”上辨认出来，[2]中国人就是用“竺”来称呼那些出生于印度的人。此外，尚不能肯定这些社会地位高于最初那些航海者的移民，是否都是属于古老的雅利安种族的纯印度人。他们当中应该有很大一部分是非雅利安人，在这些陌生的地方与土著相处，他们可以很方便地自称属于那些在印度本土可能不承认他们的社会等级。

上文我已指出过佛教对海上贸易迅猛发展的影响，我们知道，在许多地方，印度化最古老的证据都是提洹羯佛佛像，这种佛像颇受常到南方诸岛去的航海者们尊崇。佛教的作用是无可否认的：由于它的传教精神和没有种族偏见，看来当时已经打开了一条门路。但是，大部分在外印度组成的王国，很快就采用了湿婆教的王
53 权观念，这种王权是建立在婆罗门和刹帝利这两个种姓上的，表现为对国王林伽的崇拜。[3] K. A. 尼拉坎塔·沙斯特里写道：[4]“同古代希腊的情形一样，殖民地开拓者离开城邦去寻找新居的时候，随身带走了从城市圣炉中取出的火，作为儿女对城邦眷恋之情的一

① J. C. 范·勒尔：《印度尼西亚的贸易与社会》，海牙，1955 年。

② 这是“天竺”（即“印度”）的缩写。请参阅 P. 伯希和的《扶南考》，BEFEO.，第 III 期，第 252 页，注 4。

③ F. D. K. 鲍斯赫：《迪奈亚的林伽祭坛》，TBG.，第 64 期，1924 年，第 227—291 页。——R. 海因—格尔登：《东南亚的国家观念和王权观念》，FEQ.，第 II 期，1942 年，第 15—30 页。

④ 《阿加斯蒂阿》，TBG.，第 76 期，1936 年，第 503 页。

种象征。同样，印度移民也随身带走一种宗教信仰——湿婆崇拜，在这种信仰中，凭借着国王手下婆罗门僧侣的有力帮助，湿婆起着国家守护神的作用。”

这样一个王国的建立，即把一个简单的商业聚居地改变成一个有组织的政治国家，可以用两种不同的方式进行：要么是一个印度人强使已被各种印度文化因素不同程度地渗透了的当地居民接受自己为其首领，或者是一个土著首领采用异族文化，并且在使自己印度化的同时，巩固了他的政权。这两种情况应当都发生过。然而在第一种情况下，假定王朝最初是纯印度血统的，那么由于印度人当时不可避免地要与当地人通婚，要长期保持纯印度血统就几乎是不可能的。据中国人报道，扶南第一王朝的起源本身就属于这类联姻。但是，利用弗拉迪厄斯多默，即婆罗门教接受外族加入其正统团体的仪式，[①]将土著首领提升到刹帝利等级，这在当时 54
应当是一种惯例，而且碑铭也提供了一些这方面的例证。幕拉跋摩王五世纪初在婆罗洲留下了一些梵文碑铭，[②]其中提到他父亲厄希弗跋摩，这是一个纯粹的梵语名字，但是他祖父的名字却叫孔东加，肯定不是梵语的。珊阇耶是八世纪爪哇的马打兰王朝的创立者，[③]是一个名叫沙那的人的侄子，沙那这个名字的发音就像是一个梵语化了的爪哇语名字。

---

① 参阅 L. 德拉瓦莱·普森：《印—欧语系与印度—伊朗语族》（《世界史》，卷 III），第 168、169、174 和 178 页；《印度诸王朝及其历史》（出处同上，卷 VI，2），第 361 页。——S. 累维：《尼泊尔》，卷 I，第 220 页。——L. 勒努：《吠陀著作目录》，1931 年，第 143 和 334 页。

② 见本书边码第 42 和 103 页。

③ 参阅本书边码第 166—167 页。

一般地说，被种姓制度支配着的印度的社会结构，在与土著社会接触时，大概都经历了深刻的变化。古代柬埔寨的家谱常常是梵文名字与吉蔑文名字的一种奇特的混合，这种情况使得A.巴思说，柬埔寨的婆罗门“似乎在血统的纯洁性方面不大严格”。[①] 这是因为，这些婆罗门如果要传宗接代，当时就不可能不在很大程度上打破内婚制的各种规定。有人曾对这类通婚的可能性提出异议。[②] 然而五世纪的一部中国文献肯定地说，[③]顿逊国有“天竺婆罗门千余人。顿逊敬奉其道，嫁女与之，故多不去”。[④]

55 关于这个问题，我们可以援引南印度的例子，在那里，最严格的婆罗门，从体质方面讲，是纯血统的达罗毗荼人。L.德拉瓦莱·普森以一些参考书为根据，对这些书中记载的孟加拉诸部落的婆罗门在“婆罗门教化过程”中所起的作用，作了简要而生动的描绘。他指出：“不论是铁器时代的艰难迫使他们作出最大的让步，还是那里的氏族真正适应了他们乐于助人的传统观念的要求，婆罗门都始终孜孜不倦地为氏族的各种宗教事务服务”。[⑤]

至于S.累维，他指出，[⑥]婆罗门就是“一种不定型的宗教，没有首脑，没有神职人员，无公认的教义，也没有教规”，然而它的作用

① 《柬埔寨碑铭集》，第159页，注10，斯赫的意见是由十一世纪的一份文献引起的，但是这种混合名字的做法早已为人们所遵行。

② J.C.范·勒尔：《印度尼西亚的贸易与社会》，第100页。

③ P.伯希和：《扶南考》，BEFEO.，第III期，第279页。译者按：此段见《太平御览》卷788，引竺芝《扶南记》。

④ 顿逊当时是扶南的藩属，大概位于马来半岛，参阅本书边码第79页。——即使这部中国文献中提到的婆罗门不都属于婆罗门种姓，这部文献仍是很有趣的。

⑤ 《印度诸王朝及其历史》，第361页。

⑥ 《文明的印度》，第23页。

却统一了印度，并且至今仍然继续存在。“它不倦地吸收新教徒。山林里的那些部落也渴望有他们自己的婆罗门。被利诱或劫掠到部落里来的婆罗门，首先从一个氏族崇拜的神物中找出一个用他自己所崇拜的神乔装改扮过的神的化身来，然后他又找出一个该供氏族首领使用的世系谱，通过这个世系谱把这个氏族的首领与英雄史诗联系起来；反过来，他又把自己的宗教仪式强加于这个氏族，尤其是对母牛的崇拜，这是婆罗门教信条中的原始信仰物”。我们还可以再谈一谈印度文化的特殊性：“在这种文化中，生活方式遵循着一定的哲学-宗教教义，这种特殊性必然导致土著中受该文化吸引的优秀分子全盘采用这种文化。接受婆罗门教导致了采用印度人的生活方式，而采用印度人的生活方式又导致了奉行婆罗门教。印度人给土著首领带来的并非一套完善的行政学，而是
一种能适应海外各地的新条件的行政管理方法”。[①] 56

因此，根据印度今天仍然发生的情况[②]作出的推论可以证实中国古代的史料。据这些史料记载，南海各地区的共同特征不属于移民的印度化殖民地型，而是属于印度化了的土著社会型。

W. F. 斯图特海姆在谈及巴厘时说：[③]“就这样，出现了一些由印度血统的或印度化的君主统治的小块区域。在那些地方只是宫廷成员必须有印度血统，广大百姓仍是印度尼西亚人。今天三梵萨（三个高级瓦尔那）占人口的百分之七，其余的称作高勒（即仆

① G. 赛代斯：《印度支那半岛诸民族》，第 55 页。

② 关于锡兰的情况，参阅 J. 菲利奥扎对本书的评论，载 JA.，第 CCXXXVII 期，1949 年，第 369 页。

③ 《印度对古代巴厘艺术的影响》，伦敦，印度学会，1935 年，第 6 页。

人）或首陀罗。”

外印度第一批印度化王国的建立促进并加强了外印度与印度间的相互交易，碑铭和汉文献对此都有所记载。由于这种相互交易，上述印度文化的传播过程持续了好几个世纪。我有意使用“相互交易”一词，因为应该考虑到，在印度人前往东方各地的时候，从某个时期起，印度支那和印度尼西亚的交易者也来到了印度，在某几个大港口聚集起来形成了一些“移民地”。同样，在分析印度文化传入时，我们大概也应当重视一个似乎已被人们忽视了的因素，我要说的是印度支那和印度尼西亚土著所起的作用。他们在海外
57 居住一个时期返回家乡后，想必对在他们故乡传播印度的习俗和宗教信仰作出了很大的贡献。我们可以根据近代亚洲发生的情况来对此作一判断：西方的风尚和习俗，衣着，表示礼貌的举止，对不同形式的艺术、文学或消遣的兴趣，这一切由从欧洲或美洲回来的亚洲人介绍给当地群众，比欧洲人自己介绍要来得更快更容易。过去在外印度各地的情况亦当如此，印度文化得以在那里传播，其中部分功劳可能是属于热爱优秀文化的那些当地人。

最后必须考虑到印度人有将其文化的各个不同方面——从法律（《达摩奢萨怛罗》）、政治（《阿他奢萨怛罗》）直到寻求乐趣方面（《迦摩奢萨怛罗》）[①]——分别编撰成论著的癖好。虽然我们不像有的人认为的那样断言[②]：“在印度尼西亚，从书籍和教材中可以获得有关印度文化全貌的知识，印度人本身只起了一点完全微不

① 这三部论著分别为：《法论》、《政事论》和《欲论》。

② W. F. 斯图特海姆：《印度对太平洋地区的影响》，第 4—5 页。——F. D. K. 鲍斯赫：《东印度群岛的印度殖民地问题》，莱登，1946 年。

足道的作用或者甚至可能是毫无作用。"但是可以肯定，所有这些用梵文撰写的关于技艺和统治术的专著必然使印度文化进入海外各地区变得更为容易。

在此重复一下我在别的地方说过的话，[①]作为关于印度殖民地建立的方式这一节的结尾，我认为是有益的。

"在许多情况下，印度化王国都是由当地各有其守护神或土地神的若干民族聚集在一个独一首领（印度人或是印度化了的土著） 58
的权力之下而形成。王国建立时，要在一座天然的或人工建造的山上确立对一个印度神的崇拜，该神与国王的外表合二而一，象征着该王国的统一。这种习俗在印度支那所有的印度化王国都得到了证实，不论是初建一个王国或是建立一个新王朝，都要举行这样的仪式。这种习俗使当地的诸神崇拜在高地上与印度的王权观念协调了起来，并给予聚集在独一无二的那个君主之下的所有居民一个神，可以说是一个属于国家的神，它与君主制度密切地结合在一起。在印度支那传播他们的文明时，印度人很善于将外族的信仰和祭仪看成自己的而加以吸收。关于印度人的这种做法，这是一个典型的例子，它生动地说明了在印度支那各种古代文化形成的过程中，印度方面的因素和当地的因素各自所起的作用，以及这两种因素彼此相互影响的方式。"

5.印度文化传播的出发点及路线

旅行者们所走的都是哪些路线？在印度又有哪些地方是该文

① 《印度支那半岛诸民族》，第 57 页。

化向印度支那半岛和南方诸岛传播的中心呢？

就算对于群岛来说，这种文化显然是由海路传入的，但是对于半岛来说，我们可以考虑，难道陆路就没有起过一定作用吗？[①]

59 有人把通过马来半岛及马来群岛延伸出去的印度支那描述为一道天然“屏障”；“只有通过像新加坡航道或巽他海峡这样一些较窄的航道，经由印度洋来自西方的船只或经过中国海从东方来的船只才能够从此岸到达彼岸”。以上这段文字的作者 H. 贝尔纳神甫补充道：[②]“从前，陆路虽为捷径，但无法通行，因为伊洛瓦底江、萨尔温江、湄南河、湄公河和红河等河流的三角洲都背靠险峻而荒凉的中央地区，有时被热带植物所堵塞，只是航空业发展以来，才可以很容易地越过这些地区。”

然而，印度支那的三角洲及其红树林对寻找黄金的冒险者之阻碍，不会比中亚的沙漠和帕米尔的大雪对丝绸商或去取经的佛教徒的阻碍更大。地理上的障碍有时还不像海盗那么可怕，而且正是各海峡地区海盗的猖獗，以及后来巨港王国严峻的商业政策，[③]才使各条陆路具有了明显的重要意义，这一点已经得到了考古新发现的证实。

再者，有什么比避免绕道马六甲海峡（我讲的不是巽他海峡，与印度相对而言，它过于靠南了。虽然那条路线古代间或有人走过，
60 但是，只有从过好望角的航行形成高潮那个时期开始，它才具有明

① A. 黑尔马恩：《托勒密描述的连接印度和南部中国的古道》，Z《地理学会期刊》，1913 年，第 771 页。——P. 惠特利：《黄金半岛》，吉隆坡，1961 年。

② 《为了理解印度支那和西方》，河内，1939 年，第 51 页。

③ 参阅本书边码第 241、260 和 335 页。

显的重要地位)、利用克拉地峡和马来半岛的狭隘处,以便通过一条这样的天然道路转装货物更有吸引力?今天走这些天然的道路,“骑自行车,几小时便可以很容易地从这一海岸抵达另一海岸”。[①]

由于当时从南印度到各黄金地去的航海者避开了沿孟加拉海岸的航行,冒险横渡大海,他们有两条路线可取:要么是位于安达曼群岛和尼科巴群岛之间的十度航道,要么就走更南边尼科巴群岛与亚齐顶端之间的航道。走前一条路线是在半岛上的达瓜巴附近靠岸,第二条航线是在吉打附近登陆。在这两处遗址,考古工作者都发掘出了一些古代文物。[②]

人们可以毫不费力地从吉打到宋卡,从董里到博他仑、到古老的洛坤或到万伦,从克拉到春蓬,特别是从打瓜巴到猜亚更是轻而易举,考古学的研究已经揭示了这些道路所具有的重要地位及其古老历史。[③]

对于从中印度来的和走沿海航路的旅行者来说,要进入暹罗湾,进而到中国海,还有一条道路可走,即从土瓦出发,经由三塔关

① L. 德拉戎基埃:《暹罗的考古学领域》,BCAI.,1909 年,第 259 页;参阅第 256 页。

② L. 德拉戎基埃,前引书。——H. G. Q. 韦尔斯:《一条新探查到的古代印度文化传播的路线》,IAL.,第 IX 期,1935 年,第 1—31 页;《走向吴哥》,伦敦,1937 年;《关于古代印度在马来亚开拓殖民地的考古研究》,JRASMB.,第 XVII 期,第 1 辑,1940 年。

③ J. Y. 克莱斯:《暹罗考古》,BEFEO.,第 XXXI 期,第 378 页。——H. G. Q. 韦尔斯,前引书。——P. 惠特利在其《黄金半岛》一书第 190 页上提供了一张地图,注有印度人所走的路线和旅行者所取的横贯半岛的路线。该著者在《伯纳里根》(见 JSSS.,第 X 期,1954 年,第 1—16 页)一文中,沿着两条河流又绘了两条从马六甲到彭亨的路线,其陆上转运路线很短。

61 翻越一些大山，然后沿北碧河而下到湄南河三角洲。上文我们已指出的非常古老的蓬德遗址就在北碧河沿岸，该遗址与佛统府遗址相邻，佛统府遗址的古老程度不亚于蓬德。再往北，从西边进入湄南河流域，当时可走现在把毛淡棉港与湄南河的一条支流上的达府城连接在一起的那条道路。

最后，有一位学者曾假设存在这样一条路，它通过呵叻高原，经由另一个古代遗址西贴，取道蒙河流域，沟通了湄南河和湄公河。[1] 柬埔寨人的印度化王国的摇篮位于湄公河中游的巴塞地区，[2]南孔河上无法逾越的急流把它与湄公河下游及大海分隔开了，可以这么说，它成了这条道路的终点。

再往北，当时还有一条经过阿萨姆、上缅甸及云南而把印度和中国连接起来的道路。这条道路的使用从公元二世纪初起便得到了清楚的证实，[3]然而其开始使用的时间大概可以上溯到公元前二世纪。通过这条道路，印度文化在上缅甸产生影响之后，一直传播到了南诏。[4]

① H. G. Q. 韦尔斯：《走向吴哥》，第 111 页。

② 参阅本书边码第 126 页。

③ P. 伯希和：《两道考》，BEFEO.，第 IV 期，第 142—143 页。——G. H. 卢斯和佩貌丁：《直至蒲甘衰落时的缅甸》，JBRS.，第 XXIX 期，1939 年，第 264 页。——W. 利埃本瑟尔在其《古代缅甸之路，一个传说？》（见 JGIS.，第 XV 期，1956 年，第 6 页）一文中，对此提出质疑，然而，佛·普卡什在其《弗于毗婆提诃考》（出处同上，第 93 页）一文中接受了此说。

④ P. 伯希和：《两道考》，出处同上，第 154 页及其后文；《“中国”这个名称的由来》，TP.，第 XIII 期，1912 年，第 733—734 页。——W. 利埃本瑟尔：《出自云南的梵文碑铭》，载《墓碑辑录》，第 XII 期，1947 年。

分布在外印度的印度人是从哪里来的，他们是在什么地方上
的船？这个问题成了许多人的研究对象。遗憾的是，跟此问题的
研究关系最为密切的那些人，即印度的历史学家们，始终没有按常
理客观地对待这个问题；他们因各自出生地的不同而结论不同：是
马德拉斯人的，就把使“大印度”殖民化的荣誉归功于泰米尔地区； 62
是加尔各答人的，就将这一功绩归于孟加拉。

苏门答腊有一块泰米尔文碑铭，[①]马来半岛有两块，[②]这使马德拉斯派占了上风，但是其中没有一块可以追溯至印度化之初。除这三块碑铭外，殖民者们在海外没有留下用他们家乡当地的文字书写的、能够提供有关他们的来源的任何材料。因此，关于这些殖民者的由来，我们所掌握的材料都是欧洲或中国的地理学家和旅行家们的著作，由于印度文献隐约地涉及了航海问题，所以最后还有外印度的地名、各种传说、各种字体和各种造型艺术所能向我们提供的材料。

L. 德拉瓦莱·普森写道：[③]“从印度直至耽摩栗底（德姆卢格）的所有东海岸港口，对印度文化的传播都有贡献，但是此中以南部为最。”

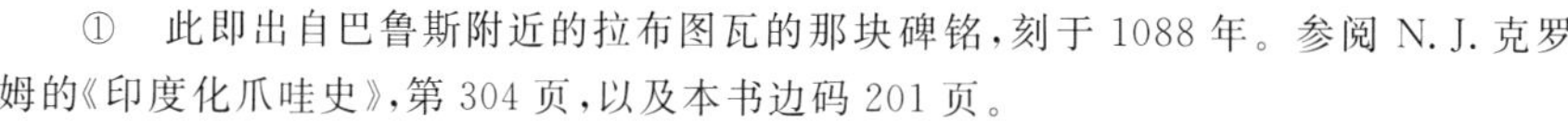

① 此即出自巴鲁斯附近的拉布图瓦的那块碑铭，刻于 1088 年。参阅 N. J. 克罗姆的《印度化爪哇史》，第 304 页，以及本书边码 201 页。

② 即出自达爪巴的考拍那莱山属于七至九世纪的那块碑铭和出自洛坤的玛诃塔寺属于十至十一世纪的那块碑铭。参阅 G. 赛代斯的《暹罗碑铭集》，卷 II，第 49 和 57 页。

③ 《印度诸王朝及其历史》，第 293 页。

事实上，虽然《红海航海记》(§60)把被称作“柯兰底亚”①的
63 大海船由之出发去寻求黄金的三个彼此相邻的大港口的位置确定在迦摩罗(托勒玫写作卡巴里，即高韦里河三角洲上的迦毗里波底南)、②波祖凯(本地治理?)③和索帕特马，但是托勒玫(VII，1，15)却把前往黄金半岛的旅行者的启程港(厄佩代里翁)的位置确定在更北边的奇卡科尔附近。④ 分别于五世纪初和七世纪末乘船从印度返回中国的中国求法僧法显和义净就是在耽摩栗底(恒河口上的德姆卢格)上船的。自《本生经》编纂的那个时期起，从恒河流域

① 桑甘的泰米尔文文献中的克勒姆(Kalam)，以及梵文的佛教典籍中的戈勒(Kala)，这两个词汇都有“船”的意思(参阅 P. 梅尔的《泰米尔印度的耶槃那人》，JA.，1940—1941 年，第 90—92 页)。——中国人使用的一个词语“昆仑舶”，可能与希腊语的柯兰底亚是同义词(据 M. R. 斯坦因提供的材料)。A. H. 克里斯蒂则在其《作为一个民族学词汇的昆仑这个名称》(见《第二十三届东方学家国际会议报告集》，剑桥，1954 年，第 29 页)一文中把“Kolandiaphônta megista”(见《红海航海记》，§60)这个熟语解释作“Kolandiapha onta(ta)megista”的异写，并将“Kolandiapha”看作汉文“昆仑舶”的希腊文转写，因为汉字舶在东南亚的各种方言中都代表“船”这个名称。他的这个论点在其《〈红海航海记〉中一段难解的文章》(BSOAS.，第 XIX 期，1957 年，第 345—353 页)一文中有进一步的发挥。

② 《剑桥印度史》，卷 I，第 212 页。——关于桑甘的文献中对该港迅速发展时期的描述，参阅尼拉坎塔·萨斯特里的《朱罗王朝》(第 96 和 99 页)。另请参阅 JA.，1940—1941 年，第 98 页。

③ 参阅 G. 儒沃-迪布勒伊的《伯杆盖——本地治理》一文，载《传播者》，第十期，本地治理，1938 年；《本地治理的罗马遗迹》，BEFEO.，第 XL 期，第 448—450 页；以及 L. 福舍修士的《本地治理附近的一座印度古城——维勒伯德南》，本地治理，1946 年。以上两位著者在被称作阿利迦弥陀的那个遗址上进行的发掘表明，公元初的几个世纪那里曾有过一个与西地中海有商业联系的商行。请参阅 P. Z. 帕塔比拉曼的《阿利迦弥陀(伯杜盖)的出土文物》，本地治理，1946 年。惠勒博士最近在那里发掘的情况，在其《古代印度》一书第二册(1946 年)中有大量报道。——另外请参阅 J. 菲利奥扎的《印度与罗马帝国的贸易》，载《历史杂志》，1949 年，第 15 页。

④ S. 累维：《印度古代地理的几个问题》，JA.，1—3 月号，1925 年，第 46—57 页。

的贝拿勒斯或坚巴出发的商人，可能也就是从耽摩栗底取道海上前往苏勿吒蒲迷——黄金地。[①] 最后，西海岸的各大港口：跋鲁迦车（希腊语作瓦里加扎，即今布罗奇）、修罗波罗迦（苏帕拉，索帕拉）和穆吉里（希腊语作穆齐里斯，即今格朗格努尔），当时肯定都与黄金半岛有联系。[②]

从移植到外印度的印度地名中所能得到的那些材料是不太有
说服力的，因为这些材料往往要很久之后才能得到证实，而且选出 64
来的那些地名，如坚巴、婆罗波提、阿瑜陀，以及往世书中传说里的另一些著名的城市，也并不一定可以证明将这些地名移植到异邦的人在恒河地区的来源。相反，当涉及不太著名的地名时，来自地名的证据倒更有价值。例如，我们可以确定在多罗摩（在爪哇最古老的那块碑铭中，多罗摩就在爪哇岛西部的一个地方[③]）与位于科摩林角附近的一个同名的地方之间存在着一种有趣的密切关系。同样，对于白古使用乌瑟（乌荼，即奥里萨）这个名字，以及将室利差呾罗（即布里）用作缅甸卑谬的古名，[④]肯定都表明这些地区与奥里萨之间有过关系。羯陵伽这个名称在克林这个名字上得到了反映，克林被马来人和柬埔寨人用来指印度人。缅甸人用得楞这个名字指孟族，看来这一称呼表明，在某个时期，特仑甘纳（即马德

① 《森克本生经》，№442；《默哈哲纳格本生经》，№539。

② 古吉拉特的一个古老谚语隐约提及了从爪哇归来的航海者的财富（《拉斯·马拉》，卷 II，82，在《霍布森—乔布森》一书第 456 页上有引述）。

③ 见本书边码第 106 页。——但是，K. A. 尼拉坎塔·萨斯特里在其《室利佛逝史》一书中（第 16 页）打算接受 N. J. 克罗姆的看法（见《印度化爪哇史》，第 78 页），后者认为“târumâ”（多罗摩）是一个印度尼西亚词汇，意为靛蓝。

④ 见本书边码第 147 页。

拉斯地区)与孟族地区之间曾有过特别频繁的来往。基于同样的思想,我们也会联想到苏门答腊的卡罗——巴塔克族现在所使用的各种民族名称——注辇、潘地亚、拔罗婆、马来衍那——都是来源于达罗毗荼人时期的印度。[①]

各种有关王朝的传说大概可以提供一些珍贵的资料。有人曾经试图找出爪哇和苏门答腊的夏连特拉王朝与奥里萨的塞拉王朝
65 之间的关系,[②]但是,这和有关扶南诸统治者的王朝传说与关于建志(康吉弗兰)的拔罗婆王朝的传说之间的关系相比较,后者更能令人满意。[③] 扶南的创建者和使扶南印度化的那位大人物,两者皆出自起源于印度北方的憍陈如婆罗门氏族。公元二世纪左右,该氏族的一支曾对迈索尔产生过巨大的影响。[④] 谈及圣人阿加斯蒂耶及在外印度对他的崇拜的各种资料,都会使人想到印度最南端的槃底耶族对印度化事业作出过贡献。[⑤]

对碑铭进行的古文字学研究提供了一些有用的详细情况:由于外印度曾一度使用过前天城体梵文字体,从而证实了七世纪末和九世纪初有过一次孟加拉文化影响的浪潮。[⑥] 遗憾的是,各类

---

① H. 克恩:《苏门答腊的达罗毗荼人的名称》,载《Verspreide Geschriften》,第 III 期,第 67—72 页。

② R. C. 马君达:《金洲》卷 I,第 226—227 页。

③ G. 赛代斯:《关于龙的传说》,BEFEO.,第 XI 期,第 391 页。

④ K. P. 贾亚斯瓦尔:《约公元 150 年至 350 年的印度史》,载《比哈尔和奥里萨研究会会刊》,第 XIX 期,1933 年,第 169 页。——B. R. 沙特吉:《柬埔寨研究的最新进展》,JGIS.,第 VI 期,1939 年,第 139 页。——K. A. 尼拉坎塔·萨斯特里:《印度的憍陈如家族考》,AA.,第 XXIV 期,1961 年,第 403 页。

⑤ K. A. 尼拉坎塔·萨斯特里:《阿加斯蒂阿考》,TBG.,第 76 期,1936 年,第 503—504 页。

⑥ F. D. K. 鲍斯赫:《盖洛勒格碑铭》,出处同上,第 68 期,1929 年,第 3—16 页。

印度字体越古老则其差别越小。R. C. 马君达曾试图证明，[①]印度支那最古老的那块梵文碑铭（该碑铭可追溯到公元三世纪，出自扶南而不是占婆）[②]上的字体，是由在北印度中部流行的贵霜人的字体派生出来的。但是 K. A. 尼拉坎塔・萨斯特里以大量的论据，对这一改革性的见解提出了反对意见。[③] 后者是传统论点的捍卫者，根据传统的看法，外印度的所有字母都来源于南印度，其中拔罗婆人的字体的影响居于主导地位。[④] 66

各种造型艺术对该问题的研究均无济于事，因为其最古老的遗迹一般较印度化的开始都晚好几个世纪，只有那些所谓阿摩罗伐蒂式的佛像例外（实际上那些佛像是受了笈多或僧迦罗的影响）。上文我们已经指出过在外印度各地这类佛像的情况。如果说各种雕塑证明南方在印度化初期占主导地位，那么我们已经注意到的，雕塑中的笈多艺术，然后是巴拉和森纳艺术相继而来的影响，[⑤]以及奥里萨艺术对缅甸和爪哇的印度式的塑像的影响，[⑥]则会使我们

① 《对占婆碑铭的古文字学研究》，BEFEO.，第 XXXII 期，第 127—139 页。

② 见本书边码第 82 页。

③ 《占婆字母的由来》，BEFEO.，第 XXXV 期，第 233—241 页。

④ J. Ph. 沃格尔：《出自古戴（婆罗洲东部）的幕拉跋摩王的尤伯碑铭》，BKI.，第 74 期，1918 年，第 222—223 页。——谈到这些碑铭时，K. A. 尼拉坎塔・萨斯特里在其《室利佛逝史》第 17 页上明确指出，最好讲这些碑铭的字体是“马德拉斯东海岸的字体”，而不是“拔罗婆人的字体”，因为泰卢固人地区提供了一些这种类型的字体的古老样品，它并非“拔罗婆人”特有的字体，释楞迦衍那人也使用它。

⑤ A. K. 库马拉斯瓦米：《印度和印度尼西亚的艺术史》，伦敦，1927 年；《印度艺术的影响》，伦敦，1927 年。—— R. 格鲁赛：《在外印度的巴拉和森纳的艺术》，载《东方学研究》（利洛西埃论文集）卷 I，第 277—285 页。——A. J. 伯内・肯珀斯：《那烂陀的青铜制品和印度化爪哇的艺术》，莱登，1933 年。

⑥ D. 格什：《印度装饰性艺术主题的传播》，JGIS.，第 II 期，1935 年，第 37—46 页；《奥里萨佛像与爪哇佛像之间的关系》，载《现代评论》，1933 年 11 月号。

得到这样一个概念：对造型艺术的形成和发展起过作用的因素是多种多样的。

假若我们掌握着公元六世纪之前的建筑的遗迹，那么从建筑学的研究中，大概也会得出同样的结论。根据现有的文献资料，外印度古迹的风格是如此地迥然不同，并且已经如此远离它们的印
67 度原型，以致有人这样说："这些建筑物中最早的那批与印度同时代的或早于那个时代的建筑物之间的关系，根本不会令人惊异；如果抽去其中的塑像和碑铭，并且各种有关文献已佚传的话，乍一看没有谁会想到把它们与印度的寺院作比较。至多只会觉得它们具有与后者同族的外貌，而绝不会认为两者直接同源"。这段话的作者[1]把这种情形归咎于用容易腐蚀的轻材料建造的建筑物的消失。倘若我们了解这种建筑物，那么它大概能向我们提供人们曾探索过的演变关系。一般认为，同外印度的印度化古建筑相比，相似之处显得最多的，是公元七世纪初拔罗婆诸王修建的那些摩摩罗浦罗的独石庙宇。然而，南印度大概并不是唯一能够要求承认对印度支那和马来群岛印度化建筑产生过影响的地方，前吴哥时期的柬埔寨和古代占婆的砖塔跟中印度一些砖造古迹之相似，[2]尤其是与笈多时期恒河流域的比泰冈寺庙的相像，[3]也会使人禁

① H.帕芒蒂埃：《印度和远东各种印度式建筑的共同起源》，Et. Asiat. EFEO.，第 II 期，第 200 页。

② 这一比较是 R. S. 勒梅在其《暹罗的佛教艺术》一书（第 63—65 页）中提出来的。

③ A.坎宁安：《印度考古调查——年度报告汇编》，卷 XI，1875—1878 年，第 40—46 页。——关于北印度可能产生的影响，另请参阅 G.德科拉尔·雷米扎的《论印度拔罗婆人的过梁和前吴哥时期吉蔑人的过梁的共同起源》，RAA.，第 VIII 期，1934 年，第 249 页。

不住感到惊讶。比泰冈寺庙与印度和印度支那的砖塔大概出自同一鼻祖。

以上对我们所掌握的,有关印度文化东传起源的材料作了一个简要的、不完整的回顾。只要把上文已经引用过的、L. 德拉瓦莱·普森的那种说法稍事修改,便可用来简述我们从这个回顾中
得出的印象:印度每一个地区对这种文化传播或多或少都有所贡 68
献,而其中作用最大的是南部。有人可能倾向于夸大南印度的作用,把一种过分夸张了的影响作用归功于拔罗婆王朝。[1] 这是因为除扶南以外,最早的碑铭文献和最古老的考古遗迹的出现都与拔罗婆王朝的上升时期正好同时,人们就把这种可能仅仅是年代相一致的情况改变成了一种因果关系。下一章我们将看到,至少对于扶南,可能有必要考虑来自西北印度的各种影响,但是这一点至今还很少为人所注意。不过,总的说来,南印度的影响仍然是占主导地位的,[2]锡兰的影响亦不容忽视。[3]

但是,我再重复一遍,印度文化的传播并非一个有清楚时间、空间界限的历史事件,而是这样一种现象,它波及广大的不同地

① B. Ch. 查布雷:《碑铭证实了的拔罗婆统治时期印度—雅利安文化的传播》,JASB.(《通讯集》),卷 I,1953 年,第 1 辑。

② 可是请参阅 W. F. 斯图特海姆:《印度对太平洋地区的影响》。——另一方面 M. R. 林加特却要我注意鲍塔耶那《法论》中的一段文章。这段文章在列举北方婆罗门所特有的习俗时,提及他们有出海旅行的习惯(I,I,II,4)。并说在其他任何地方这样做都被认为会招致耻辱(这一点似乎说得太过分了,见本书第 41 页注①)。

③ P. 杜邦:《东南亚所谓阿摩罗伐蒂流派的佛陀像》,BEFEO.,第 XLIX 期,1959 年,第 631 页;《对堕罗钵底孟族的考古研究》,巴黎,1959 年,卷 I,第 164—167 页。——J. G. 德卡斯帕里斯:《古代爪哇与锡兰文化交往的新证据》,AA.,第 XXIV 期,1961 年,第 241 页。

区，并且延续了好几个世纪；它是波浪式的，包含着渊源各异的许多有地方特色的潮流，而且受到了由马来半岛上第一批印度化王
69 国构成的传布中心的推动，这些王国充当了印度本土与外印度之间的中继站。第二个使扶南印度化的婆罗门憍陈如，就来自半岛上的盘盘王国。[①] 苏门答腊南部的巨港在七世纪时是传布佛教的一大中心，一些外国学者，如中国的义净，[②]曾到那里学习过。

最后，在研究印度文化传播的各发源地时，不可忽视我们的资料绝大部分是由印度支那和印度尼西亚的材料组成的，这些材料告诉了我们一个结果，但却极少使我们知道产生这一结果的那一连串事件的本身。

既然有关公元初几个世纪外印度印度化的资料的性质已经确定，我们就可以说，自从碑铭学、考古学和外国的资料开始使我们具备写外印度印度化史的条件之时起，人们较多地是论述印度文化与土著社会接触后的演变及其衰落的历史，却很少写印度文化传播的历史，关于其起源史则写得更少。

6. 印度文化渗入当地社会的程度

印度文化在印度支那和印度尼西亚人民大众中深入到了什么程度，抑或它始终是上层的特权？十三世纪这种文化的衰落，是由于越来越多的当地人接受了它，使之逐渐失去了其特有的面貌呢，

① 参阅本书边码第 102 页。

② 参阅本书边码第 154—155 页。〔补遗〕关于印度文化传入爪哇，见 J. G. 德卡斯帕里斯的《浅谈古代爪哇社会集团》，载《Amerta》，第 II 期，1954 年，第 44 页（该文已被 L. C. 达梅斯收入《印度尼西亚书目提要》，BEFEO.，第 LI 期，1963 年，第 546 页）。

或者更确切地说是因为深受这种文化熏陶的文雅的贵族阶级消亡 70
了，而当时人民大众对这种文化仍然是陌生的？关于这些问题，我们所掌握的资料，尤其是碑铭（它主要使我们了解了各种宗教以及各宫廷和统治阶级的构成的情况），都未提供我们所需要的材料。

历史学家们同意接受下面这个说法：在印度式的外表下，全体居民都保持着他们自己的主要特征。至少 N. J. 克罗姆对爪哇的看法是如此。W. F. 斯图特海姆告诉我们，在巴厘，“婆罗门教历来是，而且今天依然是社会上层的文化，可是从未完全成为信奉印度尼西亚人的万物有灵论和奉行祖先崇拜的大众的文化。”[①]

柬埔寨的情况亦当如此。这种宗教十四世纪在那里衰微的原因，看来是十三世纪信奉婆罗门教的贵族集团的衰落。素可泰的一块碑铭中对这个贵族集团的衰落有所记载。[②]

婆罗门教在外印度具有了国王崇拜的特殊表现形式，[③]它基本上是一种属于贵族的宗教，并不是为群众而设的。这就可以解释为什么正好在印度世界受到蒙古人四处征服和伊斯兰教入侵等方面的影响震撼之际，这里的群众会顺利而迅速地采用了僧伽罗佛教和伊斯兰教。

---

① 《巴厘古代艺术中的印度影响》，第 7 页。——为了分析印度文化的各种成分“爪哇化”的不同形式，F. D. K. 鲍斯赫在《印度对爪哇的影响和当地居民的信仰之间的界限》一文（BKI.，1954 年第 110 期，第 1—19 页）中同时抛弃了甘戈莱和斯图特海姆的说法，后两者分别夸大了印度方面（见 JGIS.，第 VII 期，1940 年，第 51—69 页，并请参阅我发表于 BEFEO.，第 XL 期，1940 年，第 452 页的评论）和印度尼西亚方面的作用。在鲍斯赫看来，印度文化成分的“爪哇化”是主要的。

② 出自那甲叻尊的 1357 年的石柱，参阅 G. 赛代斯的《暹罗碑铭集》，卷Ⅰ，第 85 页；《兔年——公元 1219 年》，载《古代印度》，莱登，1947 年，第 83 页。

③ 参阅本书边码第 53 页和 222 页。

甚至在土著的传统抵制最强烈，并且使得印度式的外表支离
71 破碎了的那些地区，印度文化的渗透力都是那样大，以致其遗产根本不容忽视。我们在结论中将看到，这份遗产包括：文字、大量的词汇、阴—阳历、几乎未作任何改动的关于宇宙起源的传说、《罗摩衍那》和各种《往世书》中的伟大的史诗主题、一些艺术创作的体裁、行政机构和司法机构，以及对于社会等级非常强烈的意识——种姓制度的最后痕迹。

令人惊异的是，中国的文化影响在东京和越南北部的那些三角洲地区是那样地强烈，而在如此邻近中国的那些地区(那些地区自公元初的几个世纪就与中国有了贸易和外交关系)，中国的文化影响竟微不足道。中国文化影响和印度文化影响在远东各地造成的根本不同的结果给人留下了强烈的印象。

造成这种差别的原因在于中国人和印度人所使用的殖民方法根本不同。中国人是以征服和吞并来进行的：首先是军队占领一个地区，然后派行政官员去传播中国的文化。而印度人的进入和渗透则好像几乎总是和平的，并且在任何地方都不曾出现过像蒙古骑兵或西班牙人征服美洲那种使自己名誉遭受损坏的毁灭性行径。① 土著非但根本未被征服者消灭，他们还在移植过来的变得灵活了的印度式的社会中找到了一种社会结构的形式。在这种社会结构中，他们自己的社会得以融为一体，并向前发展。

印度人从未在任何地方以国家或宗主国的名义进行过武力征

① 关于这一点，S. K. 沙特吉的《印度的文化遗产》(加尔各答，卷 III，第 87—96 页)一书的《印度文化与大印度》一节，以及 K. A. 尼拉坎塔·萨斯特里的主席演说词(见《印度史大会第九次会议》，巴特那，1946 年，第 18 页)，都作了清楚的阐述。

服和并吞。公元初的几个世纪中在外印度建立的印度化王国，与 72
当时统治印度的诸王朝仅有习俗方面的关系，而无政治附属关系。孟加拉湾两岸互派使团都是在平等的基础上进行的，而中国则一向要求“南蛮”诸国承认其宗主权，这种宗主权表现为定期的朝贡。

印度支那北部的中国领地由中国郡守治理，而外印度的诸印度化王国却由土著出身的或混血的国王独立统治。这些国王左右都有一批印度的或受过印度文化教育的臣子，大臣们所起的作用主要在文化方面。

因此，尽管在若干世纪漫长的年代里，中国对这些地区实行过成效不一的政治保护，但其文化的传播没有超出武力征服的地区。印度人的和平进入则相反，从一开始就达到了他们航海贸易所及的范围。

被中国武力征服的地区，都必须采用或仿效中国的制度、习俗、宗教信仰、语言和文字。印度以其文化的魅力和平地征服的地区的情况则相反，那些地区保持了它们的特征的主要部分，并且各地根据自己的特性发展了那些特征。这一事实正好可以说明，为什么面对着各汉化地区表现出的文化的一致性，吉蔑人、占人、爪哇人等的文化却会分道扬镳，而且在某种程度上说是各有独创，尽管三者的文化都源于印度。

第三章　最早的印度化王国（自各
73 王国的起源至四世纪中叶）

前一章分析过的各种因素导致了一批印度化小国家的创立，统治这些小国的首领都具有梵文名字。它们从公元二世纪开始出现，从而证实了托勒玫《地理学指南》中的材料。

在考古学或碑铭学方面，这些国家只留下了很少的一点早于五世纪的遗迹。对于五世纪前它们中的大部分国家的情况，我们几乎只知道名字，这些名字是托勒玫的著作、《阐释论》，[①]特别是中国历代的编年史所提到的。中国的典籍对来自南海各国的使团
74 有细致的记载。可是在许多有关的记载中，对这些国家的定位都不明确，或者仅仅提到一个大概。

大部分时期，最小的那些国家都必须听命于较强大的王国，后者被认定有更光辉的前途。根据中国文献和碑铭，可以概述一下这些较强大的王国的历史。

---

① 参阅本书边码第39页。——由于本书不是一部地理学专著，而是对历史作综合叙述的一次尝试。所以，在本章及以后各章中，我将提及的地名，仅以能把按年代编排的或各朝代的材料组织起来者为限。人们在R. 布拉德尔的《马来半岛古代史研究》一文（载JRASMB.）及本书第4页注③所提诸书中，都可以看到就托勒玫的那些地名的定位问题已经发表的各种意见的讨论。

1. 扶南的兴起（一世纪）

这些王国中最重要的，毫无异议，就是中国人称之为扶南的那个王国。这个名字是两个方块字在现代官话中的读音，过去读音为“b'iu-nâm”。[1] 该词是古吉蔑词“bnam”（今为“phnom”）的音译，意即：“山”。这个国家的国王都有一个熟语作为称号，其意为“山王”，梵文写作“parvatabhûpâla”或“Çailarâja”，吉蔑文作“kurung bnam”，[2]中国人，就是根据这个国王称号来确定这个国家的。

扶南的中心位于湄公河下游和三角洲地区，但是在其极盛时期，领土应当囊括越南南部、湄公河中游，以及湄南河流域和马来半岛的大部。首都一度是毗耶陀补罗——“猎人城”，中文作“特牧”，[3] 75
可能是一个具有相同意思的吉蔑词（dmâk，dalmâk）的音译。[4] 该

---

① 根据B.卡尔格伦的《汉文与汉-日文辨析词典》第41和650条，这是唐代的读音。

② L.芬诺：《印度支那的几种传说考证》，见《S.累维的学生献给累维先生的印度学文集》，巴黎，1919年，第203页，以及JA.，1927年1至3月号，第186页。——G.赛代斯：《印度尼西亚夏连特拉王朝的由来》，JGIS.，第I期，第67页，——看来这座山就是像上文（第58页）谈及的那种山，印度式王国的建立者在其上创立对国家神的崇拜，一般是对林伽的崇拜或对湿婆的别的表现物的崇拜。

③ G.赛代斯，BEFEO.，第XXVIII期，第127页。

④ G.赛代斯：《柬埔寨碑铭集》，卷II，第110页注5。——可能毗耶陀补罗意即“（国王）猎人城”。M.O.W.沃尔特斯（1960年11月6日的来信）实际就是要我注意，《太平御览》引了康泰的记述（如下），提到一个名叫盘况少（是否与混盘况即同一个人？见本书边码第77页）的扶南王，在山林中捕取大象并驯化之。由于这种功绩，诸国都归顺了他。译者按：此段法译者断句有误。原文出自《太平御览》卷八九〇兽部二象条引吴时外国传，为：“扶南王盘况，少而雄杰，闻山林有大象，辄生捕取之，教习乘骑，诸国闻而伏之”。

城位于巴普农山和巴南镇附近，这是柬埔寨波罗勉省的两个地名，它们使人们对毗耶陀补罗这个古老地名的记忆一直延续至今。据《梁书》记载，[①]此城去海五百里(200 公里)。这大约是从巴普农到俄厄遗址间的距离，[②]即使那个港口本身不在俄厄，至少那里也应该是一个外国商贾的居留地。

有关扶南的最早资料是来自中国使节康泰和朱应的使团留下的记述，他们三世纪中叶出访了这个国家。[③] 他们的原作已佚失，但其中一些片段仍散见于编年史和各种类书之中。他们的记述和三世纪的一块梵文碑铭，构成了我们所掌握的有关这个王国公元初二个世纪历史的基本资料。

据康泰的记述，扶南的第一个国王可能是一个叫混填的人，
76 即憍陈如，他要么是来自印度，要么是来自马来半岛或南方群岛。[④] 混填梦见他熟悉的神交给他一张神弓，叫他去乘一艘大商船。早晨他来至寺庙，在神树下拿到一张弓。然后就乘船出海。神使他的船在扶南靠岸。扶南女王柳叶(意为“椰树叶”)想劫取这只船，于是混填用神弓一箭射穿了柳叶的一面船帮。柳叶惊恐之下，就投降了。此后混填娶她为妻，可是讨厌她赤身裸体，便裁了一

---

① P. 伯希和：《扶南考》，BEFEO.，第 III 期，第 263 页。

② 参阅本书边码第 42 页。——P. 古鲁的《季风区亚洲的各种文化及人文地理》(BEFEO.，第 XLIV 期，1954 年，第 469 页)一文在指出“看来凡优秀文化的发祥地与交通枢纽都是一致的”之后，补充道：“整个吉蔑史都应当出自扶南，而扶南文化的中心又是诞生在交趾支那西海岸，在印度文化影响上岸的地方。”

③ P. 伯希和：《扶南考》，前引期刊，第 303 页；《几份有关印度化印度支那的汉文献》，Et. Asiat. EFEO.，卷 II，第 243 页。

④ P. 伯希和：《几份汉文献》，出处同上，第 246—249 页。——关于憍陈如氏族在南印度的重要作用，参阅 B. R. 沙特吉：《柬埔寨研究的最新进展》，JGIS.，第 VI 期，1939 年，第 139 页，以及本书边码第 65 页。

块布给她从头上套下来。从此混填统治了这个国家，子孙相传。[1]

关于扶南王朝的起源，中国人的说法就是这样。这大概是改写过的印度传说。这一段传说在占婆一块梵文碑铭上有更翔实的记载。[2] 根据这块碑铭，婆罗门憍陈如从香姓之子——婆罗门厄希弗塔门那里得到一支矛，他将矛掷出去以标定未来首都的位置，然后娶了那伽族国王之女索马，她生下了国王的子孙。[3] 直到十三世纪末，在吴哥宫廷里仍然举行仪式（中国使臣周达观提到了这种仪式[4]）来纪念这次神秘的结合，并且柬埔寨近代编年史中也保有有关这次结合的记载。[5] 这一神秘结合与南印度建志的拔罗婆 77
诸王自称他们所出身的那一结合是相同的。[6] 此外，关于该传说的渊源则众说纷纭。[7]

① 关于这个故事，《晋书·四夷·扶南传》记载如次："其（指扶南）王本是女子，字叶柳（一作柳叶）。时有外国人混溃（一作混填）者，先事神，梦神赐之弓，又教载舶入海。混溃旦诣神祠，得弓，遂随贾人泛海至扶南外邑。叶柳率众御之，混溃举弓，叶柳惧，遂降之。于是混溃纳以为妻，而据其国。后胤衰微，子孙不绍，其将范寻复世王扶南矣"。《南齐书》、《梁书》、《太平御览》、《文献通考》均有记述，内容大同小异，不赘引。——译者

② L. 芬诺：《眉山碑铭》（III 号），BEFEO.，第 IV 期，第 923 页。——参阅 G. 赛代斯的《巴格赛占格龙碑铭》，JA.，1909 年 5—6 月号，第 476—478 页和《柬埔寨碑铭集》，卷 IV，第 88 页。

③ Ev. 波雷-马斯伯罗：《那伽索马新探》，JA.，第 CCXXXVIII 期，1950 年，第 237—267 页。

④ P. 伯希和：《真腊风土记笺注》，BEFEO.，第 II 期，第 145 页。

⑤ L. 芬诺：《印度支那的几种传说考》，前引书，第 205 页。

⑥ G. 赛代斯：《关于那伽的传说》，BEFEO.，第 XI 期，第 391 页。

⑦ V. 戈卢贝（《关于那伽和厄伯瑟勒斯的传说》，BEFEO.，第 XXIV 期，第 501—510 页）认定它来自西方，而 J. 普尔兹鲁斯基（《东亚传说中的鱼香女王和那伽》，Et. Asiat. EFEO.，卷 II，第 265—284 页）则认为它产生于东南亚沿海地区。关于马来人对于这个传说的说法，见 R. O. 温斯泰德的《因陀罗与瑟格迪穆纳》（JRASMB.，第 XXIII 期，1950 年，第 151 页）。

无论如何，凡是后来接受了这一情节的历史大事件，都不可能晚于公元一世纪，因为自下一个世纪起，我们在扶南面对的历史人物，其真实性都得到了碑铭学和中国史家的证实。

据《梁书》记载，混填（即憍陈如）的一个后裔，其汉文名字为混盘况，九十余岁死。他的继承人是“中子盘盘，（盘盘）以国事委其
78 大将范蔓”，[①]据《南齐书》说，范蔓的全名是范师蔓。“盘盘立三年死，国人共举蔓为王。蔓健勇有权略，復以兵威攻伐旁国，咸服属之，自号扶南大王。乃治作大船，穷涨海，攻屈都昆、九稚、典孙等十余国，开地五六千里”。[②]

2. 公元初几个世纪中马来半岛上的诸印度化国家

R. 斯坦因认为，上边那段文献中的那个地名应当读作屈、都昆等等，而不是屈都昆，并且应该把屈都考订为屈都乾。他把屈都

---

① P. 伯希和:《扶南考》，前引期刊，第 265 页。——据 R. 斯坦因的意见（《林邑考》，载北京汉学中心学报《汉学》，第 II 期，1947 年，第 251 页及其后文），中国人冠于大部分扶南国王名字之首的“范”，同占婆国王名字之前的“范”一样，并不像 G. 马司帛洛（《占婆史》，第 53 页注 7）和 G. 费瑯（《叶调、斯调与爪哇》，JA.，1916 年 11 至 12 月号，第 524—530 页）所认为的那样，是被用作一个族名的跋摩（varman）这个词尾的同义词。他认为这是一个氏族的名称，跟民族的起源有关，可能代表王族中的土著成员。像在占婆一样，“范”都与印度成员截然不同，似乎都是人民拥戴上台的。然而，P. 德米埃维尔（《通报》，第 XL 期，第 344 页）对这种假说的根据提出了质疑。

② 一“里”约等于 576 米。关于读作“屈都”，“都昆”，而不是“屈都昆”（伯希和）的问题，请参阅 R. 斯坦因的《林邑考》。

乾与托勒玫的迦蒂伽罗看作同一个地方。[①] 由于这个国家是珠武(位于广治以北，松门与越门之间)的移民建立的，所以恐怕应到交趾支那去寻找，最新的研究也都倾向于将迦蒂伽罗的位置确定在交趾支那。[②] 但是，屈都昆大概应当是从屈都乾转化而来的。[③]

典孙大概和顿逊是同一个国家，五至六世纪的一部史籍说顿
逊是扶南的蕃属。[④] 我们大致可以把它的位置确定在马来半岛， 79
更准确地说，是在克拉地峡两岸；[⑤]我们掌握的少量关于另外几个国家的材料，也说明它的位置在这个方向。[⑥] 因此，范师蔓的征服有一部分可能到了半岛上；中国的另一些文献也表明那里早期曾存在着一些印度化的小国家。

最古老的似乎是狼牙修，《梁书》(502—556 年)说它立国以来“四百余年”；[⑦]这个王国从七世纪开始又重新以狼迦戍、狼牙斯加

① 《林邑考》，前引期刊，第 119 页。但是，P. 德米埃维尔(前引期刊，第 341 页)对此考证提出了异议。

② 从 1938 年起，迦蒂伽罗的位置就被 A. 黑尔马恩(《托勒密所描述的“大海湾”和卡蒂加拉》，载《地理学国际会议报告》，阿姆斯特丹，第 123—128 页)定在西贡地区。最新的研究工作是 L. 马尔雷作的，继他在俄厄有新发现之后(见本书边码第 42 页)，就使他到该地区去寻找迦蒂伽罗。他的见解在《湄公河三角洲考古》(卷 III，1962 年，第 421—457 页)一书中有详细的表述。

③ 关于这个被弄得混乱不堪的问题和九稚或九离的定位问题，参阅 P. 惠特利的《黄金半岛》，第 21—25 页。

④ P. 伯希和：《扶南考》前引期刊，第 279 页。

⑤ P. 伯希和，前引期刊，第 263 页注 1。——P. 惠特利，前引书第 15—21 页。

⑥ 伯希和，前引期刊，第 266 页注 2 和注 3。——G. H. 卢斯：《缅甸的邻国》，JBRS.，第 XIV 期，1924 年，第 147 和 151 页。

⑦ P. 伯希和：《两道考》，BEFEO.，第 IV 期，第 320 页注 7。——G. 费瑯：《马六甲、马来尤和麻里予儿》，附录 III，JA.，7—8 月号，1918 年，第 139 页。——G. H. 卢斯，前引期刊，第 161—169 页。

等名称出现，它就是马来亚和爪哇编年史中的郎迦斯迦，[①]在现代地理中，郎迦斯迦这个名字仍作为霹雳河上游一条支流的名字继续存在。[②] 它当时的位置应当是横跨半岛，在北大年地区有出口通暹罗湾，[③]同时在吉打以北有入海口接孟加拉湾，因而控制着前一章我们已述及的一条陆上转运道路。

丹马令地处马来半岛东海岸，北面跟猜亚相接，南面与北大年
80 毗邻，中心在洛坤地区。[④] 洛坤有一块梵文碑铭，其年代最晚可追溯到六世纪。[⑤] 巴利文佛教经典（《阐释论》）提到了它，名字作檀巴陵伽，[⑥]从而证明这个王国二世纪左右即已存在。

塔科拉的情况也是这样，[⑦]另一部佛教典籍《弥兰陀问经》提到了它。一般都同意将该城的位置定于克拉地峡西岸的达爪巴，或者可能更往南一些。[⑧] 至于中国人将其名音译为投九离，而我

① G. 费瑯：前引期刊，第 143 页。——参阅 S. 累维：《印度的前雅利安人和前达罗毗荼人》，JA.，7—9 月号，1923 年，第 37 页。

② R. O. 温斯泰德：《马来亚史》，JRASMB.，第 XIII 期，1935 年，第 21 页。

③ P. 惠特利（前引书，第 252—267 页）详细讨论了郎迦斯迦的定位问题。

④ BEFEO.，前 XVIII 期，6，第 17 页。——参阅 S. 累维的《印度的前雅利安人和前达罗毗荼人》，前引期刊，第 45 页。

⑤ G. 赛代斯：《暹罗碑铭集》，卷 II，第 51 页，n°XXVII。巴思指出这块碑铭的年代为七至九世纪，这过分晚了。该碑的字体同扶南最后一批碑铭的字体是相似的。——参阅 K. A. 尼拉坎塔·萨斯特里的《阿加斯蒂耶》，TBG.，第 LXXVI 期，1936 年，第 508—509 页。关于丹马令，参阅 O. W. 沃尔特斯的《丹马令》，BSOAS.，1958 年，第 587—607 页。

⑥ S. 累维：《托勒玫、〈阐释论〉和〈布里赫德格塔〉》，前引期刊，第 26 页。

⑦ 出处同上，第 3 页及其后文。

⑧ R. 布拉德尔：《古代马来半岛》，JRASMB.，第 XVII 期，1939 年，I，第 204—206 页和第 XXII 期，1949 年，第 1 页。——P. 惠特利（前引书，第 268—272 页）为把塔科拉的位置确定在董里地区提供了有力的论据。

们把它考证为塔科拉的那个港口,P.惠特利指出,[①]这个名字实际上是九离,它与托勒玫的科利是对应的,大概位于关丹河口。扶南派往印度的使团三世纪就是从那里启程的。

如果撇开霹雳和彭亨的巨石坟墓,以及在柔佛的哥打丁宜新发现的印度和"古罗马"的珍珠不谈[②](这些都属于原始史的范围),那么马来半岛上碑铭学和考古学方面最古老的遗迹就是出在吉打和霹雳地区。

在吉打发现的遗迹分属不同时期,它们证实了该遗址之古老, 81
以后我们还将在梵文和中文材料中再次发现这个遗址,它的梵文名字为迦陀诃,中文的是"Kie—tch'a"(吉打的拼音。——译者)。但是这些遗迹所能追溯到的时期不会比碑铭或其他考古新发现更早,[③]仅跟托勒玫、《阐释论》或汉文文献所上溯到的时期一样,即扶南征服半岛的那个时期。[④]

① 《英国地理学家学会集刊》,第21期,1955年,第69页。——关于这个问题,参阅王赓武的《南海贸易》,BRASMB.,第XXXI期,2,1958年,第41页注53。

② 关于这些遗址,参阅R.布拉德尔前引著作中的几段。——H.G.夸里奇·韦尔斯:《关于马来亚古代印度殖民地的考古研究》,JRASMB.,第XVIII期,1940年,I,第56—73页;《再考马来亚的印度化遗址》,出处同上,第XX期,1947年,第1—11页。——R.O.温斯泰德,出处同上,第XIX期,1941年,I,第93—98页。

③ 例如在霹雳国和吉打的布杨河发现的笈多风格的铜器(H.G.夸里奇·韦尔斯,JRAS.,1946年,第142页)。这些考古新发现已由R.惠特利作过分析,前引书,第273页及其后文。

④ 关于印度的其他原始资料,参阅V.S.阿格拉沃莱的《印度古代文学中关于迦陀诃洲的材料》,JGIS.,第XI期,1944年,第96页,以及尼拉坎塔·萨斯特里的《室利佛逝史》,第25—26页。

3. 扶南(二至三世纪)

要弄清楚范师蔓征服的疆域是困难的。我们有充分的理由把这个名字视为室利摩罗王的名字的音译,后者是在武庚(在芽庄地区)的那块古老的梵文石碑上提到的。[①] 人们曾长期把这块石碑当作一块占婆碑铭,[②]但是,从 1927 年起,L. 芬诺确定它属于扶南
82 的一个属国。[③] 如果把室利摩罗[④]考订为范师蔓是准确的,那么出自室利摩罗的一个后裔(根据该碑字体的形式判断,此人三世纪在位)的那块碑铭就应当被视为扶南历史的原始资料之一。它提供的证据表明,在镌刻它的那个时期和竖立它的那个地区,即今天的庆和,梵文是王家大臣们使用的正式语言。

前已述及的中国典籍告诉我们,伟大的征服者范师蔓死于征

① 关于该碑的年代,参阅 D. C. 西尔卡的《占婆最早的梵文碑铭的年代》,JGIS.,第 VI 期,1939 年,第 53—55 页。——G. 赛代斯的《武庚梵文碑铭的年代》,IHQ.,第 XVI 期,3,1940 年,第 72 和 484 页。——D. C. 西尔卡的《占婆最早的梵文碑铭的年代》,IHQ.,第 XVII 期,1941 年,第 107—110 页。——E. 加斯帕多尼的《印度支那最古老的碑铭》,JA.,第 CCXLI 期,1953 年,第 477—485 页。——K. 古马萨尔卡的《印度支那最早的碑铭》,载《中—印研究》,第 V 期,2,1956 年,第 77—78 页。——K. 巴达夏亚的《关于所谓武庚碑的古文字研究的细节》,AA.,第 XXIV 期,1961 年,第 219—224 页。——E. 加斯帕多尼的《武庚碑与梵文在印度支那的开端》,载《汉学》,第 VIII 期,N°. 3,1965 年,第 129—136 页。

② A. 巴思和 A. 贝尔盖尼:《占婆和柬埔寨的梵文碑铭》,N°. XX,第 191 页。——L. 芬诺:《河内博物馆馆藏碑铭》,BEFEO.,第 XV 期,2,第 3 页。

③ L. 芬诺,JA.,1927 年,1—3 月号,第 186 页。参阅 BEFEO.,第 XXVIII 期,第 286—287 页。

④ M. J. 菲利奥扎要想告知我,马兰(Mâran)"在公元前后常常是对国王槃底耶的称呼,这已经为桑甘最古老的泰米尔文文献之一证实"。

伐金邻（意即：黄金国境）的期间，我们有必要将金邻要么看作苏勿吒蒲迷，即巴利文典籍中的黄金地，或者更确切地说是应当视为苏弗纳古迪厄，即梵文典籍里的黄金城墙（在下缅甸或马来半岛）。[①]范师蔓的一个外甥，名叫范旃，派人杀死合法继承人金生，篡夺了权力。但是，二十年之后，范旃被范师蔓的一个儿子（范）长谋杀了。然而那是一次无谓的复仇，因为（范）长又被大将范寻杀死，然后范寻自立为王。

这些事件大致发生在225年至250年间，[②]扶南就是在这两个年代之间范旃统治的那一段时期内开始与印度的穆伦达王朝交往，并首次遣使中国。我曾在别的著作中强调过，[③]“这事与其说是出自政治上的雄心，毋宁说是符合商业方面的考虑，其意义使他统治的时期具有了某种重要性。在这个时代，即三国时代，由于当 83
时中国南部（吴国）处于无法利用魏所占据的陆路与西方进行贸易的境地，因而正谋求通过海路去获取她所需要的奢侈品。[④] 然而，当时扶南在这条航海商路上占有得天独厚的位置，不论对于取道马六甲海峡的抑或那些可能为数更多的由马来半岛各地峡过境的航海者，它都成了一个必经的中转站。假如托勒玫的迦蒂伽罗真是位于交趾支那西海岸，那么当时扶南甚至可能还是从东地中海启程航行的终点站”。

① S. 累维：《托勒玫、……》前引期刊，第29页及其后文。——G. H. 卢斯：《缅甸的邻国》，JBRS，第XIV期，1924年，第151—158页。

② P. 伯希和：《扶南考》，前引期刊，第303页。

③ 《印度支那半岛诸民族》，第62页。

④ 王赓武：《南海贸易》，JRASMB.，第XXXI期，2，1958年，第31—45页。

P. 伯希和写道：[1]“范旃在位时期是颇为重要的；大概第一个正式与印度诸王直接交往的就是这个篡权者。五世纪的一部文献记述说，嘾杨国（大概位于印度西部）人家翔梨到了印度，又从印度到扶南。他告诉范旃王在这个远方的国家看到的是怎样一派繁盛景象，只是旅途很遥远，往返要历时三年，甚至四年。范旃王是否为家翔梨的描述所打动了呢？至少从可靠的资料中我们知道，他遣其亲人苏物出使印度。苏物在投拘利（可能就是塔科拉[2]）乘船，这大概就可以表明当时扶南的影响一直传播到了印度洋。这
84 个使团到达恒河口后，溯河而上，一直抵达了一个国王的都城，正如 S. 累维考订的那样，该国王大概属于穆伦达王朝。这位印度的国王安排这些外国人游览了自己的王国，然后送四匹月支马给他们的国王作为回赠，并差印度人陈宋作陪，遣还来使。当苏物返抵扶南时，从出发之日计算，已历四年。”[3]

根据《三国志》记载，公元 243 年“遣使（中国）献乐人及方物”的仍然是范旃。[4]

前已述及的那块梵文碑铭的撰写人，以及该铭文中指为室利

---

① 王赓武：《南海贸易》，JRASMB.，第 XXXI 期，2，1958 年，第 292 页。

② 但是请参阅本书边码第 81 页。

③ 法文作者将陈宋误为一人了。此段出自《水经注》和《梁书》。《水经注》卷一：“昔范旃时，有嘾杨国人家翔梨。尝从其本国到天竺，展转流贾至扶南，为旃说天竺土俗，道法流通，金宝委积，山川饶沃，恣其所欲，左右大国，世尊重之。”《梁书·中天竺传》：“唯吴时扶南王范旃遣亲人苏物使其国，从扶南发投拘利口，循海大湾中正西北入，历湾边数国，可一年余到天竺江口，逆水行七千里乃至焉。天竺王惊曰：‘海滨极远，犹有此人’。即呼令观视国内，仍差陈、宋等二人以月支马四匹报旃，遣物等还，积四年方至。”——译者

④ 伯希和，前引期刊，第 303 页。

摩罗家族一员的是否也是他？此事并非不可能，因为范旃是室利摩罗的姐姐的儿子，他理所当然地可以自称是自己先王的亲戚。

杀死范师蔓的儿子之后，篡权继承了范旃的范寻，于 245 至 250 年左右接待了康泰和朱应的中国使团，在范寻的宫廷中，他们碰到了穆伦达王朝的使节。[①]

这个中国使团与扶南缔结了邦交，结果 268 年至 287 年间，范寻派遣了一系列的使团到中国去，与之有关的历次出使，《晋书》中均有所记载。[②] 最后三年(285 至 287 年)的交往，可能是晋朝于 280 年重新统一中国后航海贸易再度兴盛的结果，因为重新统一使宫廷方面对于从南方各国输入的奢侈品的需求增长了。

有关这个国家的最早的资料大概应当归功于康泰："有城邑宫 85
室。人皆丑黑卷发，倮身跣行。性质直，不为寇盗，以耕种为务，一岁种，三岁获。又好雕文刻镂，食器多以银为之，贡赋以金银珠香。亦有书记府库，文字有类于胡"(即中亚使用印度文字的民族)。[③]

4. 占婆的兴起：林邑(二世纪末至四世纪中叶)

《晋书·陶璜传》有一段转述，说中国的东京刺史陶璜于 280 年左右上言，抱怨林邑屡屡进犯。他说，该王国"南连接扶南，种类

① 见本书边码第 76 页。——参阅 G. 海因—格尔登的《名叫马卡拉毛(Makalamau)的鼓》，载《古代印度》，莱登，1947 年，第 176 页。

② P. 伯希和：《扶南考》，前引期刊，第 252 页。

③ 同上书，第 254 页。

猥多，朋党相倚，负险不宾”。[1]

林邑是占族国家最早的中心，其历史始于二世纪末。实际上，86 中国典籍将其建国日期定在192年左右。[2] 一个土著出身的功曹，名叫区连，利用后汉政权衰弱之机，占据了中国的属地日南（在横山与海云隘之间）的一部分，然后在最南边的象林郡自立为王。象林郡大致位于今越南承天省南部。起初人们认为林邑（即首都林）是象林邑（即首都象林）的缩写，[3]可是最近有的学者提出应将其断为一个民族名称。[4] 由于日南徼外蛮夷数千人对象林的最早一次进犯，林邑王国于192年的建立曾被前置了半个世纪而定在137年。[5] 尽管这些蛮夷的名称——区怜是用不同的汉字写的，但它好像不大可能是从林邑的创始者的名字分离出来的。[6]

无论如何，大体上可以肯定，这些“日南徼外蛮夷”即使不都是占人，至少也是些印度尼西亚人，如果他们当时尚未印度化，那么

---

① P. 伯希和：《扶南考》，前引期刊，第255页。

② 至于这一段记载的全文，除其他已指出的材料外，请参阅G. 马司帛洛的《占婆史》，巴黎，1928年，第43—59页（L. 鄂卢梭的评论，BEFEO.，第XIV期，9，第8—43页，L. 芬诺，出处同上，第XXVIII期，第285—292页）。——R. 斯坦因的《林邑考》，载《汉学》，北京汉学研究中心学报，第II期，1947年，第1—123页。

③ L. 鄂卢梭，BEFEO.，第XIV期，9，第27页。

④ R. 斯坦因，前引期刊，第209—241页。但是P. 德米埃维尔（《通报》，第XL期，第346页）好像主张第一种解释。

⑤ 至今我们的理解始终是，他们来自南方，即今天的广南。但是R. 斯坦因（见前引期刊）指出，他们也可能来自西边，甚至是来自摆脱了中国统治的象林诸地区。林邑国是在日南的范围内由蛮夷聚结而成的。

⑥ 关于“区”这个民族名称，参阅R. 斯坦因，前引期刊，附录，VI，第209页及其后文。[译者按：《后汉书·南蛮传》记载：“永和二年，日南、象林徼外蛮夷区怜等数千人攻象林县，烧城寺，杀长吏”。区怜和区连是同一个人的名字，只是记音用字不同。法文作者把区怜理解为民族名，系误。]

不久之后也就应当是被印度化了。

我们将看到，在占族国家的历史进程中，它曾被划分成若干自
然的，与其沿海平原相应的省份。今天的广南有茶轿、眉山、东洋 87
等考古遗址，可以说，它是占婆的神圣领土。[①] 在东阳发现的那尊精美的铜佛，证明印度文化进入这个地区很早，该地区具有阿摩罗伐蒂这个名字，这纯系偶然吗？在阿摩罗伐蒂南部，碑铭中提及的主要中心是：在今平定的毗阇耶、地处芽庄平原的古笪和位于藩朗地区的宾童龙。所有的碑铭都证实，八世纪时南方各省是讲占语。然而原先它们是扶南的一部分，在芽庄地区发现的，三世纪出自一位扶南国王的那块碑铭同样也证明了这一点，这位扶南王是室利摩罗（即范师蔓）的后裔，此人可能正是范旃。

关于占族的印度化及其历代王朝的传说，像扶南的情况一样，我们没有掌握任何古代的证据，中国人对这两个问题只字未提，只是在九世纪的一块碑铭中才首次出现了默赫尔希婆利古的名字，此人是《摩诃婆罗多》中的一个人物，跋伽婆王朝就是自这位祖先而得名。占婆诸王声称他们的历史可追溯到这个王朝。至于占婆这个名称本身（占族的名称就是由此而来），尽管只是到了七世纪初才见于碑铭之中，但它却可能远远比这古老得多。

区连的后代利用汉朝衰落中国分裂之际向北扩展。220 年至
230 年间，区连的一个后裔向广东和交趾（东京）的刺史吕岱派去 88
一个使团，在中国的一部文献中谈到这次遣使时，首次出现了林邑

① H. 帕芒蒂埃：《安南的占族古迹集锦》卷 I，第 241—505 页。——J. Y. 克莱斯：《安南、占婆研究入门》，第 46—48 页。

这个名称，同时还提到了扶南：《三国志》说，吕岱“遣从事南宣国化，暨徼外扶南、林邑、堂明（?）诸王，各遣使奉贡”。[①] 这纯粹是个形式。因为公元248年林邑的军队北上劫掠城池，继在润以南的海湾鏖战之后，他们仍保有侵袭得来的区栗的领土，即筝河上的巴屯地区。[②] 最后，国王范熊——区连的外孙，[③]约于270年又重新开始进攻，如前所述，他得到了扶南王范寻的帮助。东京刺史陶璜费时十年，才将林邑的人马赶回他们的国境。他们向北扩张的企图一开始就与越南人的向南推进相冲突。使两种相互竞争着的文明的代表——印度化的占人和汉化的越南人——彼此冲突的所有斗争都将在横山和海云隘之间展开；斗争以十四世纪占人的最后衰退而告终。

范逸于284年正式遣使中国，如果不考虑于220年至230年
89 间曾派往交趾刺史处的那个使团，那么这便是首次遣使了。范逸在位的时间长达五十余年，在后半期中，有个名叫（范）文的人做他的谋臣，据各文献记载，他是中国江苏扬州人，定居林邑，然而他可能是一个汉化了的土著[④]。他曾于313年和316年到中国，学习了各种技术；他所掌握的有关中国物质文明的知识使其国王受益

① P.伯希和：《扶南考》，第251页。

② R.斯坦因，前引期刊，第1—54页。

③ 也许是按扶南血统的妻子计算的，R.斯坦因认为，这大概可以说明为什么他的姓会是“范”这个氏族名称。关于“范”，参阅本书第93页注⑤。——Ev.波雷—马斯佩罗提出，范氏诸王在占婆出现之日，正是范寻死后他们在扶南消失之时。关于她从这个时期作起的“柬埔寨和占婆的历史对比”，见《柬埔寨人的土地习俗研究》，巴黎，1962年，第144页及其后文。

④ R.斯坦因，前引期刊，第243页。

匪浅。通过对年迈的国王思想上的巨大影响,他成功地使自己被任命为大将军,然后他又成功地唆使人排挤了所有的王位继承人。336 年范逸突然死去时,他便继承了王位。

范文建都于顺化地区,他安抚了诸蛮族部落,于 340 年派出使节,向晋朝皇帝要求将其王国北边的国界确定在横山。由于皇帝对是否把日南肥沃的土地让与他犹豫不决,347 年他就强占了该地,从而使他的国家具有了他曾要求得到的边界。349 年他死于对他的新边界以北的另一次远征的过程中。

第四章　印度支那和马来群岛的第二次印度化(四世纪中叶
91 至六世纪中叶)

1. 扶南:印度人旃檀统治时期(357 年)

公元 357 年,扶南已沦于一个外国人的统治之下,沦陷原因不明。《晋书》和《梁书》都说,那年初,“扶南王天竺旃檀献驯象”。[①] 中国人称印度作天竺,因此,“天竺旃檀”一语意为“印度人旃檀”。[②]
92 S. 累维指出,[③]旃檀是月支人即印度—斯基泰人用作王号的“chandan”这个词的音译,在迦腻色伽世系的贵霜人那里尤其如此。他写道:[④]“因此,天竺旃檀或竺旃檀即为一个出生于印度的身份为国王的人物;其称号旃檀好像把他同迦腻色伽连接到同一个祖先上去了。他们之间有这种密切的关系是毫不奇怪的。在竺

---

① P. 伯希和:《扶南考》,前引期刊,第 252、255 和 269 页。

② R. 斯坦因(前引期刊,第 257—258 页注 277)认为,“天竺”仅表示他的家族以前来自印度。

③ 《迦腻色伽与萨塔瓦哈纳》,JA.,1936 年 1 至 3 月号,第 61—121 页。

④ 出处同上,第 82 页。

旃檀之前一个世纪，即中国三国的吴时(220—264 年)，据伯希和先生的计算，是在 240 年至 245 年之间，扶南国王曾派遣他的一个亲属出使印度，到了当时统治着恒河地区的国王穆伦(即穆伦达)那里，并且穆伦达向扶南王回赠了四匹月支马。我们知道，穆伦达人和月支人之间的关系非常密切；有人甚至主张，①穆伦达就是贵霜王朝的称号。我们还知道，贵霜王朝统治的势力曾扩张到恒河流域，至少到了贝拿勒斯，因为他们在那里设置过总督。357 年，在三谟陀罗笈多大帝治下，整个北印度都归顺了笈多王朝；斯基泰入侵者被驱逐了出去。有可能贵霜家族的一支，在被赶出恒河沿岸地区之后，便到孟加拉湾以东的黄金地(苏勿吒蒲迷，克利西)去寻找出路，而当时的黄金地是向来自印度的冒险家们敞开着大门的。”

我们试图确定在以扶南和古代柬埔寨为一方，伊兰世界为另 93
一方之间的许多领域内的某些关系，在此可以考虑，与穆伦达王朝互派使节之后出现的这个外国人的统治是否可以证实这些关系。下文我们将看到，②五世纪末扶南国王一个侍从的名字或职衔叫做鸠酬罗，它可能跟贵霜人所使用的衔头库朱拉是一致的。再晚一些时候，到七世纪，③我们看到一个斯基泰(塞迦人)祭司从德干来，娶了国王伊奢跋摩一世的女儿。苏利耶塑像的短祭服、高帮鞋和裤带都与琐罗亚斯德教徒的服饰相像，它们表明前吴哥时期的

① K. P. 贾亚斯瓦尔，见《比哈尔和奥里萨研究会会刊》，第 XIX 期，1933 年，第 287—289、301—303 页。

② 见本书边码第 113 页。

③ G. 赛代斯：《柬埔寨碑铭集》，卷 IV，第 27 页。

肖像明显地受到了伊朗的影响,[1]并且在吴哥时期的碑铭中,萨伽婆罗门纳这个名字[2]所表示的,也许就是用上述装饰体现的、被视为“麻葛”即“斯基泰”祭司的太阳。甚至连前吴哥时期毗湿奴塑像上的圆筒形头饰,也可以被视为表现了伊朗的影响。跟这种头饰最近似的式样在拔罗婆王朝的雕塑中的确也有发现。[3] 但是我们知道,有一个学派坚持拔罗婆家族起源于北方,他们把这个家族说成
94 是帕拉瓦人的后裔,即安息人。[4] 最后,柬埔寨人——扶南的继承者——的名称本身就可能与伊朗的甘谟惹人的名称有关。[5] 目前过多地去推断这些关系未免失之轻率,然而这些较接近的关系是值得注意的,特别是在交趾支那西部的俄厄[6]发现的一块凹雕宝石(上边刻有在火上浇祭的场面)和一枚饰有萨桑头像的宝石,[7]

① V. 戈卢贝:《柬埔寨的苏利耶象》,Cahiers EFEO., n°22,1940 年,第 38—42 页。——K. 巴塔夏亚:《古代柬埔寨的婆罗门教信仰》,巴黎,1961 年,第 128—131 页。——参阅 L. 德拉瓦莱·普森的《印度诸王朝及其历史》,第 350 页。

② BEFEO.,第 XXVIII 期,第 105 页,第 116 页注 1;第 XXXII 期,第 73 页,以及 G. 赛代斯的《柬埔寨碑铭集》,卷 I,第 195 页。——在《摩诃婆罗多》(卷 VI,436)中,萨迦岛的一个婆罗门的名字叫玛加(等于“麻葛”),即崇拜太阳的人。参阅 L. 德拉瓦莱·普森前引著作第 350 页和 K. 巴塔夏亚前引著作。

③ P. 杜邦:《印度支那西部的戴冠毗湿奴》,BEFEO.,第 XLI 期,第 249 页。

④ 见 R. 戈佩伦的《建志拔罗婆王朝史》(马德拉斯,1928 年)第二章附录。——C. 米纳克希《拔罗婆王朝治下的行政管理和社会生活》,马德拉斯,1938 年(见 BEFEO.,第 XXXVIII 期第 331 页的评论)。

⑤ S. 累维:《印度的前雅利安人和前达罗毗荼人》,JA.,1926 年 1—3 月号,第 53 页。——关于甘谟惹人,参阅 B. C. 劳的《古代印度部落》,载《印度文化》卷 I,第 386 页,St. 科诺的《塞迦人简志》,出处同上,卷 II,第 189 页,B. R. 夏泰依的《在北印度甘谟惹人中流传着的一个与柬埔寨吉蔑人有关的传说》,AA.,第 XXIV 期,1961 年,第 253 页。

⑥ 见本书边码第 42 和 76 页。

⑦ L. 马尔雷:《湄公河三角洲考古》,巴黎,1962 年,卷 III,第 294 和 304 页。

对扶南与伊朗世界的关系提供了实证以后，更是这样。

印度人或印度—斯基泰人旃檀的统治，成了扶南历史上的一段幕间曲。357 年是我们所知道的有关他统治时期的唯一年代。四世纪末或五世纪初以前，我们再没有听到谈及扶南。

2. 占婆：拔陀罗跋摩的第一批梵文碑铭（四世纪五十年代至七十年代）

范文的儿子，中国史家称为范佛。他继续奉行向北扩张的传统政策。然而，继 351 年和 359 年两次出征失败后，他不得不将日南归还中国，并于 372 年和 377 年遣使中国。[1]

范胡达是范佛的儿子和继位人，习惯上人们就是把他考证为 95
拔陀罗跋摩。我们是通过拔陀罗跋摩本人在广南[2]和富安[3]留下的碑铭而知道这个梵文名字的。这个考证结论是基于那些碑铭中得出的大约日期作出的。[4] 根据 A. 贝尔盖尼[5]和 L. 芬诺[6]的考证，这些碑铭大致可以上溯到公元 400 年。但是另一位学者从古

---

① G. 马斯帛洛：《占婆史》，第 58—61 页。

② L. 芬诺，BEFEO.，第 II 期，第 187 页。——R. C. 马君达：《占婆的印度殖民地》，n°4。——B. C. 查布雷：《印度—雅利安文化的传播》，前引期刊，第 50 页。

③ A. 贝尔盖尼：《占婆和柬埔寨的梵文碑铭集》，n°XXI，第 199 页。——L. 芬诺，BEFEO.，第 II 期，第 186 页。——R. C. 马君达，前引著作，碑铭 n°2。——B. C. 查布雷，前引期刊，第 47 页。

④ G. 马司帛洛：《占婆史》，第 63 页。

⑤ 前引著作，第 203—205 页。

⑥ BEFEO.，第 II 期，第 186 页。

文字学方面提出了充分的论据，倾向于把这些碑铭的年代前推好几十年。[1] 这样一来，我们大概就应该将这些碑铭确定为范佛的，严格地讲，范佛这个名字可能是拔陀罗跋摩的汉语音译。[2]

根据 R. 斯坦因的意见，[3]这个时期诸王的汉文名字和梵文名字的不一致，可以由以下事实得到解释：中国人所知道的林邑诸王，其首都都在顺化地区；这些国王与住在后来被林邑征服了的广南的那些具有梵文名字的国王是不同的。

拔陀罗跋摩是第一座建在眉山竞技场里，奉献给湿婆—婆多利神的神庙的建立者，按下文我们将经常看到的一种惯例，湿婆—婆多利神这个名字可以使人们想到该神庙建立者的名字。我们将看到，这座庙宇两个半世纪以后毁于一场大火。

96 拔陀罗跋摩的首都当位于眉山以东，在今茶轿的位置，那附近有三篇刻在岩石上的碑铭，字体与前边提及的几块碑铭相同，其中两篇[4]记下了奉献给婆多利神的地产的界限，第三篇[5]是目前已知的，用占文，甚至也是用印度尼西亚语系的土语写的最古老的文献。它包括一句诅咒语，嘱咐人们尊敬“国王的龙”，大概就是水泉或井的

---

① J. Ph. 沃格尔，BKI.，第 74 期，1918 年，第 232 页。

② 方块字“佛”，通常用于音译“buddha”这个词，它的古代发音为“b'iuat”，用来译 bhadra 是可以接受的。相反，“胡达”发音为“huo d'ât”，用它来音译大概就远不能使人满意了，而“范佛＝Bhadravarman”这个等式大概就可以解决这个难题。

③ 《占婆的前身》，前引期刊，第 71 页和 111 页。

④ 孤岛碑铭（L. 芬诺，BEFEO.，第 II 期，第 186 页；R. C. 马君达，前引著作，n°6，第 9 页）和诂山碑铭（L. 芬诺，BEFEO.，第 XVIII 期，10，第 13 页；R. C. 马君达，前引著作，n°5，第 8 页）。

⑤ 东安朱碑铭（G. 赛代斯：《最古老的占文碑铭》，见 F. W. 托马斯文集，《新发现的印度化文物》，节录分期登载，第 I 期，1939 年，第 46—49 页）。

守护神。这件用当地文字撰写的文献表明，四世纪这个国家的居民操占语。

“印度尼西亚语族的这些代表是由海路直接接受印度文明的呢，抑或是通过大陆上西边或南边已印度化了的邻邦而接受印度文明的？要回答这个问题，就跟要想弄清那些区怜[①]——二世纪末林邑的建立者——当时是否已经印度化同样困难。在广南发现的那尊著名的东洋佛像，是一尊受笈多风格影响的青铜塑像，它也许来自印度，其年代完全可能追溯到四世纪。遗憾的是，不论是关于印度化的起源，还是关于在一个后来主要是表现出对婆罗门教的各种崇拜有着非常深厚的感情的国家（撇开九世纪末佛教的兴盛不讲），当时佛教是否占据首位，这尊佛像的发现都证明不了什么。这类塑像是很容易运输的，可是没有任何材料可以证明东阳的这尊佛像是一经造就便被带到了印度支那”。

“要说清楚是否真像有的人认为可以肯定的那样，印度文化在 97
印度支那半岛东海岸的传播是在一块渗透着东山文化的地方进行的，也不容易。因为东山文化的遗存都是在横山天然边界以北。”

“这里重要的是，通过占人，印度文化一直传播到这条边界，就再也未能越过它。占人居住的地区是分隔成若干小块的，虽然他们接受了印度文化，但却不适合组成一个强大的中央集权国家。然而，这种文化在若干世纪中还是顶住了来自汉—越文化的压力。”[②]

拔陀罗跋摩的这些碑铭是我们掌握的与宫廷的宗教信仰有关

① 参阅本书第80页注⑥中的译者按。

② G.赛代斯：《印度支那半岛诸民族》，第70页。

的最早的资料。这些资料告诉我们,“对湿婆——乌玛的崇拜占主导地位,同时毫不减损对三位一体中的另外两位的崇奉”。[①] 以后在眉山发现的那些碑铭将告诉我们,婆多利神是用林伽来体现的。这是在外印度已得到证实的最古老的国王林伽。[②]

以下是摘自马端临《文献通考》的几段有关林邑这个时期风土人情的资料:[③]

98 “以砖为城蜃,垄涂之。居处为阁,名曰干兰,[④]皆开北户,以向日,或东西无定……男女皆以横幅吉贝[⑤]绕腰以下,谓之干漫。穿耳贯小环,贵者著革履,贱者跣行。自林邑扶南诸国皆然也。其王戴金花冠,形如章甫,加缨络。出则乘象,吹螺击鼓,罩吉贝,伞以吉贝为旛旗……”

“嫁娶必用八月。[⑥] 女先求男,由贵男而贱力(女)也。[⑦] 同姓还相婚姻,人性凶悍,果于战斗,有弓箭、刀槊,刀竹为弩。乐有瑟、笛、琵琶五弦,颇与中国同。每击鼓以警众,吹蠡以节戎。其人深目高鼻,发卷色黑,妇人椎髻……王死七日而葬,有官者三日,庶人
99 一日。皆以函盛尸,鼓舞导从,舆至水次,积薪焚之。收余骨,王则

① L. 芬诺,BEFEO.,第 II 期,第 190 页。

② 参阅本书边码第 53 页。

③ 《四裔考》,埃尔韦·德圣德尼译本,第 422—425 页。

④ 占文为“Kalan”。

⑤ 关于这个词,见 P. 伯希和的《〈真腊风土记〉笺注》,遗著卷 III,第 160—162 页。

⑥ 即收获的那个月。

⑦ 根据 G. 马司帛洛(前引著作第 31 页)的引文,《梁书》在说明这一习俗时情况相反:“由贱男而贵女也。”那种说法似乎更正确。

内金罂中,沉之于海,有官者以铜,沉之海口,庶人以瓦,送之于江。男女截发随丧至水次,尽哀而止,有寡妇孤居,散发至老。”

3. 四世纪至六世纪马来半岛和马来群岛诸国

在占婆,第一批梵文碑铭出现于公元四世纪下半叶,比同类文献在马来半岛、婆罗洲和爪哇的出现略早。

在槟榔对面的朱洛笃公发现的那些刻在岩石上的碑铭残片的年代,已经被确定为四世纪。[①] 吉打的武吉梅林碑上用了两句佛教用语,这块碑铭大概刻于同一时期或者稍晚一些。[②] 在吉打附 100
近进行的考古发掘,出土了一块属五或六世纪的碑铭,上边用梵文刻有三节佛教的铭文。[③] 在这个地区发现的一尊小青铜佛像也可以追溯到同一个时期。[④]

① R. C. 马君达:《苏伐罗洲》,卷 I,第 88—89 页。——参阅 R. O. 温斯泰德的《马来亚史》一文中的复制品(前引期刊,第 XIII 期,1935 年,图版 IV,第 18 页)。

② R. C. 马君达,出处同上,第 90 页。——B. Ch. 查布雷:《拔罗婆统治期间印度—雅利安文化的传播》,JASB.,文学,第 I 期,1935 年,n°1,第 15 页。

③ H. G. 夸里奇·韦尔斯:《关于古代殖民化的考古研究》,JRASMB.,第 XVIII 期,1940 年,第 8—10 页。——这几节佛经大概是摘自中观派的一部经典。中观派是龙树创立的一个大乘教派(R. 格鲁塞:《印度哲学》,卷 I,第 200—344 页)。——关于吉打的考古,通常见 R. 布雷德尔的《最古老的吉打》(《历史上的马来亚》,卷 4,n°2,1958 年,第 18—40 页),特别是 A. 拉姆的《早期印度人和佛教徒在马来亚北部和泰国南部的拓居地问题论文集》,JFMSM.,第 VI 期,N. S.,1961 年,第 1—47 页。

④ R. 温斯泰德:《印度对马来世界的影响》,JRAS.,1944 年,第 187 页。——关于在马来亚发现的笈多风格的佛像,参阅本书第 76 页注②以及 R. 温斯泰德的《马来亚和苏门答腊的佛像》,IAL.,1942 年,第 XVI 期,第 41 页。

最有趣的资料出自威利斯省北部地区。[1] 那是一篇镌刻在一根柱子上部的铭文，柱子的每一侧都雕有一座窣堵波，上有一顶七层华盖。这篇梵文文献包括一节佛教的铭文和赤土国(罗旦帝迦)船主(默哈纳维格)佛陀笈多为祝愿旅行成功而写下的一段祷词。其字体表明这份文献是五世纪中叶的。

特里罗奇(Terre Rouge) 这个国家，[2]中国人称之为赤土，当位于暹罗湾的博他仑[3]或吉兰丹[4]地区。从 607 年起，中国人才开
101 始谈到它，[5]然而那时它至少已存在一个半世纪了，因为正如刚才我们所看到的那样，这个国家在佛陀笈多的碑铭中已被提及。

在霹雳，属新石器时代晚期的瓜拉赛林辛遗址，大概很早就被印度的航海者占据了。该遗址提供了一颗玛瑙印，是以室利·毗湿奴跋摩的名义篆刻的。这颗印章颇使人们花费了些笔墨。[6] 上边的字体好像早于六世纪，使人联想到俄厄的一些印章上的字体。[7]

前一章中我们已谈及顿逊。关于这个国家，五至六世纪的一部中国史籍提供了一些材料，值得在此一引："疾困，便发愿鸟葬。

---

① B. C. 查布雷，前引期刊，第 16—20 页(加尔各答印度博物馆馆藏碑铭)。

② G. 费琅：《昆仑考》，JA.，1919 年 3—4 月号，第 256 页。——G. H. 卢斯：《缅甸诸邻国》，JBRS.，第 XIV 期，1924 年，第 173—178 页。

③ J. L. 芒斯：《室利佛逝、大麦(岛)和迦陀诃》，TBG.，第 LXXVII 期，1937 年，第 343—344 页。

④ P. 惠特利：《黄金半岛》，第 36 页。——关于赤土，见本书边码第 148 页。

⑤ P. 伯希和：《两道考》，BEFEO.，第 IV 期，第 276 页注 4 和第 281 页。

⑥ R. 布雷德尔概述了讨论的情况，JRASMB.，第 XVII 期，1939 年，I，第 168—169 页。

⑦ 见本书边码第 42 页。

歌舞送之邑外,有鸟啄食,余骨作灰,罂盛沉海。鸟若不食,乃篮盛。火葬者,投火。余灰函盛埋之。祭祠无年限。”[①]

狼牙修,即郎迦斯迦,前一章中也已论及。该王国最早于515年和中国开始有关系。[②] 国王的名字是婆伽达多。《梁书》 102
说:[③]“其俗男女皆袒而被发,以吉贝为干缦。[④] 其王及贵臣乃加云霞布覆胛,以金绳为络带,金环贯耳。女子则被布,以璎珞绕身。其国累砖为城,重门楼阁。王出乘象,有幡旄旗鼓,罩白盖,兵卫甚设。”

狼牙修北邻盘盘。[⑤] 盘盘是暹罗湾沿海的一个国家,很可能位于万伦湾。它首次遣使中国的时间可追溯到424—453年那个时期,[⑥]此后一直到635年都不断遣使中国。我们将看到,大约同一个时期,另一个憍陈如——第二个使扶南印度化的人,[⑦]就是从盘盘来的。

① P.伯希和:《扶南考》,BEFEO.,第III期,第279页。

② G.费瑯:《马六甲、马来尤和麻里予儿》,JA.,1918年7—8月号,第140页。

③ W.P.格罗内维尔德:《马来群岛简志》,第10页。我在这里转引的是马端临编入其《四裔考》中的文献。根据埃尔韦·德圣德尼译本,第455—456页。译者按:此段见《梁书》卷五十四《狼牙修国传》。

④ 关于这个词,见P.伯希和的《〈真腊风土记〉笺注》,前引期刊,第162页。

⑤ P.伯希和:《两道考》,BEFEO.,第IV期,第229页。——P.惠特利:《黄金半岛》,第47—51页。——G.H.卢斯:《缅甸的邻国》,JBRS.,第XIV期,1924年,第169—172页。卢斯认为这个国家已被扶南王范师蔓征服,并且被范师蔓按其先王的名字盘盘命名。R.斯坦因(《林邑考》,前引期刊,第258页)好像赞同这种看法(见本书边码第110页)。

⑥ P.伯希和:《扶南考》,前引期刊,第269页注2。

⑦ 见本书边码第110页。

马端临写道：[①]“百姓多缘水而居。国无城，皆竖木为栅。王
103 坐金龙床。每坐，诸大人皆两手交抱肩百(而)跽。又其国多有婆罗门，自天竺来，就王乞财物，王甚重之……。其矢以石为镞，稍则以铁为刃。有僧尼寺十所，僧尼读佛经，皆食肉而不饮酒。亦有道士寺一所，道士不食酒肉。”

P. 惠特利[②]提出应将另一个国家——丹丹的位置定在南边更远的丁加奴地区。丹丹国曾于 530 年和 535 年遣使中国。

在婆罗洲，发现于苏丹国库泰的刻在一些柱子上的七篇碑铭，似乎可以追溯到公元 400 年左右。[③] 这些碑铭都出自幕拉跋摩王。此王是一个名叫孔东加(这个名字也许是泰米尔文或印度尼西亚文的，[④]但肯定不是梵文)的人的孙子，厄希弗跋摩的儿子。他被称为王朝的创立者(万瑟格尔德里)。这些碑铭与一座名叫弗布勒盖希弗勒的神庙有关，从这座神庙的名字中，应当可以辨认出湿婆或者阿加斯蒂耶，或者是一个当地的神，除非它是一座

① 前引书，第 463—464 页。

② 《黄金半岛》，第 51—55 页。又参阅许云樵的《丹丹考》，JRASMB.，第 XX 期，I，1947 年，第 47—63 页。

③ J. Ph. 沃格尔：《出自古戴(婆罗洲东部)的幕拉跋摩王的尤伯碑铭》，BKI.，第 74 期，1918 年，第 167—232 页。——B. R. 查特吉：《印度与爪哇》，卷 II，碑铭，第 8—19 页。——B. Ch. 查布雷：《出自古戴(婆罗洲东部)的穆勒跋摩的三块新的尤伯碑铭》，JGIS.，第 XII 期，1945 年，第 14—17 页(在 TBG.，第 LXXXIII 期，1949 年，第 370—374 页上重印时，附有 J. G. 德卡斯帕里斯的考证)；《尤伯碑铭》，见《古代印度》(J. Ph. 沃格尔论文集)，1947 年，第 77—82 页。

④ B. C. 查布雷，前引期刊，第 39 页和 JRASMB.，第 XV 期，1937 年，III，第 118—119 页。

用于丧葬的建筑。[①]

此外,在婆罗洲的卡普阿斯、拉塔、马哈坎等河流沿岸地区都 104
有一些清楚程度不一的印度化痕迹。在库泰省哥打邦翁发现了一尊精美的笈多风格铜佛;[②]除已提及的那些碑铭外,该省孔本山的一个岩洞里和拉他河河口湾还提供了一些婆罗门教和佛教的塑像,它们的日期尚未考定。[③]

有人主张将《风神往世书》(XLVIII,12)中的伯里纳洲的位置确定在婆罗洲。[④] 此名确实会令人联想到勃泥。从九世纪起,中国人就用勃泥指婆罗洲。[⑤] 然而这个比附很经不起推敲。至于中国人提到的婆利,在六世纪的头二十五年中,有一个国王(其家族姓憍陈如)曾多次从那里遣使中国。[⑥] 除非婆利位于爪哇东部,否则它若不是指巴厘岛,也可以考证为婆罗洲。

① R. Ng. 保尔巴蒂亚拉卡:《群岛地区的阿加斯蒂耶》,莱登,1926 年。——K. A. 尼拉坎塔·萨斯特里:《阿加斯蒂耶》,TBG.,第 LXXVI 期,1936 年,第 515 页及其后文。——N. J. 克罗姆:《印度化爪哇史》,第 72 页。——W. F. 斯图特海姆:《弗布勒盖希弗勒》,BKI.,第 92 期,1934 年,第 203 页。

② 《考古报告》,1925 年,第 142 页。

③ 出处同上,1925 年,第 132 页。——关于婆罗洲的印度化,参阅 O. C. 甘戈莱的《婆罗洲的印度文物探究》,JGIS.,第 III 期,1936 年,第 97 页。——E. 班克斯的《古代婆罗洲》,JRASMB.,第 XX 期,1947 年,2,第 26—34 页。——特别是请参阅同一期刊的专号,第 XXII 期(1949 年 9 月 4 日)。在婆罗洲西部的三发发现了大量笈多风格和巴拉风格的印度小塑像,在那一期专号上,可以看到有关的材料。另外 Y. S. 坦以前曾在 JSSS(第 V 期,I,1948 年,第 31—42 页)上报告过这一重大发现。——〔补遗〕:A. B. 格里斯沃尔德的《桑图邦佛陀及其来龙去脉》(载《沙捞越博物馆馆刊》,第 X 期,1962 年,第 363 页)对关于婆罗洲印度遗迹的参考书目作了补充。

④ 《色》,1926 年,第 114 页。

⑤ P. 伯希和:《两道考》,BEFEO.,第 IV 期,第 296 页注 2。

⑥ 出处同上,第 283 页。

在《罗摩衍那》和托勒玫的《地理学指南》中，爪哇岛大概都被
105 提及了，分别称为“yâvadvîpa”[①]和“Iabadiou”。[②] 但是由于一种奇特的抑制现象，在作语音学比较时最大胆的那些渊博的学者们，面对着那些多少与爪哇相像的甚至是非常相似的地名时，似乎都突然使人不能理解地裹足不前了。他们提出的所有借口都有益于他们到具有这个名称的岛屿之外去寻找它的位置。因为爪哇和苏门答腊确实常常都被看作一回事，认为代表的只是一个岛。马可波罗就把苏门答腊称为小爪哇。但是，这样的理由就足以把爪哇排除在外，而且把全部跟取名为爪哇、大麦洲、耶婆提和阇婆的地方有关的证据都不仅与苏门答腊刻板地联系起来，而且有时还要与婆罗洲甚至马来半岛联系起来吗？

在爪哇，除了前已述及发现于东部的那尊笈多风格的佛像外，[③]有关印度文化渗入的最古老的遗迹是四篇刻在岩石上的碑铭，它们发现于该岛的最西端，即控制着巽他海峡的那个地区。编注这几份碑铭的学者写道：[④]“有意思的是，印度人居留地最古老的痕迹正是在该岛的这一地区发现的，荷兰商贾的第一批商行也

---

① S. 累维：《〈罗摩衍那〉中的故事考》，JA.，1918 年 1—2 月号，第 80 页。

② 《后汉书》提到叶调国，当时的年代为公元 132 年。有人把它考证为爪哇（P. 伯希和：《两道考》，BEFEO.，第 IV 期，第 266 页。——G. 费琅：《叶调、斯调与爪哇》，JA.，1916 年 11—12 月号，第 520 页）。R. 斯坦因在《林邑考》（前引期刊，第 138 页）一文中对这种比较提出了异议，而 P. 德米埃维尔则认为叶调可考定为大麦洲（希腊文为 Iabadiou）一说辩护，见《通报》，第 XL 期，第 346 页。

③ 见本书边码第 43 页。

④ J. Ph. 沃格尔：《爪哇最早的碑铭》，Public. Oudheidk. Dienst Nederl. Indie，第 I 期，1925 年，第 15—35 页。——B. R. 沙特吉：《印度与爪哇》，卷 II，碑铭，第 20—27 页。J. 米纳特：《婆罗洲东部碑铭中的孔东加王考》，JSEAH.，第 V 期，№2，1964 年 9 月号，第 181 页。

建立在那里，而且那里还成了荷兰人的势力向整个群岛扩展的中
心。与苏门答腊和印度大陆相比，巴达维亚所处海岸的地理位置， 106
以及那里的地形向航海和贸易提供的特殊便利，这些都足以说明上述重合绝非出于偶然。”

这些梵文碑铭的字体略晚于婆罗洲上幕拉跋摩的那块碑铭的字体，后者的年代可以追溯到450年左右。这些碑铭的作者是多罗摩国的国王甫尔纳跋摩。多罗摩这个名字至今仍保留在万隆地区的芝塔龙河的名字中，印度南部科摩林角以北二十公里的一个地方也用该名。[①] 这些碑铭使我们得知，甫尔纳跋摩（碑铭还谈到他的父亲和祖父，但没有提及他们的名字）尊奉婆罗门教礼仪，而且很重视国内的灌溉工程。其中两块碑铭上刻着他的脚印。有人提出，在这两块碑铭上看到的应该是他攻占邻近地区彪滕佐格的象征。这种说法不无可能，因为这两块碑铭就是在那里发现的。[②] 如果《新唐书》提到的于666年至669年数次遣使中国的多罗摩就是他的话，[③]那么多罗摩这个王国七世纪时仍然存在。

像爪哇和西里伯斯的情形一样，[④]在苏门答腊，考古发现的最

① F. M. 斯赫尼特格：《多罗摩纳格勒》，TBG.，第LXXIV期，1934年，第187页；参阅W. F. 斯图特海姆的文章，出处同上，第LXXIX，1939年，第83页。

② W. F. 斯图特海姆：《甫尔纳跋摩脚印考》，BKI.，第89期，1932年，第288页。

③ P. 伯希和：《两道考》，前引期刊，第284页。——L. C. 达梅斯（BEFEO.，第XLVIII期，第611页）判断这两个词不完全相等，认为这几个中国方块字还原后应当是“Tarama”或者“Talama”，然而这也许过虑了。

④ 见本书边码第24、43页。

古老的印度化遗存是一尊阿摩罗伐蒂风格的佛像。[1] 这尊佛像是在巨港以西的瑟根唐山附近发现的。它很别致，是用花岗岩雕制
107 的，而这种石料在巨港没有。因此它是从外地带来的，也许来自苏门答腊东海岸以外的邦加岛。如果巴利文经典《阐释论》一书里所提及的“Vanga”这个名字[2]指的确实是该岛，那么大概很早的时候那里就是印度航海者们常去的地方了。在巨港出现的这尊佛像，是印度文化很早就进入这个国家的一个实证。

为了弄清应不应将中国人自五世纪以来记述的三个国家——耶婆提、阇婆和呵罗单——的位置确定在爪哇这个问题，人们已进行过大量的讨论。求法僧法显 414 年从印度返回中国时，曾途经耶婆提，他在那里遇到一些苦行僧，但佛教的痕迹却很少。[3] 信奉佛教的求那跋摩，原系克什米尔亲王，424 年之前不久曾到过阇婆弘法，并于 433 年和 435 年遣使访问中国。[4]《宋书》说呵罗单位于阇婆岛，430 年至 452 年间呵罗单亦多次遣使中国。[5] 最近的研

① 《考古报告》，1928 年。——F. M. 斯赫尼特格：《印度化苏门答腊考古》，莱登，1937 年，第 2—3 页。——N. J. 克罗姆：《巨港古迹》，ABIA.，1931 年，第 29—33 页。——D. 格什，JGIS. 第 III 期，1936 年，第 36 页（在那里可以找到与由于这尊塑像的发现而引起的专题文献有关的参考资料）。

② S. 累维：《托勒玫、〈阐释论〉和〈布里赫德格塔〉》，前引期刊，第 27 页。——关于苏门答腊西海岸的巴鲁斯，在托勒玫的著作中已被提及，名字为巴鲁塞。

③ 玄奘的《大唐西域记》，S. 比尔译本，卷 I，第 LXXXI 页。

④ P. 伯希和：《两道考》，前引期刊，第 274—275 页。——关于求那跋摩，见 JGIS.，第 XVII 期，1958 年，第 9 页。关于把阇婆考订在爪哇的问题，见 L. C. 达梅斯，BEFEO.，第 XLVIII 期，1957 年，第 641 页。

⑤ P. 伯希和，前引期刊，第 271—272 页。

究倾向于将这三个国家的位置定在马来半岛。[1] 在某种意义上讲,这些研究与P.伯希和的结论相比是个退步。根据P.伯希和 108
的意见,它们同整个爪哇岛或爪哇岛的一部分是一致的。不过同把耶婆提考定在爪哇相比,把它的位置确定在婆罗洲西海岸似乎更能成立。[2] 至于呵罗单,由于以下情况,问题比较复杂:434年派出那个使团的国王,名字为室利毗阇耶,此名可以完美地与“Çrivijaya”对音。因而有人考虑,是否这不是那位国王的名字。按照惯例,国王的名字是要用作国名的。因此这个名字大概是七世纪末我们将看到在苏门答腊岛南部出现的那个王国的名字的来源。[3]

至于从五世纪中叶开始,《梁书》就已有所记载的干陀利,一般说来人们都一致同意把这个国家的位置确定在苏门答腊。在苏门答腊,干陀利大概早于室利佛逝,它的中心可能在占碑。[4] 454年至464年,干陀利有一个国王,其中文方块字的名字可以还原为“Çri Varanarendra”[5],他曾派印度人留陁出使中国。502年是信奉佛

① J. L. 芒斯:《室利佛逝、爪哇和迦陀呵》,TBG.,第LXXVII期,1937年,第317—486页(该文英译本载于JRASMB.,第XVII期,1940年,II)。见K. A. 尼拉坎塔·萨斯特里的考证:《马来半岛和群岛的历史地理考证》,JGIS.,第VII期,1940年,第15—42页。

② A. 格兰姆斯:《法显的锡兰—广州之行》,JRASMB.,第XIX期,1941年,第76页。——R. 布拉德尔,出处同上,第46页及其后文,第XXII期,4,1943年,第3页。——P. 惠特利:《黄金半岛》,第39页。

③ W. T. 考:《有关呵罗单的最早的汉文记载及室利佛逝和佛逝考》,JRASMB.,第XXIX期,1956年,第163页。

④ G. 费瑯:《干陀利考》(《昆仑考》附录III,JA.,1919年9—10月号,第238—241页)。——J. 普尔兹鲁斯基:《七世纪之前苏门答腊的印度殖民地》,JGIS.,第I期,1934年,第92—101页。

⑤ 《梁书·干陀利传》作释婆罗郍憐陁。——译者

教的国王瞿昙修跋陁罗在位，519 年他的儿子毗邪跋摩遣使中国。

4. 印度人的再次大迁徙和五世纪扶南的第二次印度化

简而言之，考古学方面和汉文史料中如此丰富的证据表明，印
109 度文化进入诸海岛和进入半岛是同样古老的事情。随着幕拉跋摩和甫尔纳跋摩的碑铭分别在婆罗洲和爪哇的出现，以及它们与中国的外交关系的发展，五世纪上半叶使我们看到了外印度印度化的又一次高潮。即使我们不能把这次高潮归因于移民的汇集，至少也可以归于其中那些文化人的影响。种种迹象都说明，可以把这些文化人视为东印度和南印度的人。

人们曾到印度本身的历史中去寻找过这次运动的直接起因，而且为了将外印度那些新王朝和印度各王室联系起来，也颇费了些想象力。在这不坚实的场地上，我不会去追随那些认为可以在那里冒险的作者们。[①] 不过，我们还是可以把以下的说法看作非常可能的事：沙摩陀罗笈多对南印度的征服（约 335—375 年），以及随之而来的拔罗婆王及其总督们的归顺，[②]引起了严重的动荡，结果也导致了南部贵族集团成员大批逃往东方各国。我们知道，S. 累维就把 357 年扶南王位上很可能出现了一个印度——斯基泰人一事归因于三谟陀罗笈多对恒河流域的征服。这段插曲也许仅仅是四世纪中叶至五世纪中叶将许多王公、婆罗门和文化人带往

---

① J. L. 芒斯：《室利佛逝、爪哇和迦陀呵》，前引期刊。

② L. 德拉瓦莱·普森：《印度诸王朝及其历史》，第 40 页。

已经印度化,并且与印度有着正常关系的半岛和诸海岛去的,更为普遍的迁移的前奏。首先在占婆,继而在婆罗洲和爪哇迅速增多起来的梵文碑铭,就应当归功于这些文化人。

就在同一个时期,而且大概也是出于同样的原因,扶南再次深 110
深受到印度文化的渗透。在武庚碑之后,扶南最古老的那块碑铭就要归功于这次新输入的印度文化。

《梁书》告诉我们,印度人旃檀的一个继承人是憍陈如(Kaundinya),[1]"本天竺婆罗门也。有神语曰:'应王扶南',憍陈如心悦,南至盘盘,扶南人闻之,举国欣戴,迎而立焉。复改制度,用天竺法。憍陈如死,后王持梨陁跋摩(Çri Indravarman 或 Çreshthavarman),宋文帝世奉表献方物"。[2] 这里涉及的几次出使,《宋书》分别把它们的年代定于 434 年、435 年和 438 年。《宋书》记载:431—432 年,"林邑欲伐交州(东京),借兵于扶南王,扶南不从。"[3]这里说的扶南王大概就是这位持梨陁跋摩王。

5. 四世纪末至 472 年间的占婆

从公元 480 年左右起,扶南历史呈现出了一条大致连续的脉

---

① 此名可能是与第一个憍陈如的名字混淆而产生的。当时所指的大概是王族中印度成员的一个合法的代表,与范姓土著氏族本质上是不同的。R. 斯坦因在其《林邑考》(前引期刊,第 258 页)中认为,这可能就是由盘盘王传下来的憍陈如的一个后王,并认为这里谈的大概与盘盘国无关。关于盘盘国,参阅本书边码第 102 页。

② P. 伯希和:《扶南考》,前引期刊,第 269 页。

③ 出处同上,第 255 页。

络，在继续叙述它之前，应当先谈一谈林邑的情况。

111 范佛（拔陀罗跋摩？）死后，他的儿子或孙子范胡达于 380 年继位。范胡达 399 年进犯日南，但遭到了失败。在标志着中国晋朝衰落的混乱局面的鼓励下，公元 405 年和 407 年他一再入侵日南，接着 413 年他又大胆地参加了对日南以北地区的一次新的远征，此去就再未返回。[①]

《梁书》称范胡达的儿子作敌真。他继承了王位，可是随后又让位给其外甥，自己到天竺去了。被七世纪的一块碑铭[②]称为恒河王的，也许就是他。该碑铭说，恒河王“以具有那种公认属于帝王品质的才能和英雄气概而著称。放弃王位并非易事（他禅让了王位）。他以见到恒河为乐事，乃自此赴恒河”。看来在七世纪的一块碑铭里出现的一个名叫摩诺罗陀跋摩的人物是他的继承人。[③] 此人可能是他的外甥。[④]

此后发生的事情便不太清楚了。420 年前后，出现了一个来历不明的国王，自称阳迈，意即“金王”。他进犯东京失败后，于 421 年请求中国朝廷册封。同年，该王暴卒，他 19 岁的幼子继位，亦名阳迈。这位新王继续侵扰其国以北地区。431 年，他派出楼

112 船百余艘掳掠日南沿海一带。中国人奋力反击，当国王不在时，他们围困了区粟（位于筝河下游巴屯地区），但是由于暴风雨的阻挠，他们尚未能够取得彻底的胜利，便不得不撤围。阳迈欲向扶南借

① 见《梁书·林邑传》。——译者

② L. 芬诺，BEFEO.，第 IV 期，第 922 页。

③ 参阅本书边码第 133 页。

④ G. 马司帛洛：《占婆史》，第 65 页。参阅 BEFEO.，第 XXVIII 期，第 288 页。

兵“伐交州(东京)”落空一事,就发生在这个时候。433年,阳迈向中国朝廷请求管理交州未成。由于当时占人重新开始进犯,日益猖獗,新任交州刺史檀和之于446年对其进行了严厉的惩罚。屡屡谈判,占人均极为放肆地背信弃义,于是檀和之便放弃谈判,包围了区粟。该城攻陷后被洗劫一空。另一次战役,中国人夺取了位于顺化地区的占人首都,[1]他们从该城获得黄金数十万斤。国王阳迈抑郁而死。

阳迈的继承人是他的儿子或孙子范神成。他于456年、458年和472年多次遣使。此王大概正是在福寺附近的巴塞留下了一块梵文碑铭的代瓦尼格。[2]

6. 扶南的最后几位国王(480—550年);484至529年的占婆

公元480年之后十余年,《南齐书》中首次谈到扶南国王阇耶跋摩(Jayavarman),其家族姓憍陈如,就是说他是憍陈如的后
裔。[3] P.伯希和写道:“这位国王派了一些商人到广州,他们在归 113
途中遇到大风,当时天竺僧人那伽仙随船同行,和他们一起被抛到了林邑(占婆)海岸。那伽仙间道到达扶南。尔后,484年国王阇耶跋摩派他到中国朝贡,同时请求中国皇帝帮助讨伐林邑。[4] 因

① 关于区粟和(林邑的)首都的定位,见R.斯坦因的《林邑考》,前引期刊,第1页及其后文。

② 见本书边码第126页。

③ P.伯希和:《扶南考》,前引期刊,第257页。

④ 出处同上,第294页。

为几年以来，有一个篡位者僭取了林邑王位，林邑传说他名叫当根纯，是扶南王之子，而国王阇耶跋摩则称他为奴，名鸠酬罗。[1] 中国皇帝感谢阇耶跋摩的贡物，但没有派兵去讨伐林邑。阇耶跋摩的表文措辞较为晦涩，但通过该表，我们至少可以看出二点：首先是湿婆崇拜在扶南占统治地位。然而同时也奉行佛教，该表的大部分文字就是佛教用语，并且是由一个在扶南居住过的天竺僧人呈送的。而且在阇耶跋摩统治期间有两个出生扶南的和尚到中国定居。[2] 这两个人都精通梵文，因而被任用终身从事经文翻译。”

上述材料P.伯希和是摘引自《南齐书·扶南传》。关于扶南的物质文明，《扶南传》还补充了一些值得一引的资料。

114 “扶南人黠惠知巧，攻略傍邑不宾之民为奴婢，货易金银彩帛。大家男子截锦为横幅，女为贯头（裹布以蔽体），贫者以布自蔽。锻金环鏆银食器。伐木起屋，国王居重阁，以木栅为城。海边生大箬叶，长八九尺，编其叶以覆屋。人民亦为阁居。为船八九丈，[3]广裁六七尺，头尾似鱼。国王行乘象，妇人亦能乘象。斗鸡及狶为乐。无牢狱，有讼者，则以金指环若鸡子投沸汤中，令探之，又烧锁

[1] G.马司帛洛在其《占婆史》（第75页注2）中提出了相当充分的理由，将这两个人物合为一人。但是，参阅R.斯坦因，前引期刊，第257页。——我们可以考虑是否该名并非贵霜人使用的那个称号——库朱拉。参阅本书边码第93页。

[2] 这里指的是僧伽婆罗和曼陀罗（仙），其译文见于中国的三藏（B.南吉奥：《佛教三藏中译目录，中国和日本的佛经》，附录II，第101和102条。参阅P.伯希和的《扶南考》，前引期刊，第284—285页）。关于这两个和尚，参阅W.帕乔的《东南亚和远东弘法记》，JGIS.，第XVII期，1958年，第13页。

[3] “丈”相当于10法尺。《南齐书》中关于船舶的那一节是以收在《太平御览》中康泰的一段更为详细的记述为依据的。这段记述已被P.伯希和转引在《有关印度化印度支那的汉文文献》，(Et. Asiat. EFEO.，卷II，第252—253页)一文中。

令赤,著手上捧行七步,有罪者手皆燋烂,无罪者不伤。又令没水,直者入即不沉,不直者即沉也。”[①]

后来的一部文献——《梁书》[②]补充了以下一些细节:

“所居不穿井,数十家共一池引汲之。[③] 俗事天神,天神以铜 115
为像,二面者四手,四面者八手,手各有所持,或小儿,或鸟兽,或日月。其王出入乘象,嫔侍亦然。王坐则偏踞翘膝,垂左膝至地,[④]以白叠敷前,设金盆香炉于其上。国俗,居丧则剃除须发。死者有四葬:水葬则投之江流,火葬则焚为灰烬,土葬则瘗埋之,鸟葬则弃之中野。”[⑤]

阇耶跋摩的统治标志着扶南的一个强盛时期,这一点在中国皇帝对他的关切中也有所反映。因为503年一次遣使而下的诏书
说:“扶南王憍陈如阇耶跋摩,介居海表,世纂南服,厥诚远著,重译 116
献赕。宜蒙酬纳,班以荣号。可安南将军、扶南王。”[⑥]

我们知道,阇耶跋摩有一个儿子或奴曾逃到占婆,于神成死后自立为王。484年,阇耶跋摩徒然向中国皇帝请求帮助惩罚这个篡权者。[⑦] 我们不清楚随后阇耶跋摩做了些什么。可以肯定的是,491年这个篡位者仍然以范当根纯为号统治着林邑,并取得中

---

① P.伯希和:《扶南考》,前引期刊,第261—262页。

② 出处同上,第269—270页。

③ 这是柬埔寨现在仍然使用的德拉贝昂(trapeang)制度。

④ 这是肖像学中常见的国王悠然自得的姿势。

⑤ 参阅BEFEO.,第XL期,第320页。——这四种习俗都是印度的,可追溯到吠陀时代(《阿他婆吠陀》,卷XVII,2,34)。

⑥ P.伯希和:《扶南考》,前引期刊,第269页。

⑦ 见本书边码第113页。

国朝廷承认他为林邑王。但是翌年，即 492 年，他被阳迈的一个名叫诸农的后裔废黜。诸农统治了六年，于 498 年在大海中溺死。关于他的继承人范文款、范天凯（可能即 Devavarman）和弼毳跋摩（vijyavarman），我们仅仅掌握自 502 年至 527 年间他们遣使的一些日期。529 年，出现了一个新王朝，其起源和历史将在下一章中叙述。

“扶南大王”阇耶跋摩死于 514 年。我们没有掌握他的碑铭。然而，他的王后古勒布勒帕弗迪，以及他的一个儿子求那跋摩，却每人给我们留下了一块梵文碑铭，所用字体属五世纪下半叶。

古勒布勒帕弗迪王后欲退隐，在发现于柬埔寨茶胶省南部的一块石碑上，她详细记述了营造包括一幢寓所和一个水池的一处净修林的情况。[①] 这篇碑文开头的一节受了毗湿奴教的影响。

117 求那跋摩是一个被称为“憍陈如世系的月亮”的国王的儿子。奉求那跋摩之命而刻在交趾支那水草平原塔梅地区的一座小神庙大门侧柱上的也是一块毗湿奴教碑铭，该碑的字体较王后的碑铭显得略早一些。铭文的内容是纪念一座神庙的建立，该庙中有一个毗湿奴的脚印，名叫转轮道主。[②] 该庙是建立在一块从茫茫沼泽地上征服下来的地方，虽然当时求那跋摩尚很年轻，但已是那里的首领。同毗湿奴的这对脚印形成鲜明的对照，爪哇甫尔纳跋摩的脚印，如前所述，可能标志着军事征服之后对一个国家的占领，

① G. 赛代斯：《扶南的一块新碑铭》，JGIS.，第 IV 期，1937 年，第 117—121 页。

② G. 赛代斯：《扶南的两块梵文碑铭》，BEFEO.，第 XXXI 期，第 1—12 页。译者按：哲格勒迪尔特斯瓦明，梵文为“Chakratîrthasvâmin”，意为转轮道主。

而这里所涉及的却是一种进行排水和在局部填土之后对一个地区的和平征服。这个地区至今仍然布满沼泽，并且每年都有一段时间淹没在水中。[①]

求那跋摩的母亲很可能正是阇耶跋摩之妻古勒布勒帕弗迪王后。[②] 据《梁书》记载，[③]514 年阇耶跋摩死后，他的嫡子被其庶兄留陁跋摩（Rudravarman）赶下王位后杀害，因此求那跋摩是阇耶跋摩的这个嫡子并非不可能。[④]

留陁跋摩在 517 年至 539 年间多次遣使中国，他是扶南的最 118
后一个国王。巴迪省的一块梵文碑铭告诉我们，[⑤]这篇铭文中提及的那座佛教建筑物落成时他在位。从《梁书》的一段记载中可以看出，那个时期佛教在扶南是多么盛行。根据这段史料，535 年至 545 年间有一个中国使团被派往扶南，要求该国国王汇集佛教经典，并请国王派佛教大师到中国去。扶南王挑选了天竺僧人波罗末陀（即拘那罗陀）担任这一使命。波罗末陀来自邬阇衍那，当时居住在扶南。他带着 240 束经典，于 546 年到达中国。[⑥] 七世纪

---

① 关于这个地方，见 E. 艾莫涅的《柬埔寨史》，卷 I，第 138—139 页。

② 塔梅碑铭第二节中记载的当时在位的国王的名字已不完整。这个名字是以 ja 字样开头的，后接的字母有一部分已被损坏，但像是“ya”。我越来越觉得这个国王很可能不是别人，只能是阇耶跋摩。

③ P. 伯希和：《扶南考》，前引期刊，第 270 页。

④ 过去我已经作过这样的假设（JGIS.，第 IV 期，1937 年，第 119 页），它只是与这样一个事实有明显的矛盾：从古文字学方面看，求那跋摩的碑铭早于古勒布勒帕弗迪王后的碑铭。然而事实上塔梅碑铭撰写好的时候，求那跋摩尚年幼（碑铭第七节），而另一块碑铭撰写好时，王后则正考虑退隐。这次退隐可能是她的儿子被杀害以及她的对手的儿子僭位的结果。

⑤ G. 赛代斯：《扶南的两块梵文碑铭》，BEFEO.，第 XXXI 期，第 8—12 页。

⑥ W. 帕乔：《东南亚和远东弘法记》，JGIS.，第 XVII 期，1958 年，第 14 页。

的一块石碑称留陁跋摩为拔婆跋摩一世——前吴哥时期柬埔寨的第一位国王的先生。[1] 十世纪的一块碑铭把他描述成一批国王的始祖。这些国王是出于憍陈如——索马夫妇的一个支系，他们在希鲁塔跋摩和希雷斯塔跋摩（甘菩的后裔）[2]的那些继承人之后开始进行统治。下一章我们将看到应该怎样看待这个有关世系的传说。在此只需提一下，留陁跋摩非法登上王位一事，似乎在湄公河中游各省引起了一场动乱。叛乱是拔婆跋摩和质多斯那领导的，它导致了六世纪下半叶扶南的解体。

119 在整整五个世纪中，扶南这个国家都是半岛上占统治地位的强大国家。衰落之后的很长一段时间，它在以后几代人的记忆中仍然保有盛誉。正如下一章我们将看到的那样，前吴哥时期的柬埔寨诸王都采用了扶南的王朝传说，以后将在吴哥统治的君主们也尽力把自己的起源与阿迪罗阇［即毗耶陀补罗（至高无上的国王们）］联系起来。[3] 而且八世纪爪哇的统治者们又使夏连特拉的称号——“山王”重新出现。

前边我转引了中国各朝史书的节录，展示了我们所知道的有关扶南社会状况及居民风俗的少量情况。从宗教方面看，印度的各种宗教信仰在引文中都依次或同时得到了证实。使这个国家印度化的两个憍陈如都是婆罗门，是他们向扶南移植了湿婆教的各

---

① 巴思和贝尔盖尼：《占婆和柬埔寨的梵文碑铭》，n°XI，第 66 页。

② G. 赛代斯：《巴格赛占格龙碑铭》，JA.，1909 年 5—6 月号，第 479 页及其后文。参阅 BEFEO.，第 XXVIII 期，第 131 和 139 页；以及《柬埔寨碑铭集》卷 II，第 10 和 155 页。

③ G. 赛代斯：《吴哥第一批国王的世系传说》，BEFEO.，第 XXVIII 期，第 127—131 页。

种礼仪。五世纪时这些礼仪确实很盛行。《南齐书》说,在阇耶跋摩统治时期,“其国俗事摩醯首罗(湿婆)天神,神常降于摩耽山”。[①] 这指的大概是国王们和这个国家本身取得名字的那座圣山。它贴近首都,标志着王国的中心,是天上与地下联系的地方,这就可以说明为什么“神常降于摩耽山”。在那里该神大概是以湿婆——耆利
沙林伽的形式来体现的,[②]它“经常出没于(该)山”。前面已援引 120
过的《梁书》中的一段谈到一些两面四臂像,应当是诃梨诃罗像,即合为一体的毗湿奴和湿婆。说那里存在毗湿奴教的各种仪式,是从求那跋摩及其母亲的碑铭中得出的结论。最后,已经证实自三世纪起即存在的梵文小乘佛教,在五、六世纪阇耶跋摩和留陁跋摩统治期间是很盛行的。

建筑学方面,看来并非毫无遗留。倒是一个有趣的假说[③]使我们有理由认为,如果一切都不复存在了,至少某些属于前吴哥时期艺术的建筑(它们的外表布满了细小的石阶,石阶上装饰有小壁龛)仍然可以再现扶南纪念性建筑物的主要特征。在这个假说中,目佉林伽(即面林伽)大概被与这种建筑紧密地连在一起了。

至于人像雕塑,笈多风格的佛陀塑像[④]、戴冠毗湿奴和前吴哥

① P.伯希和:《扶南考》,前引期刊,第 260 页。——K.萨卡尔在其《扶南的大乘佛教》(载《中—印研究》,第Ⅴ期,1955 年)一文中发表了这样的看法,认为摩醯首罗指的是菩萨,并认为僧人那伽仙所上的表文中的一切都与大乘佛教有关,只是所处的年代不大可能如此早。

② BEFEO.,第 XXVIII 期,第 128—130 页。

③ H.帕芒蒂埃:《据推测属扶南的艺术》,BEFEO.,第 XXXII 期,第 183—189 页。

④ G.格罗利埃:《古代吉蔑雕塑》,Et. Asiat. EFEO.,卷Ⅰ,第 297—314 页。

时期柬埔寨的诃梨诃罗,[①]特别是在交趾支那发现的那些苏利耶像,[②]对扶南雕塑艺术会是个什么情形,提供了一个轮廓,虽然这一切并不因此就属于扶南艺术。

7. 与伊洛瓦底江的骠族和湄南河的孟族
121 有关的最古老的证据

关于印度支那西部的印度化国家,还需要再谈一下。就这些国家所处的地理位置而言,看来它们受印度文化的渗透应当比扶南、占婆和外印度的其他王国更早、更深。然而,对于六世纪中叶以前的时期,这些国家在考古和碑铭方面都只提供了极少量的遗存,而且这些遗存所属的时期还相当晚。基于这种否定性的论据来断言它们被印度化较晚,是不谨慎的。因为许多情况都可能导致更古老的遗存的消失或延迟对它们的发现。至于中国史籍对我们这里所考察的这一时期几乎全无记载,则应当归因于这样一个事实:中国派往南方诸国的使节当时都取道海上,而且对于这些航海者来说,距中国最远的那些国家都是最后与中国缔结关系的国家。[③]

---

① P. 杜邦:《印度支那西部的戴冠毗湿奴》,BEFEO.,第 XLI 期,第 233—254 页;《印度支那最早的婆罗门教塑像》,BSEI.,丛书第 XXVI,1951 年,第 131—140 页。

② L. 马尔雷:《B. 德拉布罗斯博物馆目录》,卷 I,第 68 至 70 号,图版第 XIII 至 XV。——参阅 V. 戈卢贝的《柬埔寨的苏利耶像》,Cahiers EFEO.,n°22,1940 年第 1 季度,第 38—42 页。

③ 对于黄支和扶甘都卢这些谜一般的王国,必须作例外看待(P. 伯希和,《通报》,第 XIII 期,1912 年,第 457—461 页)。有学者认为可以把扶甘(都卢)考订为缅甸的蒲甘(见 G. H. 卢斯在其《扶甘都卢考》一文(JBRS.,第 XIV 期,1924 年,第 91—99 页)中的讨论。

然而，看来从三世纪起中国人就开始通过云南与骠王国有了来往。该王国的位置大致与伊洛瓦底江流域一致。它的名字是“Pyu”这个词的汉语音译。[①] 骠族部落是藏缅语族迁移的前锋，自称突罗朱，[②]当时占据着卑谬周围的地区。该诚附近的古代遗址提供了一 122
些断简残篇，这些文献都是摘自一部巴利文经典，其字体可以追溯到公元500年左右。[③] 这些材料证明，在一个被七世纪的中国求法僧称为室利差呾罗的地区，存在过一个来源于印度南方的佛教移民地，八世纪那里将是一个历代国王都用梵文名字的王朝统治。

骠族北与缅族为邻，南跟孟族相接。当地的编年史使这些民族的历史一直上溯到了佛陀时代。根据这些编年史的记载，佛陀本人大概也到过该地区。这些编年史还提供了一些很长的无从证实的国王名单。[④] 以柬埔寨编年史为例，对于吴哥时期，它的记载与碑铭中透露的事实毫无联系，这种情况使人难以把缅甸的这些名单看

① P.伯希和:《两道考》，前引期刊，第172—173页。

② G. H.卢斯:《骠族的几个名称》，JBRS.，第XXII期，1932年，第90页；以及第XXVII期，1937年，第241页；《直至蒲甘陷落时的缅甸》，出处同上，第XXIX期，1939年，第269页。

③ 莫恩贡的那些金片上都有两句开卷语:“ye dhamma，iti pi so”(意为:“一切法，如是我闻”。——译者)，并且还列举了19个类别。这些金片已由吞尼恩发表，见《印度碑铭》，卷V，第101页，另见L.芬诺文，JA.，1912年7—8月号，第131页。——在摩沙附近的博博伊发现的刻在石头(或陶土)上的三块碑铭残片(其中包括《戒分别》的一节片段)，已经由L.芬诺发表，出处同上，第135页和1913年7—8月号，第193页。——摩沙的圣骨箱上题着四位佛和四个弟子的名字，见ARASI.，1926—1927年，第175页。——在恭陶祖发现的一片金箔上，也有“iti pi so”这句开卷语。出处同上，1928—1929年，第108—109页。——在摩沙发现的二十片金箔上有出自一部巴利文经典的不同段落的节选，已发表在ARASB.，1938—1939年，第12—22页。——参阅N.雷的《缅甸的梵文佛教》，加尔各答，1936年，第3—4页。

④ A. P.费尔:《缅甸史》，伦敦，1883年。

作是值得信赖的材料。况且它们的年代，在一部文献与另一部文献上都大相径庭。关于六世纪之前的时期，只需记住以下两点：在北部富庶的盛产水稻的皎施平原和蒲甘地区，存在着一些骠族居民点，居民们已接受了来自印度北部的佛教；[①]下缅甸地区则有一些来源于奥
123 里萨的印度移民地。在这些移民地中，首要的是地处锡当河口的苏陀摩伐提（或作：苏陀摩补罗），即直通。[②] 据当地的一个传说，五世纪僧迦罗教派的著名创始人佛陀高沙即生、卒于该地。[③]

在湄南河流域，早于六世纪中叶的遗址，就是上文已经提及的那几个：西贴、[④]佛统府[⑤]和蓬德。[⑥] 我们对留下这些遗迹的王国几乎一无所知，既不知道它们的名称，也不知道它们统治者的名字。对于这些王国，我们所能说的，就是它们当不同程度地承认了扶南的宗主权。佛统府和蓬德的那些佛教遗址，自七世纪起，将成为孟族的堕罗钵底王国的一部分，我们说不清楚该王国是否在五世纪

① L. 芬诺：《有关缅甸佛教的一份新材料》，JA.，1912 年 7—8 月号，第 121—130 页。——Ch. 杜罗伊赛尔：《缅甸艺术》，ARASB.，1915—1916 年，第 80 页。

② C. O. 布莱格登：《直通考》，JBRS.，第 V 期，1915 年，第 26—27 页。

③ 关于这个传说的价值，参阅 L. 芬诺的《关于佛陀高沙的传说》，载《高等研究院五十周年纪念文集》，1921 年，第 101—119 页。

④ H. G. 夸里奇·韦尔斯：《考察室利提婆——一个印度支那的印度化古城》，IAL.，第 X 期，1935 年，第 61—99 页；《暹罗丛林中的原始印度艺术》，载《伦敦新闻画报》，1937 年 1 月 30 日，第 174—176 页；《通向吴哥》，伦敦，1937 年，第 VII 章。参阅本书边码第 41 页。

⑤ R. S. 勒梅《暹罗的佛教艺术》（剑桥大学出版社，1938 年）一书中的参考书。——关于 P. 杜邦考察团的最新发掘，参阅 BEFEO.，第 XXXVII 期，第 688—689 页；第 XXXIX 期，第 351—365 页；第 XL 期，第 503—504 页，特别是杜邦的《堕罗钵底孟族的考古》，巴黎，两卷，1960—1962 年（Publ. EFEO.）。

⑥ G. 赛代斯：《蓬德的发掘》，JSS.，第 XXI 期，第 195—209 页；ABIA.，1929 年，第 16—20 页。——H. G. 夸里奇·韦尔斯：《蓬德的再次发掘》，IAL.，第 X 期，1936 年，第 42—48 页。

或者六世纪即已存在。至于西贴，在那里毗湿奴像占突出地位，它后来被并入了吉蔑的疆域，时间可能是从六世纪末起，无论怎样，就是在吴哥诸王向西扩张势力范围的那个时期。

外印度历史上的第一个时期于公元550年左右结束。在这个时期中，我们看到在伊洛瓦底江流域、湄公河下游和越南中部各平 124
原这样一些地区，诞生了一批印度的或印度化的王国，这些地区经过若干个世纪仍然是各强国的活动中心。同时，我们还看到一些印度的或印度化的王国诞生在一些命中注定不凡的地方，如吉打、巨港和爪哇最西端。从经济、贸易或战略方面来看，这些地方的现代史都显示出它们所处的位置特别有利。

看来在大多数地方佛教都为印度文化的渗入开辟了道路。在暹罗(蓬德和呵叻)、越南(东洋)、苏门答腊(巨港)、爪哇和西里伯斯发现那些佛陀塑像，显示了印度化一开始就达到的整个区域的最远界线。崇拜国王林伽的国教——湿婆教也得到了证实，只是时间略晚一些。至于毗湿奴教，它的出现则不早于五世纪。

关于这些王国，我们往往只知道中国史家在各国遣使时记录下来的名字。唯有很早便开始与中国建立了关系的扶南和占婆，有一部大致连贯的历史。

构成占族核心的操印度尼西亚语的人们，甚至在二世纪末他们组成国家之前，即已力图向北方属于中国的越南各省扩展，这是印度文化的先锋同中国文化的代表历时十五个世纪的对抗这出戏的第一幕。

至于扶南，它在某些时期起到了真正的帝国的作用。它在湄公河流域培育出来的文明为吉蔑文明之花的开放作了准备。吉蔑文明是印度影响在恒河以外的印度催生出的最绚丽的花朵之一。

第五章　扶南的解体(自六世纪
125 中叶至七世纪末)

1. 扶南的终结和柬埔寨(即真腊)的兴起(550—630 年)

留陀跋摩最后一次遣使中国是 539 年。《新唐书》还提到七世纪上半叶扶南的几次遣使,[①]但是它指出,此时该国发生了重大变化:“治特牧城。[②] 俄为真腊所并,益南徙那弗那城。”

126 最早提到真腊的文献是《隋书》:“真腊国在林邑西南,本扶南之属国也……其王姓刹利(Kshatriya)氏,名质多斯那(Chitrasena)。自其祖渐已强盛,至质多斯那遂兼扶南而有之。”[③]

中国人常用真腊这个名字指柬埔寨,但是至今此名尚未解释清楚,据我们所知,没有任何一个梵文词或吉蔑文词汇与这个词的

---

① P. 伯希和:《扶南考》,前引期刊,第 274 页。

② 参阅本书边码第 75—76 页。

③ P. 伯希和:《〈真腊风土记〉笺注》,BEFEO.,第 II 期,第 23 页;《扶南考》,前引期刊,第 272 页。——刹利或许最好是还原为“Çri”,而不当是“Kshatrija”。“Çri”(室利)被冠于所有国王名字之首,可能被中国人当作了一个姓氏。

古代发音“ t’sien-lâp”一致。然而我们仍然可以把这个国家的中心位置定于湄公河中游的巴沙地区。五世纪末叶该地区当处在占婆统治之下，因为在那里发现了一块石碑，上面有一篇以代瓦尼格的名义刻的梵文碑铭，代瓦尼格就是中国人所说的范神成。[①]

《隋书》的确提供了一些早于589年的材料，因而这些材料也就早于扶南被全部征服和真腊国都南迁的时间。《隋书》云：“近都有陵伽钵婆山，上有神祠，每以兵五千人守卫之。城东有神名婆多利，祭用人肉。其王年别杀人，以夜祀祷。”[②]

瓦富山俯临巴塞遗址，山顶上有一块巨石，与伐勒拉的那块类似。后者使伐勒拉得到一个中文名字陵（陵伽钵婆），[③]同时还在欧洲得到一个现代的名字，此名在葡萄牙的文献中被用来指塔。[④]至于婆多利，我们可以从中辨认出“Bhadreçvara”的前两个音节。“Bhadreçvara”正好是在福寺中受崇拜的神的名字。[⑤] 127

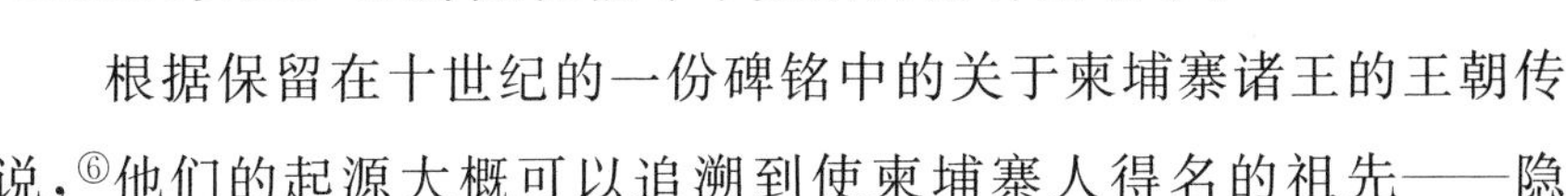

根据保留在十世纪的一份碑铭中的关于柬埔寨诸王的王朝传说，[⑥]他们的起源大概可以追溯到使柬埔寨人得名的祖先——隐

① G.赛代斯：《真腊早期的位置》，BEFEO.，第XVIII期，9，第1—3页。（参阅同一期刊，第XXVIII期，第12页。）《有关吉蔑王国起源的新材料》，出处同上，第XLVIII期，1956年，第209—220页。

② 引自马端临的《四裔考》，埃尔韦·德圣德尼译本，第483页。译者按：此段法文误为“千人守卫之”，现据《隋书》卷八十二订正。

③ P.伯希和：《两道考》，前引期刊，第217页。

④ 尤利和伯纳尔：《霍布森—乔布森》，见Varella词条。

⑤ G.赛代斯，BEFEO.，第XXVIII期，第124页。正如我们已看到的那样，这个名字是四世纪占婆国王跋陀罗跋摩竖立的那根国王林伽的名字，它可能是被真腊选来作为她战胜占婆的标志。

⑥ 巴格赛占格龙碑铭，第XI—XII节，见《柬埔寨碑铭集》，卷IV，第95页。

士甘菩沙阎布婆与仙女弥拉结合的时候。弥拉是湿婆赐给甘菩沙阎布婆的，弥拉这个名字也许是创造来解释吉蔑人的名字的。这个传说与建志（康吉弗兰）的拔罗婆王朝的世系传说有一定的同源关系，与那伽的传说则根本不同。[①]

甘菩-弥拉夫妇的结合，产生了一个世系，其中头两位国王是
希鲁塔跋摩和他的儿子希雷斯塔跋摩。[②] 后者用他的名字命名了
希雷斯塔补罗城，此名到吴哥时期仍然存在，至少是作为巴塞地区
的一个地方的名字。这座城市的建立可能是五世纪末或六世纪初
征服了占族国家的结果，在柬埔寨人的口头传说中，至今还保留着
对这次征服的记忆。依据这一传说，他们的国家最初大概是在取
128 代了占巴塞（巴沙）的占族之后建立的。[③] 同样是根据上述那块碑
铭的记载，[④]希鲁塔跋摩和希雷斯塔跋摩两位国王可能一开始就
“摆脱了朝贡关系”，即实际已在一定程度上独立于扶南之外了，或
者如中国史籍所说，“渐已强盛”。六世纪下半叶，他们觉得自己已
足够强大，可以去进攻南方的那个帝国。当时，真腊王是拔婆跋
摩，他是宇宙君主（萨婆宝摩）的孙子，[⑤]即扶南王的孙子。有一份
碑铭文献补充了这样一个重要细节，拔婆跋摩是出身于希雷斯塔
跋摩母系家族的一个公主的丈夫，[⑥]这个公主的名字叫柬埔寨罗

① V. 戈卢贝：《关于那伽和厄布瑟勒斯的各种传说》，BEFEO.，第 XXIV 期，第 508 页。

② 达布罗姆石碑，第 VI—VII 节，BEFEO.，第 VI 期，第 71 页。

③ Ev. 波雷—马斯伯罗：《那伽索马新探》，JA.，1950 年，第 237 页及其后文。

④ 巴格赛占格龙碑铭，第 XIII 节，前引书，第 96 页。

⑤ 蒙河口的碑铭，BEFEO.，第 XXII 期，第 57—58 页和 385 页。

⑥ 达布罗姆石碑，第 IX 节，前引期刊，第 71 页。

阇洛什弭,意为“柬埔寨人诸王之吉兆”。这份碑铭文献所属年代较晚,但却是可靠的,我们没有理由取消它所提供的证据。

拔婆跋摩的王宫拔婆补罗应当位于大湖北岸,[①]因此,他属于扶南王族。他是通过与真腊的一个公主结婚而成为真腊王的。这样,我们便明白了上述那块十世纪的碑铭为什么说,甘菩的后裔把太阳世系和太阴世系结合起来了。甘菩的后裔自称属太阳世系,而扶南的世系则是太阴世系。我们也清楚了为什么这份碑铭会记载,在希鲁塔跋摩和甘菩的子孙们之后,执政的是那些把自己的出身追溯到憍陈如和那伽苏摩的国王们,并且他们这一支系的始祖是留陁跋摩,即扶南诸王的始祖。最后,我们还明白了真腊诸王,即扶南诸王的后继者为什么采用有关憍陈如和那伽的王朝传说。[②] 实际上他们只是为了维护自己的利益,因为拔婆跋摩本身就是扶南的一个王公。

那么他们是在什么背景下成功地将王权从扶南过渡到真腊的呢? 如果是杀害合法继承人的凶手,庶子留陁跋摩的非法登基为他们提供了有利机会的话(这是非常可能的),那就有两种假设:要么是当时拔婆跋摩代表着合法的支系,利用留陁跋摩的去世使自己获得了权利;或者相反,拔婆跋摩是留陁跋摩的孙子,他粉碎了合法支系的一次复辟尝试,捍卫了从其祖父那里继承下来的权利。第二种假设成立的可能性最大。因为在第一种假设中,我们不明白为什么留陁跋摩作为一个衰落了的帝国的最后一个君王,后来

① G.赛代斯:《柬埔寨碑铭集》,卷 VI,第 102 页。

② L.芬诺:《印度支那的几个传说》,载《学生们献给 S.累维的印度学论文集》,巴黎,1962 年,第 209—210 页。

竟会被视为“一个支系的始祖”，然而在第二种假设中，他正好代表着一种关系，通过这一关系，拔婆跋摩及其后王们便与伟大的扶南联系起来了。[①] 其中宗教方面的原因和留陁跋摩的佛教与拔婆跋摩的湿婆教之间的对立可能也起了一定的作用。

中国求法僧义净在七世纪末叶的撰述中，确实曾说，从前扶南“佛法盛流，恶王今并除灭，迥无僧众”。如果我们还记得前已谈及的五、六世纪时扶南佛教繁荣的盛况，如果我们考虑到扶南的征服者和他们的继承人的碑铭都毫无例外地独尊湿婆教，我们就一定会把拔婆跋摩（或质多斯那）考订为义净所说的“恶王”。[②]

六世纪下半叶，拔婆跋摩和他表弟[③]质多斯那进攻了扶南，根
130 据他们的碑铭判断，他们的征服至少一直推进到了湄公河上的桔井、蒙河与扁担山脉之间的武里南，以及大湖以西的蒙哥博雷等地区。扶南只得将其都城特牧（Vyâdhapura，即巴普农）迁到更南边的一个名叫那弗那（Naravaranagara）的地方。[④] 种种迹象都倾向于将该城的位置确定在昂戈博雷，那里是一个古遗存非常丰富的考古遗址，其名称和地形都表明那里曾有过一座都城。[⑤]

真腊以一次王朝纠纷为借口乘机征服了扶南，这实际上是“向南推进”的一段插曲（这是我们在柬埔寨看到的第一段插曲）。我

① L. 芬诺（出处同上，第 211 页）似已隐隐看到了这一答案。

② G. 赛代斯：《印度支那半岛诸民族》，第 90 页。

③ 并不像有的人认为的那样是他兄弟。参阅发表在《柬埔寨碑铭集》，卷 VII（已付印）中的西贴碑铭（K. 978）。

④ G. 赛代斯：《扶南末年的一些细节》，BEFEO.，第 XLIII 期，第 3—4 页。

⑤ 它被视为扶南衰落前的首都（L. 芬诺，前引期刊，第 211—212 页），但是请参阅本书第 75—76 页。

们已经看到“向南推进”始终具有潜在的威胁。[①] 湄南河及伊洛瓦底江上游同下游之间的那种对立，在湄公河中游高原地区与柬埔寨的冲积平原之间也同样存在。在柬埔寨，跟暹罗和缅甸的情况一样，国王们总是致力于把两个在地理、经济，有时连民族方面也处于相互对立状态的地区统一起来。可是每当中央政权出现衰弱的迹象时，在这样两个地区之间都有再次产生分裂的趋势。

据一份碑铭记载，[②]拔婆跋摩一世“用暴力取得了政权”。关 131
于他的情况，直到前些时候我们都还只有唯一的一份碑铭文献，那是出自蒙哥博雷附近的一份梵文碑铭，它的内容是纪念一根林伽的竖立。[③] 最近在暹罗境内南萨科河流域的西贴发现了另一份梵文碑铭，它刻在拔婆跋摩于自己获得政权之际竖立的一块石碑上，详细记述了竖立这块石碑时的情形。[④] 他的国都名叫跋婆补罗，此名后来似乎是指古代真腊的疆土，尤其是指八世纪时的陆真腊的领土。[⑤] 当时跋婆补罗的位置应当是在大湖北岸，安比罗伦考古遗址附近，磅同西北约三十公里处。[⑥] 我们不知道他统治的时间有多长，只知道他 598 年在位。[⑦] 他表弟质多斯那的那些简短的梵文碑铭大概就是在他统治期间派人镌刻的。这些碑铭记述了

① 参阅本书边码第 30 页。

② 巴思和贝尔盖尼：《梵文碑铭集》，n°XI，第 69 页。

③ 班迭能山碑铭，出处同上，n°III，第 26—28 页。

④ 遗憾的是日期不详。这份碑铭（K. 978）发表在《柬埔寨碑铭集》，卷 VII（已付印）中。

⑤ P. 杜邦：《真腊的崩溃》，BEFEO.，第 XLIII 期，第 44 页。

⑥ 《柬埔寨碑铭集》，卷 VI，第 102 页。

⑦ G. 赛代斯：《扶南末年的一些细节》，BEFEO.，第 XLIII 期，第 2 页。

沿湄公河在桔井和上丁地区，[①]以及在蒙河与扁担山脉之间的武里南以西竖立另一些林伽的情况。[②] 因此，拔婆跋摩传给质多斯那的就是这样一片已包括辽阔疆域的领土，向西一直伸延到了南萨科河流域。质多斯那600年左右即位，即位时他取摩醯因陀罗跋摩为加冕号。

除了摩醯因陀罗跋摩的名字还叫质多斯那时派人刻写的那些
132 碑铭外，在湄公河上的蒙河河口处，[③]以及蒙河和扁担山脉之间的素林，[④]他还留下了另一些碑铭。这些碑铭详细记述了竖立"大山"(耆利沙)湿婆林伽和南丁公牛像的情况。由于这些林伽和公牛像都是在"完全征服这个国家"之际立的，因而我们可以断言，摩醯因陀罗跋摩继承了其先王的事业。此外，我们知道，他还派遣过一个使节到占婆，以"巩固两国间的友谊"。[⑤]

摩醯因陀罗跋摩的继承人是他的儿子伊奢那跋摩。他最终完成了对古代扶南全部疆土的并吞。为此《新唐书》确认实际是他征服了这个国家。[⑥] 在桔井以南，我们没有发现摩醯因陀罗跋摩的碑铭，但却有伊奢那跋摩的一些碑铭，它们出自磅湛、波罗勉、[⑦]干丹，[⑧]甚至茶胶等省。[⑨] 当时属其势力范围的领土向西至少一直延

① BEFEO.，第III期，第212页，第IV期，第739页。

② 出处同上，第XXII期，第92页。

③ 出处同上，第III期，第442页，第XXII期，第57—58页和385页。

④ 出处同上，第XXII期，第59页。

⑤ 巴思和贝尔盖尼，前引书，第69页。

⑥ P.伯希和：《扶南考》，前引期刊，第275页。

⑦ 巴思和贝尔盖尼，前引书，n°VI，第38页和n°IX，第51页。

⑧ 出处同上，n°VII，第44页。

⑨ 出处同上，n°VIII，第47页。

伸到了尖竹汶。[①]

伊奢那跋摩最早曾于 616 年和 617 年遣使中国,[②]这是我们知道的他在位的最早日期,这个年代不会比他即位的日子晚得太多;至于最后的日期,较可靠的是一份碑铭上的记载,这份碑铭说他是 627 年时在位的国王。[③]《旧唐书》提到他先后于 623 年和 133
628 年的两次遣使,因此可以设想,到最后这个日期他仍在执政,而《新唐书》说他在 627 年至 649 年这个时期之初征服了扶南,[④]则让人想到他的统治至少延续到了 635 年左右。

伊奢那跋摩的首都名叫伊奢那补罗,七世纪中叶,高僧玄奘即以此名指柬埔寨。[⑤] 将该城考订为磅同以北的三坡波雷古的建筑群,[⑥]是较为可靠的。在那里,伊奢那跋摩的碑铭格外多,[⑦]况且其中还有一份碑铭提到了伊奢那富利。[⑧] 看来茶胶省拜昂山的第一批建筑就可以追溯到他统治的时期。[⑨]

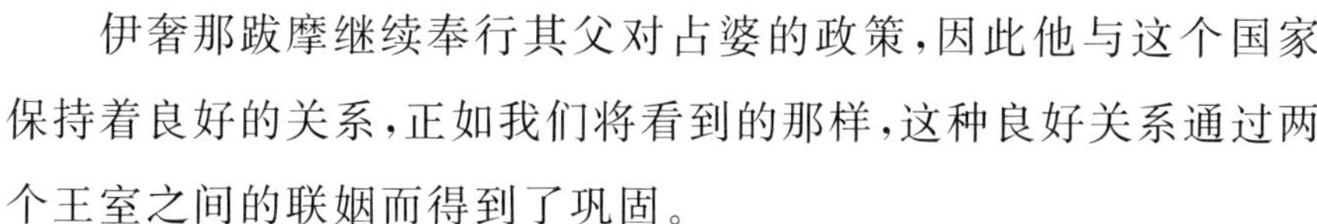

伊奢那跋摩继续奉行其父对占婆的政策,因此他与这个国家保持着良好的关系,正如我们将看到的那样,这种良好关系通过两个王室之间的联姻而得到了巩固。

---

① BEFEO.,第 XXIV 期,第 357 页。

② P. 伯希和,BEFEO.,第 II 期,第 124 页,第 III 期,第 272 页。

③ 巴思和贝尔盖尼,前引书,第 38 页。

④ P. 伯希和:《扶南考》,前引期刊,第 275 页。

⑤ 《西域记》,S. 朱利安译,卷 II,第 82 页。

⑥ H. 帕芒蒂埃:《早期吉蔑艺术》,卷 I,第 44—49 页。

⑦ L. 芬诺:《柬埔寨的新碑铭》,BCAI.,1912 年,第 184—189 页。

⑧ 《柬埔寨碑铭集》,卷 IV,第 20—23 页。

⑨ 巴思和贝尔盖尼,前引书,n°V,第 31 页。——G. 赛代斯:《柬埔寨碑铭集》,卷 I,第 252 页。——H. 莫热:《拜昂山》,BEFEO.,第 XXXVII 期,第 239—262 页。

2. 529 年至 686 年的占婆

一个世纪以来，占婆一直被一个新的王朝统治着。529 年左
134 右，弼毳跋摩死后，王位被一位婆罗门与摩诺罗陀跋摩的孙女所生的儿子占据。[①] 这是曾到恒河边拜谒过的那位国王的后裔。他跟自己的前一任国王仅有很疏薄的亲族关系。他取律陀罗跋摩作为自己统治的号，530 年获得中国册封。534 年他遣使中国。

543 年，他和其先王们一样，试图侵犯北方，但被李贲的将领范修击败。其时李贲刚刚作乱反对中国人的统治，并占据了东京。焚毁第一座婆多利神神庙的眉山大火或许就发生在他统治期间。[②] 我们不知道律陀罗跋摩一世死于何时，但是因为担心使他的继承人商菩跋摩统治的时间过长，我们想把 568 年及 572 年该国向中国的两次遣使归在他名下。[③] 商菩跋摩是他的儿子，继承了他的王位，死于 629 年。

对于中国，新王商菩跋摩（即中国文献中的范梵志）利用陈朝（557—589 年）的衰微，“以摆脱对陈朝的全部臣属关系。但是当他看到杨坚 589 年称隋帝后，中国国威重振，觉得较审慎的办法还是主动修复关系，便于 595 年向杨坚朝贡。[④] 可是，十年之后，皇

---

① L. 芬诺：《眉山碑铭》，BEFEO.，第 IV 期，第 922 页。参阅，出处同上，第 XII 期，8，第 16 页。

② L. 芬诺：《商菩跋摩在眉山的石碑》，BEFEO.，第 III 期，第 207 页。

③ G. 马司帛洛：《占婆史》，第 81 页注 4。

④ 出处同上，第 82 页。

帝却派遣刚为他收复了东京的刘方出征占婆。商菩跋摩的抵抗是徒劳的,中国军队再次占领了区粟和当时在茶轿的占婆首都,[1]并 135
从茶轿带回大量战利品。一俟中国军队撤离,商菩跋摩即返回了他的国家,并向皇帝谢罪。后来他就忽视了朝贡的义务,[2]但是唐朝(618 年)建立之后,他至少曾于 623 年、625 年和 628 年三次遣使中国。

大概就是商菩跋摩接待了摩醯因陀罗跋摩从柬埔寨派来与占婆缔结友好关系的大臣僧伽提婆。他的统治终止于 629 年。在这一漫长的过程中,他重建了在他父亲治下毁于大火的婆多利神神庙,并给新建的神庙起名商菩拔陀罗首罗,从而把他自己的名字与在他之前若干朝的国王拔陀罗跋摩的名字联结起来了。[3] 很长一段时间内,人们都把这座新庙考订为眉山大塔,[4]但是根据 Ph. 斯特恩修订过的占族艺术编年表,这座建筑的年代要晚得多。[5]

① R. 斯坦因在其《林邑考》(前引期刊,第 129 页)中指出,以刘方 605 年出征的路线,我们就可以首次比较可靠地把林邑首都的位置确定在海云隘以南的广南,大概即今茶轿所在的地方,发掘工作在那里揭露出一个重要的中心。约在同一个时期,柬埔寨和南越的梵文碑铭中出现了 Champâ(占婆)这个词,它所指的也是这个地区,这个词的汉文音译"占城"是在一个世纪之后才出现的。

② 据《隋书》卷八十二:"方班师,梵志复其故地,遣使谢罪,于是朝贡不绝。"法文作者所谓"后来他就忽视了朝贡的义务"系误。——译者

③ L. 芬诺:《商菩跋摩的石碑》,前引期刊。

④ L. 芬诺,BEFEO.,第 IV 期,第 910 页。

⑤ 眉山大塔的建筑年代属于十世纪之初。参阅 Ph. 斯特恩的《占婆艺术》,第 70 页。年代最早的(属七世纪中叶)就是编号为 E_1 的那座眉山古建筑。参阅 J. 布瓦塞利埃:《占婆的雕塑艺术》,巴黎,1963 年,第 III 章。

商菩跋摩的继承人是他的儿子建达婆达摩（中国人称为范头黎）。范头黎统治时期很太平，630 年和 631 年他向唐太宗奉献了贵重的礼品。

建达婆达摩的儿子普罗拔娑陀摩（范镇龙）继承其父王位的日期不详，关于他的情况，我们仅仅知道他曾于 640 年和 642 年两次遣使。645 年他被自己的一个大臣所弑。

在婆罗门瑟迪耶高西格斯瓦明和普罗拔娑陀摩之妹的儿子拔陀罗首罗跋摩统治了十分短暂的一个时期之后，王位又回到了合法的世系上来，回到了普罗拔娑陀摩另一个姐妹的手中。她是建
136 达婆达摩王后的女儿。根据《旧唐书》的记载，这个女王曾加过冕，然而与她有关的碑铭对此却只字未提。[①] 这些碑铭都只说到，建达婆达摩的一个女儿有个孙子叫乔戈达摩，他到柬埔寨去了，[②]在那里娶了国王伊奢那跋摩的女儿娑跋妮公主。他们生了一个儿子婆罗迦舍达摩。653 年婆罗迦舍达摩即位时取号毗建陀跋摩。[③]

① G. 马司帛洛，前引书，第 89 页注 1。我始终没有弄明白，既然这位女王是婆罗迦舍达摩的外曾祖父母的姐妹，那么为什么该作者（马司帛洛）还两次（第 89 和 91 页）肯定她是嫁给婆罗迦舍达摩。据我所知，没有任何材料暗示到这样一桩婚姻，看来 G. 马司帛洛杜撰这件婚事，是想说明婆罗迦舍达摩获得政权是合法的。他对中国史料和碑铭进行对照所得的结果是令人困惑的（参阅 G. 马司帛洛，前引书）。为了把这些乍一看是相互排斥的材料一致起来，比较相宜的办法是对这些材料重新进行考证。

② 《新唐书》说，这次出走是“（由于）得罪”。——碑铭则较有保留地说，是“由于某种情况”。译者按：《新唐书》卷二二二下说：“十九年，摩诃慢多加独弑镇龙，灭其宗，范姓绝，国人立头黎谓婆罗门为王，大臣共废之，更立头黎女为王。诸葛地者，头黎之姑子，父得罪，奔真腊。女之王不能定国，大臣共迎诸葛地为王，妻以女。”这里说的奔真腊者，是诸葛地的父亲，他是这位女王的祖父的姐妹之夫。

③ L. 芬诺：《眉山碑铭》，前引期刊，第 923 和 924 页。——Ed. 于贝：《茶轿碑铭》，BEFEO.，第 XI 期，第 263 页。

这位国王利用其治下长期的安定，在眉山竞技场、茶轿[①]以及广南的其他一些地方大兴宗教建筑。这些建筑中有许多都证实那个时期占婆存在着毗湿奴崇拜，“而且似乎与其说这种毗湿奴崇拜是属于宗教教派性质的，倒不如说是文学性的”。[②] 在庆和省芽庄以北发现的一篇刻在岩石上的碑铭[③]表明，当时他的势力范围在南方已扩展到了很远的地方。653 年、657 年、669 年和 670 年，他多次遣使中国。除非把一段为期过分长的统治归在他名下，否则就必 137
须承认，686 年前后他有过一个名字与他自己相同的继承人毗建陀跋摩二世，我们知道，686 年至 731 年间毗建陀跋摩二世曾 15 次遣使中国。[④]

3. 前吴哥时期的柬埔寨（635—685 年）

伊奢那跋摩一世统治到 635 年左右。柬埔寨的碑铭使我们得知在他之后有一个名叫拔婆跋摩的国王。拔婆跋摩与其先王有何亲族关系，我们不得而知。我们所掌握的他的碑铭，仅有出自茶胶地区的一块注有日期，为 639 年。[⑤] 我们可以较有把握地确定，拜

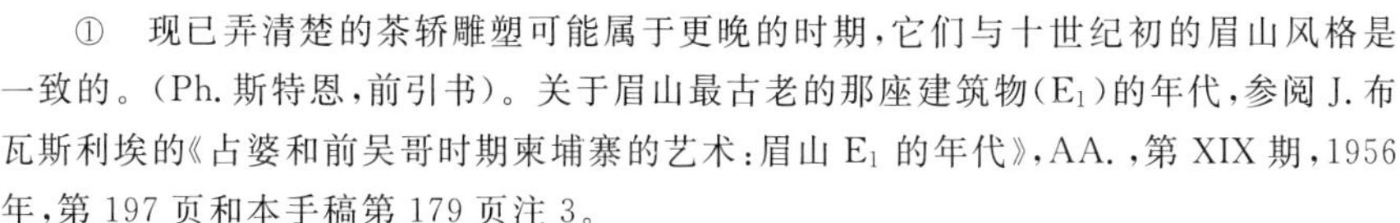

① 现已弄清楚的茶轿雕塑可能属于更晚的时期，它们与十世纪初的眉山风格是一致的。（Ph. 斯特恩，前引书）。关于眉山最古老的那座建筑物（E_1）的年代，参阅 J. 布瓦斯利埃的《占婆和前吴哥时期柬埔寨的艺术：眉山 E_1 的年代》，AA.，第 XIX 期，1956 年，第 197 页和本手稿第 179 页注 3。

② P. 米斯：《婆罗迦舍达摩在蚁蛭的碑铭》，BEFEO.，第 XXVIII 期，第 152 页。

③ 莱锦碑铭。L. 芬诺：《婆罗迦舍达摩的一份新碑铭》，BEFEO.，第 XV 期，2，第 112 页。

④ G. 马司帛洛：《占婆史》，第 92 页。

⑤ G. 赛代斯：《拔婆跋摩二世的碑铭》，BEFEO.，第 IV 期，第 691—697 页。

昂山大塔①和磅清扬的柏威夏山②两处的碑铭是他的。巴思和贝尔盖尼发表的碑铭汇编中,头两篇铭文里提及的大概就是他,而非人们长期以来相信的拔婆跋摩一世。

这两份碑铭文献谈到拔婆跋摩的儿子继承了他的王位。这说
的应当是阇耶跋摩一世。关于阇耶跋摩一世,已知的最早的年代
是 657 年,③他开始统治的时间可能较此略早几年。④ 他在位期间
所镌刻的碑铭是在北起福寺,南至暹罗湾的区域内发现的;他在毗
耶陀补罗(巴普农)地区⑤和福寺毁圮的陵伽钵婆神庙的位置上⑥
138 修造了许多建筑物。关于他与中国的关系,《旧唐书》笼统地谈到
唐高宗(650—683)接待的一些真腊使团,然而没有确切的日期。
看来阇耶跋摩一世统治时期是太平的,历时三十余年,681 年后结
束。⑦ 713 年的一份碑铭上有“去过湿婆补罗的国王”⑧这样一个
谥号,这也许就是指他。阇耶跋摩一世似乎未留下继承人,因为我
们将看到,那个时候这个国家是由一个女王阇耶提鞞统治着,她曾
抱怨“时运不佳”。⑨ 吴哥最初几个统治者都未曾借助过阇耶跋摩

---

① G. 赛代斯:《柬埔寨碑铭集》,卷 I,第 252 页。

② 出处同上,第 3 页。关于拔婆跋摩二世,参阅 P. 杜邦:《真腊与宾童龙》,BSEI,第 XXIV 期,1949 年,第 10—18 页。

③ L. 芬诺:《磅鲁塞碑铭》,BEFEO.,第 XVIII 期,10,第 15 页。

④ G. 赛代斯:《柬埔寨碑铭集》,卷 II,第 193 页。

⑤ 巴思和贝尔盖尼:《梵文碑铭集》,n°IX,第 59 页。

⑥ A. 巴思:《瓦富碑》,BEFEO.,第 II 期,第 235—240 页。

⑦ G. 赛代斯:《柬埔寨碑铭集》,卷 II,第 40 页。

⑧ BEFEO.,第 XXXIX 期,第 341 页。关于这个十分困难的问题,见 G. 赛代斯:《柬埔寨碑铭集》,卷 IV,第 56—57 页。

⑨ 见本书边码第 162 页。

一世王朝的名声，由此看来，阇耶跋摩一世王朝的衰落是柬埔寨八世纪分裂的决定性原因。[①]

从拔婆跋摩一世的征服到阇耶跋摩一世统治的末期，我们看到，在湄公河下游和大湖盆地这块古代扶南的疆土上，吉蔑诸王的政权逐步巩固起来。自柬埔寨历史上的前吴哥时期以来，留存下了大量的文物古迹：建筑物、雕塑、碑铭。这里的建筑是以一些孤立的塔或成组的塔群为特征的。这些塔几乎全是砖结构的，[②]装有石门框饰。关于这种建筑，H. 帕芒蒂埃已在他的《原始吉蔑艺术》[③]一书中作了透彻的研究。这个时期的雕塑艺术创造了几件非凡的作品，保留着印度雕塑原始型的某些特征。[④] 但是它已表现出向呆板和正面像发展的趋势，与外印度其他地区的艺术相比，这两点表现了柬埔寨艺术的特征。装饰性的雕刻已经显得瑰丽多彩，可以让人预感到吴哥时期的繁荣。[⑤]

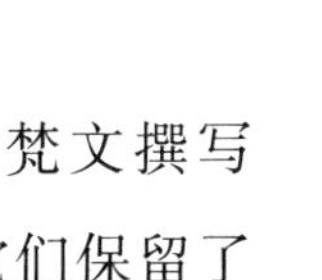

刻在石碑上或门侧柱上的铭文都是用相当地道的梵文撰写的，并且全是用诗体语言。吉蔑文碑铭开始大批出现，它们保留了这种民族语言的古老形态。十四个世纪以来，这种语言的变化较

---

① P. 杜邦：《真腊的解体》，BEFEO.，第 XLIII 期，第 17 页及其后文。

② 最明显的例外之一是阿斯兰马哈罗塞塔，参阅 H. 莫热文，BEFEO.，第 XXXVI 期，第 65—95 页。

③ Public. EFEO.，第 XXI—XXII 期，巴黎，1927 年。参阅 H. 帕芒蒂埃：《原始吉蔑艺术余集》，BEFEO.，第 XXXV 期，第 1—115 页。

④ Ph. 斯特恩在《早期吉蔑艺术中的印度主题》（载《东方学家第二十一届国际会议报告》，巴黎，1948 年，第 232 页）一文中，认为这些成分都是约六世纪末或七世纪初从南印度的拔罗婆国传来的。

⑤ P. 杜邦：《七世纪的吉蔑过梁》，AA.，第 XV 期，1952 年，第 31—83 页；《前吴哥时期的雕塑艺术》，出处同上，副刊第 XV 期，1955 年。

同一时期内印-欧语系诸语言的变化要小得多。这些碑铭文献构成了关于这个国家的历史及其体制的主要材料来源。这些文献展现出一个组织严密的行政机构和有关行政官员的一整套等级制度。我们对其中官职的了解较多,而对于职权则不太清楚。

这些碑铭文献告诉我们的主要是当时的宗教生活。碑铭的第一节都是一段给神的祷文,在这些碑铭所在地的建筑物就被置于这些神的保佑之下。因此,这些碑铭的第一节对我们了解当时的宗教生活大为有益。看来与印度本土的情况一样,婆罗门教各主要教派都共存于柬埔寨,而且在已经提及的各派中,我们可以找到波输钵多的湿婆教派和般阇罗陀的毗湿奴教派,[1]到吴哥时期,这
140 两个宗派将在各自的领域内起主导作用。碑铭学和肖像学[2]一致表明,这个时期及随后的一个世纪,诃梨诃罗(即合而为一的毗湿奴—湿婆)崇拜占有重要地位。这种情况我们以后便几乎没有再听说。湿婆崇拜,特别是以林伽形式出现的湿婆崇拜,极受王家推崇,而且几乎已经起着国教的作用。至于佛教,除了在谈扶南时[3]提及的那些笈多风格佛陀像外,仅留下了独一无二的一块碑铭,上边提到了两个和尚(比丘)的名字。[4] 如果我们回忆起五至六世纪佛教在扶南所受到的推崇,那么这种宗教似乎衰落了。尽管中国

① G. 赛代斯:《柬埔寨碑铭集》,卷I,第5页;卷II,第193页。关于这两个教派,参阅本书第211—212页。——K. 巴达夏亚:《古代柬埔寨的般阇罗陀教派》,JGIS,第XIV期,1955年,第107—116页;《古代柬埔寨的婆罗门教》,巴黎,1961年(Publ. EFEO.,第XLIX期)。

② P. 杜邦:《前吴哥时期的雕塑艺术》,AA.,副刊第XV期,1955年。

③ 见本书边码第120页。

④ 巴思和贝尔盖尼:《梵文碑铭集》,n°X,第63页。

求法僧义净把自己见到的情况归诸扶南(他称跋南),然而当义净写“佛法盛流,恶王今并除灭,迥无僧众”[①]时,他所看到的大概就是七世纪末叶前后的真腊。梵文碑铭证明当时的文学修养是以印度的伟大史诗《罗摩衍那》和《摩诃婆罗多》,以及《往世书》[②]为基础的,这些典籍向宫廷诗人们提供了丰富的神话材料。

从社会方面看,几件碑铭文献表明,以母系划分家系占有重要地位。[③] 到吴哥时期,当谈及关于许多国师豪门把职位传给后代 141
的情况时,[④]我们还会看到按母系确定血缘关系所占的重要地位。家族母权结构是一种遍及整个印度尼西亚的制度,[⑤]印度支那的许多民族亦实行之。[⑥] 古代柬埔寨的这种制度可能是从印度引入的,这种制度在印度的那耶族和南布蒂里婆罗门中也存在。[⑦]

关于公元七世纪期间柬埔寨物质文明的状况,我们掌握着《隋书》中的一段与伊奢那跋摩在位时期有关的记载。这段文字被马端临完整地收入他十三世纪撰写的《文献通考·四裔考》中。由于没有更理想的材料,我认为在此引用这段记载是有益的,兹据埃尔

① P. 伯希和:《扶南考》,前引期刊,第 284 页。见本书边码第 129 页。

② 在那个时期的碑铭中提到了这些典籍的手抄本,参阅巴思和贝尔盖尼的前引书,n°IV,第 30 页;BEFEO.,第 XI 期,第 393 页。

③ 巴思和贝尔盖尼,前引书,n°IV,第 29 页(这与印度的习俗相反,一个婆罗门和一个有王族血统的公主结合生下的儿子是刹帝利);n°X,第 63 页。

④ 出处同上,第 124—126 页。

⑤ 出处同上,第 360 页注 1。

⑥ M. 内尔:《摩依族地区的家族组织》,载《河内地理学会手册》,n°15,1928 年;《实行母权制的地区》,BEFEO.,第 XXX 期,第 533 页。——J. S. 弗尼瓦尔:《缅甸的母权制遗迹》,JBRS.,第 I 期,1912 年,第 15—30 页。

⑦ E. 瑟斯顿:《南印度的种姓与宗族》,马德拉斯,1909 年,卷 V。——格里:《印度的双重组织》,JRAI.,第 LIII 期,1923 年,第 79—91 页。

韦·德圣德尼侯爵的译文[①]转引如下：

“……(王)居伊奢那城，郭下二万余家。城中有一大堂，是王听政之所。总大城三十，城有数千家，各有部帅，官名与林邑同。

“其王三日一听朝，坐五香七宝床，上施宝帐。其帐以文木为
142 竿，象牙、金钿为壁，状如小屋，悬金光焰，有同于赤土。前有金香炉，二人侍侧。王着朝霞古贝，瞒络腰腹，下垂至胫，头戴金宝花冠，被真珠缨络，足履革屣，耳悬金珰。常服白叠，以象牙为屩。若露发，则不加缨络。臣人服制，大抵相类。有五大臣，一曰孤落支，二曰相高凭，三曰婆何多陵，四曰舍摩陵，五曰髯多娄，及诸小臣。

“朝于王者，辄以阶下三稽首。王唤上阶，则跪，以两手抱膊，绕王环坐。议政事讫，跪伏而去。阶庭门阁，侍卫有千余人，被甲持仗……

“其人行止皆持甲仗，若有征伐，因而用之。

143 “其俗非王正妻子，不得为嗣。王初立之日，所有兄弟并刑残之，或去一指，或劓其鼻，别处供给，不得仕进。

“人形小而色黑。妇人亦有白者。悉拳发垂耳，性气捷劲。居处器物颇类赤土。以右手为净，左手为秽。每旦澡洗，以杨枝净齿，读诵经咒。又澡洒乃食，食罢还用杨枝净齿，又读经咒。饮食多苏酪、沙糖、秔粟、米饼。欲食之时，先取杂肉羹与饼相和，手擩而食。

“娶妻者，唯送衣一具，择日遣媒人迎妇。男女二家各八日不

---

① 第477—481页。——在《〈真腊风土记〉笺注》(P.伯希和的遗著，卷III，巴黎，1951年，第152页)中，我们可以找到被马端临使用过的《隋书》上的一段与国王听政的厅堂有关的材料的译文。

出，昼夜燃灯不熄。男婚礼毕，即与父母分财别居。父母死，小儿 144
未婚者，以余财与之。若婚毕，财物入官。

“其丧葬，儿女皆七日不食。剔发而哭，僧尼、道士、亲故皆来聚会，音乐送之。以五香木烧尸，收灰以金银瓶盛，送于大水之内。贫者或用瓦，而以彩色画之。亦有不焚，送尸山中，任野兽食者。

“其国北多山阜，南有水泽，地气尤热，无霜雪，饶瘴疠毒蠚。土宜粱稻，少黍粟”。[①]

总之，前吴哥时期柬埔寨的文明，特别是在农业水利方面，以及宗教和艺术方面都继承了扶南的成就；在建筑方面受到了占婆的影响。这一文明在整个七世纪中获得了活力，这种活力将使柬埔寨在八世纪短暂地衰落一时之后，又能够长时间地统治着半岛的南部和中部。

4. 孟族的堕罗钵底王国 145

中国求法僧玄奘七世纪中叶确定堕罗钵底王国位于伊奢那补罗（即柬埔寨）以西。堕罗钵底[②]这个名字及其各种异体[③]与Dvâravatî国的名字都是一致的，“Dvâravatî”这个名字被保留在暹

① 以上引文与《文献通考·四裔考》略有出入，此处据《隋书·真腊传》。——译者

② 《西域记》，ST. 朱利安译，卷 II，第 83 页。——参阅 G. H. 卢斯的《缅甸诸邻国》，JBRS.，第 XIV 期，1924 年，第 178—182 页。

③ 壮罗钵底，堕罗钵底（《新唐书》，译者按：应为《旧唐书》。），社和钵底，堕和罗钵底，堕和罗（义净书）。——P. 伯希和：《两道考》，前引期刊，第 223 页、232 页和 360 页注 1。

罗的两座都城的正式名称中，[①]它们是建于1350年的阿瑜陀耶和1782年建立的曼谷。以后我们将会看到，[②]阿瑜陀耶是在放弃了位于素攀地区的一座城市之后建立的，看来据此得出这样的结论——堕罗钵底这个名字起初是用于一座处于该地区的城邑——是合情理的。[③] 而且，北起华富里，西至叻武里，东到巴真的湄南河下游盆地在考古学和碑铭学方面都有许多属佛教的文物古
146 迹，[④]这些文物古迹彼此十分相似，致使我们把它们看作同一个国家——堕罗钵底王国的遗迹。[⑤] 该王国诞生之日可能正值扶南解

① 功贴玛哈那空波温堕罗钵底室利阿瑜陀耶玛哈蒂洛泼诺帕腊达纳拉差他尼布里隆。参阅丹尼·尼瓦亲王：《堕罗钵底室利阿瑜陀耶城考》，JSS.，第XXXI期，1939年，第147页。

② 见本书边码第401页。

③ H. G. 夸里奇·韦尔斯：《堕罗钵底王国考》，JGIS，第V期，1938年，第24—30页；《通向吴哥》，第132—146页。——在本书付印过程中，有报告说，在佛统附近发现两枚带有堕罗钵底国王（室利堕罗钵底苏婆罗）的名字的银币。它们的情况将发表在CRAIBL. 和JSS. 中。

④ 关于建筑学，我们知道，在佛统有一处佛教古迹，它的下部是建筑在一个阶梯式的双重底座上，每一面有五尊佛陀坐像，分别安置在一些由小圆柱和壁柱掩护着两侧的壁龛中。另一些可能更为古老的建筑物底座是在更西边北碧河上的蓬德发现的，和这些底座在一起的有一盏来源于希腊化时代的青铜灯和一些后笈多风格的佛陀小塑像。见P. 杜邦：《堕罗钵底的孟族考古》，巴黎，1959年。

⑤ L. 德拉戎基埃：《暹罗的考古区域》，BCAI，1909年，第200—237页；《暹罗考古清册评论》，出处同上，1912年，第100—127页。——G. 赛代斯：《暹罗的佛教还愿记事簿》，Et. Asiat. EFEO，第I期，第152页注1；《曼谷国立博物馆考古收藏品》. AA.，第XII期，第20—24页；《暹罗碑铭集》，卷II，第1—4页。——P. 杜邦：《吉梅博物馆：印度支那的收藏品目录》，BCAI，1931—1934年，第45—53页；《印度支那西部的戴冠毗湿奴》，BEFEO.，第XLI期，第233—254页；《在暹罗的考察》，BEFEO.，第XXXVII期，第686—693页；《堕罗钵底的孟族考古》，巴黎，1959年（前引书）。——R. S. 莱梅：《暹罗的佛教艺术》，第21—34页。——L. P. 布利格：《堕罗钵底——暹罗最古老的王国》，JAOS.，1945年，第98页。

体之时，但是对这个王国我们却几乎一无所知。佛统和华富里的古孟文碑铭[1]证明，这个王国的居民基本上是孟族。[2] 另一方面，有一个具有一定历史价值的传说把哈里奔猜（南奔）[3]城的建立归因于在女王哲默提鞞带领下来自罗斛（华富里）的移民们建立的殖民地，我们将看到，十二世纪时哈里奔猜是在好几份孟文碑铭都有记载的一个王朝统治之下。[4]

关于堕罗钵底问题，我们还看不出有什么解决办法。苏陀摩
伐提（即位于锡当河口处的直通）这个地方没有出现任何重要的考 147
古遗存，而湄南河盆地的情况正好相反，考古遗存的数量相当大。
当孟族的那个传说确定他们民族的中心在苏陀摩伐提时，看来该
传说不知道湄南河盆地。

5. 骠族的室利差呾罗王国

玄奘[5]和义净[6]都将室利差呾罗（即 Crîkshetra）王国的位置

---

① G. 赛代斯，BEFEO.，第 XXV 期，第 186 页；《暹罗碑铭集》，卷 II，第 17—19 页；《关于最近在佛统发现的两块碑铭残片》，CRAIBL.，1952 年，第 146 页。——R. 哈里戴：《暹罗的孟文碑铭》，BEFEO.，第 XXX 期，第 82—85 页。

② P. 伯希和在《两道考》（前引期刊，第 231 页）中已经隐约意识到了这一点。——根据对在蓬德发掘出的那些年代不详的骨骼的研究，H. G. 夸里奇·韦尔斯断言，这一地区古代已有泰族（《人类》，1937 年 6 月，第 113 页），但是这种看法受到了 E. 塞登弗登的反对，JSS.，第 XXX 期，1938 年，第 245 页。

③ G. 赛代斯：《有关老挝西部的资料》，BEFEO.，第 XXV 期，第 16—17 页。——C. 诺东：《暹罗编年史》，卷 II，第 7—33 页。

④ G. 赛代斯，出处同上，第 189—200 页，以及 R. 哈里戴，前引期刊，第 86—105 页。

⑤ 《西域记》，卷 II，第 82 页。

⑥ 《南海寄归内法传》（义净著），高楠顺次郎译，第 9 页。

定在堕罗钵底以西。室利差呾罗是卑谬的古名（缅文为：Thayekhettaya）。[1] 前一章中，我们已经看到，卑谬附近的考古遗址摩沙相当于骠族古都的位置。[2] 该城有砖筑的城墙环绕。在那里发现的佛教塑像，属笈多晚期风格。这与巴利文碑从五世纪末起即已证实的上座部佛教是一致的。七世纪时，我们有一些证据，尤其是义净著作中的材料，表明室利差呾罗存在着使用梵文的小乘佛教根本说一切有部教派，此派大概来自摩揭陀。[3]

卑谬附近也出土了许多用于丧葬的骨灰瓮，内有死人遗骸。骠族将死者火化后，骨灰保存在陶瓮里。但是对于国王，则用石

148 瓮，并且在上面题有死者的名字。[4] 已发现的那些与七世纪末和八世纪初在位的国王们有关的骨灰瓮，将在下一章中论及。

6. 七世纪的马来半岛诸国

玄奘把迦摩浪迦[5]的位置定于堕罗钵底以西和室利差呾罗东南的“大海隅处”，它可能与义净所说的狼迦戍是同一个地方，即与

---

① P. 伯希和：《两道考》，前引期刊，第 174 页、223 页。——G. H. 卢斯：《缅甸诸邻国》，JBRS.，第 XIV 期，1924 年，第 160—161 页。

② L. 德贝烈：《远东的印度化建筑》，巴黎，1907 年，第 238 页。——关于卑谬的出土文物，参阅 G. H. 卢斯卓越的书目提要，JBRS.，第 XXIX 期，1939 年，第 278 页（注 19）。

③ 尼哈尔-伦詹·赖：《缅甸的梵文佛教》，第 19—30 页。

④ G. H. 卢斯：《古代骠族》，JBRS.，第 XXVII 期，1937 年，第 247 页。

⑤ 《西域记》，卷 II，第 82 页。

郎迦斯迦是同一个地方，[①]，无论如何，应当到马来半岛去寻找这个国家。高僧玄奘对于这些他没有访问过的地区，未提供任何详情，并且我们从别的文献中所能摘引的历史资料也是一鳞半爪的。

赤土的情况上一章已提及。马端临在其关于赤土的章节里使用的资料所能追溯到的时期就是七世纪初。以下是一些有关的摘录，可以就这一时期半岛上诸印度化小国[②]文化方面的情况提供一个梗概。

“其（赤土）王姓瞿昙氏，[③]名利富多塞，不知有国远近，称其父
释王位出家为道，传位于利富多塞，在位十六年矣。[④] 有三妻，并 149
邻国女也。居僧祇城，有门三重，相去各百步许。每门图画菩萨飞仙之象，悬金花铃毦……王宫诸屋悉是重阁，北户，北面而坐三重之榻。衣朝霞布，冠金花冠，垂杂宝缨络。四女子立侍左右，兵卫百余人。王榻后作一木龛，以金银五香木杂钿之，龛后悬一金光焰。夹榻又树二金镜，镜前并陈金瓮，瓮前各有金香炉，当前置一金伏牛，前树一宝盖，盖左右皆有宝扇。婆罗门等数百人，东西重

① 参阅本书边码第 101 页。——P. 伯希和：《两道考》，前引期刊，第 406 页。——G. 费瑯：《末罗游与麻里予儿》，JA.，1918 年 7—8 月号，第 134—145 页。——S. 累维：《印度的前雅利安人和前达罗毗荼人》，出处同上，1923 年 7—9 月号，第 37 页及其后文。——G. H. 卢斯：《缅甸诸邻国》，JBRS.，第 XIV 期，1924 年，第 161—169 页。

② 《四裔考》，埃尔韦·德圣德尼译，第 467—470 页。——在《〈真腊风土记〉笺注》（P. 伯希和遗著，卷 III，巴黎，1951 年，第 150—152 页）中，可以找到马端临引用过的《隋书》中的一段材料的译文，又见 P. 惠特利的《黄金半岛》第 26 页及其后文，那里有另一些可能是引自马端临的资料。

③ 乔达摩。

④ 这大概是 609 年的情况，那一年曾有一个中国僧团到过这个国家。

行相向而坐。

150 “其官萨陀迦罗[①]一人、陀拏达[②]又二人、迦利密迦[③]三人，共掌政事。俱罗末帝[④]一人，掌刑法。每城置那邪迦[⑤]一人，钵帝[⑥]一人。

“……每婚嫁，择吉日。女家先期五日作乐饮酒。父执女手以授婿，[⑦]七日乃配。既娶，即分财别居。唯幼子与父同居。

“父母兄弟死，则剔发素服，就水上构竹木为棚，棚内积薪，以
151 尸置上，烧香建幡，吹蠡击鼓以送之，纵火焚薪，遂落于水。贵贱皆
同。唯国王烧讫，收灰贮以金瓶，藏于庙屋”。[⑧]

7. 马来群岛：爪哇的诃陵和苏门答腊的末罗游

我们已看到一些有关诃罗单国位置问题的讨论，它最后一次

① Sâdhukâra，“行善者”，或者更可能是 Sârdhakâra“合作者”。

② Dhanada，“财产分配者”，我们可以在俄厄发现的一枚印章上看到刻有这个称号。

③ Karmika，“公务人员”。

④ Kulapati，“族长”，这个称号已在柬埔寨的碑铭中得到证实，在那里它指一个宗教机构的首领。

⑤ Nâyaka，“导师”，已在华富里的一块碑铭中得到证实（G. 赛代斯：《暹罗碑铭集》，卷 II，第 14 页）。

⑥ Pati，“首领”，今爪哇的称号中仍然在使用。

⑦ “执手”（Pânigrahana）是印度婚礼的主要仪式。

⑧ 这整个仪式都是最正规的印度仪式。关于给国王们建造丧葬建筑，见本书边码第 222—226 页，以及 G. 赛代斯的《吉蔑的纪念性大建筑物的丧葬用途》，BEFEO.，第 XL 期，第 315—343 页。

遣使中国是在452年。[①] 诃陵的头三次遣使起于640年、648年和666年,[②]关于这个国家,最近有一种说法,欲将其位置定于马来半岛上,这个位置倒与中国史籍中的某些有关地理的材料十分一致。[③] 但是,另一方面此说却又导致了一些严重的困难,如果我们接受诃陵位于爪哇中部的说法,则这些疑难是不会出现的。[④] 况且瓦莱额王国就在那里。根据L.C.达梅斯的意见,瓦莱额这个名字很可能是诃陵这个中文名字的来源。[⑤] 遗憾的是,那里这一时期的考古遗存十分稀少,仅仅有图克马斯的一篇碑铭可供引用,该碑铭大概是七世纪中叶的,[⑥]那里的建筑物可能是迪延高原上最古老的建筑。[⑦] 152

《新唐书》赞美了诃陵的富庶,[⑧]诃陵在七世纪中叶曾是一个

① 见本书边码第107页。

② P.伯希和:《两道考》,前引期刊,第286页。——我们将注意到,这些年代与扶南最终衰落在同一个时期。

③ J.L.芒斯:《室利佛逝、爪哇和迦陀呵》,TBG.,第LXXVII期,第350页及其后文。——R.A.克尔恩在《诃陵》(*Orientalia Neerlandica*,莱登,1948年,第402—413页)一文中把两个诃陵区别开了,一个在吉打,另一个在爪哇。——R.布拉德尔在《马来亚古代史中的几个问题》(JRASMB.,第XXIV期,1951年,第3页及其后文)一文中,把诃陵的位置确定在婆罗洲。——参阅许云樵的《关于中国史籍中记载的日晷之研究》,JSSS.,第VI期,1950年,第7—12页。

④ P.伯希和,前引期刊,第265页。当时沙畹已持有这种看法。《大唐西域求法高僧传》,第42页注2。

⑤ BEFEO.,第XLVIII期,1957年,第612和644页。

⑥ H.克恩,《Verspreide Geschriften》,第VII期,第199—204页。——B.Ch.查布雷:《印度—雅利安文化的传播》,JASB.,文学,1935年,第33—34页。——B.R.沙特吉:《印度与爪哇》,卷II,碑铭,第28页。

⑦ N.J.克罗姆:《印度化爪哇史》,第127页。——据L.C.达梅斯的意见(BEFEO.,第XLVIII期,1957年,第627页),Dieng(迪延)的原始形式大概是"Di Hyang",代表梵文的"Devâlaya",意为"诸神之住所"。

⑧ W.P.格罗内维尔德:《马来群岛简志》,VBG,第XXXIX期,1880年,第13页。

佛教文化中心，是高僧惹那跋陀罗的故乡，中国求法僧会宁664—665年曾到该国，在惹那跋陀罗的指导下把一批小乘梵文文献译成了中文。[①]

几乎在诃陵640年第一次遣使中国的同时，《新唐书》提到了644—645年末罗游的首次遣使。[②] 这指的是位于苏门答腊东海岸，其中心在占碑地区的Malâyu国。671年求法僧义净曾以那里为中途站，并且逗留了一段时间。[③] 他在其《南海寄归内法传》中告诉我们，689年与692年间，末罗游被室利佛逝（Çrivijaya）并吞。[④] 在一部撰写时所根据的材料早于义净的几部游记的文献中，室利佛逝这个名字可能已经以错误的拼写金利毗逝出现了。[⑤]

① E. 沙畹译注：《大唐西域求法高僧传》，第60页。

② P. 伯希和：《两道考》，前引期刊，第324页。

③ E. 沙畹，前引译著，第116—120页。

④ P. 伯希和，前引期刊，第342页。

⑤ 出处同上，第324页及该页注5。

第六章　室利佛逝的崛起，柬埔寨的分裂和夏连特拉王朝在爪哇的 153 出现（七世纪末至九世纪初）

在本章述及的这个时期，航海业有了显著的发展。许多佛教求法僧的旅行以及中国与南方各国之间越来越频繁的互派使节，都向我们提供了有关的证据。[①] 这种发展的功劳主要应归于阿拉
伯商人。[②] 由于航海业的发展，苏门答腊东南海岸就必然具有了 154
特别重要的地位。当时，苏门答腊东南的海岸线与现今的情形显然还不同。[③] 苏门答腊东南海岸所处的位置与由印度支那和马来群岛构成的天然屏障上开着的两大缺口——巽他海峡和马六甲海

---

① G. 费琅:《昆仑与古代南海上沟通两大洋的航行》，JA.，1915 年；特别请参阅 5—6 月号，第 450—492 页和 7—8 月号第 5—68 页。

② 自四世纪以来，阿拉伯商人就在广州设有一个商馆（霍尔内，《孟加拉亚洲学会纪要》，第 VII 期，1920 年，第 199 页）。中国人的“大食”这个词指的就是他们，在印度，他们被称为“Tājika”，这个名称与大食是一致的。参阅 J. A. E. 莫利的《阿拉伯人与东方贸易》，JRASMB.，第 XXII 期，1949 年，第 143—175 页。——G. R. 蒂贝茨:《前伊斯兰教阿拉伯半岛与东南亚》，出处同上，第 XXIX 期，1956 年，第 182 页。

③ V. 奥博代伊恩:《马六甲海峡的古代商船航道》，TKNAG.，第 LIX 期，1942 年。——R. 塞克莫诺:《东南亚的早期文明》，JSS.，第 XLVI 期，1958 年，第 17—20 页。〔补遗〕:关于苏门答腊南部沿海地区的历史地理，参阅《室利佛逝的海岸线》，载 Amerta，第 III 期，1955 年，第 3 页。这篇论文已被 L. C. 达梅斯收入《印度尼西亚书目提要》，BEFEO.，第 LI 期，1963 年，第 550 页。

峡之间的距离相等，而且那里还是乘东北季风从中国来的船只通常停靠的地方。七世纪初叶，过去五个世纪中曾在南海占统治地位的强国——扶南衰落了，这就为后来由于(室利佛逝)占据了苏门答腊可以控制印度与中国之间贸易的许多大小港湾而出现的航海业的发展留下了一块自由的地盘。正是由于这样的环境，八世纪时室利佛逝王国迅速地崛起了。

1. 室利佛逝王国的兴起(七世纪末)

671 年求法僧义净第一次从中国到印度旅行时，从广州出发后不到二十天便抵达了他的第一站——佛逝。他在那里停留了六
155 个月，学习梵文语法。[①] 他写道："此佛逝廓僧众千余，学问为怀，并多行钵，所有导读乃与中国不殊，沙门轨仪，悉皆无别。若其唐僧欲向西方为听读者，停斯一二载，习其法式，方进中天，亦是佳也。"[②]

义净在那烂陀大学度过了十年，从印度返回时，他于 685 年至 689 年间又在佛逝逗留了四年。在此期间，他抄写了一些梵文佛经，并翻译成汉文。689 年，他到广州做了一次短期旅行，找到了四个协作者，又来佛逝住下，在那里撰写了他的两部实录：《大唐西域求法高僧传》和《南海寄归内法传》。

692 年，他把他的手稿寄回中国，自己则于 695 年才返回中

---

① E. 沙畹译:《大唐西域求法高僧传》，第 119 页。

② J. 高楠顺次郎译:《南海寄归内法传》，第 XXXIV 页。译者按：这里的"中国"，指中印度。

国。最后这一次在那里逗留期间，他在上边提到的第二部著作里写道，末罗游“即今尸利佛逝国是”。[1] 671 年他曾把末罗游作为中途站，在那里停留过两个月。

目前，有一组古马来文碑铭，[2]其中四块发现于苏门答腊（三块在巨港附近，另一块在巴当哈里河上游的卡朗勃拉希），第五块发现于邦加岛上的哥打卡普尔。它们证实 683 年至 686 年巨港曾有过一个信奉佛教的王国，当时它刚刚征服了占碑的内地和邦加
岛，并准备出征爪哇。这个王国的名字是 Çrîvijaya，与义净记载的 156
（尸利）佛逝这一名称完全一致。[3]

巨港的三份碑铭中最古老的一份是刻在一块大卵石上，发现于瑟根唐山下的格杜干甫吉。它告诉我们，682 年 4 月 23 日，[4]一个国王乘船出发去远征（Siddhayâtrâ），5 月 19 日，他率领一支军队同时从海陆两路出发，离开了一个小港湾，一个月之后，[5]便给室

① J. 高楠顺次郎译：《南海寄归内法传》，第 10 页。——O. W. 沃尔特斯：《七世纪室利佛逝的扩张》，AA.，第 XXIV 期，1961 年，第 418 页。

② G. 赛代斯：《室利佛逝的马来文碑铭》，BEFEO.，第 XXX 期，第 29—80 页。——G. 费瑯：《苏门答腊和邦加的四份马来—梵文碑铭文献》，JA.，1932 年 10—11 月号，第 271—326 页。

③ 早在 1886 年 S. 比尔即已提出将室利佛逝的位置确定在巨港，见《关于一个叫室利佛逝的地方的几段记载》，载于《印度奇观集》，V. D. 利特和 M. 德维克编著，莱登，1883—1886 年，第 251—253 页。——最近，H. G. 夸里奇·韦尔斯试图把室利佛逝的位置定在万伦湾的猜亚，在马来半岛的暹罗部分（IAL.，第 IX 期，1935 年，第 1—31 页）。但是这一假说不大可能成立，参阅 G. 赛代斯的《关于室利佛逝的位置的一种新说》，JRASMB.，第 XIV 期，1936 年，第 1—9 页。

④ 这个日期和下边的一个日期都曾由 W. E. 范·维伊克计算过（参阅 W. J. 韦兰的《室利佛逝》，TKNAG.，第 LI 期，1934 年，第 363 页），分别为公元 683 年 4 月 13 日和 5 月 3 日。但是我采用了 L. C. 达梅斯新计算的结果，BEFEO.，第 XLVI 期，1952 年，第 98 页。

⑤ 这一个月的期限是根据特拉加巴都碑铭得出的，这份碑铭发表在《印度尼西亚碑铭》（第 II 期，第 12 页及其后文）上。

利佛逝带来了胜利、权力和财富。这份文献颇使人们费了些笔墨。有的学者认为上边讲的是一次这样的行动，它可以说明首都室利佛逝是由一支外来（可能是马来半岛来[1]）的巨大舰队建立的；[2]有的人甚至认为从这块石头上可以看出，末罗游早期的所在地是巨港，[3]在这次远征之后，巨港才取名室利佛逝。看来这是把一些非
157 常经不起推敲的假设堆砌在一块石头上了。其实这块石头除了碑铭作者的特色和它刻制时的背景外，与在巨港本身[4]和邦加[5]发现的其他刻有铭文的卵石并无区别。我们所能肯定的，就是当时这些背景一定是一些十分重大的事件，所以才值得用非常丰富的编年材料加以纪念，并且这种按年代编排的详细材料是其他同类卵石所未提供的。于 682 年到瑟根唐附近某个神圣的地方设置这种还愿物的那位国王就是在一次远征凯旋后来设置还愿物的，这次远征重新为室利佛逝赢得了权力和声誉。[6]

① J. L. 芒斯：《室利佛逝、爪哇与迦陀诃》，TBG.，第 LXXVII 期，1937 年，第 333—335 页。

② Ph. S. 范·龙凯尔：《巨港的两块古马来语碑铭初探》，载《东方会刊》，第 II 期，1924 年，第 21 页。——N. J. 克罗姆：《印度化爪哇史》，第 121 页。

③ N. J. 克罗姆：《巨港的寺院》，MKAWAL.，N. R.，第 I 期，n°7，1938 年，第 25—26 页。——参阅 K. A. 尼拉坎塔·萨斯特里的《室利佛逝》，BEFEO.，第 XL 期，第 249 页；《室利佛逝史》，马德拉斯，1949 年，第 30 页。

④ F. M. 斯赫尼特格：《在巨港发现的古代文物》，Bijlage A（Verslag over de gevonden inscripties door Dr W. F. STUTTERHEIM），巨港，1935 年。——参阅 N. J. 克罗姆的《巨港的寺院》，前引期刊，第 8 页。

⑤ B. Ch. 查布雷：《印度—雅利安文化的传播》，JASB.，文学，第 I 期，1935 年，第 31 页。

⑥ BEFEO.，第 XXXIII 期，第 1003—1004 页。——K. A. 尼拉坎塔·萨斯特里：《西特亚特拉》（译者按："西特亚特拉"原文为"siddhayâtrâ"，意为"远征"），JGIS.，第 IV 期，1937 年，第 128—136 页。——这次远征的年代与阇耶跋摩一世在柬埔寨统治的终结正好同时，关于这次远征的性质，我曾斗胆提出过一个假设，在本书中我认为没有必要引证，但是人们可以在献给 S. R. 温斯泰德的论文集（1964 年）的第 23—32 页看到它。

几乎可以肯定这位不具名的国王就是阇耶那沙。两年以后，即 684 年 3 月 23 日，[1]他在巨港以西，瑟根唐西北五公里处的塔朗图沃修建了一座公园；在此之际，他派人镌刻了一块碑铭，铭文中祝愿他在这一建筑和其他慈善事业中积下的功德能有助于众生，使他们启悟。

至于其他三块碑铭，其中有一块注的日期是 686 年 2 月 28 158
日。我们可以考虑，这几块碑铭所暗示的那些征服是不是格杜干甫吉卵石所纪念的扩张政策的继续。这三块碑铭的内容有一部分是相同的，[2]它们都向巴当哈里河上游（占碑河，当时占碑河流域应当是末罗游的领土）和邦加岛的居民发出威胁和诅咒，大概这些居民对这位国王以及国王派到各省任行政首脑的官员们有不服从的表现。邦加碑铭结尾部分提到了 686 年的一次远征爪哇不顺从的地区[3]出发时的情况，这次远征可能是去征伐巽他海峡彼岸的多罗磨古王国。[4] 关于多罗摩王国，在 666—669 年的那次遣使之后，[5]我们便再没有见到记载，但是它可能已经成了苏门答腊的影响在爪哇岛上传播的一个中心。下一个世纪，克杜省的甘达苏利

① 这个日期是 L. C. 达梅斯计算的，BEFEO.，第 XLVI 期，1952 年，第 98 页。

② 特拉加巴都碑铭（《印度尼西亚碑铭》，第 II 期，第 15 页及其后文）提供了一份更为详细的文献。

③ P. V. 范・斯泰因・卡伦费尔斯再一次表现出不愿意取爪哇这个词自然地使人想到的第一个词意，他提出不应把这个词视为一个专有名词，而应看作一个形容词，其意为“外部的”。因此他认为这块碑铭谈到的是一次“对外国”的远征。BEFEO.，第 XXX 期，第 656 页。

④ J. L. 芒斯：《室利佛逝、爪哇和迦陀诃》，前引期刊，第 363 页。

⑤ P. 伯希和：《两道考》，前引期刊，第 284 页。

碑铭将证实苏门答腊影响的存在。[①]

尽管这五块碑铭中仅有一块提及阇耶那沙王的名字，然而很可能这些碑铭全部都是他竖立的。682 年出兵远征，684 年修建一座用于公共利益的建筑物，686 年在其王国的西北面和东南面确立了他的权力，以及派兵远征爪哇，这一切标志着一个国王一生经
159 历的几个不同阶段，我们很想把他看作末罗游的征服者。695 年遣使中国的可能还是他；[②]关于他的遣使，我们知道日期的这还是第一次。在此之前，我们掌握的材料中，仅仅模糊地提及从 670 年至 673 年这一时期开始的几次遣使；[③]在此之后，我们知道 702 年、716 年和 724 年有三次用尸利陁罗拔摩（Çri Indravarman）王名义的遣使，728 年和 742 年有以刘滕未恭王的名义派遣的二次使团。[④]

室利佛逝的扩张，西北是向马六甲海峡，东南向巽他海峡，它非常清楚地表明，室利佛逝企图控制印度洋和中国海之间的这两大通道。在以后的好几个世纪中，占据这条通道确保了它在马来群岛的商业霸权。[⑤]

684 年的那块碑铭是大乘佛教存在于外印度的第一份注有日

---

① F. D. K. 鲍斯赫，BKI.，第 C 期，1941 年，第 51 页。

② P. 伯希和：《两道考》，前引期刊，第 334 页。

③ 同上。

④ 出处同上，第 335 页。关于这个名字，参阅 L. C. 达梅斯文，BEFEO.，第 XLVIII 期，1957 年，第 624 页及其后文。

⑤ 这个问题 O. W. 沃尔特斯已经研究过。在《七世纪室利佛逝的扩张》（AA.，第 XXIV 期，1961 年，第 417—424 页）一文中，他把马来半岛上的吉打被征服的时间定在 685 年和 689 年之间，其根据是义净著作中的一段记载。

期的证据，它证实了义净对室利佛逝作为一个佛教中心具有的重要地位的记述，[1]以及对南海佛教的各种宗派的记述。义净确实肯定过，在那里人们几乎普遍地接受了属于梵文小乘佛教几大教派之一的根本说一切有部，[2]但是他也提到末罗游有大乘信徒，[3]并指出在室利佛逝有《瑜伽师地论》，[4]这是瑜伽宗即唯识宗神秘教派创立者阿僧伽[5]的主要著作之一。 160

然而阇耶那沙王的意愿（pranidhâna）是希望众生都获得一系列的满足，首先是纯世俗的，但是渐渐上升到精神方面和神秘的境界，直至觉悟。这种愿望给 L. 德拉瓦莱·普森“一个印象：这一切都是有关大乘一切有部方面的表现”。[6] 人们甚至已经想到这一意愿所反映出的教义当时可能已经带有密教的色彩。[7]

① 义净的一个师傅释加鸡栗底曾在那里居住过（J. 高楠顺次郎译：《南海寄归内法传》，第 LVIII 页、LIX 页和 184 页）。关于其他在那里居住过或曾以那里为中途站的高僧，参阅 E. 沙畹译的《大唐西域求法高僧传》，第 63—64 页，第 126、144 和 159 页。

② J. 高楠顺次郎，出处同上，第 10 页。

③ 出处同上，第 11 页。

④ E. 沙畹译：《大唐西域求法高僧传》，第 76—77 页。

⑤ R. 格鲁赛：《印度哲学》，卷 II，第 7—149 页。

⑥ BEFEO.，第 XXX 期，第 656 页。

⑦ G. 赛代斯：《室利佛逝的马来文碑铭》，BEFEO.，第 XXX 期，第 55—57 页。密教从七世纪末叶起在苏门答腊出现应该是毫不出人意料的。如果阿僧伽的学生，逻辑学家陈那的徒弟，建志的护法真是在任教三十年之后离开了那烂陀大学前往苏伐罗洲（苏门答腊或马来亚）的话，那么密教传入的时间大致就可以上溯到与高僧玄奘同时代的护法（A. 斯希弗内：《达拉那塔的印度佛教史》，1869，第 160 页）。F. D. K. 鲍斯赫对这个证据提出了质疑（TBG，第 LXV 期，1925 年，第 559 页注 80）。即使 684 年室利佛逝还未接触到密教，那么三十年之后也应该接受了印度人跋日罗菩提的访问。是他将密教教义引入中国的，717 年他在室利佛逝做了中途停留（P. 伯希和：《两道考》，前引期刊，第 336 页）。

虽然巨港地区的考古发现十分稀少，尤其是建筑遗迹，但是那里的考古研究①还是证实了义净提供的证据和碑铭方面提供的材料。在那里发现的雕塑全部是佛教的，菩萨像很明显地占据着主导地位。但是总的说来，这些雕塑都晚于本章研究的这个时期。

根据中国史籍中的记载，室利佛逝最后一次遣使的日期是
161 742 年。② 此后直至 775 年都是空白，我们未掌握任何材料。775 年刻在悉摩曼寺石碑第一面上的梵文碑铭③使我们得知，苏门答腊的那个王国已经在马来半岛上的洛坤站住了脚，室利佛逝的一个国王，大概名叫达摩图，④派人在洛坤修建了一座神庙，及其他

---

① N. J. 克罗姆：《巨港的考古文物》，ABIA.，1931 年，第 29—33 页。——F. M. 斯赫尼特格：《印度化苏门答腊考古》，莱登，1937 年。——D. 戈什：《室利佛逝的原始艺术》，JGIS.，第 I 期，1934 年，第 31—38 页；《有关室利佛逝艺术的原始资料》，出处同上，第 III 期，1936 年，第 50—56 页；《来自锡兰和室利佛逝的两尊菩萨像》，出处同上，第 IV 期，1937 年，第 125—127 页。——W. F. 斯图特海姆：《在哥打卡普尔（邦加）新发现的四臂残像考》，IAL.，第 XI 期，1937 年，第 105—109 页。

② P. 伯希和：《两道考》，前引期刊，第 335 页。

③ G. 赛代斯：《室利佛逝王国》，BEFEO.，第 XVIII 期，5，第 29—31 页；《暹罗碑铭集》，卷 II，n°XXIII，第 35—39 页；《印度尼西亚夏连特拉王朝的起源》，JGIS.，第 I 期，1934 年，第 64—68 页。——B. R. 沙特吉：《印度与爪哇》，卷 II，碑铭，第 40—44 页。——B. Ch. 查布雷：《印度-雅利安文化的传播》，JASB.，文学，第 I 期，1935 年，第 20—27 页。——K. A. 尼拉坎塔·萨斯特里：《室利佛逝》，BEFEO.，第 XL 期，第 252—254 页。——在霹雳地区的锡矿里发现的那尊世尊观自在小塑像，可能就可以追溯至这个时期，它表现出与室利佛逝艺术有着无可否认的相似性（ABIA.，第 XII 期，1937 年，图版 XII；参阅第 41 页注 1）。——关于悉摩曼寺的石碑，见本书第 92 和 95 页。

④ 这个假设最初是由 N. J. 克罗姆提出来的（见 F. W. 斯塔尔编辑的《荷属东印度史》，卷 I，1932 年，第 162 页），随后 F. D. K. 鲍斯赫采纳了这一假设（《Çrîvijaya, de Çailendra-en de Sanjayavamça》，BKI.，108，1952 年），我为这一假设提供了几个论据，见《远东杂志》，第 VI 期，1，1959 年，第 44 页。

各种建筑物，这座神庙是奉献给佛陀、莲华手菩萨和金刚手菩萨的。实际上从732年起，我们的兴趣就集中在爪哇中部了，但是在叙述那里发生的事情之前，有必要先谈一下我们所知道的以印度支那半岛为舞台，从七世纪末至八世纪中叶发生的那些事件。

2. 柬埔寨的分裂：陆真腊和水真腊（八世纪初）

《旧唐书》和《新唐书》[①]都告诉我们，706年之后不久，柬埔寨
就处于一分为二的分裂状态，[②]又回到了扶南诸王和真腊第一批 162
国王统一全国的那个时期之前的那种混乱状态："北多山阜，号陆真腊半，南际海，饶陂泽，号水真腊半。"[③]

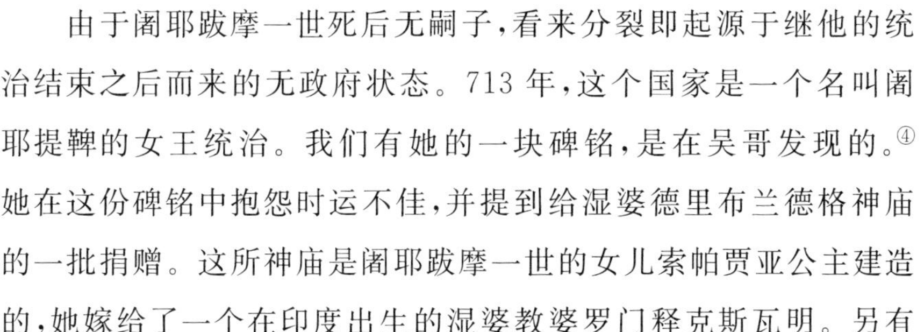

由于阇耶跋摩一世死后无嗣子，看来分裂即起源于继他的统治结束之后而来的无政府状态。713年，这个国家是一个名叫阇耶提鞞的女王统治。我们有她的一块碑铭，是在吴哥发现的。[④]她在这份碑铭中抱怨时运不佳，并提到给湿婆德里布兰德格神庙的一批捐赠。这所神庙是阇耶跋摩一世的女儿索帕贾亚公主建造的，她嫁给了一个在印度出生的湿婆教婆罗门释克斯瓦明。另有一块碑铭也提到阇耶提鞞的名字，从这块碑铭中可以看出，她本身

---

① P.伯希和：《两道考》，前引期刊，第211页。

② P.杜邦已经研究过这个时期，《真腊的解体》，BEFEO.，第XLIII期，第17页及其后文；《真腊与宾童龙》，BSEI.，1949年，第1—19页。

③ 马端临：《四裔考》，埃尔韦·德圣德尼译，第483页。

④ 发现于西巴赖，BEFEO.，第XXXIX期，第341页。——《柬埔寨碑铭集》，卷IV，第54页。

也是阇耶跋摩一世的女儿。[①]

约在同一个时期，阿宁迭多补罗的一个名叫补什迦罗即补什迦罗娑的王公在商菩补罗当了国王。[②] 湄公河上桔井上游的松博有一个考古遗址群，[③]就是商菩补罗的遗址，716 年补什迦罗娑叫
163 人在那里刻了一块碑铭。[④] 有人曾假定他是“通过婚姻”获得该国王位的，[⑤]但这是一个无根据的假设，况且我们完全可以这样考虑：由于王位空缺，引起了一次暴力行动。

死后接受了因陀罗路迦这个谥号的便是补什迦罗娑，这并非不可能。因为松博的一块碑铭提到这个谥号时，说它是 308 年在位的一位女王的曾祖父的名字。[⑥] 无论如何，看来他取得商菩补罗这件事就标志着分裂的开始。

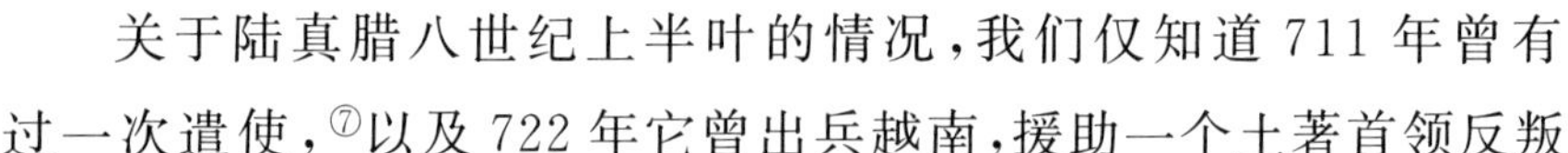

关于陆真腊八世纪上半叶的情况，我们仅知道 711 年曾有过一次遣使，[⑦]以及 722 年它曾出兵越南，援助一个土著首领反叛

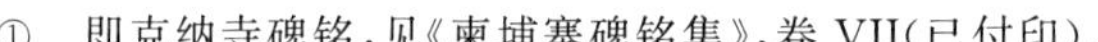

① 即克纳寺碑铭，见《柬埔寨碑铭集》，卷 VII(已付印)。

② 巴思和贝尔盖尼：《梵文碑铭集》，第 369 页。——如果在商菩补罗这个名字与商菩跋摩国王的名字之间存在着某种关系(这位国王在塔梅留下了一块与补什迦罗娑神庙的建立有关的碑铭，BEFEO.，第 XXXVI 期，第 4 页)，并且另一方面如果这个补什迦罗娑(他可能仅仅是一个普通的毗湿奴偶像)与 716 年的补什迦罗娑也有某种关系的话，那么就必须承认，商菩补罗城的名字是在补什迦罗娑统治时期之后才获得的，商菩跋摩大概是补什迦罗娑的一个继任者。然而这一切同把这个商菩跋摩考订为具有相同名字的那个占人国王一样，也是假定的。

③ E. 艾莫涅：《柬埔寨史》，卷 I，第 299—310 页。——A. 勒克莱尔：《柬埔寨的考古活动》，BEFEO. 第 IV 期，第 737—749 页。——H. 帕芒蒂埃：《原始吉蔑艺术》，卷 I，第 213 页。

④ L. 芬诺：《波列贴格万比碑铭》，BEFEO.，第 IV 期，第 675 页。

⑤ 巴思和贝尔盖尼，前引著作，第 356 页。

⑥ 见本书边码第 178 页。巴孔石碑上也提到了因陀罗路迦(G. 赛代斯：《柬埔寨碑铭集》，卷 I，第 35 页)。

⑦ P. 伯希和：《两道考》，前引期刊，第 212 页。

中国。[①] 至于水真腊的情况，看来它本身就已经分裂成了若干个诸侯国。其中在南部的阿宁迭多补罗国，曾有一个名叫婆罗阿迭多的首领，但其当政的日期尚未确定。他可能用自己的名字命名了婆罗阿迭多补罗城。中国人多次提到该城时，都把它作为水真腊的真正首都，名字为婆罗提拔。[②] 婆罗阿迭多自称是婆罗门憍陈如和那伽索马的后嗣，并且后来也被吴哥诸王视为祖先。他们通过这位祖先把自己与这对神话中的夫妇联系在一起。[③] 因此，婆罗阿迭多与扶南古代诸王应当有某种关系。鉴于名字相像，我 164
们可以假定，有一个名叫尼栗波阿迭多的，是他的继任者之一。此人在交趾支那西部留下了一块没有注明日期的梵文碑铭，[④]但是该碑铭可以追溯到八世纪开始的时候，即分裂之初。

3. 八世纪时的堕罗钵底和室利差呾罗

关于八世纪时的堕罗钵底，尚无任何确凿的材料。我们所能肯定的，就是那些古建筑的遗迹和一部分肯定是属于堕罗钵底的雕塑，大致可以追溯到这个时期。[⑤]

---

① H. 马斯佩罗：《八至十四世纪安南与柬埔寨的边界》，BEFEO.，第 XVIII 期，3，第 29 页。

② G. 赛代斯：《关于水真腊》，BEFEO.，第 XXXVI 期，第 3、11 页。

③ BEFEO.，第 XXXIII 期，第 137—138 页；第 XXXVI 期，第 11 页。——G. 赛代斯：《柬埔寨碑铭集》，卷 I，第 74 页。

④ 即巴泰山碑铭，BEFEO.，第 XXXVI 期，第 7 页。

⑤ P. 杜邦：《印度支那西部的戴冠毗湿奴》，BEFEO.，第 XLI 期，第 233—254 页。——M. C. S. 迪斯卡尔：《泰国东北部的一座古城——允华达》，AA.，第 XIX 期，1956 年，第 362 页。

在卑谬，刻在国王骨灰瓮上的那些骠文传说使我们得知三个国王的名字和年龄，但是标注他们年龄所用的历法尚未弄清。[①]倘若我们姑且认为这种纪元的元年为公元638年，则这种历法可能是起源于印度，但是在以后这种历法传播到泰族和柬埔寨之前，首先是在缅甸使用。我们得到的日期如下：

673年……

688年，苏利耶毗讫罗摩死，时年64岁。

695年，诃利毗讫罗摩死，时年41岁。

718年，尸诃毗讫罗摩死，时年44岁。

我们从另外一个地方又知道了婆罗蒲跋摩和阇耶昌陀罗跋摩
165 这两个名字，其日期不详。由于他们的名字以跋摩结尾，初看似乎是属于不同于前边三位名字以毗讫罗摩结尾的国王的另一个王朝。[②] 但是刻在一座佛陀像台座上的梵文碑铭告诉我们，[③]阇耶昌陀罗跋摩是诃利毗讫罗摩的长兄，并且还告诉我们，为了结束两兄弟之间的争权夺利，他们的导师叫他们修建了两座完全相像的城，让他们分开居住在这两座城里。[④]

卑谬的那些佛教古迹——窣堵波就是在这个时期修建的，其遗址上具有包包枝、帕耶摩和勃亚基等名字。它们是圆柱形的，顶

① C. O. 布莱格登：《骠文碑铭》，载《印度碑铭学》第XII期，第127—132页；JBRS.，第VII期，1917年，第37—44页。——L. 芬诺，BEFEO.，第XV期，2，第132—134页。——参阅ARASB.，1924年，第23页。

② C. 杜罗伊赛尔，ARASI.，1926—1927年，第176页注2。

③ 出处同上，1927—1928年，第128、145页。

④ 尼哈尔·伦詹·赖：《缅甸的梵文佛教》，第19—20页。——G. H. 卢斯：《古代骠族》，JBRS.，第XXVII期，1937年，第243页。

为半球形或尖形穹窿顶，其起源要到印度东北部和奥里萨海岸去寻找。前边已指出过奥里萨与缅甸三角洲的关系。[①] 骠族王国另一种特有的建筑形式（这种建筑物的内厅支承着一个球根形顶饰，梵文为希诃罗）的渊源，也应当到奥里萨方向去寻找。这种建筑后来在蒲甘有了显著的发展。上文提到的那些巴利文经典残片[②]所证实的七世纪之前即已存在的上座部佛教即使此时还没有被取代，至少也被崇尚梵文经典的一个教派把它降到次要地位上去了。这个教派可能是根本说一切有部。我们知道，义净肯定过该教派在外印度的主导地位。[③] 但是再往北，在蒲甘，看来大乘已牢固扎 166
根，而且在孟加拉的影响下，大乘在那里采取了一种有时人们认为是属于密教的表现形式。[④]

4. 爪哇：珊阇耶（732 年）和崇信佛教的夏连特拉王朝（八世纪末）

撇开日期不明而且历史价值甚微的图克马斯碑铭，[⑤]从甫尔纳跋摩的那些碑铭（它们出自爪哇西部，年代可追溯至五世纪中叶[⑥]）

---

① 见本书边码第 64 页。

② 见本书边码第 122 页。

③ 尼哈尔·伦詹·赖，前引书，第 19—30 页。

④ 见本书边码第 198 页。

⑤ 见本书边码第 151—152 页。

⑥ 见本书边码第 105—106 页。根据保尔巴蒂亚拉卡的说法，697 年至 708 年，爪哇处在室利佛逝的控制之下，然后 708 年至 719 年，它试图从中摆脱出来。最后从 719 年至 730 年，珊阇耶进行了下一页中提到的那些征服（参阅 BEFEO.，第 XLVIII 期，1957 年，第 639 页）。

以后，爪哇就再没有提供过碑铭材料。由于在该岛中部婆罗浮屠东南梧基尔山上的章卡尔湿婆教神庙遗址[①]中发现了一块732年的梵文碑铭，爪哇才又回到了舞台上来。这块碑铭的作者是国王珊阇耶，他是沙那的姐姐萨娜[②]的儿子。萨娜这个名字很像一个梵语化了的土著名字。该碑铭叙述了在“富于谷物和金矿”的耶婆提岛上的昆查罗恭札国[③]竖立一座林伽的情况。

尽管爪哇并不产黄金，但是从上下文看，却不容许到别的地方去寻找耶婆提岛。然而却有人建议把耶婆提考订为马来半岛，并且还以珊阇耶的印度血统为基础，设想出他怎样在半岛上统治，又怎样逃到爪哇，然后在那里成了被室利佛逝从巨港驱赶出来的夏
167 连特拉王朝的封臣，简直是一部小说，[④]有一篇考订文章已指出了它极度的荒诞性。[⑤]

至于昆查罗恭札，对上述碑铭文献的一种不准确的释读曾使人们猜想，它是爪哇以外的一个地方，那座林伽可能就是从那里运来的。而且还有人基于这一错误的解释，提出了一些有关爪哇与南印度潘地亚国[⑥]之间的关系的假设。因为在靠近特拉凡哥尔与

① H. 克恩：《Verspreide Geschriften》，卷VII，第115—128页。——B. R. 沙特吉：《印度与爪哇》，卷II，碑铭，第29—34页。

② B. Ch. 查布雷：《印度-雅利安文化的传播》，JASB.，文学，1935年，第37页。——J. Ph. 沃格尔：《章卡尔碑铭考》，BKI.，第C期，1941年，第446页。

③ 关于这个国家的名字，参阅L. C. 达梅斯文，BEFEO.，第XLVIII期，1957年，第628—631页。

④ J. L. 芒斯：《室利佛逝、爪哇和迦陀诃》，前引期刊，第426—435页及其他一些地方。

⑤ K. A. 尼拉坎塔·萨斯特里：《迦陀诃》，JGIS.，第V期，1938年，第128—146页。

⑥ K. A. 尼拉坎塔·萨斯特里：《夏连特拉王朝的由来》，TBG.，第LXXV期，1935年，第611页；《阿加斯蒂耶》，出处同上，第LXXVI期，1936年，第500—502页。

廷尼韦利之间的边界处，确有一个地方叫这个名字，圣贤阿加斯蒂阿的神庙恰好就在那里。阿加斯蒂阿是使南印度婆罗门教化的人，在爪哇，他的形象是一个大胡子和大肚子的巴陀罗大师，颇受崇敬。但是恢复了真相的释读[①]使我们得以证实，昆查罗恭札是珊阇耶建造他的神庙的那个国家的名字，它相当于整个克杜平原或其一部。并且这种释读也不妨碍把爪哇这一地区的名字与南印度的那一个相同的名字进行对照。

晚些时候的一份文献把对巴厘、苏门答腊、柬埔寨以及直至中国的令人惊异的征服都归功于珊阇耶。[②] 注明日期为907年的一块碑铭更可信一些，[③]它把珊阇耶描述为马塔兰（中爪哇的南部）的一个王公，并说他是一个世系的第一位国王。这个世系的第二 168
位国王是巴南卡兰，778年在位，根据卡拉桑碑铭的记载，当时他臣服于夏连特拉王朝的宗主权。

夏连特拉这个名字意为"山王"，与（湿婆）耆利沙的意思相同。这个名字可能说明印度尼西亚的信仰适应了印度的信仰形式，也将诸神的住所设置于大山之上。[④] 有位学者[⑤]认为，夏连特拉这个名字表明这些新来的人原籍是印度。他把这些人看作是与羯陵伽

① W. F. 斯图特海姆：《论南印度与爪哇的文化关系》，TBG.，第 LXXIX 期，1939 年，第 73—84 页。——J. Ph. 沃格尔：《章卡尔碑铭考》，前引期刊，第 445 页。

② R. Ng. 保尔巴蒂亚拉卡：《帕拉希杨甘的故事》，TBG.，第 LIX 期，1920 年，第 403—416 页。——L. C. 达梅斯文，BEFEO.，第 XLVIII 期，1957 年，第 633—637 页。

③ W. F. 斯图特海姆：《克多厄的重要文献》，TBG.，第 LXVII 期，1927 年，第 172—251 页。——R. 戈里斯：《马打兰王朝的统一》，Feestbundel Bat. Gen.，第 I 期，第 202—206 页。

④ J. 普尔兹鲁斯基：《夏连特拉梵萨》，JGIS.，第 II 期，1935 年，第 25—36 页。

⑤ R. C. 马君达：《金洲》，第 225—227 页。

的夏洛特拔婆诸王有姻亲关系的人。但是有人对此提出了一些重大异议。[①] 不管怎样，用摩诃罗阇作为自己王号的夏连特拉家族在南方诸岛上的出现，肯定可以说是“一桩具有头等重要性的国际事件”。[②]

我们确实可以考虑，是否这些“山王”不曾有过使古代扶南的统治者们——耆利沙林伽的热忱维护者——使用过的称号重新出现之意，[③]也未曾试图把自己装扮成宇宙君主。J. G. 德卡斯帕里斯辨认出了在印度支那半岛南部的扶南的最后一个首都的名字那弗那，[④]在九世纪的一块碑铭中写作伐剌拏剌。据该碑铭记载，国王补焦统迦德瓦曾统治过伐剌拏剌国。看来他就是夏连特拉王朝在爪哇的创立者。[⑤] 自此以后，上述这个假说就具有了一定的可靠性。

169 这个王朝愈来愈像一个宗主国，它对统治着克杜平原的那个地方王朝行使着最高权力。F. H. 范纳尔森就曾指出，卡拉桑碑铭中称作“夏连特拉王朝的荣耀”的不是卡拉桑陵庙及其碑铭的建立者摩诃罗阇巴南卡兰，而是对他拥有宗主权的一个国王。[⑥]

① K. A. 尼拉坎塔·萨斯特里：《夏连特拉家族的由来》，TBG.，第 LXXV 期，1935 年，第 610 页；《室利佛逝史》，马德拉斯，1949 年，第 46—50 页。

② R. C. 马君达，前引书，第 159 页。——L. P. 布里格：《夏连特拉王朝的起源》，JAOS.，第 LXX 期，1950 年，第 76—89 页。

③ G. 赛代斯：《印度尼西亚夏连特拉家族的由来》，JGIS.，第 I 期，1934 年，第 66—70 页。——我们有理由提出，是否柬埔寨的分裂并不是扶南最后一息的标志，因为水真腊当时可能声称它继承了扶南的遗产。

④ 见本书边码第 130 页。

⑤ 《印度尼西亚碑铭》，第 II 期，第 184—185 页。伐剌拏剌在克卢拉克碑铭中也出现过（出处同上，第 I 期，第 191 页）。

⑥ 《夏连特拉的空位期》，载《古代印度》（J. Ph. 沃格尔论文集），莱登，1947 年，第 249—253 页。

统治着克杜平原的那个地方王朝的第一个知名的国王好像是桑拉图伊哈卢。关于他，我们有一些768年左右的根据。[①] 但是有一件事是肯定的，即夏连特拉家族的到来是以大乘佛教的一次突然大发展作为标志的。778年，摩诃罗阇巴南卡兰应他的导师们的要求，建立了一座献给佛教女神多罗的神庙，并把迦罗舍村奉献给这座神庙。[②] 该庙就是今天位于巴兰班南平原日惹城以东的那座古建筑——卡拉桑陵庙。[③]

782年，在被誉为“劈杀敌军英雄的猛将”，[④]并被以僧伽罗摩
檀那阇耶为号而加冕[⑤]的一位夏连特拉国王统治期间，从高迪国 170
（孟加拉西部）来的一位名叫鸠摩罗哥沙的师傅在距卡拉桑不远的
克卢拉克为一尊文殊师利菩萨塑像举行仪式，使之神圣化。这尊
塑像把佛教的三宝（Triratna）、婆罗门教的三位一体（Trimûrti）和
众神融为一体。[⑥] 那种在卡拉桑碑铭和克卢拉克碑铭中用过、后

① TBG.，第LXXXIII期，1949年，第21—25页。

② 用前纳加里文字刻制的卡拉桑梵文碑铭已于1886年由布兰德斯发表，TBG.，第XXXI期，1886年，第240—260页；R. G. 本德克，载《皇家亚洲学会孟买分会会刊》，第XVII期，1887—1889年，卷II，第1—10页；F. D. K. 鲍斯赫，TBG.，第LXVIII期，1928年，第57—62页；B. R. 沙特吉：《印度与爪哇》，卷II，碑铭，第44—48页。

③ 见N. J. 克罗姆《印度化爪哇艺术介绍》（海牙，1923年，第257—246页）一书中的描绘。——J. L. 芒斯在《室利佛逝、爪哇和迦陀诃》（前引期刊，第434页）一文中，根据这座古建筑的肖像，提出了一种过分巧妙的解释。这种解释是在他那很可争议的珊阇耶来自印度说的基础上产生的。——又参阅F. B. 福格勒的《印度化中爪哇宗教建筑艺术的发展》，BKI.，第CIX期，1953年，第249页。

④ G. 赛代斯：《夏连特拉——“劈杀敌军英雄的猛将”》，《Bingkisan Budi》（献给Ph. S. 范·龙凯尔教授的东方研究论文集），莱登，1950年，第58—70页。

⑤ J. G. 德卡斯帕里斯：《印度尼西亚碑铭》，第102页。

⑥ F. D. K. 鲍斯赫：《克卢拉克碑铭》，TBG.，第LXVIII期，1928年，第1—56页。

来在柬埔寨也使用过[1]的北印度的字体曾风行一时，看来就是由于受到了西孟加拉和那烂陀大学的这种影响。

克杜平原上的那些宏大的佛教建筑物就是夏连特拉王朝在爪哇建立之初建造的，时间大致是在八世纪下半叶。对这些建筑物年代的编排还有些不够妥当。据多罗的神庙——卡拉桑的碑铭记载，该庙的年代为778年。它提供了一个基准点。其他建筑物的年代都是以这一基准点为参照确定的。沙里陵庙是一处包括一座神庙的僧侣住所，大概与卡拉桑属于同一时期。而西巫陵庙（它附设有250所小寺庙，是一座名副其实的石造曼罗）的年代要稍晚一点。[2]至于这些建筑中最享盛名的婆罗浮屠，则既是佛教的小宇宙，也是一座石筑的曼陀罗，并且可能还是夏连特拉王朝的圣坛。[3] 那上边装饰着一些浅浮雕，表现的是大乘佛教的几部重要经典中的内容。[4]婆罗浮屠还有两座附属建筑：门杜陵庙和巴旺陵庙。[5] 曼杜陵庙中藏有一座精美的、由三尊塑像组成的前笈多时期风格的雕塑（佛陀正在两个菩萨中间说法）。对与巴旺陵庙的修建属于同一时期的那
171 些短小碑铭进行古文字学研究得到的结果，不容许我们把这座陵庙看作早于九世纪中叶的建筑，就是说不早于夏连特拉王朝末年。从

---

① F. D. K. 鲍斯赫：《克卢拉克碑铭》，TBG.，第LXVIII期，1928年，第26页。

② 〔补遗〕：1960年在西巫陵庙发现了一块用古马来语写的公元792年的碑铭。参阅L. C. 达梅斯的《印度尼西亚书目提要》，BEFEO.，第LI期，1936年，第580页。

③ J. G. 德卡斯帕里斯：《印度尼西亚碑铭》，卷I，第204页。

④ 特别是《本生鬘》、《普曜经》、《健拏骠诃》以及《业分别论》等著作。

⑤ J. L. 芒斯：《婆罗浮屠、曼杜和巴旺之间的关系》，TBG.，第LXXXIV期，1951年，第326页。

宗教方面看，上述这一建筑群[①]属于金刚乘秘传佛教。不久之后，金刚乘秘传佛教将被编入一部名为《大乘真言圣典》的论著中。[②]

信仰佛教的夏连特拉家族的到来，似乎曾使忠实于婆罗门教信仰的保守分子大批逃往东爪哇。迪延高原上最古老的建筑和珊阇耶的碑铭都证实，七世纪和八世纪上半叶婆罗门教的信仰非常兴盛。中国史籍将诃陵首都的东迁，以及国王吉延把首都从阇婆迁到婆露伽斯[③]这两件事都确定在742年至755年之间。由于在玛琅西北的迪奈亚出现了一块760年的梵文碑铭，[④]中国史籍中

① N. J. 克罗姆：《印度化爪哇史》，第152页。关于对这些建筑物的描述和有关的著作目录，参阅N. J. 克罗姆的《印度化爪哇艺术介绍》。——关于对婆罗浮屠的描述，见N. J. 克罗姆和T. 范·埃尔普精彩的专著：《婆罗浮屠概述》，海牙，1920年；关于对这座建筑的解释，见W. F. 斯图特海姆的《婆罗浮屠的名称、形式和意义》，韦尔特夫勒登，1929年，尤其是请参阅P. 米斯的主要论文，BEFEO.，第XXXII—XXXV期，——P. H. 波特：《瑜伽和延德勒在东印度群岛的意义》，莱登，1946年；——A. J. 伯内·肯珀斯：《婆罗浮屠的隐基脚》，BKI.，第CXI期，1955年，第225—235页；《印度尼西亚古代艺术》，1959年。至于J. G. 德卡斯帕里斯在《夏连特拉时期的碑铭》（载《印度尼西亚碑铭》，万隆，1950年，卷I，第164页）一文中提出的那些假说，尤其是关于这座建筑物的古代名称的假说，似乎是不可取的。

② 见本书边码第238—239页。——梵文词典《甘露鬘》在吉坦陀罗治下被译成了爪哇文。吉坦陀罗是一位尚未考订清楚的夏连特拉。

③ P. 伯希和：《两道考》，前引期刊，第225页。——G. 费瑯在《昆仑》（JA.，1919年3—4月号，第304页注3）一文中，从婆露伽斯中辨认出一个爪哇语词组“waruh gresik”，意为“沙滩”。这个词组现在还是泗水港市的名字，俗称“Grise”；但是并非婆露伽斯必然就在这个地方，因为东爪哇另一个地方也具有同样的名字。J. L. 芒斯在《室利佛逝、爪哇和迦陀诃》（前引期刊，第382—386页）中提出将婆露伽斯考订为吉打东南的巴鲁阿斯。他认为此地大概是婆露伽斯的古都。从语音学的角度看，这种比较不大能令人接受，并且它意味着把诃陵的位置定到半岛上去，这就引出了一些极为严重的困难。

④ F. D. K. 鲍斯赫：《迪奈亚石碑上的梵文碑铭》（塞迦历682年），TBG.，第LVII期，1916年，第410—444页；《迪奈亚的林伽祭坛》，出处同上，第LXIV期，1924年，第227—286页。

172 的这些材料得到了证实。这块碑铭是出自爪哇东部并注有日期的最古老的碑铭，①它记载着国王代弗辛赫的一个儿子（名叫加阇耶那，②当时统治着根朱鲁汉③）建立一座阿加斯蒂耶神庙时的情形。这两位虔信湿婆的王公可能跟珊阇耶有某种亲戚关系，他们是一座名叫布蒂盖希弗勒的林伽的护卫者。布蒂盖希弗勒林伽体现着王权的本质，是国王林伽崇拜的又一例证。关于这种崇拜，占婆眉山的婆多利神向我们提供了第一个可靠的证据。到吴哥时期，这种崇拜在柬埔寨将成为崇高的国教。

迪奈亚的这块引人注目的碑铭给八世纪下半叶爪哇东部的历史投下了一道光亮，但这只不过是黑夜里一道孤立的闪光。④ 在这个世纪的最后二十五年里，人们的兴趣都集中到同该岛中部的夏连特拉王朝有关的问题上去了。

夏连特拉王朝的出现，在国内是以大乘佛教的大发展为标志，
173 在国外，则是以他们入侵印度支那半岛并试图在那里定居为特征。

越南编年史记载，767 年东京遭到来自阇婆（爪哇）和昆仑（泛

① W. F. 斯图特海姆曾指出东爪哇的一份短碑铭，虽然没注日期，但是从古文字学的角度看，其年代要更为古老，BKI.，第 95 期，1937 年，第 397—401 页。

② R. Ng. 保尔巴蒂亚拉卡在《群岛上的阿加斯蒂耶》（莱登，1926 年，第 109—110 页）一书中把中国史籍中的吉延视为加阇耶那的音译，可是 R. A. 克尔恩（BKI.，第 CII 期，1943 年，第 545 页）却主张把它看作爪哇称号——“(ra) kryan”的音译，虽然这个词还原为汉文更常见更准确的是落结连（参阅 N. J. 克罗姆的《印度化爪哇史》，第 283 页），L. C. 达梅斯（BEFEO.，第 XLVIII 期，1957 年）后来也持此说。

③ J. G. 德卡斯帕里斯在《再论迪奈亚的石刻梵文碑铭》（TKNAG.，第 LXXXI 期，1941 年，第 499 页）一文中提出把这个国家考订为新托的那些碑铭中的格努鲁亨（见本书边码第 237 页），而且他在玛琅以西的克尤龙村的名字中重新找到了它的名字。

④ 中国史籍仅仅提到了诃陵于 767 年和 768 年的两次遣使（P. 伯希和：《两道考》，前引期刊，第 286 页）。

指南方诸岛)的敌寇侵犯。都护张伯义在今山西附近挫败了贼寇，把他们赶入了大海。[①] 芽庄浦那竭罗的一块梵文碑铭说，[②]774年，“一些出生异地，所食诸物恶于死尸，黑瘦凶暴如鬼的贼寇乘船而来”，盗窃林伽，焚毁神庙。占婆国王萨多跋摩“派兵乘利舶追击，在海上打败了”他们。787年，“爪哇军队乘大船来犯”，焚毁了另一座神庙。[③] 约在同一个时期，由室利佛逝国王于775年在洛坤竖立的石碑的第二面上，[④]又被镌刻了一份铭文的开头部分。这份未竟的铭文是以一个本人名叫毗湿奴的国王的名义刻写的，其时间最早约在782年左右。该铭文称这位国王为“敌军的煞星”，说他“使用摩诃罗阇为号，以表示他出身于夏连特拉家族”。毋庸置疑，这里指的就是克卢拉克碑铭中的那位国王，即僧侣罗摩檀那阇耶。[⑤]

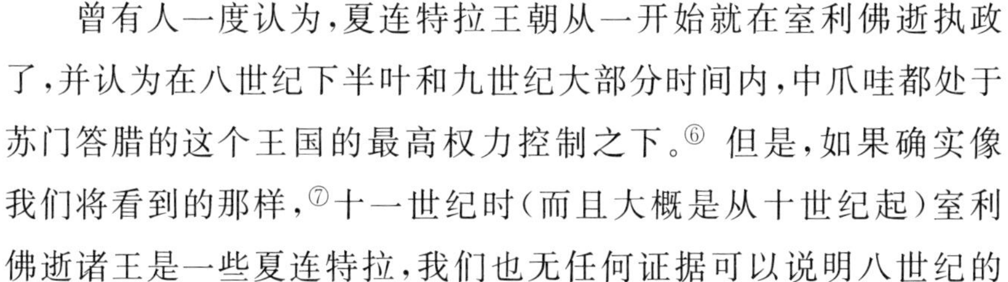

曾有人一度认为，夏连特拉王朝从一开始就在室利佛逝执政了，并认为在八世纪下半叶和九世纪大部分时间内，中爪哇都处于 174
苏门答腊的这个王国的最高权力控制之下。[⑥] 但是，如果确实像我们将看到的那样，[⑦]十一世纪时(而且大概是从十世纪起)室利佛逝诸王是一些夏连特拉，我们也无任何证据可以说明八世纪的

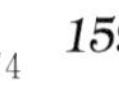

① G.马司帛洛:《占婆史》，第97—98页。

② 巴思和贝尔盖尼:《梵文碑铭》，第252页。

③ 出处同上，第217页。

④ 见本书边码第161页。

⑤ 关于洛坤碑的这篇碑铭以及由它引起的若干讨论的情况，参阅G.赛代斯的《洛坤碑碑铭:目前对该碑的解释》，载《远东》，第VI期，1959年3月号，第42—48页。

⑥ N.J.克罗姆:《爪哇历史上的苏门答腊时期》，莱登，1919年(该文的法译本见BEFEO.，第XIX期，5，第127—135页)。

⑦ 见本书边码第204页和261页。

情形即已如此。[①]

R. C. 马君达的功绩是他首先将洛坤碑的两面分开。[②] 在此之前,人们就是根据这块碑提出从 775 年起就有一位夏连特拉在室利佛逝执政这种说法的。马君达也假定他们的国家的活动中心在马来半岛是可能的。[③] 不过我们不太清楚其位置应该定于何处,因为八世纪这个时期中国史籍中与该地区有关的材料很贫乏。[④] 有人考虑到在猜亚,因为如果根据可以追溯到这个时期的考古遗迹的性质来判断,[⑤]猜亚在八世纪似乎有过一个繁荣时期。但是无论怎样,
175 没有任何理由怀疑上一个世纪时,室利佛逝的中心是在巨港。[⑥]

根据现有的文献资料,爪哇不是作为印度尼西亚的夏连特拉家族发祥地出现的,而是作为这样一个地方:在那里他们第一次显示出自己在群岛上的存在。正如我们已看到的那样,这个家族不

① G. 赛代斯:《印度尼西亚夏连特拉家族的由来》,前引期刊,第 65 页。——尽管如此,K. A. 尼拉坎塔·萨斯特里在《室利佛逝史》(第 46 页和 56 页)中仍然以苏门答腊有用前纳加里字体写的碑铭,以及洛坤的窣堵波与帕当拉瓦斯的窣堵波相似为论据,假定夏连特拉家族从八世纪末起就居住在苏门答腊是可能的。

② 《金洲的诸夏连特拉王》,BEFEO.,第 XXXIII 期,第 126—127 页。

③ 同上。

④ 贾耽路程(P. 伯希和:《两道考》,前引期刊,第 231—233、349—364 和 373 页)在那里只提到罗越和科洛。正如 J. L. 芒斯(TBG.,第 LXXVII 期,1937 年,第 337 页)和 N. J. 克罗姆(BKI.,第 C 期,1941 年,第 10 页)所提出的那样,罗越大概代表柔佛河上的瑟卢尤特〔(Se)luyut〕。至于科洛(富沙罗),P. 惠特利在《黄金半岛》(第 270 页)一书中讨论了这一地名与哥罗舍分、哥谷罗及其他几个地名的关系。其结论是,这个国家位于堕罗钵底以西、马来半岛西岸的普克特地区。

⑤ 特别是曼谷博物馆中的那些与爪哇门杜的塑像相似的、精美的青铜世尊观自在像(G. 赛代斯:《曼谷国立博物馆考古收藏品》,AA.,第 XII 期,图版 15—17)。参阅本手稿第 206 页注 2,H. G. Q. 韦尔斯关于把室利佛逝考订为猜也的说法。

⑥ 这也是 O. W. 沃尔特斯的意见,AA.,第 XXIV 期,1961 年,第 417—418 页。

管有道理与否都声称他们与扶南诸“山王”有关系。但是上述结论也并不像有的人认为的那样[①]就意味着室利佛逝八九世纪时受着其东边邻国的支配。因为我们从那烂陀特许状中所能取得的论据（下文将谈到这份特许状[②]），仅仅能够证明九世纪下半叶的情况。根据这份文献，苏伐罗洲（苏门答腊及其在马来半岛上的属地）这一时期是国王萨摩罗格罗维罗的婆罗普陀罗（即“幼子”）统治。萨摩罗格罗维罗本身就是耶弗普米（爪哇）的一个国王的儿子。这个国王被称作“夏连特拉王朝的荣耀，并且他的名字后边有一个称号：敌军猛将的煞星”。看来爪哇的这个夏连特拉与克卢拉克碑铭和洛坤碑铭（第二面）上的那个夏连特拉是同一个人，而且他的儿子萨摩罗格罗维罗大概可以考订为824年统治着爪哇的那个国王萨摩罗统加。[③] 后者的小儿子当时大概在他父亲的权力下，为他父亲治理着苏门答腊。这种情形与我们将要考察到的巴厘十一世纪的情况类似。在巴厘，我们将看到爪哇国王的一个小儿子行使

着总督的职权。[④] 由此可以断言，九世纪下半叶，爪哇和苏门答腊 176
归并在一个夏连特拉的权力之下。当时，这个夏连特拉是在爪哇执政。然而我们毫无理由认为，八世纪下半叶那里的情况就已经是这样。

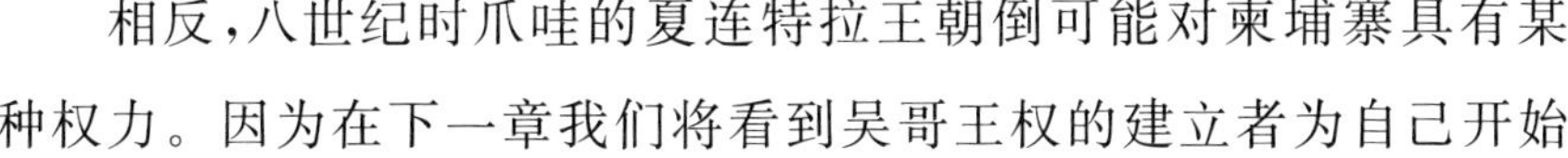

相反，八世纪时爪哇的夏连特拉王朝倒可能对柬埔寨具有某种权力。因为在下一章我们将看到吴哥王权的建立者为自己开始

---

① W. F. 斯图特海姆：《苏门答腊历史上的爪哇时期》，梭罗，1929年。参阅F. D. K. 鲍斯赫的报告，TBG.，第LXIX期，1929年，第135—156页。

② 见本书边码第203页。

③ 见本书边码第202页。

④ 见本书边码第271页。

统治举行了一个仪式，其目的就在于要完全解除它对爪哇的臣属关系。这种从属关系可能起源于一次事变，十世纪初的一位阿拉伯作者对此有一种浪漫的说法：[①]有一个吉蔑国王曾表示希望当面看到用托盘端来扎巴格（耶婆迦）国王摩诃罗阇的头，后来这些话传到了后者那里，他便以出游属于他的王国的诸岛为借口，命令武装好他的船队，准备出征柬埔寨。摩诃罗阇沿着通往柬埔寨首都的那条河溯流而上，生擒了这个柬埔寨国王，叫人砍下了他的首级，然后他责成吉蔑大臣为他物色一个继任者。一俟回到他的国家，摩诃罗阇就命令将割下的首级涂抹上防腐剂，然后放在一个瓮内，送给了被斩首的那个国王的接替者，并附有一封信，其内容是要他从这一事件中吸取教训。"当有关这些事件的消息传到印度和中国的国王那里时，在他们眼中，摩诃罗阇的地位提高了。从此，诸吉蔑王每日清晨起来，都面朝扎巴格国，躬腰及地，对摩诃罗阇卑躬屈膝，向他致敬"。

177 若把这段记述当作历史的一页，未免失之轻率。然而这些记述可能受到了对某一历史事实的记忆的启发，并且有可能是爪哇的夏连特拉家族曾利用柬埔寨分裂时期的衰弱，要求收回昔日他们祖先——诸"山王"对这个国家的主宰权。但是也可能摩诃罗阇的功绩实际上应归功于七世纪末叶室利佛逝的国王阇耶那沙。[②]

① G. 费琊译的《阿拉伯商人苏莱曼的游记》，巴黎，1922 年（《东方古典作品》，第 VII 期，第 98—102 页）。——关于该文献的作者（他大概不会是商人苏莱曼），见 J. 索瓦热编译的《中国与印度的关系》，巴黎，1948 年，第 XIX 页及其后文。该书的补编是阿布扎伊德西拉弗撰写的，它包括这位吉蔑王的历史。

② 见本书第 143 页注④。

5. 柬埔寨：两个真腊（八世纪下半叶）

陆真腊，中国人又称之为文单和婆镂，其疆域可能同真腊原来的领土一致，它曾多次遣使中国。其中753年的那一次由国王的儿子率领。754年，也是这个王公或国王的另一个儿子随中国军队出征国王阁罗凤统治下的南诏的东部。据G. H. 卢斯说，[①]《蛮书》记载了真腊分裂时期南诏的一次远征。这次远征大概到达了大海。可能是到了大湖。771年的一次出使是由名叫婆弥的第二世国王率领的，然后799年又有一次遣使。[②] 贾耽在叙述由陆路从中国到印度的路线时，[③]所讲的八世纪末叶陆真腊首都的位置所在的那个地点，最初被确定在湄公河中游的巴欣本地区，[④]但是它大概要更靠南一些，已接近原真腊的中心地区。[⑤] 在呵叻府猜 178

也蓬县的普乔考发现的以国王阇耶僧诃跋摩的名义刻制的一块碑铭，[⑥]也许就可以追溯到这个时期。

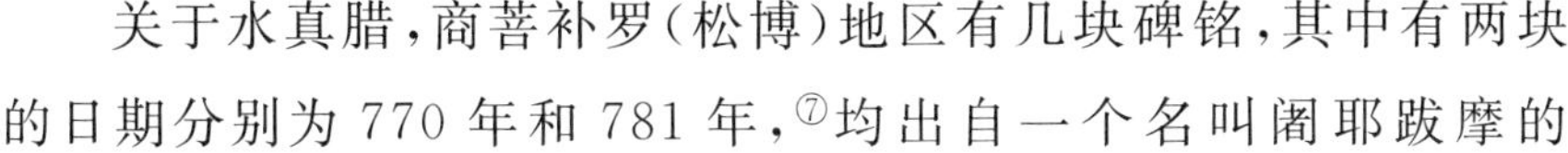

关于水真腊，商菩补罗（松博）地区有几块碑铭，其中有两块的日期分别为770年和781年，[⑦]均出自一个名叫阇耶跋摩的

① 《缅甸历史上的原始暹罗人》，JSS.，第XLVI期，第143—144页。

② P. 伯希和：《两道考》，前引期刊，第212页。

③ 出处同上，第213—215、372页。

④ H. 马斯佩罗：《七至十四世纪安南与柬埔寨的边界》，BEFEO.，第XVIII期，3，第30—32页。

⑤ R. 斯坦因：《林邑考》，前引期刊，第41页。——P. 杜邦：《真腊的解体》，BEFEO.，第XLIII期，第41—44页。

⑥ E. 塞登弗登：《柬埔寨古迹清册补编》，BEFEO.，第XXII期，第90页。

⑦ 770年的那块碑铭出自特邦克蒙的波列贴斯雷（《柬埔寨碑铭集》，卷V，第33页）。781年的那块发现于桔井地区的洛博斯罗，BEFEO.，第V期，第419页。

国王；[1]791年的一块发现于暹粒府，[2]它记载了竖立一尊世尊观自在菩萨像的情况。这块碑铭是碑铭学方面证明柬埔寨存在大乘佛教的最古老的证据。我们无法弄清一批王公的年代，他们是吴哥第一批国王的先辈。系谱赠给他们国王的称号，而实际上他们可能只管理着各个诸侯国。当时中、下柬埔寨就是被分裂成这样一些诸侯国。[3] 一位“年长的”王后吉耶什塔丽阿于803年，[4]即阇耶跋摩二世即位以后一年，给三坡捐赠了一笔钱。她是纳丽彭德勒德维的孙女，又是国王因陀罗路迦的曾孙女。[5]

有人错误地认为，吉蔑艺术的衰落与柬埔寨历史上的这一多
179 事之秋在同一个时期。然而艺术史研究的结果正好相反，艺术史学家们最终都同意将前吴哥时期的艺术中格外引人注目的那些作品的年代确定在八世纪，这些作品是三坡波雷古风格跟古伦风格之间的媒介。[6]

① 为了不改变吴哥国王阇耶跋摩二世至八世的数目，我把这位阇耶跋摩另编为一位1世。

② L. 芬诺：《印度支那的世尊观自在》，Et. Asiat.，EFEO.，第I期，第235页。

③ 参阅BEFEO.，第XXXVI期，第12页注1。参阅本书边码第184—185、206页。——P. 杜邦(《真腊的解体》，BEFEO.，第XLIII期，第17页及其后文)曾尝试过从系谱方面，按年代给这批王公分类。

④ E. 艾莫涅：《柬埔寨史》，卷I，第305页。——《柬埔寨碑铭集》，卷III，第170页。

⑤ 见本书边码第163页。

⑥ G. 德科拉尔雷米扎：《吉蔑艺术》，巴黎，1940年，第117页。——P. 杜邦：《印度支那西部的戴冠毗湿奴》，BEFEO.，第XLI期，第233—254页；《七世纪的吉蔑过梁》，AA.，第XV期，1952年，第31—83页；《前吴哥时期的雕塑艺术》，出处同上，1955年。

6. 南占婆即环王(八世纪下半叶)

由于夏连特拉家族在南海的出现,使八世纪中叶显得很突出,对于占婆来说,这也是一个关键的时期。

749 年在位的律陀罗跋摩二世,是一个模糊不清的人物。只是由于这一年他曾遣使中国一次,[①]我们才得以知道他的名字。

直到这时,占族王国的中心仍然在承天,然后是在广南;但是到了八世纪中叶,我们看到其重心南移到了宾童龙(藩朗)和古笪(芽庄)。同时,中国人在 758 年便没有再谈到林邑,而以环王这个名字取而代之。[②] 另一方面,统治南方的新王朝开始使用一些谥号,这些谥号表示国王死后超凡的存在,指明了已故国王去与之相结合的那个神。这些国王中的第一位是毕底郊陀罗跋摩,从他的谥号律陀罗路迦中,我们不可能知道他的血统以及他在位的确切日期。[③] 然而我们知道他的继承人是他一个姐妹的儿子萨多跋摩(伊湿伐罗路
迦)。774 年,萨多跋摩遭到爪哇人的侵犯。这次入侵毁坏了芽庄 180
原来的浦那竭罗神庙,该庙被认为是传说中的君王维希特勒瑟格勒修建的。[④] 赶走入侵者之后,萨多跋摩用砖重建了一座新神庙,于 784 年为新神庙举行了落成仪式。[⑤]

---

① G. 马司帛洛:《占婆史》,第 95 页。

② 出处同上,第 95 页。——P. 杜邦:《真腊与宾童龙》,BSEI.,第 XXIV 期,1949 年,第 1—19 页。

③ 巴思和贝尔盖尼:《梵文碑铭集》,第 224 页。

④ 出处同上,第 252、256 页。

⑤ 出处同上,第 253 页。

他的小弟弟因陀罗跋摩是他的继承人。因陀罗跋摩好像曾多次对外作战。787 年他也遭到了爪哇人的一次侵犯，爪哇人捣毁了位于首都毗罗补罗以西、靠近今藩朗的珀德勒梯珀蒂希弗勒神庙。[①] 793 年，因陀罗跋摩曾遣使中国，[②]799 年重建了被爪哇人破坏了的神庙。801 年时他仍然在执政。[③]

7. 缅甸被南诏征服（约 760 年）和卑谬的衰落

至于缅甸方面，南诏国八世纪上半叶的建立[④]（当时它占据着云南的西部和西北部），给骠王国带来了一系列严重的后果。由于南诏的第二个国王阁罗凤与藏族结盟反对中国，因此当时他急于跟西部建立联系，而为达此目的，他必须取得上缅甸。757 年至763 年间，他征服了伊落瓦底江上游。[⑤] 我们曾经考虑过，这一时
181 期，骠族的首都是否一直都在卑谬，是否不曾北迁到更远的哈林[⑥]。但是缅甸历史上的这一时期的情况极不清楚。大乘佛教传入的时间大概可以追溯到毗讫罗摩王朝时期，一些菩萨像的发现

① 巴思和贝尔盖尼：《梵文碑铭集》，第 217 页。

② G. 马司帛洛，前引书，第 104 页。

③ 巴思和贝尔盖尼，前引书，第 226 页。

④ P. 伯希和：《两道考》，前引期刊，第 152 页。

⑤ 出处同上，第 155—156 页。此后的几页对印度文化由缅甸的陆路进入云南，提供了重要的材料。——〔补遗〕：关于南诏的扩张，见 W. 斯托特的《公元 750—860 年间南诏国的扩张》，TP.，第 L 期，1963 年，第 190 页。

⑥ G. H. 卢斯：《古代骠族》，JBRS.，第 XXVII 期，1937 年，第 249 页。

就证实了大乘的传入。这些菩萨像中有一部分看来可以上溯到八世纪。[①]

8. 八世纪大乘佛教的传播

大乘在外印度各国的传播大体上跟孟加拉和摩揭陀的巴拉王朝约八世纪中叶在印度的出现同时，[②]这一传播是本意所研究的这个时期的主要事件。

巨港那块 684 年的碑铭虽然受到了大乘的影响，可是看来这种影响还是属于使用梵文的小乘的一个教派——说一切有部方面的。[③] 撇开这块碑铭，已知的史实按年代顺序排列如下：[④]

775 年，室利佛逝的国王在马来半岛上的洛坤建立了一座供奉佛陀、莲华手菩萨和金刚手菩萨的神庙；

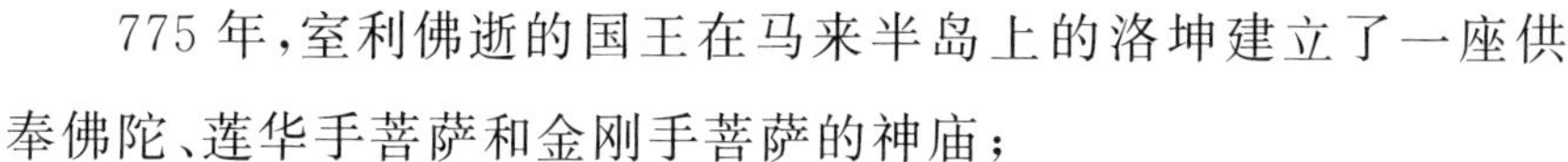

778 年，巴南卡兰在爪哇的卡拉桑修建了一座献给多罗的神庙；

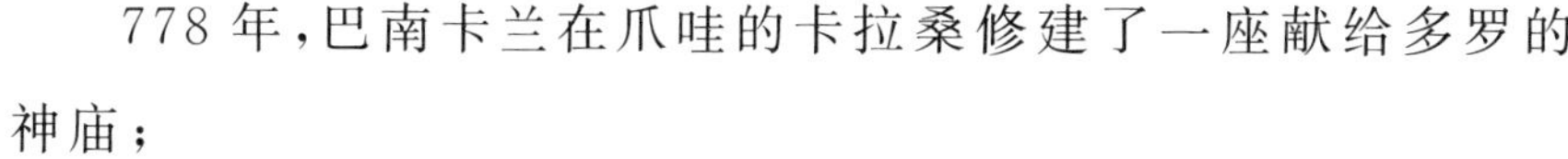

782 年，可能也是在巴南卡兰治下，来自孟加拉的一位大师在爪哇的克卢拉克竖立了一尊文殊师利像；

791 年，在柬埔寨的波罗萨达盖姆竖立了一尊世尊观自在菩萨像。

以上事实表明，八世纪最后二十五年，大概是在巴拉王朝和那 182

① 尼哈尔伦詹赖：《缅甸的梵文佛教》，第 41 页。

② L. 德拉瓦莱·普森：《印度诸王朝及其历史》，第 95 页。

③ 见本书边码第 160 页。

④ 见本书边码第 168—172、178 页。

烂陀大学的大师们的影响下，[①]大乘佛教最终在半岛和群岛上立住了足。[②] 其主要特征是：倾向于金刚乘密教，这在孟加拉从八世纪中叶起就已很普遍；包括婆罗门教的各种崇拜在内的诸说混合，这种诸说混合说在克卢拉克碑铭中已经表现出来，以后在柬埔寨到吴哥时期将更为明显，后来更晚一些时候在爪哇发展的结果，将导致崇拜湿婆—佛陀；重视对死者灵魂的赎救，这种重视使爪哇和巴厘的佛教变得像是一种真正的祖先崇拜。[③]

① 参阅 H. B. 萨加尔的《爪哇与孟加拉的文化交往》，IHQ.，第 XIII 期，1937 年，第 593—594 页。——关于那烂陀，参阅 H. D. 桑凯利厄的《那烂陀大学》，马德拉斯，1934 年。

② 关于这个时期占婆的大乘，见 J. 布瓦斯利埃在《占婆的雕塑艺术》（巴黎，1963 年，第 75 页及其后文）一书中所列举的佛陀像。

③ F. D. K. 鲍斯赫：《佛教事迹的巴利文手稿》，MKAWAL.，第 LXVIII 期，B 辑，n°3，第 43—77 页。——J. 普尔兹鲁斯基：《巴厘的密传佛教》，JA.，1931 年 1—3 月号，第 159—167 页。——P. H. 波特：《瑜伽和延德勒在东印度群岛的意义》，莱登，1946 年。

第七章　吴哥王权的建立。苏门答腊的夏连特拉王朝(九世纪的前七十五年)

183

1. 吴哥王权的兴起：[①]阇耶跋摩二世(802至850年)

阇耶跋摩二世是吴哥王权的创立者，把柬埔寨从爪哇宗主权下解放出来是他的功绩。

他和前吴哥时期柬埔寨的古代诸王朝仅仅有着十分疏远的关系。按母系，他是补什迦罗娑的曾外甥孙，[②]又是国王阇延陀罗蒂伯迪跋摩的侄子。补什迦罗娑是阿宁迭多补罗的一个王公，在商菩补罗(松博)[③]做了国王。关于阇延陀罗蒂伯迪跋摩，我们则一

---

① 关于这个题目，见P.杜邦的主要论文：《吴哥王权的兴起》，BEFEO.，第XLVI期，1952年，第119—176页。

② 参阅耶输跋摩碑铭的世系表(巴思和贝尔盖尼：《梵文碑铭集》，第361页)和勃利禄碑的世系表(G.赛代斯：《柬埔寨碑铭集》，卷I，第74页)。——关于阇耶跋摩二世统治的时期，也参阅G.赛代斯的《为了更好地了解吴哥》，第151—175页。本章中再次使用了该文的某些段落。

③ 见本书边码第162—163页。

184 无所知。[1] 十世纪初的一块碑铭[2]在谈及阇耶跋摩二世的即位时说:“为了黎民的兴旺,他像一个新的开花季节一样突然出现在这个完全是纯国王血统的家族中,当时这个家族已是一枝硕大的,但是无茎的莲花。”官方的系谱学家们往往就是用这类隐喻把那些动荡的情况掩饰起来,而在这些动荡的情况中有时就可以看出各王朝正常的继承关系。阇耶跋摩二世没有留下任何碑铭,这种情况在柬埔寨历史上几乎是绝无仅有的,至少我们还未发现过类似的情况。非常幸运的是,在十一世纪的一块碑铭[3]中,他统治时期几段主要的插曲都得到了极为详细的记述。

这份文献告诉我们:“陛下从爪哇来到因陀罗补罗城统治。”阇耶跋摩二世的家族与八世纪的各个王朝都有关系,除非这个家族是在一次像上一章所谈及的那种来自海上的袭击之后被强行带往爪哇,不然他们大概就是在王国分裂、出现动乱的时候逃亡到爪哇去的。

从爪哇回来的动因可能是该岛上的夏连特拉王朝衰弱了。这件事大约发生在800年左右,因为我们通过大量证据知道,他实际开始统治是802年。[4] 其时这个国家正遭受着极度混乱的折磨,大概是没有国王,[5]或者是处于许多敌对诸侯国割据的状态。所

① G.赛代斯:《柬埔寨碑铭集》,卷I,第37—44页。

② 巴思和贝尔盖尼,前引书,第344—345页。

③ L.芬诺:《斯多卡通碑铭》,BEFEO.,第XV期,2,第53—106页。——G.赛代斯和P.杜邦:《斯多卡通、桑德山和柏威夏山碑铭考》,出处同上,第XLIII期,第56页及其后文。

④ R.C.马君达:《阇耶跋摩二世即位的日期》,JGIS.,第X期,1943年,第52页。

⑤ 803年的一份碑铭记载着一位“年长的”王后吉耶什塔丽阿修建一些建筑物的情况,当时她统治着松博。参阅本书边码第178页。

以这位年轻的王公要想赢得权力或者实现取得柬埔寨王位的抱 185
负，首先必须至少征服这个王国的一部分地区。

一开始他是定居在因陀罗补罗城。经碑铭学材料的多方印证，可以将具有这个名字的一座城市定位于磅湛以东的特邦克蒙省，[①]他可能有些家族关系在那里。我们会想到班迭帕诺科遗址是因陀罗补罗城，因为这个名字表明那里曾有过一个古都，而且那里属前吴哥时期艺术的建筑物的某些细部显示出九世纪的风格。[②] 但是西巴赖的西堤坝边沿上的那些遗迹是因陀罗补罗的可能性也不能排除，一会儿将要谈到这些遗迹。

看来这位年轻的国王任用一位博学的婆罗门湿婆迦伐利耶做国师一事就是在因陀罗补罗进行的。国师的责任是追随国王左右，并充任一种新的礼拜仪式，即提和罗耶（“天王”）礼拜仪式的大祭司。

在因陀罗补罗待了一段时间之后，阇耶跋摩二世便离开这个住所，由湿婆迦伐利耶及其一家陪同，迁往大湖以北的地区去了。大湖既是一个灌溉调节器，又有取之不尽的渔业资源。正如我们前边所看到的那样，[③]这个地区曾是拔婆补罗的地盘，一个世纪之后，吴哥的第一座城当建在这里。斯多卡通碑说：“当他们到达东部地区时，国王把一片土地和一个名叫古迪的村庄赐给其国师家。”东部地区指位于吴哥以东的地区。古迪这个名字今天仍然

① G. 赛代斯：《阇耶跋摩二世的几个首都》，BEFEO.，第 XXVIII 期，第 117—119 页。

② H. 帕芒蒂埃：《早期吉蔑艺术》，卷 I，第 206 页。

③ 见本书边码第 128 页。

186 存在于一座晚一些时候的建筑物——班迭格代的名字中。名叫班迭格代的这座建筑建造在另一座古老得多的建筑物旁。[①]

该碑文继续写道："然后，国王在诃里诃罗洛耶城统治。国师也住在该城，他家的全体成员被任命为侍卫队。"

诃里诃罗洛耶的位置同被称为"罗洛建筑群"的那个遗址群是一致的。该遗址群位于暹粒东南十五公里处，其中包括一座建筑物——洛莱。洛莱这个名字是诃里诃罗洛耶这个古老名字弱化了的回音。[②] 该遗址包括好多座属于前吴哥时期艺术的建筑，阇耶跋摩二世仅仅对它们作了些修缮；另外还有几座新建筑，我们可以确定是阇耶跋摩二世修建的。[③]

该碑铭说："后来，国王去修建了阿摩罗因陀罗补罗城，并且国师也到该城定居，以便为国王尽责。"

1924 年，G. 格罗利埃[④]曾认为可以重新采用艾莫涅过去的一个假说，[⑤]把阿摩罗因陀罗补罗考证为班迭奇马大寺庙，可是现在我们知道，这座建筑物所能追溯到的时期不会早于十二世纪。不过为把阿摩罗因陀罗补罗的位置确定在柬埔寨西北部而提出的那些地理方面的论据仍然有其一定的价值。只是从那些建筑物

---

① G. 赛代斯：《阇耶跋摩二世的几个首都》，前引期刊，第 119—120 页；《在吴哥建筑群中发现的前吴哥时期的古迹》，ABIA.，1930 年，第 14—16 页。——H. 马夏尔：《古迪希弗勒》，BEFEO.，第 XXXVII 期，第 333—347 页。

② G. 赛代斯：《阇耶跋摩二世的几个首都》，前引期刊，第 121 页；《柬埔寨碑铭集》，卷 I，第 187 页。

③ Ph. 斯特恩：《诃里诃罗洛耶与因陀罗补罗》，BEFEO.，第 XXXVIII 期，第 180—186 页（第一和第二时期）。

④ 《阿牟伽补罗中的阿摩罗因陀罗补罗》，BEFEO.，第 XXIV 期，第 359—372 页。

⑤ 《柬埔寨史》，卷 III，第 470 页。

的建筑风格或装饰风格来看，这个地区没有可以确定为属于阇耶跋摩二世统治时期的建筑物。然而，我们不明白为什么已经 187
开始定居吴哥地区了，他又要选择一个离大湖如此远的地方，而且可以肯定那里一直是十分贫瘠的。相反，西巴赖西堤坝边缘一带显露出一系列的围墙，它们与一些建筑物连接在一起。从其风格可以确定那些建筑物完全是吴哥艺术初期的，早于古伦的艺术。如果这个建筑群不是上文提到的因陀罗补罗的话，那么很可能它的一部分同阇耶跋摩二世建立的阿摩罗因陀罗补罗城是一致的。[①]

这份碑铭继续写道："当时国王到摩诃因陀罗跋伐多去统治，湿婆迦伐利耶大人也到这个首都去定居，以便像从前那样为国王服务。其时有一个名叫希勒尼厄达默的婆罗门，精通巫术，从阇那波陀来，[②]因为国王曾发出邀请，要他来主持举行一个仪式，以便使柬埔寨人的国家不再从属于爪哇，并且使这个国家里只有唯一的一个统治者——转轮王（宇宙君主）。这位婆罗门根据《圣维纳西克》举行了一个仪式，确立了宇宙之主宰——国王（梵文作devarâja）。[③] 这位婆罗门教授了《圣维纳西克》、《纳约德勒》、《瑟

① Ph. 斯特恩在《诃里诃罗洛耶与因陀罗补罗》（前引期刊，第180页）一文中排除了这个考证结论，因为在这个建筑群中，特别是它还包括克纳寺、淹没于西巴赖（开凿于十一世纪）的那些遗迹和波罗萨戈博旧有的部分建筑物，当阇耶跋摩二世"营造"阿摩罗因陀罗补罗时，"重新利用前个时期的建筑材料是常见的"。我看这种理由不太能令人信服。一座城的"建造"，尤其是由阇耶跋摩二世这样一位不定居的国王主建，并不拒绝利用取自附近更古老的建筑物的材料。

② 大概是姆卢波雷的波罗萨克纳（G. 赛代斯，BEFEO.，第XLIII期，第8页）。

③ devarâja 意为"天王"，音译为"提和罗耶"，亦作"提婆罗阇"。——译者

莫赫》和《西勒杰德》。为了把这些经典写下来传授给湿婆迦伐利
188 耶大人,他从头至尾背诵了这四部经典。然后他规定由湿婆迦伐利耶大人来主持提和罗耶仪式。国王和婆罗门希勒尼厄达默都发了誓,确定由湿婆迦伐利耶大人一家参加举行提和罗耶礼拜,同时规定不允许其他人参加举行礼拜仪式。湿婆迦伐利耶大人,即国师(purohita),就指派他的全部眷属参加了这次礼拜仪式。”

摩诃因陀罗山长期以来一直被考证为古伦山,[①]即北面俯临吴哥平原的一座砂岩质高地。最近那里的发掘工作[②]使我们知道了一个考古遗址群,毫无疑问,它和阇耶跋摩二世的那座城中宗教建筑的残骸是一致的,因为其风格[③]介于前吴哥时期最末一批古迹的风格和吴哥艺术的第一批建筑物的风格之间。不久之前我们才把吴哥艺术中最早的那批建筑物归了类,命名为因陀罗跋摩艺术。[④] 在古伦山发生的一切值得多加注意,何况 J. 菲利奥扎最近还指出,[⑤]在南印度,摩诃因陀罗山被视为湿婆的住所,而湿婆是作为包括因陀罗提和罗耶在内的诸神之王,以及该山所在国家的统治者而存在的。

前一章中我们看到,爪哇的夏连特拉王朝自己好像曾要求得到早先属于扶南诸王的宇宙君主这个称号。这就可以解释清楚从

① 艾莫涅:《柬埔寨史》,卷 I,第 428 页;参阅 BEFEO.,第 XXVIII 期,第 122 页。

② Ph. 斯特恩:《古伦山发掘报告》,BEFEO.,第 XXXVIII 期,第 151—173 页。

③ Ph. 斯特恩:《古伦风格》,出处同上,第 111—149 页。

④ H. 帕芒蒂埃:《因陀罗跋摩的艺术》,BEFEO.,第 XIX 期,1,第 1—91 页。

⑤ 见 1963 年 2 月 8 日在亚洲学会作的报告,题为:《泰米尔人的湿婆教和吉蔑人的湿婆教》。

爪哇回来[①]的阇耶跋摩二世九世纪初在柬埔寨确立其权力所采用 189
的那种方式。因为“山王”这个称号赋予自身的正是摩诃罗阇或转轮王的身份，所以，阇耶跋摩二世要摆脱“山王”的控制，就必须在一座山上接受一位婆罗门传授的显示圣迹的林伽，使他本身成为一个“山王”。吉蔑诸王至高无上的权力此后便寓于这个林伽之中。这就是为什么他要把自己的首都安置在摩诃因陀罗山（古伦山）上，然后召来一位婆罗门，让这位婆罗门制定提和罗耶仪式，并将这种仪式传授给他的国师，“以使柬埔寨人的国家不再从属于爪哇，并且使这个王国只有独一无二的一个统治者——转轮王”。

不论来自远方的爪哇的宗主权有效程度如何，如果这种宗主权仅仅是前一个世纪末多次远征的结果，那么要摆脱这种臣属关系似乎根本就不需要举行这么复杂的仪式，但是如果爪哇的夏连特拉王朝把自己打扮成这块土地昔日那些占有者的继承人，那就另是一回事，举行与一座新的大山相联系的新的仪式就成为必要的了。[②]

在印度支那和印度尼西亚的所有印度化王国中，印度的各种崇拜，尤其是湿婆崇拜，都有一种突出的倾向，即最终都将变成一种对国王的崇拜。这种倾向当时在印度已经有所显露。王权的本

---

① G. 德科拉尔·雷米扎提供了一个令人满意的论据，有利于把斯多卡通碑中的“Javâ”考证为爪哇岛。他指出“罗洛艺术中有爪哇的影响”（JA.，1933 年 7 至 9 月号，第 190 页。参阅 IAL.，N. S.，卷 VII，1933 年，第 114 页），Ph. 斯特恩也研究过这种影响（见《古伦风格》，BEFEO.，第 XXXVIII 期，第 127—128 页）。

② G. 赛代斯：《印度尼西亚夏连特拉王朝的由来》，JGIS.，第 I 期，1934 年，第 70 页。

190 质，或者像某些文献所说的那样，国王的“神我”，[①]被认为是寓于一座安置在金字塔上的林伽之中，金字塔又是处在国王居住的城市的中央，而该城本身就被认为处于宇宙的轴心上。[②] 这座显示圣迹的林伽是王国的一种护城圣物，它被看作是通过一位婆罗门从湿婆那里取来的，然后这个婆罗门又把它交给王朝的开国国王。[③] 通过一个祭司，国王与神在一座天然的或人工修筑的圣山上相通了。

由于在古伦山上唯一呈金字塔状的建筑物就是格鲁布列阿兰龙增，所以我们可以姑且认为它就是第一座提和罗耶神庙。阇耶跋摩二世和他的继任者们离开摩诃因陀罗跋伐多迁往别的地方后，他们在后来各个首都的中央都另行修筑了庙山。[④]

婆罗门希勒尼厄达默制定的提和罗耶仪式以四部文献为依据：《维纳西克》、《纳约德勒》、《瑟莫赫》和《西勒杰德》，斯多卡通碑的梵文部分把它们称作“敦布鲁的四张脸”。L. 芬诺公布该碑铭时，[⑤]发表了他的见解，认为这些文献源出密教。有两个印度学者证实了这一看法，[⑥]并指出尼泊尔的一个图书馆里有一组咀多罗

① G. 赛代斯：《论柬埔寨的尊（国王）为神》，BCAI.，1911 年，第 46 页。

② R. 丰·海因-格尔德恩：《东南亚的世界观和建造形式》，载《维也纳亚洲艺术期刊》，第 IV 期，1930 年，第 28—78 页。

③ F. D. K. 鲍斯赫：《迪奈亚的林伽祭坛》，TBG.，第 LXIV 期，1924 年，第 227—286 页。

④ Ph. 斯特恩：《吉蔑人的庙山、林伽崇拜与提和罗耶》，BEFEO.，第 XXXIV 期，第 612—616 页。

⑤ BEFEO.，第 XV 期，2，第 57 页。

⑥ B. R. 沙特吉：《印度文化对柬埔寨的影响》，加尔各答，1928 年，第 273 页；《柬埔寨、苏门答腊和爪哇的密教》，载《现代评论》，1930 年 1 月号，第 80 页。——P. C. 巴格奇：《关于古代柬埔寨的几部经过研究的密教文献》，IHQ.，第 V 期，1929 年，第 754—769 页；第 VI 期，1930 年，第 97—107 页。

（密咒），它们的名称与上述四部文献相似。这四部文献大概是从塑成乾闼婆[①]敦布鲁的湿婆的四张嘴中表达出来的。但是对于它 191
们的内容，我们没有掌握足够的细节，无法想象在古伦山制定的仪式会是怎样一种情形。我们不禁要认为，《西勒杰德》（意即“斩首”）这部书与那位阿拉伯旅行家记载的关于柬埔寨国王被扎巴格的摩诃罗阇杀了头的故事有关系，[②]这种关系也可能是因错觉而产生的。如果爪哇的宗主权是起源于一次这一类的事件，我们就十分容易理解，为结束柬埔寨的从属地位而制定的仪式的基本内容之一是用模拟像斩去宗主国国王的头。但是又出现了另一种解释。我们知道，印度有一种自杀仪式，它通过自己斩首来从神那里为第三者获得恩泽。[③] 这种自杀，真杀抑或模拟的，可能构成了安置提和罗耶的仪式的一部分。无论如何，真斩首或模拟杀头所具有的巫术作用是尽人皆知的，[④]所以在吴哥王权起源时发现这种仪式，人们并不感到惊讶。

我们可以考虑，阇耶跋摩二世为什么不在一开始统治时完成这一仪式，为什么要等到已经居住过三个首都之后，才宣布其独立？这是因为在考虑派人把最高权力的源泉——显示圣迹的林伽放置在圣山上之前，他首先要重新征服这个王国的一部分，[⑤]把分散在许

---

① 梵文作“gandharva”，意为“天国乐师”。——译者

② 见本书边码第 176 页。参阅 BEFEO.，第 XXIX 期，第 356—387 页。

③ J. Ph. 沃格尔：《拔罗婆雕塑中的头祭女神》，BSOAS.，第 VI 期，2，1931 年，第 539—543 页。

④ G. 赛代斯：《宋加洛的被截去头的几尊小塑像》，载《印度支那人文研究所集刊》，第 II 期，1939 年，第 190 页。

⑤ 《新唐书》还说 813 年的一个使团是“水真腊”派遣的。P. 伯希和：《两道考》，前引期刊，第 215 页注 1。参阅 BEFEO.，第 XXXVI 期，第 13 页。

多各自称王的首领手中的领土重新集中起来，巩固自己的权力，防
192 御占人，[1]恢复安定。每次他更换首都肯定均伴随着军事行动，对此，十一世纪的一块碑铭暗示说，国王“委派他的主要将领去平定各地”。[2] 其先锋是布里蒂维纳伦陀罗，他“以猛火烧敌军”。重新征服莫良（即马德望以南的地区[3]）的任务就是交给他的。

到了下一个世纪，阇耶跋摩二世在古伦山定居被看作是标志新纪元开始的一个历史事件。在碑铭中，阇耶跋摩二世常常被称作“在摩诃因陀罗山山巅建立其王宫的国王”。许多家族都说自己最早的祖先可以上溯到他统治的时期，很多捐赠土地的契据上都把开始拥有土地所有权的日期写成他统治的那个时期。

我们不知道他在古伦山住了多久。碑铭接着说：“然后，国王又回到了诃里诃罗洛耶城去统治，提和罗耶也被带到那里。国师及其全亲眷一仍旧贯主持仪式。国师在这个时期死了。国王卒于提和罗耶所在的诃里诃罗洛耶城。”

罗洛建筑群的好些建筑似乎都可以上溯到阇耶跋摩二世第二次到诃里诃罗洛耶居住的那个时期。[4] 至于国王住所的位置，我们可以考虑两种可能性。要么可能是那座被取名为布雷蒙迪的方形大建筑物。因为布雷蒙迪这个名字是从一个梵文词门迪勒
193 （mandira）派生出来的，其意恰为“王宫”；要么可能是在东部的那

---

① 参阅本书边码第 195 页。

② BEFEO.，第 XIII 期，6，第 33 页。

③ BEFEO.，第 XXXI 期，第 621 页；第 XXXII 期，第 80 页注 1。

④ Ph. 斯特恩：《诃里诃罗洛耶与因陀罗补罗》，BEFEO.，第 XXXVIII 期，第 186—189 页（第三时期）。

座方形建筑物。波列科的那些塔就矗立在那座方形建筑物上。波列科是阇耶跋摩二世以及他的第二个继承人因陀罗跋摩的先辈们的陵庙。根据一种习俗（关于这种习俗，我们还有其他一些例证），该庙可能是被修建在一座可以说是改变了用途的王宫的位置上。

阇耶跋摩二世统治了四十八年之后，于850年卒于诃里诃罗洛耶。[①] 他得到了波罗蜜首罗这个谥号。这个谥号是把一个尊人为神的名字用于柬埔寨统治者的第一个确凿的例证。[②]

这个统治时期给国家留下了深刻的痕迹。尽管阇耶跋摩二世的实际权力大概并没有超出大湖地区，但是他开始平定和统一了这个国家。他在跟永不涸竭的鱼塘洞里萨湖毗邻的一个地区寻找过未来首都的位置，那个地方刚刚在每年泛滥的范围之外，距古伦山砂岩采石场三十多公里，紧挨着通往呵叻高原和湄南河流域的那些要隘。修建耶输陀罗补罗城一事被留给了他的侄孙，即他的第三任继承人耶输跋摩，后来该城在六百年中一直是吉蔑帝国的首都。

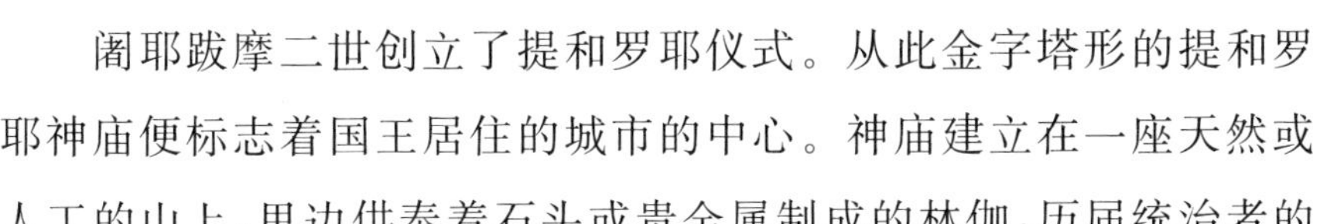

阇耶跋摩二世创立了提和罗耶仪式。从此金字塔形的提和罗 194
耶神庙便标志着国王居住的城市的中心。神庙建立在一座天然或人工的山上，里边供奉着石头或贵金属制成的林伽，历届统治者的

① G. 赛代斯：《关于吴哥王朝几位国王即位日期的新材料》，BEFEO.，第XLIII期，第12页。

② 湄公河上松博有一块碑，日期为803年（艾莫涅：《柬埔寨史》，卷I，第305页），发表在《柬埔寨碑铭集》（卷III，第170页）中。该碑提到一位因陀罗路迦，是铭文作者的曾祖父。这非常像一个谥号，但我们不知道是授予谁的。我曾经指出，在三坡出现一个谥号和在同一个地方的另一块碑铭中提及天王这两件事，都倾向于把这种习俗的起源确定在商菩补罗王国，那里是阇耶跋摩二世的先辈们的故国（BCAI.，1911年，第48页）。

提和罗耶就寓于这样的林伽之中。诃里诃罗洛耶(罗洛)的巴孔神庙、第一座吴哥城里的巴肯神庙、戈格的大金字塔,以及披梅那卡神庙和巴芳神庙都是如此。[①]

阇耶跋摩二世虽然是从外国来的,但是看来他很关心复兴民族传统。在艺术方面,他统治的时期标志着自前吴哥时期至吴哥时期的转变。一方面,他跟前吴哥时期还保持着紧密的联系,另一方面,吴哥时期的那些新艺术形式有一部分应当归功于他。这些新的形式主要是受到了占婆艺术和爪哇艺术的影响。[②]

阇耶跋摩二世的继承人是他的儿子阇耶跋特纳。[③] 此人是一个高明的猎象者,[④]他继续居住在诃里诃罗洛耶。这个国王自 850 年至 877 年在位,用的名字是阇耶跋摩(三世),他在吴哥地区修造了几座建筑物。[⑤] 他死后得到了毗湿奴路迦这个谥号。

2. 南占婆:802 至 854 年的宾童龙

在占婆,国王们继续居住在南部各省。诃梨跋摩一世约于
195 802 年继承了他表兄因陀罗跋摩一世的王位。[⑥] 从 803 年起,他就

---

① G. 赛代斯:《对神化了的王权的崇拜——古代柬埔寨伟大建筑物获得灵感的源泉》,载《讨论会文集》(罗马东方丛书,卷 V),1952 年,第 1—23 页。

② Ph. 斯特恩:《古伦风格》,前引期刊。——G. 德科拉尔·雷米扎:《吉蔑艺艺》,第 117—118 页。

③ 巴思和贝尔盖尼:《梵文碑铭集》,第 370 页。

④ E. 艾莫涅:《柬埔寨史》,卷 I,第 422 页。——BEFEO.,第 XIII 期,6,第 34 页;第 XXVIII 期,第 116 页。

⑤ BEFEO.,第 XXVII 期,第 381 页;第 XXXVIII 期,第 186—189 页。

⑥ G. 马司帛洛:《占婆史》,第 105 页注 3。

向中国的一些省份(即安南都护府。——译者)发动了一次成功的远征。809年他又出征了一次,不那么成功。约在同一时期,即阇耶跋摩二世统治的初期,柬埔寨本身似乎也几度遭到一个占族军事首领塞纳伯迪巴尔发动的进攻。[①] 诃梨跋摩一世813年还在统治;[②]大概817年仍在位,因为这一年塞纳伯迪捐赠了一些钱给芽庄的浦那竭罗。[③] 诃梨跋摩一世的继承人是他的儿子毗建陀跋摩三世。关于这位继承人,我们仅仅知道他对芽庄的浦那竭罗和蒙德的浦那竭罗(854年)作过几次捐赠。[④]

3. 缅甸:骠王国和弥臣王国;825年白古(罕沙瓦底)的建立和849年蒲甘(厄里默德纳补罗)的建立

在缅甸,南诏791年归顺中国[⑤]导致了中国与骠王国之间陆上联系的建立。国王雍羌,姓困没长,于802年遣使中国,使团由他的兄弟(或者是他的儿子)舒难陀率领。[⑥] 807年又有一次遣使。[⑦] 两唐书和《蛮书》提供的下述关于骠国的材料就可以追溯到

① 巴思和贝尔盖尼,前引书,第269页。

② E.艾莫涅:《古文碑铭初探》,JA.,1891年1—2月号,第24页。

③ 巴思和贝尔盖尼,前引书,第269页。

④ 出处同上,第250页注3。

⑤ P.伯希和:《两道考》,前引期刊,第153页。

⑥ G.H.卢斯:《古代骠族》,JBRS.,第XXVII期,1937年,第249页。

⑦ 出处同上,第250页注3。

这两次遣使的时期。[①]

196 其王近适则舁以金绳床，远适则乘象。嫔姝甚众，常数百人。青壁为圆城，周百六十里，濠岸亦构砖。有十二门，四隅作浮图。城内有居人数万家，铅锡为瓦。佛寺百余区，其堂宇皆错以金银，涂以丹彩，覆以锦罽。王宫设金银二钟，寇至，焚香击之，以占吉凶。有巨白象，高百尺，讼者焚香跪象前，自思是非而退。有灾疫，王亦焚香对象跪，自咎。妇人当顶作高髻，饰银珠琲，行持扇，贵家者傍至五六。男女七岁则落发，止寺舍，依桑门，至二十有不达其法，复为民。其衣服悉以白氎为朝霞，绕腰而已。不衣缯帛，云出
197 于蚕，为其伤生故也。其俗好生恶杀。无桎梏，有罪者束五竹捶背，重者五，轻者三，杀人则死。无膏油，以蜡杂香代炷。以金银为钱，形如半月。与诸蛮市，以白氎、琉璃罂缶相易。[②] 他们有着独特的音乐和优美的舞蹈，对此，中国史籍中有详尽的记载。

整个九世纪上半叶，南诏都控制着上缅甸。832年，南诏从骠国首都哈林的居民中掠走三千骠族，迁移到南诏东都柘东，其位置就在今天的云南府(昆明)。这是骠族衰落的开始。

卑谬城的居民都迁到蒲甘(厄里默德纳补罗)去了。蒲甘是由若干村落联合而成的，紧靠伊洛瓦底江同亲敦江的汇合处，处在通往阿萨姆、云南和掸邦今天占据的那个地区的几条道路的十字路

① 马端临:《四裔考》，H.德圣德尼译，第228—235页。——E.H.帕克:《缅甸与中国的关系》，仰光，1893年，第12页。——G.H.卢斯，前引期刊，第250—252页。

② 这一段引文中部分理解有误，中译依据两唐书《骠国传》、《蛮书》做了订正。——译者

口上，[①]并且距盛产水稻的皎施平原也不远。皎施平原是缅族的摇
篮，是这些骠族的同种兄弟扩展的中心。缅族是在骠族之后，于八 198
世纪末、九世纪初沿着西藏边缘南下的。[②] 蒲甘也是缅族和孟族开始接触的地方，在那里定居的孟族相当多。孟族把自己使用的来源于印度的文字教给他们，并向他们传授印度的宗教信仰。当地的编年史把该城的起源上溯到二世纪，并提出了一长串难以判断其可靠性的首领名单。以公元638年为元年的缅历就是这些首领中的一位，即篡位的和尚布波修罗汉创立的。[③] Ch. 杜罗伊赛尔曾认为，[④]从八世纪起，佛教的“阿利”教派（此派是实行包括一些淫荡的做法在内的密教习俗的信徒）就已经深入蒲甘了。但是，实际上八世纪初之前我们没有听说过波吠你野即“出家人”。没有任何材料表明这个时期缅族已经信奉大乘的其种信仰，或他们已实行密教的习俗。他们不循旧俗的行为仅仅限于逢某些节日始食肉饮酒。[⑤] 849年，蒲甘的历史有了明确的记载，即使碑铭学方面没有材料，至少

① J. S. 弗尼瓦尔：《蒲甘的建立》，JBRS.，第I期，2，1911年，第6—9页。

② R.格兰特·布朗：《缅族的由来》，出处同上注，第II期，1912年，第1—7页。——G. H. 卢斯：《原始缅族的经济生活》，出处同上，第XXX期，1940年，第286—287页；《古老的皎施和缅族的到来》，出处同上，第XLII期，1959年，第75—112页；《缅甸历史上的原始暹罗人》，JSS.，第XLVI期，1952年，第127页。

③ 见本书边码第164页。

④ 《缅甸的阿利教与密宗佛教》，ARASI.，1915—1916年，第79—93页。——关于“Ari”(阿利)一词的词源，参阅E. 于贝，BEFEO.，1909年，第584页；L. 芬诺，JA.，1912年7—8月号，第123—128页；貌丁：《Ari(阿利)的词源》，JBRS.，第IX期，1919年，第155页（以及接在这篇考释之后的讨论文章，出处同上，第X期，1920年，第28、82、158和160页）。

⑤ 丹吞：《公元1000—1300年缅甸的宗教信仰》，JBRS.，第XLII期，2，1959年，第59页。

编年史中已记载了频耶王建筑蒲甘城墙这件事。

据当地的编年史，最初蒲甘是由十九个村落组成的一个村落
199 群，每一村落各有自己的“纳”即地方神祇。当这些村落联合成一座城市时，国王同意臣民的意见，力图确立对一个公共的“纳”的崇拜。这个“纳”将受到全体成员的崇拜。它高于所有的地方神祇，并且对这个公共的神的崇拜将把各个部落联合成一个真正的民族。距蒲甘城不远的一座古老的火山——布波山，当时已经受到缅族的崇敬，她被选来安置一对神祇。这对神是两兄妹，他们被邻近的一个国王无理处死之后，化为一棵树。这棵树被砍倒后一直漂流到了蒲甘。敏摩诃祇利——“大山君主”和他妹妹道纳吉伊欣（该名在缅文中意思与其兄名相同）的像就雕刻在这棵树身上。这个传说之所以值得注意，其原因就在于它描述了在一座与宗教和领土的统一和一个民族的诞生有关的山上确立了对一个神的崇拜的情形。①

《新唐书》记载，九世纪初，骠国诸属国中的弥臣王国于 805 年遣使一次，②835 年该国被南诏的一次侵略所消灭。③ 据同一部文献提供的路线，④弥臣应当位于马达班湾，可能是在过去白古所在的地区。⑤

① G. 赛代斯：《印度支那半岛诸民族》，第 110 页。——参阅廷昂的《大山之王》，JBRS.，第 XXXVIII 期，1955 年，第 82 页和本书边码第 57 页。

② P. 伯希和：《两道考》，前引期刊，第 172 页注 1。

③ 出处同上，第 156 页注 4。

④ 出处同上，第 223—224 页。——G. H. 卢斯：《直至蒲甘覆亡时的缅甸》，JBRS.，第 XXIX 期，1939 年，第 272 页。

⑤ G. H. 卢斯：《缅甸历史上的原始暹罗人》，JSS.，第 XLVI 期，1952 年，第 192 页。

在这个时期，罗曼那德萨王国（即孟人的国家[1]）的重心西移 200
了。有一部编年史把来自直通的孪生兄弟沙摩罗和毗摩罗建立白古（罕沙瓦底）的时间定在825年。[2] 看来与另一些文献提供的更早或更晚的那些日期比较，[3]这个年代应当更可取。像蒲甘的情况一样，这些编年史提供了一些白古国王的名单，其真实性亦无法证实。[4] 婆罗门教的遗迹在下缅甸占有重要地位表明，这个时期之前，佛教不是占统治地位的宗教。信奉异端的国王帝沙皈依佛教，大概是由于他那位王后是来自马达班的缘故。[5]

4. 马来半岛

在马来半岛上，唯一可以确定属于九世纪上半叶的文献是发现于打瓜巴的一份简短的泰米尔文碑铭。它距考帕那莱的那些毗

① C. O. 布莱格登：《孟族和罗曼那德萨》，JBRS.，第IV期，1914年，第59—60页；《孟（族）、尔曼、罗曼那》，出处同上，第V期，1915年，第27页。——有些阿拉伯语言文化研究者曾认为可以在各种游记中重新找到这个词，其拼写为“Rahmâ”，但是J. 索瓦热在《中国与印度的关系》（巴黎，1948年，第52页）一书中指出这种比较不可能成立。

② 他们是帝沙特默拉哲西赫拉哲的儿子，根据那个传说，帝沙和他的妻子都是龙的后代（参阅J. S. 弗尼瓦尔的《罕沙瓦底史探》，JBRS.，第III期，1913年，第167页）。

③ MG. 梅翁：《缅甸年表》，出处同上，第III期，1913年，第15—16页。——参阅R. 哈里戴的《Lik Sming Asah》，出处同上，第VII期，1917年，第205页；《Slapat Râjâwang Datow Sming Rong，诸王史》，出处同上，第XIII期，1923年，第48页注81。

④ A. P. 费尔：《缅甸史》，第289页。——C. E. 哈威：《缅甸史》，第368页。——貌拉：《在特耶凯德亚（古代卑谬）和蒲甘统治过的缅甸诸王年表》，JBRS.，第XIII期，1923年，第82—94页。

⑤ G. H. 卢斯：《蒲甘王朝的孟族》（作于1950年1月2日的报告）。

201 湿奴教的塑像不远，这些塑像也许是同一时期的。[①] 这份碑铭指出，“一个名叫厄弗尼纳勒南的池塘是南古乌代延挖掘的（据 K. A. N. 萨斯特里，南古乌代延是在坦焦尔地区的一个村镇南古拥有一块军事领地的一个人的名字，他以杰出的作战才能著称），它被置于居住在军营中的默尼吉勒门（据同一作者，此即商人行会）的成员们的保护之下”。[②] 由于厄弗尼纳拉耶纳是自 826 年至 849 年在位的拔罗婆国王南迪跋摩三世的别名，[③]因此我们可以推断这块碑铭的大致年代。这块碑铭值得一提，因为它是用印度的一种方言文字撰写的、发现于外印度的罕见的文献之一，类似的另一份是发现于苏门答腊的拉布图瓦的碑铭，上边注明的年代为 1088 年。[④] 这两块碑铭暗示了在南印度众所周知的那些行会的贸易活动，这正是我们已经提醒人们注意的地方。关于印度与东南亚之间关系的性质和地理上的原因，这两块碑铭提供了一些值得注意的迹象。

5. 813 至 863 年爪哇和苏门答腊的夏连特拉王朝

列举了 813 年或 815 年和 818 年诃陵最后二次遣使的那部中

---

① A. 兰布：《雕刻在一棵树上的三尊像：打瓜巴帕纳莱群像考》，见《马来亚北部和泰国南部早期印度人和佛教拓居论文集》，JFMSM.，N. S.，第 VI 期，1961 年，第 67 页注 2。

② 霍尔茨发表在 JRAS.（1913 年，第 337 页和 1914 年，第 397 页）上的译文，已被收入 G. 赛代斯的《暹罗碑铭集》，卷 II，第 50 页。——K. A. N. 萨斯特里，《东方研究集刊》，马德拉斯，第 VI 期，1932 年；《达瓜巴及其泰米尔文碑铭》，JRASMB.，第 XXII 期，1949 年，第 25—30 页。

③ R. 戈佩伦：《建志的拔罗婆王朝史》，马德拉斯，1928 年，第 138 页。

④ 见本书边码第 290 页。洛坤的第三块泰米尔文碑铭（见本书边码第 62 页）损坏太甚，已无法利用。

国史籍说，[1]820 年和 831 年的使团是阇婆派遣的。[2] 我们记得，202
五世纪时阇婆是指整个爪哇岛或其一部分，[3]八世纪时它是诃陵首都的名字。742 年到 755 年间，这个首都被放弃，东迁到了婆露加斯。[4] 这次易都是因信奉佛教的夏连特拉王朝来到中爪哇而引起的。820 年阇婆的重新出现可以作如下解释：要么是在夏连特拉王朝的保护下，中部和东部合并了，要么是早先流亡到东部的信奉湿婆教的王公们又回到该岛中部来执政了。后一种情况的可能性要大得多。

对于卡拉桑的建立者巴南卡兰的继承者们，除他们的名字外，我们很少了解其他的情况。前已引述过的巴里栋 907 年的碑铭列举了国王巴农迦兰、哇拉克和加隆，[5]但是没有告诉我们这几位国王的家族关系。我们有一份加隆的碑铭，注的日期是 819 年，[6]他可能出家修行去了，这大概可以说明为什么在 850 年的一块碑铭中，他的名字是巴塔潘。[7]

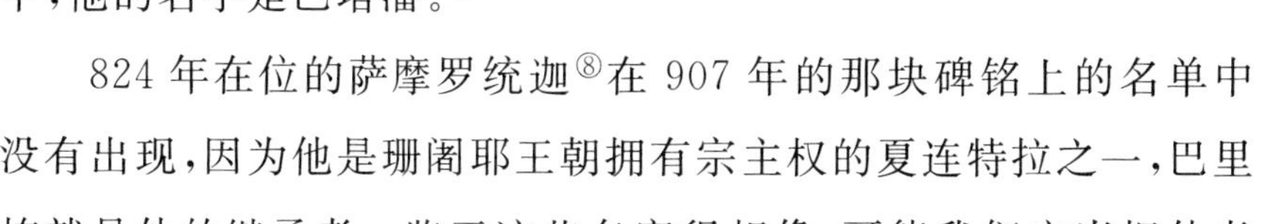

824 年在位的萨摩罗统迦[8]在 907 年的那块碑铭上的名单中没有出现，因为他是珊阇耶王朝拥有宗主权的夏连特拉之一，巴里栋就是他的继承者。鉴于这些名字很相像，可能我们应当把他考

① P. 伯希和：《两道考》，前引期刊，第 286 页。

② 出处同上，第 286—287 页。

③ 见本书边码第 107 页。

④ 见本书边码第 171 页。

⑤ 见本书边码第 167 页。

⑥ L. C. 达梅斯，BEFEO.，第 XLVI 期，1952 年，第 27 页。

⑦ J. G. 德卡斯帕里斯：《印度尼西亚碑铭》，卷 II，第 219 页。

⑧ L. C. 达梅斯，前引期刊，第 27 页。

证为在那烂陀特许状中提到的爪哇的那个夏连特拉国王的儿子萨摩罗格罗维罗。[①]

203 907年的那块碑铭中记载的倒数第二个国王是比卡丹。我们有他的一块注明日期为850年的碑铭。[②] 据J.G.德卡斯帕里斯，他可能842年左右开始执政。他似乎还有两个名字——贡珀约尼和贾迪宁勒。[③] 他娶了夏连特拉萨摩罗统迦的女儿波罗摩陀跋陀尼公主，萨摩罗统迦自己就是室利佛逝的多罗公主的丈夫。比卡凡统治期间较突出的事件是他跟他内弟波罗普陀罗的冲突。后者是萨摩罗格罗维罗（亦名萨摩罗统迦）的“幼子”。看来856年他战胜婆罗普陀罗是引起后者离开那里到室利佛逝——其母多罗的国家去的原因。[④] 在室利佛逝，那烂陀的特许状（约860年）告诉我们，这一年室利佛逝是萨摩罗格罗维罗的“幼子”（婆罗普陀罗）统治。[⑤] 因此，像后来出现的情况那样，阿拉伯作者（伊卜恩·胡尔达德兹贝赫[⑥]）最早记载的扎巴格（耶婆迦）的摩诃罗阇，与其说是苏门答腊的一个夏连特拉，毋宁说是在爪哇统治的一个夏连特拉。

① 见本书边码第175页和203—204页。

② L.C.达梅斯，前引期刊，第31页。

③ J.G.德卡斯帕里斯，前引书，第289—290页。

④ 出处同上，第294—297页和卷I，第107—109和133页。

⑤ 见本书边码第175页及其后文。——由于婆罗普陀罗的母亲是室利佛逝的一个公主，因此他返回的是她的祖国。

⑥ 这位作者的著作可以上溯到844—848年，他只是说，“扎巴格的国王是东海诸岛之王，名叫摩诃罗阇”。G.费瑯：《八至十世纪阿拉伯人、波斯人和土耳其人所写的与远东有关的游记和地理文献》，第23—24、29—30页；《苏门答腊的室利佛逝帝国》，JA.，1922年7—9月号，第52—53页。——K.A.N.萨斯特里：《室利佛逝史》，第62页。

在中爪哇，随着夏连特拉王朝统治的衰落，婆罗门教的各种崇拜又复活了，这一点已经为出自巴兰班南附近的一块碑铭（863年）所证实。[①] 然而夏连特拉王朝在中爪哇衰落的结果却使他们在苏门答腊的政权得到了巩固，对此，在阿拉伯和波斯的文献中都 204
可以找到有关的反映。确实可以肯定，十世纪的扎巴格就是中国人所记载的三佛齐，即苏门答腊的室利佛逝王国。

我再重复一下，关于九世纪中叶前后的室利佛逝，[②]我们所知道的一切，就是当时苏伐罗洲的摩诃罗阇是爪哇国王萨摩罗格罗维罗（即萨摩罗统迦）的"幼子"（婆罗普陀罗），并且是那位被碑铭称作"爪哇国王和劈杀敌军英雄的猛将"的夏连特拉的孙子。这个夏连特拉大概是克卢拉克碑铭中的僧伽罗摩檀那阇耶，即洛坤碑第二面上提到的那个夏连特拉。由于这位摩诃罗阇的母亲多罗的关系，他又是国王达摩图的外孙。有人要想把达摩图考证为孟加拉的巴拉王朝的达摩波罗，[③]然而达摩图更可能是室利佛逝的一个国王，即导致刻在洛坤碑第一面上的那份碑铭产生的那座建筑物的建立者。[④] 这位婆罗普陀罗大概是室利佛逝的第一个统治者夏连特拉。他派人到印度的那烂陀修建了一座寺院，[⑤]国王德瓦

① 贝伦碑铭。N. J. 克罗姆：《印度化爪哇史》，第 165 页。

② 幸亏 H. 沙斯特里发表了那烂陀特许状。见《德瓦巴拉德瓦的那烂陀铜牌》，载《印度碑铭学》，第 XVII 期，1924 年，第 310—327 页。

③ W. F. 斯图特海姆：《苏门答腊历史上的爪哇时期》，第 9—12 页。

④ K. A. N. 萨斯特里：《室利佛逝》，BEFEO.，第 XL 期，第 267 页。

⑤ 关于在那烂陀遗址中给这座毗诃罗（意为"寺院"。——译者）定位的问题，参阅 F. D. K. 鲍斯赫的《Een oorkonde van het Groote Klooster te Nâlandâ》，TBG.，第 LXV 期，1925 年，第 509—588 页。

巴拉在其统治的第三十九年(约在公元 860 年),[①]给这座寺院赠献了若干个村庄。那份包括上文已引证过的那些系谱材料的特许状就是因为这次捐赠而产生的。

① J. G. 德卡斯帕里斯:《印度尼西亚碑铭》,卷 II,第 297 页。

第八章　吴哥王权和室利佛逝的全盛时期(九世纪末至十一世纪初) 205

1. 吴哥王权(877 至 1001 年)

阇耶跋摩二世和阇耶跋摩三世十分出人意外地沉寂了一个时期,此后,因陀罗跋摩于 877 年取得了政权,他又恢复了前吴哥时期其先王们刻制碑铭的传统。也许我们应当把这一可喜的情况归功于他的导师婆罗门湿婆苏摩的影响,此人是阇耶跋摩二世的亲戚,[1]又是著名印度哲人、正统婆罗门教的复兴者桑格拉查耶[2]的弟子。看来因陀罗跋摩跟他的这两位先王并无任何亲戚关系。以后几位国王统治的时期,系谱学家都穿凿附会,勉强把他说成是阇 206
耶跋摩二世的妻子的父母的孙子或侄孙,[3]然而那只不过是系谱学家们的主观意愿而已,在他的碑铭中并无这样的记载。他是国王毕

---

① 他是阇耶跋摩二世的舅舅——国王阇延陀罗蒂伯迪跋摩的孙子。参阅本书边码第 183—184 页。

② G. 赛代斯:《柬埔寨碑铭集》,卷 I,第 37 页。——参阅 K. A. 尼拉坎塔·萨斯特里的《桑格拉年代考》,载《亚洲研究集刊》,马德拉斯,第 XI 期,第 285 页。

③ 巴思和贝尔盖尼:《柬埔寨的梵文碑铭》,第 361 页。——G. 赛代斯:《巴克赛占克龙碑铭》,JA.,1909 年 5—6 月号,第 485 页;《柬埔寨碑铭集》,卷 IV,第 88 页。

底郊陀罗跋摩的儿子，由于其母的关系，他又是另一个国王纳里伯迪因陀罗跋摩的曾外孙；对于这两个所谓的君主，[①]我们毫无所知。他妻子因陀罗提鞞是补什迦罗娑的后代，由于她的关系，他大概获得了统治商菩补罗的权利，而他的两个前任对这个地方不一定行使过实际统治权。因陀罗跋摩继续居住在诃里诃罗洛耶（罗洛），从他开始执政之年起，即877年，便着手在首都北面修建因陀罗德达格，那是一个大蓄水湖，今已干涸，古建筑洛莱就建在它的中央。对这个大蓄水湖的布置，既符合宗教仪式的考虑，又适应实际的需要：做水库供旱季灌溉。因陀罗跋摩因此而为其继承人做出了典范，我们以后将看到他的继承者们对于布置越来越大的、用于储存雨季的漫流水以便适时地分放到首都附近的稻田去的蓄水湖所表现出的关注。[②]879年，他把波列科的那六座用灰泥粉饰过的砖塔[③]奉献给
207 他父母、外祖父母、阇耶跋摩二世及其王后的塑像，这六尊像被奉若神明，是按湿婆和提鞞的容貌塑的。[④] 最后，881年，他为第一座大型石建筑举行了落成仪式。该建筑是为国王林伽因陀罗首罗而

---

① 巴思和贝尔盖尼，前引书。——G. 赛代斯：《柬埔寨碑铭集》，卷I，第24页。——P. 杜邦：《真腊的解体和吴哥时期柬埔寨的形成》，BEFEO.，第XLIII期，第17页。

② V. 戈卢贝：《吴哥诸王时期的城市水利和农业水利》，载《印度支那经济公报》，1941年。——B. Ph. 格罗利埃：《吴哥，人类与石头》，巴黎，1956年；《印度支那——各种艺术的汇合处》，巴黎，1961年，第94页及其后文。

③ 该建筑物的古名为波罗蜜首罗，此名是阇耶跋摩二世的谥号。这些塔建造在位于因陀罗德达格以南的一个巨大的四边形的东部，可能跟阇耶跋摩二世的普里是一致的（参阅本书边码第193页）。这座建筑物上的梵文碑铭已由巴思和贝尔盖尼（见前引书，第297页），以及G. 赛代斯（见前引书，第18页）编注发表了。提供了一长串奴仆名单的那些吉蔑文碑铭则已由艾莫涅作过分析（见《柬埔寨史》，卷II，第439页），并转载于《汇编》卷IV中。

④ G. 赛代斯：《柬埔寨的尊人为神考》，BCAI.，1911年，第40页。

修建的。它的名称按照习俗把伊湿伐罗(湿婆)神的名字和修建该建筑物的国王的名字结合在一起了。这座建筑物就是波列科南面的巴孔金字塔。[①]

看来这一十分短暂的统治时期是很安定的。因陀罗跋摩的势力范围从朱笃地区一直延伸到乌汶西北的地区。在朱笃他向拜昂山古老神庙里的湿婆赠献了一部毗摩那,[②]在乌汶则有一块886年的佛教碑铭,其中记载他是当时在位的国王。[③] 对于国外,他的导师湿婆苏摩肯定地说:"他的指挥权像中国、占婆和爪哇的国王们高傲的头上的茉莉花冠一样",[④]这种自负肯定太过分了,然而它对于柬埔寨这个时期的外交范围却提供了一个大概。

因陀罗跋摩889年死后,得到了谥号伊湿伐罗路迦。他儿子耶输瓦特纳继位。耶输瓦特纳的母亲因陀罗提鞞是毗耶陀补罗(扶南)、商菩补罗和阿宁迭多补罗的那些古老王族的后裔。这样新国王又恢复了同前吴哥时期的正统王位继承权的联系,[⑤]这种正统性曾由于阇耶跋摩二世和三世,以及因陀罗跋摩的统治而中断。此外,他的导师是婆罗门瓦默西弗。瓦默西弗属于有权势的、

① 在对巴孔进行清理之后,发现在那座未建完或是被毁坏了的因陀罗首罗林伽神庙的遗址上,该金字塔的顶端有一座新塔,是十二世纪加建的。在金字塔底用灰泥粉饰过的那八座砖塔和那些附属建筑与这座神庙是同一个时期建造的。巴孔的那些碑铭已由巴思和贝尔盖尼(见前引书,第310页),以及G.赛代斯(见《柬埔寨碑铭集》,卷I,第31页)发表。

② 巴思和贝尔盖尼,前引书,第313页。

③ BEFEO.,第XXII期,第63页。

④ G.赛代斯,前引书,第43页。

⑤ G.赛代斯:《吴哥第一批国王的系谱传说》,BEFEO.,第XXVIII期,第124页及其后文;《关于水真腊》,出处同上,第XXXVI期,第1页及其后文。

由阇耶跋摩二世委托负责提和罗耶礼拜仪式的国师家庭,[①]并且通过其师傅湿婆苏摩,他还和印度伟大的哲人桑格拉查耶有联系。

耶输跋摩一世统治时期实践了上述双重直系尊亲属的诺言,而且他实现的建筑计划后来当成为他的继承者们的典范。

在登基的同年,即889年,他派人在其王国各省的古老神庙和人们常去拜谒的圣地附近兴建了百余座净修林(âçrama),每座净修林都包括一座王家御用楼阁(râjakutî),以备国王出巡时使用。[②]关于这些用轻材料建筑的寺院,我们知道十二处遗址,它们共同的标志是每处都有一块石碑,石碑的一面镌刻着用普通的梵文字体书写的铭文,另一面上的铭文内容相同,但用的是北印度的字体(前纳加里字体),这种字体跟一个世纪之前引入爪哇的字

209 体相似。[③] 贝尔盖尼称这些石碑为"石招贴",它们的内容完全一样,彼此唯一的差别仅仅是净修林赠献给的那个神的名字不同。铭文首先是一份耶输跋摩的详细家谱和对这位国王的颂词,照颂词作者说,国王雄才大略,智勇双全。然后碑铭以国王敕令(Çâsana)的形式,规定了这些一律被命名为耶输陀罗希勒默的净修林的戒律。

893年,耶输跋摩在因陀罗德达格(他父亲在首都北挖掘的大湖)的中央修建了一座神庙。它由四座砖塔组成,同波列科寺一

---

① 他是阇耶跋摩二世的国师湿婆迦伐利耶的外甥孙。L.芬诺:《斯多卡通碑铭》,BEFEO.,第XV期,2,第80和89页。参阅BEFEO.,第XLIII期,第62页。

② G.赛代斯:《耶输陀罗希勒默探》,BEFEO.,第XXXII期,第84页及其后文。

③ 参阅本书边码第170页。——关于这种字体的特征,参阅贝尔盖尼编辑出版这些碑铭时A.巴思写的按语(见《柬埔寨梵文碑铭》,第346页)。

样,这座神庙是用来收藏其父母和祖父母的塑像的。[①] 这便是今天名叫洛莱的那座古迹,我曾说过,它好像会令人想到诃里诃罗洛耶的名字。

耶输跋摩在这个首都居住的时间不长,很可能从即位之日起,他就制订了一个迁移提和罗耶神庙和俗权所在地的计划。

斯多卡通碑说:[②]“当时国王兴建了耶输陀罗补罗城,从诃里诃罗洛耶带走了提和罗耶,安放在新首都。当时国王建造了中央山。湿婆希勒默(瓦默西弗导师的别名)大人在该中心上立了神圣林伽。”

很长一段时间人们都认为这份文献的记载与吴哥通和巴容的
建立有关。Ph. 斯特恩在其已成为经典性的学术论文中证明,[③]对
于修建和装饰得像巴荣寺那样的古迹,我们不可能使它上溯到九
世纪末。而我则指出过,就吴哥通现在的外表而论,它不会早于十 210
二世纪末。[④] 据 V. 戈卢贝的考证,耶输跋摩修建的这座城市是一
个巨大的四边形,其西侧和南侧留下的痕迹为迄今依然可见的双
重土城墙,以及一条已改造成水田的壕沟,东面则是已改道的暹粒
河。[⑤] 巴肯山标志着该四边形的中心,山顶上有一座金字塔形的

① 参阅巴思和贝尔盖尼发表了的梵文碑铭(前引书,第 319 页)。参阅艾莫涅分析过的那些吉蔑文碑铭(《柬埔寨史》,卷 II,第 450 页;它们又被转载于《汇编》卷 IV 中)。

② BEFEO.,第 XV 期,2,第 89 页;第 XLIII 期,第 113 页。

③ 《吴哥通的巴容及吉蔑艺术的演变》,巴黎,1927 年。

④ 《巴容的年代》,BEFEO.,第 XXVIII 期,第 81 页。

⑤ 《巴肯山与耶输跋摩的城市》,BEFEO.,第 XXXIII 期,第 319 页;《在巴肯山周围进行的新研究》,出处同上,第 XXXIV 期,第 576 页。——由于这条河从古伦山流下来,有人曾考虑是否这座神圣的山冈对于吴哥的作用和眉山宗教城对茶轿所起的作用不同。因为茶轿河是从眉山竞技场流下来的(J. A.,1939 年 4—6 月号,第 281 页)。

建筑物，其风格就是那个时期的。有一份碑铭指出，这座建筑物中藏有耶输陀雷希弗勒林伽。[1]

是些什么原因引起了这次迁都，并决定选择这个地方？

诃里诃罗洛耶旧址已经布满了前几个国王统治时期建造的建筑物，大概已不适合这位年轻的君王实现其城市规划。再说，如果像我认为的那样，立有国王林伽的寺庙都要成为其修建者的陵墓，那么每次王位更迭，在林伽易名抑或被一个新林伽取代的同时，[2]寺庙就必须重建。至于耶输陀雷希弗勒林伽，就算耶输跋摩在一座天然的山冈上建筑这座寺庙是有意超过他父亲的因陀罗首罗，那也没有什么出人意料的。然而，就诃里诃罗洛耶附近可

211 供其选择的三座山冈而论，博格山太高，而且面积过大，无法用作城市中心的标志，而西山又距洞里萨湖太近。剩下的巴肯山，其高度和大小均与国王的意图很相宜。这大概便能说明为什么他要选择这座山，而在其他两座山上仅仅各修一座奉献给三位一体的由三部分组成的神庙。[3]

他布置自己的首都，用从新都东门通到他父亲挖掘的蓄水湖因陀罗德达格的东北角的一条大道把自己的首都同故都连接起来。与此同时，他派人在新城东北兴修了一个长七公里，宽 1,800

① G. 赛代斯：《巴肯山的一块新碑铭》，BEFEO.，第 XI 期，第 396 页。——关于巴肯山的象征意义，见 J. 菲利奥扎的《印度各种宗教中关于宇宙的传说》（载《宗教史第七次会议论文汇编》，阿姆斯特丹，1950 年，第 135 页），及《巴肯山古迹的象征意义》（BEFEO.，第 XLIV 期，1954 年，第 527—554 页）。

② Ph. 斯特恩：《吉蔑人的庙山、林伽崇拜与提和罗耶》，BEFEO.，第 XXXIV 期，第 611 页。——参阅本书边码第 222 页。

③ M. 格莱兹：《西山的清理工作》，BEFEO.，第 XL 期，第 371 页。

米的巨大蓄水池。该水池取名耶输陀罗德达格,边缘用土筑有大堤,在大堤四角上,他派人设置了石碑,碑上有用前纳加里字体刻写的长篇梵文碑铭,再一次记载了他的家谱,进一步赞颂了他,使他的功德更加完美。[①] 在这个巨大水池(今已干涸,名叫东巴赖)的南岸上,他派人为各教派设立了一系列的寺院。在宗教上的兼收并蓄,使他能够将其恩典分施各派。[②] 给湿婆教派、波输钵多派和德伯斯温派的,有湿婆教的婆罗门啥罗摩;[③]为般阇罗陀派、薄伽梵派和萨特弗德派的,有毗湿教的毗湿奴啥罗摩;[④]并且可能还 212
有一座佛教的绍格达啥罗摩,该庙的石碑被从原竖碑地移走了,现已经在吴哥通的泰帕南重新发现。[⑤]

在柏威夏供奉西克里希弗勒(“极顶之湿婆”)和在湿婆补罗(桑德山)供奉婆多利神的那两座湿婆教的寺庙,[⑥]就是在耶输跋摩统治时期开始建筑的。

耶输陀罗补罗所在地直到十五世纪始终是柬埔寨的首都,虽然耶输跋摩的政治史极不清楚,然而耶输陀罗补罗的建立便足以说明他统治时期之辉煌了。他的那些用两种字体写的碑铭覆盖了

① 这些碑铭已由巴思和贝尔盖尼发表,前引书,第413页及其后文。

② 关于这些教派,参阅查尔斯·埃利奥特爵士的《婆罗门教与佛教》,卷II。

③ 经G.特鲁韦清理过的布雷波罗萨遗址就相当于这座寺院,BEFEO.,第XXXII期,第113页。那里的一块碑铭已由巴思和贝尔盖尼发表,前引书,第418页。参阅BEFEO.,第XXXII期,第85页。

④ 这座寺院相当于波罗萨贡纳遗址。参阅G.特鲁韦,前引期刊。该寺中的碑铭已由我整理发表,BEFEO.,第XXXII期,第89页。

⑤ G.赛代斯:《泰帕南碑》,JA.,1908年3—4月号,第203页。

⑥ 在H.帕芒蒂埃的《吉蔑人的古典艺术》(Publ. EFEO.,第XXIX期,1939年,第136和270页)中,有对这两座建筑物的描写。

一个相当广阔的地域，北起下寮，[1]南至尖竹汶地区[2]与河仙地区[3]之间的暹罗湾沿岸。不久前人们根据十二世纪的一份文献确定在占婆的一次战事是他发动的，实际上，这次战役是发生在十二世纪。[4] 他侄子罗贞陀罗跋摩[5]的一份碑铭指出他的王国的界限是苏格什默加姆拉德（在缅甸方向）、大海（暹罗湾）、占婆和中国。这里的中国应当理解为南诏，一部中国史籍肯定地说南诏与九世纪
213 下半叶的柬埔寨交界。[6] 该碑铭中关于一次在海上战胜“许多白帆船”的记载，[7]如果不是指占人，就可能跟印度尼西亚人的一次新的侵犯有关。

耶输跋摩约于 900 年终止其统治，[8]得到的谥号是伯勒默湿婆路迦。[9]

他的两个儿子继承了他的王位。关于他们，我们所知甚少。

长子曷利沙跋摩一世，912 年向扶南古都做了一次赠献，[10]他

① 见胡埃塔莫碑。巴思和贝尔盖尼，前引书，第 389 页。

② 见帕尼埃碑（K. 479）。

③ 见古埃波列碑。巴思和贝尔盖尼，前引书，第 388 页（用多东山为名）。

④ BEFEO.，第 XXIX 期，第 316 页。

⑤ G. 赛代斯：《巴克赛占克龙碑铭》，JA.，1909 年 5—6 月号，第 499 页；《柬埔寨碑铭集》，卷 IV，第 88 页。

⑥ H. 马斯佩罗：《八至十四世纪安南与柬埔寨的边界》，BEFEO.，第 XVIII 期，3，第 32 页。——参阅 G. 马司帛洛的《公元 960 年前后印度支那的政治地理》，Et. Asiat. EFEO.，第 II 期，第 94—95 页。

⑦ 巴思和贝尔盖尼，前引书，第 492 页注 3。

⑧ G. 赛代斯：《关于吴哥王朝的几位国王即位年代的新材料》，BEFEO.，第 XLIII 期，第 13 页。有一块碑铭上提到 902 年的一份法令是伯勒默湿婆路迦制定的（见《柬埔寨碑铭集》，卷 V，第 152 页）。

⑨ E. 艾莫涅：《柬埔寨史》，卷 III，第 139 页。

⑩ 巴思和贝尔盖尼，前引书，第 551 页；参阅 BEFEO.，第 XXVIII 期，第 127—128 页。

是巴肯山下巴克赛占克龙小庙山的建立者。[①] 922 年大概还在位,[②]此后不久他突然死去,死后得到的谥号为律陀罗路迦。

幼子伊奢那跋摩二世,我们只知道其谥号为伯勒默律陀罗路迦,他 925 年在位,[③]但是从 921 年起,[④]他的一个舅舅便“离开耶输陀罗补罗城,到乔格吉厄去统治,同时随他一起带走了提和罗耶”。[⑤] 实际上看来很可能是他这个舅舅僭越,因为此人以阇耶跋摩(四世)为名执政。晚些时候的一部文献把此人登基的年代确定 214
在 928 年,[⑥]这可能是伊奢那跋摩二世去世的日期,幸亏他死了,这位舅舅才最终得以摆出一副合法统治者的姿态来。

阇耶跋摩四世的新王宫建筑在他亲自关怀下修建的一个大蓄水湖附近,就在今戈格所在的那个位置。[⑦] 他为新王宫装点上了巨大的纪念性建筑物。[⑧] 其中最引人注目的是那座五层的大金字塔,国王林伽德里普弗内希弗勒的台座还在该塔顶端,台座上的铭文都把这座林伽称作“Kamrateng jagat ta rajya”,意为“代表王权的神”。该林伽高达 35 米,它的竖立是作为一件闻所未闻的奇事

① JA.,1909 年 5—6 月号,第 500 页。

② BEFEO.,第 XXXI 期,第 17 页。

③ G. 赛代斯:《伊阇那跋摩二世的年代》,JGIS.,第 III 期,1936 年,第 65 页。

④ G. 赛代斯:《戈格的年代》,BEFEO.,第 XXXI 期,第 12 页。——由各位达官贵人建在吴哥以东的那座毗湿奴教古迹波罗萨格拉万也可以上溯到这一年。

⑤ 斯多卡通碑铭。BEFEO.,第 XV 期,2,第 90 页;第 XLIII 期,第 119 页。

⑥ 波罗萨年格茂碑铭。G. 赛代斯:《柬埔寨碑铭集》,卷 II,第 32 页。参阅 BEFEO.,第 XXXI 期,第 17 页。

⑦ 戈格(Koh Ker)意为“光荣岛”。它是“gargyan”(今为“Kokî”)这个词的异体。后者是坡垒属 Hopea 树的名字,通常人们是用它的越语名字“sao”。

⑧ H. 帕芒蒂埃:《吉蔑人的古典艺术》,第 15 页及其后文。——关于戈格的碑铭,参阅 G. 赛代斯的《柬埔寨碑铭集》,卷 I,第 47—71 页。

记入碑铭的。[①] 这种奇异的建筑大概是同提和罗耶观念的改革相适应的，[②]约二十年以后，为了迁回古都，新首都又被遗弃了。

阇耶跋摩四世——其谥号为伯勒默湿婆伯德——娶了耶输跋摩的一个姐妹阇耶提鞞，[③]生有一个儿子，941 年继承了他的王位，[④]号曷利沙跋摩二世（谥号为布勒默路迦）。可是曷利沙跋摩二世只统治了二三年。

耶输跋摩的另一个年纪更长一些的姐妹摩醯因陀罗提鞞，嫁
215 给了一个名叫摩醯因陀罗跋摩的人。系谱学家们把他和前吴哥时期柬埔寨的那些遥远的王朝联系起来，[⑤]这种说法很不严格而且极令人怀疑。摩醯因陀罗跋摩是拔婆补罗（即古代真腊的核心[⑥]）的首领，拔婆补罗在阇耶跋摩一世去世之后仍然独立存在。他们结合后生了一个儿子，名叫罗贞陀罗跋摩，因此罗贞陀罗跋摩碰巧同时既是阇耶跋摩四世和耶输跋摩的侄子，又是曷利沙跋摩二世的表兄（碑铭说是“兄弟”）。

曷利沙跋摩二世死时应当还是个孩子，[⑦]不论他是夭折还是由于别的原因而死亡，其结果是导致罗贞陀罗跋摩掌握了政权。

---

① G.赛代斯，《柬埔寨碑铭集》，卷 I，第 68—71 页。

② G.赛代斯：《柬埔寨的神性王权崇拜的真正创立者》，载马君达编的《纪念册》，加尔各答，1964 年；《戈格金字塔在吉蔑庙山演变过程中的作用》，载 S.帕拉那维达纳编的《纪念册》，佩拉德尼亚（已付印）。

③ 《柬埔寨碑铭集》，卷 I，第 75 页。

④ 出处同上，第 260—261 页。

⑤ 出处同上，第 74 页。

⑥ 参阅本书边码第 128 页。

⑦ 他确实是罗贞陀罗跋摩的弟弟，据勃利禄碑的描述，后者本身在登基时年纪也很小，《柬埔寨碑铭集》，卷 I，第 75 页。

当时罗贞陀罗跋摩本身也很年幼,但是他的权利似乎比其舅舅和表兄的要大,因为他通过其父继承了拔婆补罗的遗产。他即位后立即致力于恢复吴哥时期的传统,他重返耶输陀罗补罗定居,同时还带回去了提和罗耶。[①] “正如姑奢(罗摩和悉达的儿子)为阿瑜陀所做的那样,他修复了长期空着的圣城耶输陀罗布利,兴建了一座带有一所金碧辉煌的神庙的王宫,把耶输陀罗布利变得像在世界上的摩醯因陀罗的宫殿一样壮丽和富于诱惑力”。[②] 这里指的可能是披梅那卡最初的情形,我们曾经指出过,[③]它位于以巴肯山为中心的耶输陀罗补罗的南北向中心线与耶输陀罗德达格(东巴 216
赖)的东西向中心线的交点上,耶输陀罗补罗和耶输陀罗德达格是耶输跋摩的两大成就。

耶输跋摩在他父亲因陀罗跋摩开掘的因陀罗德达格的中央建筑了洛莱神庙,以纪念其按照湿婆和乌玛的容貌神化了的父母。[④] 罗贞陀罗跋摩效法耶输跋摩,于 952 年派人在他舅舅耶输跋摩开掘的耶输陀罗德达格中央修建了名叫东梅奔的神庙。在他那排成梅花形的五座砖塔里,安放了毗湿奴和梵天的塑像,同时安置了按湿婆和乌玛的相貌雕塑的他父母的塑像,在中央一座里安放了国王林伽罗贞陀雷希弗勒(可能当时正等待在修复好的城里为它建一座专门的寺庙),像在巴孔的情形一样,该林伽被收藏着八棵湿婆林伽的八座附属的塔围绕着。[⑤] 九年之后,即 961 年,这次可

① 斯多卡通碑铭,BEFEO.,第 XV 期,2,第 91 页;第 XLIII 期,第 120 页。

② 巴尊碑铭,JA.,1908 年 9—10 月号,第 239 页(该碑铭译文已经过更正)。

③ Ph. 斯特恩:《吴哥通的巴容》,第 55 页。

④ 参阅本书边码第 209 页。

⑤ 梅奔碑,已由 L. 芬诺发表,BEFEO.,第 XXV 期,第 351 页。参阅 BEFEO.,第 XXVIII 期,第 137 页注 1。

能是仿效建筑在因陀罗德达格以南的波列科，他派人在耶输陀罗德达格以南修造了勃利禄庙山。在庙山中央是罗贞陀罗珀德雷希弗勒林伽，这座林伽的名字令人同时想到国王的名字和婆多利神，后者是在柬埔寨人的摇篮——福寺这座古老神庙里受人崇拜的一种民族神。[1] 在庙山高坛的四座角塔里分别藏有：另一座名叫罗贞陀罗跋梅希弗勒的林伽，它是“为国王的昌盛而立的，并且好像就是国王本身的实体一样”；一尊毗湿奴罗贞陀罗维希弗鲁伯的塑像，该像是用来纪念罗贞陀罗跋摩的一位遥远的祖先的；一尊用于纪念他的先王曷利沙跋摩二世的湿婆罗贞陀罗跋默代维希弗勒；以及为其舅母阇耶提鞞——曷利沙跋摩二世
217 的母亲而立的一尊乌玛像；最后，该庙山上还有八尊不同形态(mûrti)的湿婆像。[2]

同罗贞陀罗跋摩的名字相结合或者是可以追溯到他统治时期的建筑物很多。[3] 其中大部分的建立者都是官吏或高级婆罗门，他们当是利用了国王的年幼，在宫廷里谋得了拥有特权的地位。此外在下一个国王统治时期，仍然实行这种由某些高官显贵对王权进行监护的做法，而且大概是出于同样的原因：国王登基时年纪极幼。在作为罗贞陀罗跋摩统治时期的标志的那些人物中，当首推拉哲古勒默赫门德里，即“王族的咨政大臣”，他好像曾担任过摄政王或首相的职务；[4]其次是婆罗门湿婆差利耶，自伊奢那跋摩二

---

① 参阅本书边码第127页。

② G.赛代斯：《柬埔寨碑铭集》，卷I，第73页及其后文。

③ 参阅E.艾莫涅的《柬埔寨史》，卷III，第490—491页。

④ 他的名字在阇耶跋摩五世的碑铭中仍有出现。

世以来，他就作为霍德尔(hotar)[①]为国王们服务；最后一个是密使(“châra”)格湿德拉里默特纳，国王委派他负责王宫和东梅奔神庙的营造。[②] 格湿德拉里默特纳是个佛教徒，他令人在巴尊的三座塔上刻写了一些梵文碑铭。巴尊这座建筑是在他的照管下修建的，用来供奉佛陀、金刚手和般若波罗蜜的塑像。按年代编排，这些碑铭介于记述了耶输跋摩修建一座佛教的阿希勒默(净修林)时的情况的泰帕南碑[③]和西托寺碑[④]之间，它们证实，在一些中心地区，大乘佛教一直存在，崇奉湿婆的那些统治者们并不鄙弃大乘佛 218
教徒，同样从中任用官员。

关于罗贞陀罗跋摩统治时期柬埔寨的政治史，碑铭所告诉我们的，就是“他的光芒刺痛了那些敌对的王国，首当其冲的是占婆”。[⑤] 这大概是暗示约发生于950年的一次远征。在这次远征中，像不久我们将在下文中看到的那样，[⑥]吉蔑军队夺走了芽庄浦那竭罗寺中的金像。

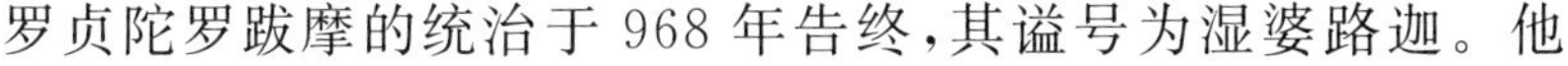

罗贞陀罗跋摩的统治于968年告终，其谥号为湿婆路迦。他

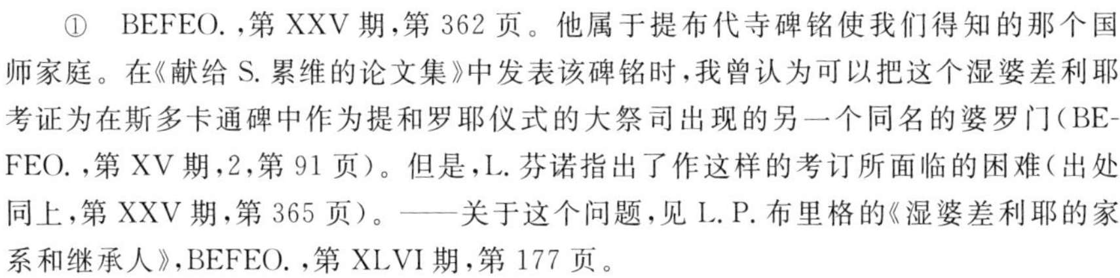

① BEFEO.，第XXV期，第362页。他属于提布代寺碑铭使我们得知的那个国师家庭。在《献给S.累维的论文集》中发表该碑铭时，我曾认为可以把这个湿婆差利耶考证为在斯多卡通碑中作为提和罗耶仪式的大祭司出现的另一个同名的婆罗门(BEFEO.，第XV期，2，第91页)。但是，L.芬诺指出了作这样的考订所面临的困难(出处同上，第XXV期，第365页)。——关于这个问题，见L.P.布里格的《湿婆差利耶的家系和继承人》，BEFEO.，第XLVI期，第177页。

② G.德代斯：《巴尊碑铭》，JA.，1908年9—10月号，第251页。

③ 参阅本书边码第212页。

④ 参阅本书第205页注⑤。

⑤ 巴尊碑铭，前引期刊，第245页。

⑥ 参阅本书边码第230页。

在位的最后一年，即 967 年，曷利沙跋摩一世的孙子耶杰纳弗拉赫在伊湿伐罗补罗（班迭斯雷）兴建了德里普弗纳默赫希弗勒寺庙。在班迭斯雷碑上的吉蔑文文献中，诃舍跋摩一世被誉为“神圣的导师”——（斯登安）弗拉古鲁。[①] 在下一个国王统治时期被晋升到甘拉登安弗拉古鲁高位的，有可能就是这位博学的婆罗门。无论如何，在阇耶跋摩五世的许多碑铭中都出现了具有这个称号的一位显要官员，看来阇耶跋摩五世执政之初，这位高官曾担任过主要的职务。

阇耶跋摩五世是罗贞陀罗跋摩的儿子，他 968 年登上王位时确实还非常年幼，因为只是六年之后，即 974 年，他才结束了在弗拉古鲁指导下的学业。[②] 他的统治历时三十余年，其间整个政治
219 方面的情况，跟他的几位先王统治时期的一样，极少为人所知。他
执政的时期，部分时间被建造新王宫占去。新王宫名叫阇延陀罗纳格里，其建筑工程 978 年时还在进行。[③] 王宫的中心当以“金山”或“金角山”（赫默吉里，赫默希林格吉里，这是弥鲁山传统的名称）为标志，我们曾试图将这座金山的位置确定在茶胶，即位于东巴赖西堤以西的那座未完成的庙山，[④]可是这处古迹不会早于十

---

① G. 赛代斯：《柬埔寨碑铭集》，卷 I，第 148 页。——关于班迭斯雷，参阅《伊湿伐罗补罗神庙》，见《法国远东学院考古论文集》，第 I 期；G. 赛代斯：《班迭斯雷的年代》，BEFEO.，第 XXIX 期，第 289 页。

② G. 赛代斯：《柬埔寨碑铭集》，卷 II，第 65 页。

③ BEFEO.，第 XXXVII 期，第 383 和 386 页。

④ G. 德科拉尔·雷米扎、V. 戈卢贝和 G. 赛代斯：《达盖弗的年代》，出处同上，第 XXXIV 期，第 401 页。——又参阅，第 XXXI 期，第 18—22 页；第 XXXVII 期，第 383—384 页、411 页。

一世纪初期。

阇耶跋摩五世把他的姐妹因陀罗拉什弥嫁给印度的婆罗门迪瓦格勒伯德。这个婆罗门出生于印度亚穆纳河畔,有几座湿婆教的建筑物是他修建的。[①] 在阇耶跋摩五世统治期间,我们看到二个"外来的"(paradeça)婆罗门,大概是印度人,买下土地建起了一座湿婆教神庙。[②] 和国王本人一样,上述建筑中的碑铭上记载的那些达官贵人一般都是官方信奉的湿婆教的门徒。然而,同前几个国王执政时期一样,佛教仍然被一些高级官吏所奉行。这些碑铭[③]对这里佛教的情况提供了一个梗概,从教义方面看,它以瑜伽宗继承者的面目出现,[④]是经过吉迪本迪德的努力而在柬埔寨恢复起来的"空和执的真谛"的代表,但是这里的佛教实际上从婆罗教的各种礼义书里吸取了一部分术语,尤其是它包括了对世尊观自在的崇拜。[⑤] 220

阇耶跋摩五世死于1001年,得到的谥号是伯勒默维勒路迦。其侄子优陀耶迭多跋摩一世继位,此人只统治了几个月。[⑥]

---

① 暹粒的波列恩戈塞(巴思和贝尔盖尼:《梵文碑铭》,第77页)和姆卢波雷的波罗萨贡普斯(G.赛代斯:《柬埔寨碑铭集》,卷I,第159页)。

② 斯多卡通碑铭,BEFEO.,第XV期,2,第94页;第XLIII期,第131页。

③ E.瑟纳尔:《柬埔寨的一块佛教碑铭》,RA.,1883年,第82页。——G.赛代斯:《印度支那佛教的一份重要文献:西托寺碑》,载《日本的佛教研究》,第IV期,1942年,第110页;《柬埔寨碑铭集》,第VI期,第195页。——H.克恩:《关于马德望佛教碑铭的序言》,VMKAWAL.,1899年,第66页(已由L.德拉瓦莱·普森译出,载《Muséon》,1906年,第46页)。——G.赛代斯:《柬埔寨碑铭集》,卷II,第202页。

④ 参阅本书边码第159—160页。

⑤ L.芬诺:《印度支那的世尊观自在》,Et. Asiat. EFEO.,第I期,第227页。

⑥ G.赛代斯:《优陀耶迭多跋摩一世的碑铭》,BEFEO.,第XI期,第400页。——F.D.K.鲍斯赫在《般度家族的最末一位后裔》(BKI.,第104期,1948年,第541—571页)一文中,试图把优陀耶迭多跋摩一世考证为巴厘的国王郛达耶纳。

从因陀罗跋摩到阇耶跋摩五世的几届统治历时一个多世纪，大体上说来，构成了一个强盛的时代，它部分地与中国历史上唐末和五代的混乱时期同时。在柬埔寨历史上这一稳定时期中，吴哥文明形成了其特有的面貌，并且把那些特征都固定了下来，一直保持到十四世纪它衰落的时候。吴哥文明在印度支那半岛中部的文化演变中的任用是极其重大的，其魅力对于湄公河及湄南河流域的诸泰族王国都产生了非常巨大的影响。这里不准备对这一文明作详细描述，况且 E. 艾莫涅已经根据他掌握的原始资料开始进行了这项工作。[①] 原始资料的不完整是由它本身的性质决定的，关于当时人们的生活、物质文明、[②]信仰以及习俗，碑铭没有直接告
221 诉我们任何事情。必须待到十三世纪末，在中国使者周达观的记述中，才能找到关于柬埔寨及其衰落前夕居民们的一幅十分生动的图画。九至十二世纪的碑铭所告诉我们的，主要是关于当时官方宗教的高级僧侣和宫廷阶层的情况，这是因为他们的活动都专注于宗教建筑。写在兽皮或棕榈叶上的档案和文献均已荡然无存；由于除了少数桥梁，所有的吉蔑建筑物都是宗教建筑，刻在这些建筑上的碑铭的性质首先是宗教的，因而我们不可避免地就要在这样一个哈哈镜里来研究吴哥文明。

国王[③]是“举国上下的主宰”，是整个国家政治组织的中枢，是

① 《柬埔寨史》，卷 III，第 530—598 页。

② 关于这个问题，见 G. 格罗利埃：《柬埔寨人研究》，巴黎，1921 年。

③ R. 海因·格尔登：《东南亚的国家观念和王权观念》，FEQ.，第 II 期，1942 年，第 15—30 页。——J. 安贝：《吉蔑政治制度史》，金边，1961 年。

一切权力的源泉,并集一切权力于一身。然而不应当就此便把国王想象为统治着吴哥的绝对的专制君主,可以随心所欲、无法无天。正相反,他受王族集团的规章制度以及王室政治和操行准则的约束,他是法律和已确立的秩序的维护者,他终审各个诉讼者要求提交其裁决的诉讼案件。[①] 由于碑铭本身的性质,它们使我们
知道的主要是吉蔑文明中宗教这个侧面。碑铭把国王描述为宗教 222
的保护人和那些表示虔诚之心的建筑物的保管者,这些建筑物是捐赠者托付给他保存的。国王奉献祭品,举行一切祈求神明对国家保佑的宗教仪式,他保卫国家以防范外部敌人,他通过规定全体臣民必须遵守社会秩序(即对各社会等级或各种不同行业的划分),来确保内部安定。我们无法肯定他是否被视为其王国全部土地的最高所有者,但是我们看到他分配闲置的土地,认可土地交易。对于国王来说,执政就是“食王权”(就像一个总督吃他管辖的省一样),与其说国王是作为行政管理者出现,不如说他更像一个活在世上的神。他那筑有城墙掘有壕沟的首都是被哲格勒瓦勒的山脉和海洋环绕着的宇宙的一个缩影。[②] 首都的中央以一座像弥鲁山形状的庙山为标志,山顶上是借助于一个婆罗门从湿婆那里领受的国王林伽——提和罗耶(代表王权的林伽)。[③] 我们不清楚,是否这座包含着“王权的本质”(即“国王的神我”)的林伽,经过

① R.兰加:《从碑铭中看印度在法律方面对占婆和柬埔寨的影响》,JA.,第CCXXXVII期,1949年,第273—290页。

② R.丰海因·格尔德恩:《东南亚的世界观和建造形式》,载《维也纳亚洲艺术期刊》,第IV期,1930年,第28页。

③ 参阅本书边码第189页。

相继的这几位国王统治的时期，始终都是独一无二的；[①]反过来说，国王们在自己登基时举行仪式使之神圣化了的、刻有他们的名字（如因陀罗首罗、耶输陀雷希弗勒、罗贞陀雷希弗勒等等）的各个林伽，与提和罗耶是否即为同一个林伽，抑或不是。每一位有足够的时间和资财的国王，都在他们首都的中央修建自己的庙山，我们有理由认为，每一位国王去世后，那座属于他个人的庙宇就成了他
223 的陵墓，[②]同时国王得到一个谥号，这个谥号指明他往（svargata）什么天而去和他已变成了什么神。

国家的统治权操在贵族寡头政治集团手中，全部要职都为王族成员所把持。国王的国师、提和罗耶礼拜仪式的大祭司、年幼的王子们的导师等职位都被保留给几个国师大家族的成员，在国师家族内部，职位的移交是按女系进行的，因为正常的继承人是被继承者姐妹的儿子或者被继承者的小弟弟。婆罗门家族常常同王族联姻。看来，婆罗门与刹帝利之间结亲是很常见的，因为这两个等级在大众之上形成了一个单独的阶级，他们代表着知识阶层和印度文化。可是不应当因上述情况就断言这个贵族阶级在种族方面

① 竖立在戈格金字塔上，被碑铭称作“代表王权的林伽”的那座大林伽被阇耶跋摩四世从吴哥带走，后来又被罗贞陀罗带回吴哥，这即便不说是不可能，至少也是不大可能。十一世纪时，碑铭中谈到一个金林伽（参阅本书边码第 254 页）。

② G. 赛代斯：《对神化了的王权的崇拜——古代柬埔寨伟大建筑物获得灵感的源泉》，载《讨论会文集》（罗马东方丛书，卷 V），1952 年，第 1 页。——关于决定王权继承的道德准则，众说纷纭。参阅 EV. 波雷—马斯伯罗的《那伽索马新探》，JA.，第 CCXXXVIII 期，1950 年，第 237 页；《柬埔寨人的土地习俗研究》，卷 I，巴黎，1962 年，第 152—182 页。——G. 赛代斯：《古代柬埔寨的王权继承惯例》，BSEI.，N. S. 第 XXVI 期，1951 年，第 117—130 页。

已与其余的人们大不相同。在王族成员中，甚至在僧侣中，通常所用的还是吉蔑名字。出自这个贵族集团的那些碑铭是流传到我们手中的仅有的文学作品，关于他们的梵文文化所波及的范围，这些碑铭提供了一个梗概。他们的梵文文化时常受到那些来自印度的婆罗门的改革，这方面的情况上文已述及。

碑铭使我们知道了一整套官制，这套官制意味着行政组织已
非常发达。官员有：大臣、将军、咨询大臣、监察官、省长、县长、村 224
长、闾长、司库、徭役吏，以及其他一些职衔尚不太清楚的官员。所有这些官员被分作四类，但这种分类的性质不明。

关于农民和村民的生活，除了知道他们被大量征派到神庙和寺院或者净修林服劳役(由于统治阶级的虔诚，他们不断地修造起来的这类建筑物遍布全国)之外，其余的我们所知甚少。关于这些被奴役的人，这些碑铭提供了许多无休无止的名单，那些名字常常不堪入耳(“狗”、“猫”、“坏种”、“臭虫”)，说明他们被置于受人轻视的地位。他们肯定没有感到这些名字一直使他们蒙受着凌辱，而且还把这些名字传诸后代。

统治阶级的宗教信仰从未统一过。[①] 九、十世纪是湿婆教占主导地位，只是到了十二世纪，毗湿奴教才变得相当有权势起来(这跟印度当时出现的情况相同)，导致出现了吴哥窟这样具有重大意义的伟大建筑群。至于佛教，则一直都有信徒，并且到后来的几个世纪，我们将看到诸如苏利耶跋摩一世，尤其是阇耶跋摩七世

① K.巴达夏亚：《古代柬埔寨的婆罗门教信仰》(Publ. EFEO.，第 XLIX 期)，巴黎，1961 年。

这样一些伟大的国王正式赞助了佛教。各种宗教并行不悖，有时甚至发展成了一种真正的诸说混合，这在雕塑和碑铭中都有所表
225 现，[①]并且不独柬埔寨有这种情形。[②] 各种宗教的这种相互容忍，可以通过外印度社会结构本身得到解释。正如 S. 累维非常正确地提出的那样：[③]“在印度支那和马来群岛，婆罗门教的各种信仰与佛教为邻对佛教的存在毫无危害。湿婆教和毗湿奴教同佛教一样，在那里都是引进的东西，均与那个地区无特殊关系；作为一种优雅精美的文化，各国国王、宫廷和贵族都能接受这些宗教；当时这并不是一种已在大众中深入人心的文化。那里的社会生活照旧进行，并不关心《摩奴法典》和婆罗门教的其他法规。可是在印度，情况就两样了，婆罗门教同社会秩序密切相关，融为一体。”在那里佛教是不能容忍的异端。这种现象，在柬埔寨要到十三世纪，笃信佛教的阇耶跋摩七世之后，[④]我们才会看到一些痕迹。

从九世纪到十二世纪末叶，一系列连续不断的证据表明，存在

---

① 泰帕南碑铭，JA.，1908 年 3—4 月号，第 205 页；巴尊碑铭，JA.，1908 年 9—10 月号，第 223—225 页；至于以后几个世纪，有杜奥波罗萨碑铭，载《柬埔寨碑铭集》，卷 II，第 97 页；波列坎碑铭，BEFEO.，第 IV 期，第 673 页；达勃珑碑铭，出处同上，第 VI 期，第 70 页注 4。

② 我们将在爪哇看到湿婆—佛陀崇拜，见本书边码第 362 页。

③ 《印度与世界》，第 121 页。

④ 参阅本书边码第 353 页。——L. 德拉瓦莱 · 普森在《印度诸王朝及其历史》一书（第 334 页）中写道：“实际上，把印度的‘容忍’说成是‘尊重他人的信仰’，说成是‘对一个人不赞成的信仰及其仪式给以自由’，这是一种误解。没有一个印度统治者能在不严重忽视其职责的情况下扬善灭恶。因为正像在中国一样，在印度，甚至季节的更迭也取决于人们的德行。造成这种假象的是这样一种情况，通常统治者像其臣民（以及那些根本不信任何神的、有文化的婆罗门）一样，崇拜所有的神，相信各种礼拜仪式都有用：国王向佛教徒捐赠，向婆罗门捐赠……，像我们中世纪的君主们给各种宗教团体捐赠一样，他们每人都有一个自己选择的神。”

着一种对一些塑像的崇拜,这些塑像具有婆罗门教和佛教众神伟大形象的特征,可是塑像上的名字令人想到的却是一些已故的或者甚至还在世的人物的称号和面貌。

古代柬埔寨遗留给我们的毗湿奴、湿婆、诃梨诃罗、洛什弥、雪 226
山女,以及各种菩萨的无数塑像中,只有少数,可以这样说,是不具人格地代表着印度众神的伟大形象。其中大部分是国王、王公或达官显贵们的塑像,这些像都是按他们已化为或者在离开尘世后将要化为的那个神的相貌塑就的。这些像上刻着的名字最常见的是由他们本人的名字与他们所化为的神的名字合成的,这些名字清楚地表明了个人崇拜的存在。[①]

吉蔑人的大部分伟大建筑物就是奉献给贵族阶级的这种崇拜的。它们并不是出于人民的虔敬,而是国王、王公或高官显贵们的建筑物,起陵墓的作用,从而保证了对他们父母和已故祖先们的崇拜。甚至在将被置于其中受到崇拜的那些人物生前,便可以在他们的亲自关怀下修建这种陵墓。[②]

这些建筑物的用途解释了它们在建筑上所象征的意义。[③] 印度诸神居于山巅,并随着飘忽不定的宫殿移动。这些建筑物的构图为金字塔形,显然是力图使人想到大山。由于缺少很高大的金字塔,布局成梅花形的五座神庙便可以使人联想到弥鲁山五峰。

① G. 赛代斯:《柬埔寨的尊人为神》,第 28 页;《为了更好地了解吴哥》,第 44—67 页。

② G. 赛代斯:《吉蔑人伟大的纪念性建筑物的丧葬用途》,BEFEO.,第 XL 期,第 315 页。

③ G. 赛代斯:《为了更好地了解吴哥》,第 86—120 页。

至于那些缥缈的宫殿，只需一个装饰着一些迦楼罗或者男像柱形鸟的底座，便可以立即引起人们的联想。

227 以上便是这种文明的基本特征。从艺术的角度看，九世纪和十世纪的古伦和罗洛神庙、巴肯山、戈格的伟大建筑物、东梅奔、勃利禄、班迭斯雷和克良标志着一个顶峰，后来这个顶峰仅仅被吴哥窟超过。

关于这个时期在湄南河下游——堕罗钵底古王国故地发生的事情，我们没有任何资料。唯一的一份出自这个地区的文献是发现于阿瑜陀耶岛的、用梵文和吉蔑文写的碑铭。[①] 该碑铭上所注日期为937年，它使我们知道了贾纳夏补罗的王公们的一个世系：[②]第一个是国王珀格德达，然后不知隔了几代之后，是孙德勒伯拉克勒默及其儿子孙德勒跋摩，最后是国王纳勒伯迪辛赫跋摩和门格勒跋摩，两人都是孙德勒跋摩的儿子。门格勒跋摩是该碑铭的作者，他为一尊提鞞塑像举行过仪式，使之神圣化，这尊塑像是他母亲的像。以上这些名字在柬埔寨的碑铭中是没有的，但是，提供了一份受奴役者的名单的那块吉蔑文碑铭证实，该国并入柬埔寨之前七十五年，吉蔑人取代了七世纪时占领着该国的孟族。[③]

---

① G.赛代斯：《阿瑜陀耶的一块新碑铭》，JSS.，第XXXV期，1944年，第73页。

② 其他一些碑铭也提到了这个世系。G.赛代斯：《有关印度支那中部历史的一些新的碑铭材料》，JA.，第CCXLVI期，1958年，第127—128页。

③ 参阅本书边码第146页。

2. 因陀罗补罗的占族王朝

关于占婆的历史,有二十年没有文献资料的记载,此后到 875
年我们突然面对着一个在因陀罗补罗统治着北方的新王朝,[1]因 228
陀罗补罗在今广南省。与此同时,中国的史家们又一次改换该国的名字,易为占城(占婆补罗)。[2]

因陀罗补罗的这个王朝的建立者登基时取号因陀罗跋摩(二世),他自己的名字原叫洛悉密因陀罗普米希弗勒格勒默斯瓦明。他一面让人们把他当作传说中的祖先优罗阇的后裔,并给自己的祖父律陀罗跋摩和父亲拔陀罗跋摩加上国王的称号,一面又在其碑铭中强调:“王权既不是他祖父传给他的,又不是他父亲传下来的,而是由于命运的独宠和亏得在先前丰富的经历中所取得的功绩,他才登上占婆王位。”因陀罗跋摩二世大概是在王国要人们的请求之下被毗建陀跋摩三世指定为王的,因为毗建陀跋摩三世死后无嗣。[3] 看来他有过一段太平的统治时期,其标志是 877 年向中国的一次遣使。在此之前二年,即 875 年,他曾修建了一座宏伟的佛教建筑,它第一次证实大乘佛教在占婆的存在。这座佛寺就是洛悉密因陀罗洛盖首罗寺院,它的这个名字使人想起建筑者本

① L. 芬诺:《第一块东阳碑》,BEFEO.,第 IV 期,第 84 页。

② G. 马司帛洛在《占婆史》第 96 页上误写为“Tch'eng cheng”。

③ L. 芬诺(BEFEO.,第 IV 期,第 76 页;第 XV 期,2,第 126 页;第 XXIX 期,第 228 页)和 G. 马司帛洛(前引书,第 110 页注 5)就因陀罗跋摩的祖父和父亲是否实际执过政,或者他本人是否就是这个王朝的创立者这个问题产生了争论,我认为,这场争论的解决应当肯定后者的意见。在我看来,这位国王叙述他登基的情形时所用的措辞是明确的。

人的名字，它的位置与眉山东南的东洋佛教遗址是一致的。[①]

229 因陀罗跋摩二世死后得到的谥号为波罗摩布特路迦，继位者是其侄子阇耶辛诃跋摩一世。对于后者，我们仅仅知道两个与他有关的年代，898 年和 903 年。他统治期间塑造了一些被尊为神的塑像，上述两个日期就是由记述了竖立这些塑像时的情况的那些碑铭提供的。[②] 约在同一时期，德里普弗纳提鞞王后的一个亲戚博格伦比利拉哲拉勒到爪哇（耶婆提补罗）去朝圣（siddhayâtrâ），[③]在相继的三个国王统治时期，此人大概一直身居高位。他此行也许就是我们在康美和眉山所看到的那个时期爪哇对占族艺术的影响的开始。[④]

这位官员留下的碑铭记载着阇耶辛诃跋摩一世的继承人是他的儿子阇耶瑟格迪跋摩。关于后者，除了知道他在位的时间极短暂外，别的我们一无所知。然后是拔陀罗跋摩二世统治，我们不清楚他同其前任有什么亲戚关系，看来他登基时有过动乱。他 908 年和 910 年在位。[⑤]

---

① H. 帕芒蒂埃的《占族古迹汇编》（卷 I，第 439 页）中对此有说明。关于东洋大乘的特殊之处，参阅 L. 芬诺的《印度支那的世尊观自在》，Et. Asiat. EFEO.，第 I 期，第 232 页。

② L. 芬诺编注的班兰碑铭，BEFEO.，第 IV 期，第 99 页，以及 E. 于贝编注的朱砂碑铭，出处同上，第 XI 期，第 282 页。

③ E. 于贝翻译仁瓢碑时（BEFEO.，第 XI 期，第 299 页），把这个熟语表达为“获取巫术”。关于指到一个特别神圣的、具有魔力的地方朝圣的 siddha°（或 siddhi°）yâtrâ 这个词，请参阅本书边码第 157 页。

④ Ph. 斯特恩：《占婆艺术》，第 66—68 页和第 109 页。关于其中可能有中国的影响的问题。见 P. 杜邦的《东洋的佛教风格中的中国因素》，BEFEO.，第 XLIV 期，1951 年，第 267—274 页。

⑤ E. 于贝发表的富良碑铭和乐成碑铭，BEFEO.，第 XI 期，第 283 页和 285 页。

碑铭赞扬了拔陀罗跋摩的儿子因陀罗跋摩三世的文学和哲学知识,[①]因陀罗跋摩三世 918 年在芽庄的浦那竭罗为一尊婆伽婆胝金像举行仪式,使之神圣化。他的统治延续了四十余年,在此期间,950 年左右,他遇到一次战事,要击退吉蔑人对芽庄地区的一 230
次进犯,[②]虽然金像被"内心为贪婪和其他邪恶所支配"的入侵者所盗窃,但是罗贞陀罗跋摩的吉蔑军队最终还是遭到了惨重的失败。[③] 因陀罗跋摩约死于 959 年,此前他有足够的时间同中国恢复关系,这种关系在唐末和五代混乱时期中断了,951 年、958 年[④]和 959 年,他几次遣使到后周朝廷。[⑤]

960 年向宋朝的第一位皇帝赠送礼品的就是他的继承人阇耶因陀罗跋摩一世。宋朝第一个皇帝登极的时间和阇耶因陀罗跋摩即位同时。962 年至 971 年间相继五次遣使证明两国间的关系持续存在。[⑥] 965 年,阇耶因陀罗跋摩一世修复了十五年前被吉蔑人劫掠过的浦那竭罗神庙,重新在那里安置了一尊女神石像。[⑦]

---

① 贝尔盖尼:《占婆碑铭》,第 247 页。

② 有关这次战役的最早记载见于 952 年的那块梅奔碑(第 CXLVI 节,BEFEO.,第 XXV 期,第 346 页)。

③ 贝尔盖尼,前引书,第 260 页。

④ 按照田坂兴道的意见(《占婆的伊斯兰教》,载《东方学》,第 IV 期,1952 年,第 52 页),占婆使节莆诃散是一个名叫阿布哈桑的穆斯林,并且在汉文史料的这段记载中,我们得到了伊斯兰教在占婆存在的最古老的证据。1902 年和 1907 年发现的阿拉伯文碑铭已由 P. 拉韦斯释读(见《占婆的两块古阿拉伯文碑铭》,JA.,第 XX 期,1922 年,第 247 页),它们表明十世纪中叶在占婆存在着一个享有一定程度自治权的穆斯林居留地。

⑤ G. 马司帛洛:《占婆史》,第 119 页。

⑥ 出处同上,第 120 页。

⑦ 贝尔盖尼,前引书,第 260 页。

972 年占婆王位上出现了一位新国王，我们没有掌握与他有关的任何碑铭，他的名字，据汉语的译法推测，应该是 Parameçvara-
231 varman(波罗蜜首罗跋摩)。[1] 在同中国的交往中，他表现得极为认真，972 年至 979 年间，他遣使中国不少于七次。他就是跟作为主权国家的大瞿越国发生纠纷的第一个占人国王。当时，大瞿越国不久前刚摆脱中国的统治。由于独立的丁王朝的创建者 979 年被谋杀，吴朝逃亡在占婆的一个成员便请求波罗蜜首罗跋摩帮助他重新夺回他的家族在 939 年至 965 年间占据过的王位。于是 979 年时组织了一次海路远征，在接近丁王朝首都华闾时，[2]远征队因遭遇风暴袭击而被摧毁，只有占王所乘的船幸免于难。[3]

翌年，一次宫廷阴谋把名叫黎桓的一个廷臣送上了大瞿越的王位，黎桓成了前黎朝的建立者。登基之后，他立即派遣了一个使团到占婆去。国王波罗蜜首罗跋摩干了件蠢事，他把大瞿越的来使投入狱中，为此黎桓组织了一次报复性的远征，使占王断送了性命，并导致了 982 年占婆首都的毁灭。新国王的中文名字似乎与 Indravarman(IV)相同，他及时地离开了因陀罗补罗，逃亡到他的国家的南部，985 年，他从那里向中国皇帝徒劳地求援。

在这段时间里，一个名叫刘继宗的越南人在占婆北部攫取了政权，并于 983 年胜利地抵抗了黎桓镇压他的尝试。因陀罗跋摩四世死后，他正式自封为占婆王，并且于 986 年将他登基一事正式

---

① G. 马司帛洛，前引书，第 121 页注 1。

② 在今宁平省。

③ H. 马斯佩罗：《唐朝的普通保护国——安南》，BEFEO.，第 X 期，第 678 页。译者按：应为唐代安南都护府。

通知中国朝廷。这个外族人的统治引起大批居民外逃，其中一部 232
分逃亡到海南和广州。[①]

988 年，全体占人在一个占人周围重新聚集起来。他们在佛逝(今平定)拥戴他登基，次年那个篡权的越南人刘继宗死后，占人便宣告他为王，号诃梨跋摩二世。刚刚就职，他的王国北部便在 990 年遭受了越南人一次新的侵犯。接着是一个短暂的和平时期，其标志为：991 年在眉山竖立伊奢那婆陀首罗，[②]992 年同中国皇帝互赠礼品，同年释放了监禁在东京的 360 名占族俘虏。过了这一短暂的和平时期，又与黎桓重新开战，这次是因为 995 年和 997 年占人沿着他们的北部边境发动了一系列的侵袭。

诃梨跋摩二世迁回因陀罗补罗定居，但是，他的继承人最终还是于 1000 年时放弃了这个过于暴露的首都，迁居平定地区的佛逝。[③] 关于他的这个继承人，我们仅知道一个不完整的名字——杨普俱毗阇耶室利……，此人自 999 年起在位。[④] 占婆逐渐屈服
于来自北方邻国的日益增强的压力，从十一世纪开始，尽管还有过 233
几次复苏，但是占婆史只不过是一部印度文化在中国文化面前的衰退史了。

---

① 碑铭资料中对整个这一时期毫无记载，只是通过中文史籍，我们才对它有所了解。参阅 G. 马司帛洛的《占婆史》，第 121 页及其后文。

② L. 芬诺发表的眉山碑铭，BEFEO.，第 IV 期，第 113 页。关于这块碑铭的年代，参阅 BEFEO.，第 XV 期，2，第 49 页，以及 G. 马司帛洛，前引书，第 126 页注 3。

③ 可能是在以平林塔为标志的那个地方，平林塔好像可以追溯到十一世纪。阇班城堡有可能标志着晚些年佛逝所在的位置，因为标志着该城堡中心的那座铜塔的年代可以上溯到十三世纪(Ph. 斯特恩：《占婆艺术》，第 71—72 页)。

④ G. 马司帛洛，前引书，第 129 页。

3. 爪哇的马打兰王国

我们知道，信奉佛教的夏连特拉王朝的统治权在爪哇中部的衰落，已经由于巴兰班南附近的那块 863 年的湿婆教碑的发现而得到了证实，[①]这块碑铭可能与对阿加斯蒂耶的崇拜有关。[②] 十世纪初修建的普兰巴南建筑群的那些婆罗门教古迹，[③]进一步肯定了这份碑铭提供的证据，然而不应当因此便断言，说佛教在这个地区完全消失了；婆罗浮屠、[④]普劳桑和瑟吉文[⑤]等佛教建筑物都可以证实情况相反，并且有大量迹象表明，佛教和婆罗门教的相互容忍，而且在某些情况下是两种宗教的混合，这样的情况在爪哇跟在柬埔寨是同样突出的。[⑥]

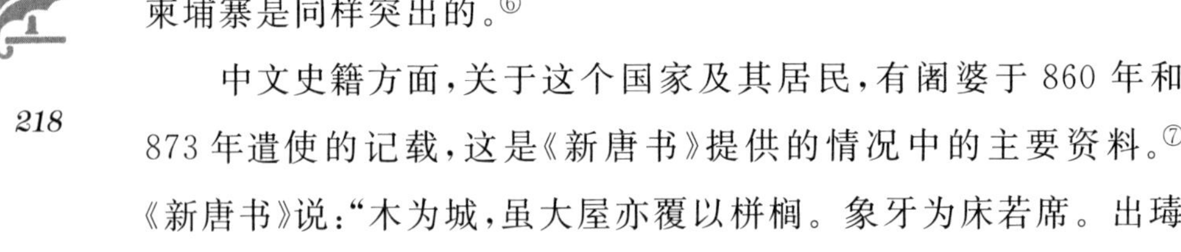

中文史籍方面，关于这个国家及其居民，有阇婆于 860 年和 873 年遣使的记载，这是《新唐书》提供的情况中的主要资料。[⑦]《新唐书》说：“木为城，虽大屋亦覆以栟榈。象牙为床若席。出瑇
234 瑁、黄白金、犀、象，……。有文字，知星历。……有毒女，与接辄苦

---

① 参阅本书边码第 203 页。

② H. 克恩：《Verspreide Geschriften》，第 VI 期，第 277 页。——N. J. 克罗姆：《贝伦碑铭》，BKI.，第 75 期，1919 年，第 16 页。——保尔巴蒂亚拉卡：《阿加斯蒂耶》，第 45 页。

③ N. J. 克罗姆：《印度化爪哇艺术介绍》，卷 I，第 440 页；《印度化爪哇史》，第 172 页。

④ 参阅本书边码第 170 页。

⑤ N. J. 克罗姆：《印度化爪哇艺术介绍》，卷 II，第 4 页；《印度化爪哇史》，第 171 页。

⑥ N. J. 克罗姆，出处同上。——参阅本书边码第 211、220 和 225 页。

⑦ W. P. 格罗内维尔德：《马来群岛简志》，VBG.，第 XXXIX 期，第 13 页。

疮,人死尸不腐。[①]

“王居阇婆城。其祖吉延东迁于婆露加斯城,[②]旁小国二十八,莫不臣服。其官有三十二大夫,而大坐敢兄为最贵。[③]”

碑铭方面则告诉我们:

856—860 年,有罗卡巴拉,有时人们认为他与拉凯卡柔望义是同一个人;[④]

863—882 年,有拉凯卡柔望义,又名萨查诺沙哇栋卡;[⑤]

887 年,有拉凯古伦望义,他也可能跟拉凯卡柔望义是同一个人;[⑥]

890 年,有拉凯利穆斯帝阿德文德勒,当时可能统治着东部;[⑦]

896 年,有拉凯哇杜胡玛琅。[⑧]

① 关于印度的维舍格尼厄加,参阅 C. H. 托尼的《故事汇编》(N. M. 彭泽编辑,1924 年),卷 II,第 275 页。

② 参阅本书边码第 171 页。

③ 可能是达克夏(Daksha°)的名字的音译,在 915 年继承巴里栋之前,从 901 年起,在巴里栋的契据中他就作为宫廷最高官员出现了。参阅保尔巴蒂亚拉卡,前引书,第 110 页,以及本书边码第 235—236 页。

④ L. C. 达梅斯:《碑铭释录》,TBG.,第 LXXXIII 期,1949 年,第 1—6 页;BEFEO.,第 XLV 期,1951 年,第 21—23 页。

⑤ L. C. 达梅斯:《注有日期的印度尼西亚碑铭录》,BEFEO.,第 XLVI 期,1952 年,第 34—43 页。

⑥ 这个考证是 N. J. 克罗姆提出的(见 F. W. 斯塔佩尔主编的《荷属东印度史》,卷 I,第 168 页),L. C. 达梅斯对此提出了异议(见《碑铭释录》,前引期刊,第 22 页;《注有日期的印度尼西亚碑铭录》,前引期刊,第 42 页,但是 J. G. 德卡斯帕里斯却进一步肯定了这个考证结果,见《考古局通讯》,n°4,1958 年,第 22 页)。

⑦ W. F. 斯图特海姆:《Oudheidkundige Aanteekeningen》,BKI.,第 XC 期,1933 年,第 269 页。——L. C. 达梅斯:《注有日期的印度尼西亚碑铭录》,前引期刊,第 43 页。

⑧ L. C. 达梅斯:《注有日期的印度尼西亚碑铭录》,前引期刊,第 43 页。

所有这些王公在克杜平原上的巴兰班南附近都留下了碑铭。235 马打兰王国的中心便被确定在这一带，现代日惹城也坐落在这里。追溯已往，马打兰这个名称曾被用于珊阇耶的王国，[1]十世纪时它将成为在同一个权力下合并了该岛中部和东部的一个国家的正式国名，在那之后，它便不再仅仅代表爪哇东部。可是，鉴于该地区南部的所有建筑物有一个共同特征，都是用于丧葬的，因此这些统治者的格勒栋（即王宫）所处的位置可能更靠北。[2]

随着巴里栋的出现，我们离开了一个总的说来相当不清楚的时期，又脚踏实地了。一些迹象使人考虑到巴里栋出生于该岛东部，通过联姻获得了治理中爪哇的权利。[3] 在他统治期间从 899 年到 910 年陆续刻制的碑铭中，[4]第一次出现了马打兰这个名字。看来巴里栋有这样的意图，利用他跟前几朝确实有过的或者是虚构的关系，恢复信奉湿婆教的传统，这个传统曾被信奉佛教的夏连特拉王朝的那段历史插曲所打断。[5]

国王达克夏约于 913 年继承了巴里栋的王位，[6]此人曾在其前

---

① 参阅本书边码第 167—168 页。

② W. F. 斯图特海姆：《Oudheidkundige Aanteekeningen》，BEI.，第 89 期，1932 年，第 278 页；第 90 期，1933 年，第 287 页。

③ N. J. 克罗姆，前引书，第 187 页。

④ 这些碑铭把他称为：东部的巴里栋大人拉凯哇杜古拉和室利伊湿伐罗首罗乌德瑟弗统加（或者中部的萨摩罗统加特尔莫德耶默哈森普）。至于这些碑铭的名单及其年代，见 L. C. 达梅斯的《注有日期的印度尼西亚碑铭录》，前引期刊，第 42—51 页。

⑤ N. J. 克罗姆：《印度化爪哇史》，第 191 页注 1。——R. 戈里斯：《马打兰王朝的统一》，Feestbundel Bat. Gen.，1929 年，第 I 期，第 202 页。

⑥ 关于这个日期，见 L. C. 达梅斯的《碑铭释录》，TBG.，第 LXXXIII 期，1949 年，第 25 页；《用珊阇耶纪元的碑铭的年代》，BEFEO.，第 XLV 期，1951 年，第 42 页及其后文。

任的契据中以几位最高大夫(勒格里恩里希诺默伯迪伊希诺)之一 236
的身份出现过。[①] 达克夏和巴里栋一样,把爪哇中部和东部都聚集在自己的权力之下,也是居住在日惹地区。可能就是他派人在巴兰班南修建了古建筑洛罗琼格伦,作为其前任的陵庙。[②] 巴里栋原籍东爪哇,大概可以说明为什么该建筑群的艺术风格会同爪哇岛东部的艺术相似。[③] 无论怎样说,起始于 717 年 3 月 18 日的珊阇耶纪元就是达克夏创立的,这种纪元已被 910 年(在他即位前)和 913 年的两块碑铭证实。[④]

达克夏在位的时间很短暂,他的继承者杜洛棠和哇哇在位的时间也很短。

有关杜洛棠的年代,我们知道 919 年至 921 年,看来他仍然同时统治着中爪哇和东爪哇。[⑤] 自 919 年起,在他的一块碑铭上出现了新托大人拉凯赫卢这个名字。[⑥] 新托大概是达克夏的孙子,十年之后他登上了王位。

① N. J. 克罗姆:《印度化爪哇史》,第 188 页。他的全名是达克夏巴胡瓦伊拉普拉蒂帕克夏克夏耶。

② R. 戈里斯,前引期刊,第 206 页。

③ 出处同上。——W. F. 斯图特海姆:《Oudheidkundige Aanteekeningen》,BKI.,第 90 期,1933 年,第 267 页。

④ "这种新纪元以昔日一位伟大的统治者的名义创立,使达克夏和珊阇耶之间有特殊关系(亲戚关系?),这个假说变得可以接受了"。L. C. 达梅斯:《用珊阇耶纪元的碑铭的年代》,BEFEO.,第 XLV 期,1951 年,第 62 页。

⑤ N. J. 克罗姆,前引书,第 194 页(杜洛棠大人拉凯拉扬,善人至尊阿努罗迦顿伽)。——参阅 H. B. 萨加尔的《卡维乌尔孔登研究地理概论》,BKI.,第 CV 期,1949 年,第 107—110 页。——L. C. 达梅斯:《注有日期的印度尼西亚碑铭录》,前引期刊,第 52—55 页。

⑥ N. J. 克罗姆,前引书,第 196 页。

哇哇927年至928年间在位。[①] 丞相仍是新托。发现碑铭文献的地点表明，在哇哇统治期间，该王国的行政中心已东迁，然而
237 我们还是无法肯定该岛中部已经被放弃。但无论怎样，他的所有碑铭都只是出自东爪哇。

不论确切与否，据称，哇哇约于927年出家为僧，教名瓦吉希弗勒，[②]但是可能继续保持着名义上的权利，因为他的继承人新托第一次行使权力的日期是929年。[③]

新托的登基标志着马打兰王国的首都最终东迁到了赛马鲁山和维利斯山之间。这次迁都，在考古学方面表现为中爪哇的衰落，继而被放弃，同时东爪哇的建筑却很多。但是迁都的原因并未完全弄清楚。[④] 有一位学者曾想到地震或者瘟疫使该岛中部地区荒芜了。[⑤] 也有人发表了这样的假说，认为有一个诸侯在东爪哇闹独立，进而并吞了宗主国，[⑥]就像真腊即柬埔寨人的诸侯国对扶南所做的那样。有人最后还想到了夏连特拉王朝从苏门答腊反攻回来，或者至少是因为爪哇的统治者们要想远离那些

① 关于这个年代，见L. C. 达梅斯的《注有日期的印度尼西亚碑铭录》，前引期刊，第54—57页。他的全名为：哇哇大人拉凯潘卡亚，室利毗阇耶罗迦那磨顿伽。

② W. F. 斯图特海姆：《公元927年关于瓦吉希弗勒王的记载》，TBG.，第75期，1935年，第420页。

③ 室利伊舍那毗讫罗摩达尔摩统伽代弗。

④ 见《东南亚研究所通讯》(n°6，1948年3月)中的讨论，其中列举了B. 斯赫里克的研究(载《第二十二届地理工作者假期讲习班报告集》，阿姆斯特丹，1941年)。

⑤ J. W. 埃伊泽曼：《Beschrijving der oudheden nabÿ de grens der residentie's Soerakarta en Djogdjakarta》第5页，巴达维亚，1891年。

⑥ P. J. 费特：《爪哇》，卷I，第45页。——J. L. A. 布德代斯：《荷属东印度百科全书》，卷III，第132页。

危险的对手，因为这些人时刻准备要求收回他们国家昔日的摇篮。[1] 有一点是肯定的：尽管放弃了中爪哇，但是精神上的联系并没有断绝，因为统治着东部的国王们仍然祈求马打兰的诸神保祐。

尽管像我所说的那样，新托大概是达克夏的孙子，但是直到十三世纪初，在其号室利伊夏纳(维格勒默特莫敦格代弗)之下， 238
人们一直把他视为该岛东部强大的爪哇王国的创建者。这次迁都的结果是室利佛逝再次进犯该岛西部，我们将看到 942 年苏门答腊的这个王国又在那里把巽他的一个王公捧上了王位。[2] 新托的碑铭达二十余块之多，分别立于 929 年至 948 年之间，[3]它们是研究马塔兰王国的组织形式及其制度的最宝贵的资料。这些碑铭都发现于布兰塔斯河上游，我们大概可以把该地区的几座建筑物(在贝拉汉、冈西尔山和桑加里蒂等地)都归功于他，[4]此外这些建筑物中没有任何一座与其先王们在克杜平原上修建的建筑物相类似。

① N. J. 克罗姆：《印度化爪哇史》，第 208 页。——J. L. 芒斯：《室利佛逝、爪哇和迦陀诃》，TBG.，第 77 期，1937 年，第 411 和 442 页。

② F. D. K. 鲍斯赫：《茂物地区的马来文碑铭》，BKI.，第 C 期，1941 年，第 49—53 页。

③ 关于这两个日期，见 L. C. 达梅斯的《碑铭释录》，前引期刊，第 26 页；《注有日期的印度尼西亚碑铭录》，前引期刊，第 56—63 页。尽管有这么丰富的碑铭，但是新托的历史真实性，甚至他的存在仍然受到 C. C. 伯格的怀疑(参阅《爪哇的编史工作》，载 D. G. E. 霍尔的《东南亚的历史学家》，伦敦，1961 年，第 18 页)。关于 C. C. 伯格的意见，见本书边码第 338 页。

④ N. J. 克罗姆：《Inleiding tot de Hindoe-Javaansche Kunst》，卷 II，第 27—35 页和第 307—309 页。

爪哇文的《罗摩衍那》的写作时间最迟可以定在他统治时期，①并且尽管他的碑铭和建筑物明显地带有婆罗门教的特征，但我们还是把禅巴拉苏耶哇拉纳编撰的名为《大乘真言圣典》的著作的成书年代确定在他统治的时期，②这是一部佛教密宗的论著，对
239 于了解爪哇的佛教和解释爪哇的建筑学和肖像学均极为珍贵。

据爱尔棱加的一份1041年的碑铭记载，③继承新托的是新托的女儿伊沙诺栋卡威查耶，她和一个叫罗卡巴拉的人结了婚。

玛库达旺夏跋达拿是他们的儿子，继承了王位。像我们将要看到的那样，他的女儿玛亨特拉大达嫁给了巴厘的一个王公，除此之外，我们对玛古达旺夏哇尔达纳便毫无所知了。

从八世纪或九世纪开始，巴厘岛出现了佛教的一些痕迹，这些痕迹可能源出爪哇或苏门答腊，但也可能是从印度直接带来佛教的结果。新托在爪哇登基之前不久，我们看到巴厘出现了第一批注有日期的文献资料。896年和911年的两份碑铭上没有任何国王的名字，但是914年的一块是以厄蒂伯迪④室利盖瑟里弗默的

① R. Ng. 保尔巴蒂亚拉卡：《古爪哇语〈罗摩衍那〉年代考》，《Gedenkschrift van het Koninklijk Instituut voor de Taal-，Land-en Volkenkunde van Nederlandsh-Indië》，1926年，第265页；《古爪哇语〈罗摩衍那〉》，TBG.，第72期，1932年，第151页。——C. 霍奥伊卡斯起初曾认为可以确定爪哇语的《罗摩衍那》是一位名叫瑜伽自在天的诗人写的（VKI.，第XVI期，1955年），但是他在一篇文章里抛弃了此说，另一方面他又指出，这篇诗作直接受到了梵文《跋底诗集》的启发（《古爪哇语〈罗摩衍那〉》，VKNAW-AL.，阿姆斯特丹，第LXI期，n°1，1958年）。

② 该书已由J. 卡茨编辑出版（海牙，1910年），并由K. 武尔弗译成德文（哥本哈根，1935年），见：《Historisk-filologiske Meddelelser》，第XXI期，4。——参阅N. J. 克罗姆的《印度化爪哇史》，第219页。

③ L. C. 达梅斯：《注有日期的印度尼西亚碑铭录》，前引期刊，第62页注8。

④ “adhipati”在我国佛经中译作“增上”，其意为“势力强大者”。——译者

名义刻制的。[1] 次年出现了邬格拉斯纳(915—939 年)的第一块碑铭,他统治着辛赫门德弗,即辛赫德瓦勒补罗。这些碑铭使我们知道了一个印度化了的巴厘社会,它独立于爪哇之外,使用一种该岛特有的方言,同时奉行湿婆教和佛教。[2]

953 年的一块碑铭上提到了一个国王,在他的所有名字中,有一个为阿耆尼。

从 955 年开始,巴厘的碑铭都出于一个王朝,该王朝所有国王的名字均以哇尔玛德哇结尾:[3]

955 年,达巴宁特拉哇尔玛德哇和苏珀德里加弗默提鞞; 240

960 年,詹特拉巴耶辛哈哇尔玛德哇;

975 年,查纳沙杜哇尔玛德哇;

984 年,室利威查耶玛哈德威。[4]

然后,从 989 年至 1011 年,碑铭都是用邬达耶纳(达尔摩达耶纳哇尔玛德哇)国王和玛亨特拉大达(顾纳勃里耶达尔玛巴特尼)王后的名义立的,我们刚才看到,后者是新托的孙子玛库达旺夏跋达拿的女儿。这次同爪哇人的联姻导致了婆罗门教更大规模地进入巴厘,也引进了爪哇文化,特别是引入了密教。此外还有一个结

① L. C. 达梅斯:《萨努尔的小圆柱》,BEFEO.,第 XLIV 期,1947—1950 年,第 121—128 页;《注有日期的印度尼西亚碑铭录》,前引期刊,第 82—83 页。

② W. F. 斯图特海姆:《巴厘的古文物》(《der Kirtya Liefrinck van der Tuuk》,第 I 期,1929 年);《印度对古巴厘艺术的影响》,印度学会,1935 年。——R. 戈里斯:《关于用古巴厘文写的文献资料》,载《爪哇》,第 XVI 期,1936 年,第 88—101 页。

③ 见 BEFEO.,第 L 期,1962 年,第 482—483 页上 L. C. 达梅斯对 R. 戈里斯关于这个王朝的一篇文章所作的摘要。

④ L. C. 达梅斯在《注有日期的印度尼西亚碑铭录》(前引期刊,第 85 页注 5)中,提出把这位女王考证为新托那个名叫室利伊沙诺栋卡威查耶的女儿。

果是 1011 年爱尔棱加的诞生，[①]他是爪哇未来的统治者，其历史将在下章叙述。

关于婆罗洲(勃泥)岛，[②]来自中国史籍的最早的有关资料也可以追溯到同一个时期(977 年)，我们记得，婆罗洲很早便与印度文化发生了关系。

让我们回到爪哇问题上来吧。

约 990 年，玛古达旺夏的儿子(或女婿)达尔玛旺夏德古阿南达威格拉莫上台，[③]他开始对室利佛逝实行侵略政策，《维拉德伯弗》诗篇在他统治期间的 996 年写成。关于当时对室利佛逝采取侵略政策，至少是从爪哇和室利佛逝的使者 992 年告诉中国朝廷

241 的情况中可以得出的结论。他们讲三佛齐受到阇婆侵犯，两国之间经常处于战争状态。[④] 下一章我们将看到，爪哇 990 年左右那次入侵的结果大概导致了苏门答腊王国的反攻，[⑤]我们有充分的理由认为，苏门答腊的这个王国的反攻是 1016—1017 年的出征、爪哇国王之死和爪哇王宫被毁的原因。

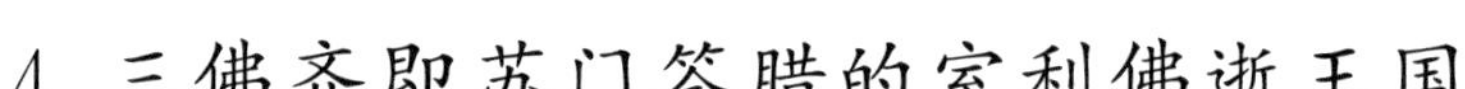

4. 三佛齐即苏门答腊的室利佛逝王国

N. J. 克罗姆在《印度化爪哇史》中，对苏门答腊的这个王国为

---

① L. C. 达梅斯:《注有日期的印度尼西亚碑铭录》前引期刊，第 62 页注 5。

② W. P. 格罗内维尔德:《马来群岛简志》，VBG.，第 39 期，第 108 页。

③ L. C. 达梅斯:《注有日期的印度尼西亚碑铭录》，前引期刊，第 63 页。

④ W. P. 格罗内维尔德，前引期刊，第 18 和 65 页。——G. 费瑯:《苏门答腊的室利佛逝帝国》，JA.，1922 年 7—9 月号，第 18—19 页。

⑤ L. C. 达梅斯:《关于达尔玛旺夏征三佛齐的记载》，载《第二十二届东方学家国际大会会刊》，伊斯坦布尔，1951 年，第 323 页。

保护其享有特殊利益的地位而被迫采取的必要措施作了一段出色的描绘。[①] 对于在群岛这一区域的航海者来说,选择中途停靠港很受限制,因为它必须具备以下条件:是一个具有一定文明程度的中心地,能满足地理方面的一些要求,有一个优良的港湾(如江河的出海口)和安全的锚地。但是要占有并保护这样的中途港,非不断地依靠武力不可。中途港的主人要维持垄断权,就必须使他的对手们中立,或使他们从属于自己,以便腾出手来控制海峡贸易,让海峡两岸都感到他的势力。

在那些敏锐的阿拉伯-波斯商人看来,[②]扎巴格的摩诃罗阇之
所以有力量,就因为占据着这几个海峡的两岸。在他们的记述中, 242
一再重复肯定,摩诃罗阇同时统治着卡拉(马来半岛克拉地峡以北部分)[③]和斯里布扎(室利佛逝＝巨港＝苏门答腊)。下边是其中一个商人 916 年左右的记载:[④]

① 《印度化爪哇史》,第 113—114 页。

② 关于所有这些文献,参阅 G. 费琊的《阿拉伯人、波斯人和土耳其人所写的与八至十七世纪的远东有关的游记和地理文献》,巴黎,1913 年。——《苏门答腊的室利佛逝帝国》,JA.,1922 年 7—9 月号,第 56—57 页。

③ 关于卡拉,见 J. 索瓦热的《中国与印度的关系》,巴黎,1948 年,第 43 页;O. W. 沃尔特,BSOAS.,第 XXI 期,1958 年,第 602 页;P. 惠特利:《黄金半岛》,第 224 页及其后文。〔补遗〕:关于卡拉的定位问题,见 S. Q. 法蒂米的《卡拉探》,JSEAH.,第 I 期,2,1960 年,第 65 页。

④ 这里所用的材料部分是根据阿布扎伊德西拉弗为补充 J. 索瓦热 1948 年发表的《中国与印度的关系》一书而收集的资料。J. 索瓦热是一位卓越的阿拉伯语言文化研究者,他过早地去世了。他在去世之前曾诚恳地向我指出,"阿拉伯人用来称室利佛逝帝国的所谓名称'Sribuza'是不存在的:根据阿拉伯语最早的音译方案(在这种音译方案中,外文中的'v'被译作'b','j'作'z';我们还可以举出其他许多例子),阿拉伯语的拼写'Srbza'应当理解为'Srvja'。它确实正好可以音译'Çrivija(ya)',但当然是没有元音符号。最后一个音节的省略可能是偶然的,然而也可能是有意的,因为'-ya'这个音节可能被当作了阿拉伯语中不写出的词尾'-ya'"。

“扎巴格城与中国(隔海)相望。彼此间的距离走海路需一月，若顺风，则费时更少。该城的国王名叫摩诃罗阇……据说该城面积为 990 帕拉桑热。[①] 这位国王同时统治着散布在 1,000 帕拉桑热，甚至更大的范围内的大量岛屿。在他所统治的那些国家中，有一个叫作斯里布扎的岛屿，面积为 400 帕拉桑热，还有一个岛叫拉米(亚齐，在苏门答腊北部)，其面积为 800 帕拉桑热……位于中国到阿拉伯中途上的滨海国卡拉也是摩诃罗阇属地的一部分……从奥曼来的船只就进入这个港口，到奥曼去的船亦从该港出发。摩
243 诃罗阇的权力遍被这些岛屿。他自己居住的那个岛极为肥沃，居民点星罗棋布。有一个人报道(他的证据是值得信任的)：清晨，当这个国家的雄鸡啼鸣起来时，犹如阿拉伯的情形一样，它们在这个国家达 100 余帕拉桑热之阔的大地上相互呼应，因为那里的村庄毗连，十分密集……”

995 年，地理学家马苏迪夸大其词地谈到“扎巴格诸岛(包括卡拉、斯里布扎及中国海中的其他岛屿)之王摩诃罗阇的王国。各岛国王都被称为摩诃罗阇。摩诃罗阇的这个帝国人口众多，并拥有庞大的军队；即便乘最快的船，任何人也无法在两年内遍游那些有人居住的岛屿。岛民们的国王所拥有的动物性香料和植物性香料之多，是其他任何国王都不能比拟的。他的土地上出产樟脑、芦荟、丁香、檀香、肉豆蔻、小豆蔻、荜澄茄等等……”[②]

---

① 帕拉桑热(parasange)约等于 6.25 公里。

② G. 费琊：《阿拉伯人、波斯人和土耳其人所写的与八至十七世纪的远东有关的游记和地理文献》，巴黎，1913 年，第 109—110 页；《苏门答腊的室利佛逝帝国》，前引期刊，第 63 页。

至于中国人，则认为室利佛逝变成了三佛齐，[①]从 904(905)年开始，它数次遣使中国朝廷。三佛齐是中国同印度的全部贸易必经的那些海峡毋庸置疑的主宰。[②] 但是由于室利佛逝变成了一个 244
经济大国，看来它已忽视了七世纪曾招来中国商僧义净的那些精神标准。的确，当爪哇的国王们使他们的岛屿上布满宗教建筑时，室利佛逝的统治者们却忙于照料海上贸易，很少花时间去建造坚固耐久的建筑物，他们只给我们留下了一些毫无价值的砖塔和为数极少的碑铭。

在这些国王中，《宋史》提到了 960 年的悉利胡大霞里檀和 962 年的室利乌耶，[③]这两个名字可能是同一个名字“Çri Udayâditya”(varman)的两个音译。[④] 有关 971、972、974 和 975 年几次遣使的记载均未提到任何国王的名字。980 年和 983 年的使团是一个名叫夏池的国王派遣的，夏池在马来语中作“Haji”，是一个普通的国王称号。983 年，就是在夏池治下，“僧法遇自天竺取经回，至三佛齐，遇天竺僧弥摩罗失黎语不多令，附表愿至中国译经”。[⑤]

---

① 这个音译尚未得到完全令人满意的解释。L. 鄂卢梭试图把“三”解释为应该读作“室”(即 Çri)的一个方块字的误译(BEFEO.，第 XXIII 期，第 477 页)，这种尝试似乎未能说服汉学家们。总之，“佛齐”跟“vijaya”则肯定是一致的。

② 971 年在广州开设的商馆接待的外国人中有三佛齐人(W. W. 罗克希尔：《十四世纪中国同东印度群岛和印度洋沿岸的关系和贸易考》，PT.，第 XV 期，1914 年，第 420 页注 1)。980 年，《宋史》(见下注)提到三佛齐国蕃商至潮州(汕头)。985 年，《宋史》提及来自三佛齐的一个纯商业使团。

③ W. P. 格罗内维尔德，前引期刊，第 62—68 页。——G. 费瑯：《苏门答腊的室利佛逝帝国》，前引期刊，第 15—22 页。

④ J. L. 芒斯：《室利佛逝、爪哇和迦陀诃》，TBG.，第 77 期，1937 年，第 457 页。

⑤ E. 沙畹：《佛陀伽耶的中文文书》，载《宗教史杂志》，第 XXXIV 期，1896 年，第 52 页(根据《宋史》，卷四百九十)。

《宋史》说:“端拱元年(988 年),遣使蒲押陀黎贡方物。淳化
245 三年(992 年)冬,广州上言:‘蒲押陀黎前年自京回,闻本国为阇婆
所侵,住南海凡一年,今春乘舶至占城,偶风信不到,复还。乞降诏
谕本国’。”①

我们知道,同年(992 年)爪哇使节到中国提供了与此相符的情况,说他们的国家经常与三佛齐发生战争,但是他们所未讲的,就是那次侵略是爪哇发动的。② 可能是由于中国一定程度上的赞助,或者可能仅仅是默许,鼓励了室利佛逝对爪哇进行报复,关于这个问题,将在下章谈。

5. 缅甸

在缅甸,本章所论述的这个时期,编年史不论对蒲甘还是对白
古都继续提供了一些国王的名单,③由于缺乏碑铭和中国史籍方
面的印证,与这些国王有关的材料无法核实。这些编年史显然从
传奇和民间传说中借取了材料。931 年,编年史将一个篡位者良
246 宇修罗汉安置在王位上就属于这种情况。大概是从前的一个园丁

① 此段法文与《宋史》原文略有出入,现据《宋史·三佛齐传》卷四百八十九订正。——译者

② 根据 L. C. 达梅斯的研究(《胡荣兰吉碑铭的年代》,BEFEO.,第 L 期,1962 年,第 284 页),在苏门答腊南部的一块用古马来语刻写的、注明年代为 997 年的碑铭中,可以看出有爪哇的影响。这种影响大概是这次战役的间接结果。

③ A. P. 费尔:《缅甸史》,第 280 页。——G. E. 哈威:《缅甸史》,第 364 和 368 页。——貌拉:《统治过特耶凯德亚(古代卑谬)和蒲甘的缅甸诸王年表》,JBRS.,第 XIII 期,1923 年,第 93 页。

杀死了国王梯因屈(Singho),因为国王采了他园子里的黄瓜。[①]然而当代柬埔寨王朝的起源也是一个这样的故事,并且我们还知道关于这个故事的其他一些说法。[②]

据缅甸编年史记载,[③]那个篡权的园丁964年又被混修恭骠推翻,后者是正统王位继承权的代表,他娶了其前任的三个王后。但是,986年园丁和前两个王后生的两个儿子将国王诱至一所寺院勒逼他出家。兄长弃须执政六年之后,在一次狩猎时丧生。弟弟须迦帝992年继承了他的王位。1044年,须迦帝被混修恭骠与第三个王后生的儿子杀死,此人就是著名的阿奴律陀(Aniruddha),他的历史将在下一章叙述。

① G.E.哈威,前引书,第18页。

② 出处同上,第315页。——参阅E.于贝的《成了国王的弑君园丁》,BEFEO.,第V期,第176页;R.巴拉达的《桑雷人》,BEFEO.,第XLI期,第11页。

③ G.E.哈威,前引书,第19页。这位作者提供的那些日期好像太早,因为按这些日期,须迦帝在位的时间过分长了,而且阿奴律陀死的时候就将近百岁了。

第九章　三位伟大的国王：柬埔寨的苏利耶跋摩一世、爪哇的爱尔棱加和缅甸的阿奴律陀（十一世纪的前七十五年）

1. 柬埔寨：苏利耶跋摩一世（1002 至 1050 年）与向西部的扩张；优陀耶迭多跋摩二世（1050 至 1066 年）

247 无论是吉蔑文碑铭，还是汉文典籍，都没有说明苏利耶跋摩一
世得以登上柬埔寨王位的原因。这位出身于太阳家族的统治者和
其先王们的亲属关系大概纯系官方家谱学者们的杜撰。后来，公
元十五至十六世纪时写于清迈的关于湄南河上游诸小国的编年
史，仅仅提供了一些有关强大的吉蔑王国在湄南河流域扩张的资
248 料。然而，过分相信这些资料未免轻率。

公元十一世纪头十年的吉蔑碑铭，提到三位国王。他们之间的关系脉络不清，但是，看来他们彼此是对立的。

1001 年，即阇耶跋摩五世的外甥优陀耶迭多跋摩一世——已知的他仅有的两块碑铭，一块在戈格[1]，另一块在姆卢波雷[2]——登基的那一年，湄公河上松博的一块碑铭[3]和磅同附近的另一块碑铭[4]提及一位王公，他的名字叫苏利耶跋摩，号为"甘特万"。这个称号似乎表示他是母系的直系尊亲属[5]。在上述地区，还有他刻于次年，即1002年的两块碑铭[6]。1003年至1006年间，出现了一位名叫阇耶跋罗跋摩的国王，他的碑铭[7]声称他自1002年就在吴哥的王位上。在这以后，苏利耶跋摩在国都就成了无可争议的主人。1011年，他令人在王宫入口处的亭阁门洞上刻下那篇誓词，在末尾作为署名的是许多很长的达官贵人的名单[8]。

从这些碑铭中我们所能了解的[9]，就是1001年优陀耶迭多跋
摩一世的就位引起了阇耶跋罗跋摩和苏利耶跋摩的争夺。前者 249
至少于1003年至1006年统治过吴哥，后者则曾定居于柬埔寨东部。1005年到1007年间，苏利耶跋摩领导了一次毁灭性的远征，许多圣地毁于兵燹。上述碑铭对此也有所记载[10]。其中一

① BEFEO.，XXX，第15页注2。

② 波罗萨克纳的碑铭，出处同上，XI，第400页。

③ BEFEO.，XXVIII，第142页。

④ 罗邦洛密的碑铭，出处同上，XXXIV，第422页。

⑤ 《柬埔寨碑铭集》，卷VI，第9页注3。

⑥ 见上注4。

⑦ 参见前引期刊，第423页和G.赛代斯：《柬埔寨碑铭集》卷I，第189页。——L.P.布里格斯在《吉蔑帝国与马来半岛》(《远东季刊》卷IX，1950年，第285页注125)一文中考证阇耶跋罗跋摩即优陀耶迭多跋摩之兄那罗波帝毗罗跋摩(《波罗萨克纳的碑铭》，见前引期刊，注2)。他接受了F.D.K.鲍斯赫把那罗波帝毗罗跋摩考订为巴厘国王那罗塔玛(见本书第205页注⑥)的假设。

⑧ G.赛代斯《柬埔寨碑铭集》，卷III，第205页及后。

⑨ 参阅BEFEO.，XXXIV，第424页。

⑩ BEFEO. XXXIV，第425页；及第XLIII期，第122页。

块碑铭写道：[1]“他从另外一群国王中的一位手里夺得了王国。”战争持续了九年[2]，苏利耶跋摩在吴哥登基应当追溯到1010年前后。但是，后来在他的碑铭中，他又把自己就位的日期提前到1002年，即优陀耶迭多跋摩一世死去或销声匿迹的那一年。

苏利耶跋摩一世声称他是因陀罗跋摩家族母系的后裔[3]，并且通过他的妻子毗罗拉克什弥把自己和耶输跋摩的儿子们联系起来[4]。前一个说法无从证实。至于第二个说法，毗罗拉克什弥这个名字似乎表明了这位王后与阇耶跋罗跋摩有某种亲属关系。在此，我们看到了国王通过与先王的妻子或女儿结婚以使其统治合法化的又一例证[5]。

苏利耶跋摩一世给予佛教的恩典使他得到涅槃波多的谥号。
250 诸说混合的佛教[6]从未中断过对提和罗耶的崇拜。斯多卡通的碑铭中写道[7]：“在他统治下，（提和罗耶的祭司）家族全体成员一如既往，为提和罗耶举行仪式。”苏利耶跋摩一世甚至在这个家族中挑选了大祭司湿婆差利耶的侄子娑陀湿婆，让他还俗，把自己的一个姨子许配给他，并将他提升到甘斯登·室利—阇延陀罗槃底多的显位，这是娑陀湿婆在其生涯中迈出的第一步，他在后来的统治

① 《波列坎和磅斯威的碑铭》，前引期刊，第IV期，第676页。

② 前引期刊，第XXXIV期，第427页。

③ G.赛代斯：《提浦代寺的两块碑铭》，见《S.累维的学生献给他的印度学论文集》，第216页。

④ 出处同上，并见《柬埔寨碑铭集》卷1，第196页。

⑤ P.杜邦认为，更可能是与先王的女儿结婚。见BEFEO.，XLIII，第36页注2。

⑥ 参阅本书边码第224页。

⑦ BEFEO.，XV，2，第91页；XLIII，第121页。

者手下更加飞黄腾达。娑陀湿婆—阇延陀罗槃底多继承了叔叔开创的事业，“重建国王兴兵时被毁的寺庙”。[①]

我已提到过，当苏利耶跋摩一世在吴哥登基时，一些官员庄严宣誓，誓词镌刻在王宫的入口处。看来，茶胶的披梅那卡寺，特别是该寺的拱形长廊的竣工[②]以及王宫各入口处的门阁的建造也是他登基的标志[③]。我们可以确定是他建造的其他重要建筑还有芝索山寺[④]以及柏威夏寺[⑤]和磅斯威的波列坎寺[⑥]的部分建筑。其中芝索山寺的名字令人想到该寺所在的山丘的旧称（苏利耶波伐多，即“太阳之山”或“苏利耶〔跋摩〕之山”）。所有这些建筑和碑铭[⑦]使我们得知的那些身居高位的婆罗门学士的名字联系在一起[⑧]。

在1012年或稍晚，大概苏利耶跋摩一世觉得受到了威胁，他
便赠给罗贞陀罗朱罗一世一辆战车[⑨]，向他求援。R. C. 马君达认 251
为[⑩]，其威胁可能来自建都于迦陀诃的室利佛逝王摩诃毗阇耶滕
伽跋摩。我们将看到不久之后，罗贞陀罗朱罗一世就对室利佛逝
王发动首次讨伐。

① BEFEO.，XV. 2，第91页；XLIII，第121页。

② G. 德·高拉尔·雷米扎，V. 格鲁贝和G. 赛代斯：《茶胶寺年代考》，BEFEO.，XXXIV，第401页。

③ H. 马夏尔在《吴哥通王宫入口处的亭阁》一文中对此曾作过描述。Et. Asiat. BEFEO.，卷II，第57页。

④ G. 格罗利埃：《芝索山寺》，《吉蔑的考古与艺术》，卷1，第65页。

⑤ H. 帕芒蒂埃：《古典吉蔑艺术》，卷I，第338页。

⑥ H. 莫热：《磅斯威的波列坎寺》，BEFEO.，XXXIX，第197页。

⑦ 艾莫涅：《柬埔寨》卷III，第500—502页。

⑧ L. 德·拉戎基埃：《柬埔寨寺庙明细册》卷III，第427页和432页。

⑨ 《印度碑铭学年报》，1949—1950年，第4页。

⑩ 《罗贞陀罗朱罗王的海外远征》，AA，XXIV，1962年，第341页。

关于吉蔑在湄南河流域的扩张，清迈的各种巴利文编年史，如《差玛提鞞世系》（写于十五世纪初）[①]、《佛教史》（成书于1516年）[②]和《宗教本源志》[③]中，都对有关事件作了如下记载：

一位名叫阿特罗沙多迦（又作特罗巴迦、巴迦）的哈里奔猜（南奔）国王进攻了优支陀庶迦伐帝（或作：优支达遮迦伐帝或优奇陀遮迦伐帝）统治下的罗斛（华富里）。正当两位国王准备交战之际，一个名叫苏吉多（或作：耆波迦、婆罗罗阇）的那空是贪玛叻（洛坤）国王率领一支强大的军队和舰队来到罗斛城下。在这个坐收渔利的第三者面前，两个死对头向哈里奔猜方向逃跑。优支陀先到哈里奔猜，自立为王，并娶了乘船南撤的对手阿特罗沙多迦的妻子。洛坤王苏耆多则自立为罗斛之主。三年之后，他的继承者，或者可

252 能是他的儿子[④]甘菩遮罗阇到哈里奔猜向优支陀寻衅，但遭失败，不得不返回其国都。

如同我们所见，这出小戏有三个主要角色：两个争夺罗斛所有权的敌对国王[⑤]和一个从南方来的陌生国王，后者在罗斛自立为王，从而给两位对手做了裁决。他的继承者"柬埔寨人之王"后来又向在其新国家里安身的原罗斛王发动了一次失败的远征。我们认为可以把这位甘菩遮罗阇（即"柬埔寨人之王"。——译者）考订

---

① G. 赛代斯：《关于老挝西部政治和宗教史的文献》，BEFEO.，XXV，第158页——C. 诺东：《暹罗编年史》，卷II，第34—35页。

② G. 赛代斯：前引期刊，第80页。

③ 该书可能早于另外两部著作。曼谷编注本，1939年，第182、183页。

④ 据《差玛提鞞世系》，见BEFEO.，XXV，1925年，第159页。

⑤ 十一世纪初，罗斛在被柬埔寨兼并之前仍是一个独立的国家（是堕罗钵底的继承者？），《宋史》在写1001年时曾提到过它（BEFEO.，IV，第233页）。

为苏利耶跋摩一世，因为，即使上述编年史提到的柬埔寨和孟人王国哈里奔猜之间的冲突属于虚构，也不能否定苏利耶跋摩一世时期柬埔寨曾向大湖以西进行过扩张，他在这一地区留下的碑铭为数特多。对这些先前一直抛荒或略有开垦的领土的开发，是通过建造寺院和把闲置土地的所有权交给私人的方式进行的[①]。结果，建起了紧挨着寺庙的村庄，并通过灌溉工程耕作土地。

华富里的一组碑铭证实了公元十一世纪吉蔑人占领着湄南河下游[②]，其中至少有一块碑铭是苏利耶跋摩一世的。那么当时这位吴哥国王的统治权或宗主权向北一直扩展到了什么地方呢？据地方编年史记载，吉蔑人占领了包括整个湄南河流域和湄公河流域，直到景线而且可能更远的地区[③]。但是，那些我们可以确定受 253
到吉蔑影响的考古遗存都不超出湄公河上的琅勃拉邦[④]和湄南河上的素可泰（宋加洛）[⑤]，而且这些遗存还是十一世纪以后的。对于苏利耶跋摩一世时期的研究的谨慎做法是以华富里碑铭提供的详细情况作为根据。1022 年至 1025 年的一块碑铭告诉我们，在苏利耶跋摩一世统治下，属于佛教两个教派的僧侣（大乘的比丘和长老部的比丘）与从事瑜伽修行的婆罗门（瑜伽行者）在罗斛紧挨着坐在一起。另有一块吉蔑文碑铭是毗湿奴教的，该碑上注的年代已佚，但它应当可以上溯到差不多同一时期。“简言之，铭文证实在吉

① P. 杜邦：BEFEO.，XLIII，1943—1946 年，第 68—70 页。

② G. 赛代斯：《暹罗碑铭集》，卷 II，第 21—31 页。

③ G. 马司帛洛：《印度支那的政治地理》Et. Asiat. BEFEO.，第 94—103 页。——C. 诺东《暹罗编年史》，卷 I，巴黎，1926 年。

④ P. 莱维：《佛教传入琅勃拉邦的痕迹》，BEFEO.，XL，第 411 页。

⑤ 见本书边码第 356 页。

蔑帝国奉行的各种宗教在罗斛都有它们的僧侣和寺院；但在华富里，佛教寺院和塑像占首要地位，这证明即使在吉蔑人统治下，华富里的佛教仍保持着堕罗钵底王国时期它所拥有的重要地位。”[①]

1050 年年初[②]，苏利耶跋摩一世死后，得到涅槃波多的谥号。他的继承人是优陀耶迭多跋摩二世。他把杜利·真（意为“脚上的尘埃”）。佛·迦罗登·安·室利·阇延陀罗跋摩这个称号授予提
254 和罗耶原来的国师娑陀湿婆—阇延罗槃底多，这差不多是个国王的称号了。在此之间娑陀湿婆娶了王后毗罗拉克什弥的一个妹妹，那时他大概是这位新国王的导师[③]。

这位达官贵人属于提和罗耶国师的显赫家族，可能正是在他的鼓动下，优陀耶迭多跋摩决定为国王林伽新建一座比他的前任们建造的都更为壮丽的庙山。“考虑到在诸神所在地赡部洲中央耸立着一座金山（弥鲁山），因为出于好胜心，他便令人在他的城中央建立了一座金山。在这座金山顶部的一所天光闪耀的金庙里，他树起了一座金制的湿婆林伽”[④]。这座“表示三界”的建筑，无疑就是巴芳寺[⑤]。后来，十三世纪末时的中国人周达观说它“望之郁然”[⑥]。这座庙标志着一座城市的中心，该城的轮廓和今天吴哥通的城郭基本吻合。当时的这座国都还没有那些红土筑成的坚固城

① G. 赛代斯：《暹罗碑铭集》，卷 II，第 10 页。

② 根据将发表于《柬埔寨碑铭集》卷 VII 的波罗萨罗卢碑铭（见艾莫涅：《柬埔寨》卷 II，第 326 页），帕尔古纳月这个日期是 971 年上半月的第八天。

③ 《斯多卡通的碑铭》，BEFEO.，XV，2，第 93 页；XLIII，第 121、126 页。

④ 巴思：《柬埔寨的梵文碑铭》，第 139 页。

⑤ G. 赛代斯：《巴芳寺年代考》，BEFEO.，XXXI，第 18 页。

⑥ BEFEO.，II，第 142 页。

墙，这些红土城墙是阇耶跋摩七世后来修筑的。但是，城内已有纵横的渠道，昔日的渠道网已被重新发现[1]。

同时，国王下令在国都的西面挖了一个长8公里、宽2.2公里的大蓄水池，它比耶输跋摩的耶输陀罗德达格湖，即东巴赖湖还要大，可能后者当时已显示出干涸的征兆。他令人在这个西巴赖湖中心的小岛上建了一座寺庙，在庙旁安放了一座巨大的青铜像，它表现了歇息在大洋水面上陷入昏昏沉睡的毗湿奴神的形象[2]。 255

优陀耶迭多跋摩二世在历时16年的统治期间，忙于应付一系列暴乱。在巴芳寺的墙基上的一块梵文石碑[3]对桑格拉马将军受命镇压这些暴乱的情景做了史诗式的描述。巴芳寺是一座国王林伽庙，这位获胜的将军还向它奉献了战利品。

第一次暴乱于1051年爆发于该国南部地区，其首领是阿罗文多罗多，他“深谙射术，为一雄军之首，他凭借武力占领南方半壁疆土”。这个叛乱者被桑格拉马战败之后，“立刻逃入了占婆城”。

1065年，即优陀耶迭多跋摩二世统治的最末一年，又发生了两次叛乱。在西北地区[4]，“国王的一个能干的宠臣，名叫甘沃，是一个骁勇的英雄，国王委任他为将军之后，他却被荣耀蒙住了双眼，以怨报德，蓄意杀死赋予他荣耀的那个人，他率部队开出了他的城市”。在击伤了桑格拉马的颔部之后，他身中三箭而丧生。

① V.格卢贝：《吴哥通的双通围墙和通道》，Cahiers BEFEO.，第14期，1938年，第33页；《吴哥诸王时期的城乡水利》，《印度支那经济通报》，1941年，第5页。

② BEFEO.，XXXVI，第611页，图版93。

③ 《波利俄的碑铭》，见巴思：《柬埔寨的梵文碑铭》，第140页。——G.马司帛洛：《桑格拉马统帅》，载《印度支那杂志》，1904年，第8页。

④ E.艾莫涅：《柬埔寨史》，卷III，第507页。

不久，在东部，一个名叫斯尔瓦的人和他的弟弟悉底迦罗以及另一个名叫沙散帝蒲伐那的武士策动了新的叛乱。桑格拉马很快就制服了他们，并建造了许多宗教建筑来庆祝胜利。

我们不知道优陀耶迭多跋摩二世的谥号。1066 年，他的小弟弟曷利沙跋摩三世接替了他[①]。

2.1000 至 1074 年的占婆

在前一章我们已经谈到，面临来自北方的越南人的推进，占婆
256 第一次把国都后撤。公元十一世纪时，越南的压力增强，迫使占族放弃了北方数省。关于十一世纪占婆的情况，直到这个世纪中叶，都没有碑铭方面的材料，历史学家只掌握着一些中国和越南方面的原始资料。

占婆王杨普俱毗阇耶于十世纪末即位，1000 年撤出因陀罗补罗（广南），迁居佛誓（平定）[②]，1004 年到 1005 年间他遣使去中国，通报了这次迁都[③]。

1010 年之前，一位新王继位，他的汉名似为诃梨跋摩（三世）的音译，在位十余年[④]。

1018 年波罗蜜首罗跋摩二世曾遣使中国[⑤]，他的国家的北部

---

① G. 赛代斯：《柬埔寨碑铭集》，卷 I，第 222 页。

② 见本书边码第 232 页。

③ G. 马司帛洛：《占婆史》，第 132 页。

④ 同上。

⑤ 这段历史复原的正确性很值得怀疑。出处同上，第 133 页。

边境（即现在的广平）受到李太祖（越南李氏王朝的建立者）的长子（李）佛玛的进攻。1028 年佛玛继承了他父亲的王位，号李太宗。这次占族被打败，1026 年，占族再次遭到入侵。

1030 年至 1031 年间，毗建陀跋摩四世在位，他统治时期的情况不详，但那是一个动乱的时期。1042 年，他的儿子阇耶辛诃跋 257
摩二世向中国朝廷要求册封[①]。翌年，他洗劫了大越的沿海地区。为了复仇，李太宗准备从海路去讨伐占婆，1044 年他亲自指挥了这次远征。在大致为现今的承天一带进行的首次交锋中，占人被击溃，国王也在战场上被砍掉了首级。李太宗一直推进到佛誓，占领该城，掳走了后宫嫔妃[②]。

阇耶辛诃跋摩二世的继承者是个贵族家庭出身的武士，他登基时的王号为阇耶波罗蜜首罗一世，随着他的就位，碑铭又开始在南方出现了。由于“邪恶不驯，专干坏事，一向反叛其君”的宾童龙人拒不承认他，于是，阇耶波罗蜜首罗一世于 1050 年委派其外甥瑜婆罗阇·室利提婆罗阇·摩诃舍那钵底降服了宾童龙人[③]。为了祝捷，瑜婆罗阇在博克朗加赖山上建起一座林伽，还树立了一根凯旋柱[④]。同年，国王着手重建芽庄的浦那竭罗寺，并向该寺奉献了一批奴隶，其中有吉蔑人、中国人、普坎人（蒲甘的缅人）和暹人（暹罗人或泰人）[⑤]。出于与北方邻邦保持良好关系的考虑，阇耶

① 这段历史的复原也是假设性的。出处同上，第 134 页。

② 出处同上，第 134—136 页。

③ L. 芬诺：《宾童龙》，BEFEO.，III，第 645 页。

④ 出处同上，第 646 页。

⑤ 艾莫涅：《占语碑铭初探》，JA.，1891 年 1—2 月号，第 29 页。

波罗蜜首罗一世于1050年至1056年间，三次遣使去中国。1047年至1060年间，五次向大越派遣使者[①]。

关于阇耶波罗蜜首罗一世那昙花一现的继承者拔陀罗跋摩三
258 世，我们只知道他1061年时在位[②]。同年年底，他的弟弟律陀罗跋摩三世接替了他。律陀罗跋摩三世于1062年遣使去中国，于1063、1065和1068年三次派遣使团去大越。但是，他从一开始执政，就准备进行一场反对大越的战争。1068年年末，他发动了进攻。大越国王李圣宗迅速反击，率领船队直达占婆国都附近的室利皮奈(归仁)。他击败了据城抵抗的占婆军队。律陀罗跋摩三世连夜逃出城去，他的子民们投降了李圣宗，使这位皇帝轻而易举地入了城。

“李圣宗立刻派兵追赶逃跑的占婆王，在柬埔寨的领土上撵上并擒获了他(1069年4月)。翌月，李圣宗在占婆王宫里大宴群臣，为显示他战胜了占婆并使之化为乌有，他在龙庭的台阶上跳盾牌舞，玩羽球，同时，他急忙把他得胜和俘获占婆国王的消息报知宋神宗。据统计，佛誓共有人口2,560多户，城、郊房屋尽被他下令焚毁。”[③]

李圣宗把被俘的律陀罗跋摩三世及其家眷带回东京，1069年便释放了他，条件是放弃占婆北部三省，约相当于广平省和广治省。我们不知道这位被擒的占婆国王获释后，是否曾在这个深受动乱之祸和版图缩小了的国家中恢复其统治。所能肯定的是，从1044年建立的王朝于1074年左右与律陀罗跋摩三世一起消逝了。

---

① G.马司帛洛：前引书，第138—139页。

② 出处同上，第139—140页。

③ G.马司帛洛：《占婆史》，第141—142页。

3. 室利佛逝及其与坦焦尔的注辇王朝的关系（1003 至 1050 年）

前一章已写到在公元十世纪的最末十年，室利佛逝遭到爪哇的入侵，并向中国请求保护。十一世纪初，国王朱罗摩尼跋摩提婆继续和中国保持着最良好的关系。大法师法称的论著《现观庄严论》[①]就是在他的统治时期写成的。1003 年，“其王思离咮啰无尼佛麻调华遣使……来贡，且言本国建佛寺以祝圣寿，愿赐名及钟。上嘉其意，诏以‘承天万寿’为寺额，并铸钟以赐。”[②]1004 年、1008 年、1016 年、1017 年和 1018 年还有其他使团被派往中国[③]。

同时，在 1005 年前后，室利佛逝国王仿照其先王婆罗普陀罗
在孟加拉建造的那烂陀寺，[④]在那耆波多那（科罗曼德尔海岸的尼 260
加波县）建造了一座佛寺，名叫朱多摩尼跋摩毗诃罗，[⑤]朱罗罗阇罗阇一世把一座大村庄的收入奉献给该寺。

朱多摩尼跋摩提婆对当时的两个大国——中国和坦焦尔的

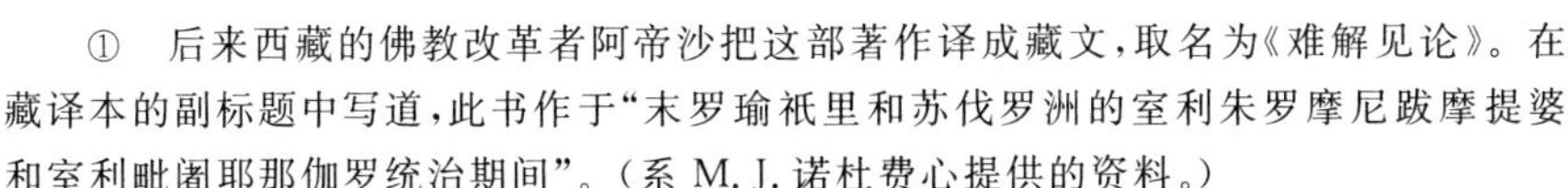

① 后来西藏的佛教改革者阿帝沙把这部著作译成藏文，取名为《难解见论》。在藏译本的副标题中写道，此书作于“末罗瑜祇里和苏伐罗洲的室利朱罗摩尼跋摩提婆和室利毗阇耶那伽罗统治期间”。（系 M. J. 诺杜费心提供的资料。）

② W. P. 格罗内温特：《马来群岛考释》，VBG. XXXIX，第 65 页。——G. 费瑯：《苏门答腊帝国》，JA.，1922 年 7—9 月号，第 19 页。

③ O. W. 沃尔特，BSOAS，XXI，1958 年，第 604 页。

④ 参阅本书边码第 204 页。

⑤ 该庙直至十九世纪中叶可能还存在（《印度文物》第 VII 期，第 224 页），约于 1868 年被基督徒所毁，参看 K. V. S. 埃耶：“莱登的大图版”，《印度碑铭》卷 XXII，第 229 页。——关于它的建造年代，请参阅 K. A. N. 萨斯特里：《室利佛逝史》，第 76 页。

注辇王朝，[①]尽管它们距室利佛逝路途遥远，但它们会成为，而且以后也证实了它们是危险的敌人。关于 1016 年爪哇突然出现的那场大灾难我们知之甚少，如果此事真的就是室利佛逝复仇的结果，那么就是他对两个大国的这种亲善态度使他的儿子摩诃毗阇耶滕伽跋摩能够腾出手来对爪哇 992 年的那次入侵进行了一次明显的报复。1008 年，摩诃毗阇耶滕伽跋摩确实已经在位，因为那一年他向中国入贡；[②]并且那块被称作“莱登大特许状”[③]的著名碑铭告诉我们：在 1014 年开始统治的罗贞陀罗注辇一世治下，[④]朱罗的这位新国王为他的父亲罗阇罗阇献给朱多摩尼跋摩毗诃罗寺的村庄颁布了一道诏书。在该诏书中，摩诃毗阇
261 耶滕伽跋摩被称作“夏连特拉家族的后裔，室利佛逝和迦陀诃的国王”（泰米尔碑铭称迦陀诃为吉荼罗）。在此同时提到室利佛逝（巨港）和迦陀诃（马来半岛上的吉打）一事，令人吃惊地证实了阿拉伯地理学家提供的证据。他们说扎巴格的摩诃罗阇就是斯里布扎和卡拉（克拉）的主人。[⑤] 帝国的两端，即苏门答腊和马来半岛，在上述两种情况下都是一回事：摩诃罗阇占据着海峡的两岸。

但是，当从室利佛逝诸王不再需要为实现对爪哇的入侵意图而与注辇暂时通好的时候起，他们为了保持在这一得天独厚地区

① 关于科罗曼德尔海岸（朱罗曼荼罗）因之而得名，并曾于九世纪中叶靠打击拔罗婆而获发展的注辇王朝，可参阅 L. 德 · 拉 · 瓦莱 · 普森的《印度诸王朝及其历史》，第 27 页。

② 《宋史》中将其名字简称为思离麻啰皮，即室利 · 摩罗毗的译音，有关这个名字和其先王姓名的考证，参阅 G. 赛代斯：《室利佛逝王国》，BEFEO.，XVIII，第 7 页。

③ 这份碑铭已由 K. V. S. 埃耶发表，见前引书第 213 页。——参看 K. A. N. 萨斯特里的著作，BEFEO.，XL，第 281 页。

④ 据 K. A. N. 萨斯特里的《室利佛逝史》（第 79 页注 3），罗阇罗阇死于 1014 年。

⑤ 见本书边码第 242 页。

的地位而不得不实行的扩张主义政策和贸易手段，就使他们立即与注辇的制海权发生了冲突。

早在 1007 年，罗阇罗阇就吹嘘地征服了 12000 个岛屿。[1] 十年之后，他的儿子罗贞陀罗注辇一世大概对袭击迦陀诃作了首次尝试，[2]以打击苏门答腊的夏连特拉人对半岛的所有权。[3] 即使确有其事，那也只不过是 1025 年的大规模进攻的前奏。罗贞陀罗注辇于 1030 年至 1031 年立在坦焦尔的碑铭，对 1025 年的袭击做了详细的记载。[4] 继派遣“大批战船进入波涛汹涌的大海和战胜吉 262
打兰国王僧伽罗摩毗阇瑜滕伽跋摩”之后，罗贞陀罗注辇先后征服了（下列地方）：[5]

① R. C. 马君达：《金洲》，第 171 页。K. A. N. 萨斯特里认为这里可能是指马尔代夫。见他著的《注辇王朝》第 220 页和《室利佛逝史》第 79 页，注 13。

② R. C. 马君达：前引书第 171 页，注 2。——K. A. N. 萨斯特里对这次远征的真实性提出异议，声称 R. C. 马君达的论证是没有根据的，见《注辇王朝》卷 I，第 254 页和《室利佛逝史》（同上注）。但是，马君达在《罗贞陀罗注辇的海外远征》一文中为他自己的论点提出了碑铭方面的新论据。见《AA》，卷 XXIV，1951 年，第 338 页—342 页。

③ 《宋史》中提到的于 1017 年遣使去中国的国王名叫霞迟苏勿吒蒲迷，即哈吉沙木陀罗仆弥，意为“苏门答腊王”（见 W. P. 格罗内温特：前引期刊，第 65 页；G. 芬诺：前引期刊，第 19—20 页）；——据 N. J. 克罗姆《苏门答腊释名》，BKI，1941 年，第 5—25 页，苏门答腊是苏婆那的同义词，可能由于和该岛北部的须文答剌港的名字形近义异而被叫开了。

④ 该铭文发表在霍尔茨的《南印度碑铭》卷 II，第 105 页和《印度碑铭》卷 IX，第 231 页——参阅 G. 赛代斯：《室利佛逝王国》，BEFEO，XVIII，第 4—5 页，第 9 页及其后各页；K. A. N. 萨斯特里，BEFEO，XL，第 286 页。

⑤ G. 赛代斯曾对这一名单作过研究，见前引期刊第 9 页及其后各页；G. P. 鲁法埃尔：《1400 年以前马六甲的贸易中心》，BKI，第 77 期，1921 年，第 76 页及其后；G. 芬诺：前引期刊，第 45 页，R. C. 马君达，前引期刊，第 175 页及其后。——在碑铭中，每个名字总伴有一个别名，它们的史料价值大可怀疑，因为这些别名无异是在玩弄同音异义的地理术语的游戏。这里举两个例子：大来大科拉（Talaittakkolam）的意思是“受到热衷于学问的伟人们的称赞”，因为在泰米尔语中，“kalai”即“知识”，而“takkor”即“学者”。另外，婆来般度卢（Valaippandûru），是说“同时拥有耕地和荒地”，因为“Vilaippu”即“播种”，而“tûru”即“荆棘”。

室利佛逝（巨港），

班内（马六甲对岸的苏门答腊岛东海岸上的巴内），

末罗游（公元七世纪时叫末罗瑜，即占碑），

摩日罗亭（中国人称之为日罗亭，[1]在马来半岛某处），

伊凌牙斯加（凌牙斯加），[2]

摩保琶来（波帕罗，僧伽罗的《大史》说它在白古沿海），

梅维林邦伽（S. 累维[3]考证其为迦摩浪迦，或洛坤地峡的迦摩楞迦），

婆来般度卢（可能是占婆的宾童龙 Valaippandûru，[4]该词的前半部可能是泰米尔词“Valai”，即“要塞”；也可能是占婆词“palei”，即“村庄”），

263 大来大科拉（托勒玫的著作和《弥兰陀问经》中称之为塔科拉，位于克拉地峡），

摩单马令迦（汉语为单马令，其中心在洛坤），[5]

伊兰无里德沙（阿拉伯人称之为拉木里，马可波罗叫它兰

---

① 参阅本书边码第 334 页，“摩”字在这里和这张名单的其他词都相当于梵文词“摩诃”，意即“大”。——P. 惠特利在《黄金半岛》第 71 页中，考证该地位于洛坤附近。

② 前引书，第 80 页。

③ S. 累维：《印度的前雅利安和前达罗毗荼语》，JA，1923 年 7—9 月号，第 43 页。但 P. 惠特利在《黄金半岛》第 200 页中，批驳这一考证是“异想天开”，他好像要把楞迦看作郎迦斯迦，见该书第 257 页。

④ 鲁法埃尔：BKI，第 77 期，1921 年，第 78、81 页；——芒斯：TBG，第 77 期，第 468 页。——P. 惠特利否定了这一考证。前引书，第 200 页。

⑤ 见本书边码第 80 页。——1001 年，丹眉流曾遣使去中国（BEFEO，IV，第 233 页），关于这个实际上是由丹眉流（丹眉流可能系录事者的笔误）派遣的使团以及一般地谈及这些不同地名之间的复杂关系问题，可参看 O. W. 沃尔特：《单马令》，BSOAS，卷 XXI，1958 年，第 587—607 页，以及 P. 惠特利的前引书第 65—67 页。

布里，[①]即位于苏门答腊北端的兰无里），

摩那迦婆兰（尼科巴群岛），

吉打兰（吉打）。

无从确定这张名单的排列是否以事件发生的年代为序，如果事实是这样的话，那么它说明，注辇国王在攻击了群岛的首都室利佛逝（即巨港），以及俘虏了僧伽罗摩毗阇瑜滕伽跋摩国王之后，占领了苏门答腊东部沿海的几个地点，接着夺取了摩诃罗阇在马来半岛的各个领地，[②]继而占据了亚齐和尼科巴群岛，最后拿下了大陆上的首都吉打。这次袭击可能也给半岛上的马来人留下了印象，当地的编年史写到泰米尔国王罗阇朱兰（或罗阇苏兰）摧毁了天定河畔的恒伽那伽罗和柔佛河支流楞球河上的一座城堡，最终占领了单马锡，即后来的新加坡所在地。[③]

无论如何，罗贞陀罗注辇一世的远征看来并未产生长久的政 264
治后果。至多，俘虏僧伽罗摩毗阇瑜滕伽跋摩的结果，是使一位新国王登上了王位。这位新国王在1028年遣使中国，《宋史》称之为室利叠华，即室利提婆……[④]。

然而，室利佛逝受到的打击使它与老对头接近起来：我们将看到它和爪哇言归于好，大概甚至还通过联姻来巩固这种联系。

---

① 关于这个地名，参看H. K. J. 戈温的《兰无里》（等等），载BKI，1937年，第90期，第422页。

② 宾童龙（藩朗）不在这一范围之内，然而关于婆来般度卢的考证根本不可靠。但O. W. 沃尔特斯的《单马令》（见前引期刊，第601页）对上述意见持异议，他认为上面列举的国家名单中，有些可能是独立的国家。单马令尤其如此。

③ J. 莱登：《马来编年史》，伦敦，1821年。

④ W. P. 格罗内温特：前引期刊，第65页；——G. 费琅，前引期刊，第20页。

前面已提到，在朱多摩尼跋摩统治时，法称居住在室利佛逝。在摩诃毗阇耶滕伽跋摩统治时，他仍住在那里。据西藏人布斯通记载[①]，1011 年到 1023 年，阿帝沙“在达摩波罗（法护）王统治时期，曾从学于金洲岛上[②]的佛教部派首领法称”。达摩波罗王的名字与我们从中国史籍和当地碑铭所了解到的任何一个室利佛逝王的名字都不相符。大概这是摩诃毗阇耶滕伽跋摩或他的继承者的称号（其意为“护法者”[③]）。

无论如何，大乘佛教在苏门答腊存在了很长一段时间。这一点在西海岸的打巴奴里已得到证实。在那里有一尊 1024 年的铸像，[④]上面题着路迦那他，即世尊观自在菩萨，它立在两尊多罗像之
265 间；另外，十一世纪初的一部尼泊尔文画稿也证实了在室利佛逝补罗，路迦那他塑像在佛教界享有盛名。[⑤]

4. 爪哇：爱尔棱加（1016 至 1049 年）

上文已经谈到[⑥]，巴厘国王邬达耶纳娶了爪哇公主，即新托的曾孙女玛亨特拉大达为妻。他们在 1001 年左右生了一个儿子，他

---

① 布斯通著，S. C. 达斯译：见《雪地的印度学者》，1893 年，第 50 页。

② 1030 年左右，阿尔比鲁尼说扎巴格群岛在印度被叫作苏瓦尔地（即“金洲”，参阅 G. 费瑯：前引期刊，第 64 页），这与阿帝沙提供的证据相符（见本书第 259 页注⑤）。

③ 这位被西藏人称为金洲的法护宗师的达摩波罗王，也是阿帝沙和迦摩拉罗克希多之师和与《入菩提行论》有关的各种著作的作者（感谢 N. J. 诺杜善意提供了资料）。

④ 布兰德斯：《巴达维亚协会管委会记录》，1887 年，第 176 页。

⑤ A. 富歇：《印度佛教肖像学研究》（载《高等研究院图书馆馆刊》，XIII，1900 年）第 105 页和 193 页注 23。

⑥ 见本书边码第 240 页。

就是爱尔棱加。他在少年时期就应邀[①]与当时统治着东爪哇的国王[②]的一个女儿订婚。1016 年的那些悲剧性事件发生时,他已经在爪哇的宫廷中[③]。人们对这场导致首都被毁和国王身亡的灾祸原因的猜测,和对 75 年前将首都由爪哇中部迁往东部的原因的猜测一样,众说纷纭。最接近事实和最常为人们所接受的推测是:由于室利佛逝与印度方面和平相处,并且得到中国或多或少的保护,于是在 1016 年对 992 年爪哇的那次入侵进行了报复。因为爪哇的再度崛起,确实和苏门答腊王国因遭注辇 1025 年的袭击[④]而暂 266
时衰弱,恰巧相互吻合。此外,1016 年室利佛逝的作用只限于挑起或支持爪哇国的一场内乱,而主要的进攻者实际上是武拉瓦里的一位王子,人们认为他来自马来半岛[⑤],实则他可能只不过是个地方首领而已[⑥]。

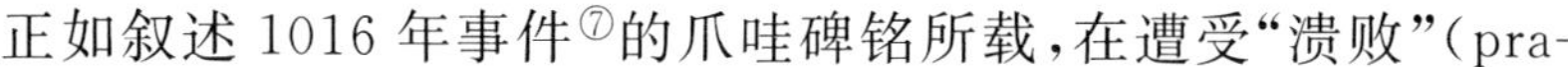

正如叙述 1016 年事件[⑦]的爪哇碑铭所载,在遭受"溃败"(pra-

① 大概正是由于这件事情使他得到了爱尔棱加的名字。这个名字的最接近于事实的含义是"涉过了水的人",即指涉过爪哇和巴厘岛之间的海峡。参阅保尔巴蒂亚拉卡:《爱尔棱加》,爪哇,卷 X,1930 年,第 163 页,该页对以前的所有解释做了综述。

② C. C. 伯格:《关于〈阿周那的婚姻〉》,BKI,第 97 期,1938 年,第 49—64 页。

③ L. C. 达梅确定的年代,见《碑铭》,BEFEO,XLVI,1952 年,第 64 页,注 2。以爱尔棱加的名义刻制的碑铭的年代从 1019 年延续到 1042 年,见前注所引期刊,第 62—65 页。

④ P. V. 冯·施坦因·加伦费尔斯:《达摩旺夏宫廷的占领者》,载《考古学报告》,1919 年,第 156 页。

⑤ G. P. 鲁法埃尔:《公元 1400 年以前马六甲的贸易中心》,BKI,第 77 期,1921 年。

⑥ N. J. 克罗姆:《印度化爪哇史》,第 241—242 页。

⑦ H. 凯伦:《现存于加尔各答印度博物馆的勃南贡安山(泗水)的石碑》,载《文集》,卷 II,"碑铭",第 63—74 页。——R. N. G. 保尔巴蒂亚拉卡:《加尔各答碑铭中的梵语十四行诗》,TBG,LXXXI,1941 年,第 424—437 页。

laya)之后，当时年仅 16 岁的爱尔棱加到瓦纳吉里山上的隐居者们那儿避难，在那里住了 4 年。达官们和婆罗门前来请他做其岳父的继承人，接受王权。1019 年，他正式加冕，王号为室利摩诃罗阇・拉恺・诃卢・室利・罗吉首罗・达摩旺夏・爱尔棱加・阿南达维克拉通加德瓦。当时，他所统治的只是位于爪哇岛北部的泗水和巴苏鲁安之间的一小块领土。在开始收复其国土之前，他还得等待十来年。我再次重申，大概是由于室利佛逝被 1025 年的注辇人侵所削弱，爱尔棱加才能轻而易举地完成他收复国土的任务。

可能从 1022 年起，爱尔棱加在巴厘继承了他父亲的王位。1016 年的灾祸对巴厘岛没有产生什么影响[①]。但此事尚无定论，
267 因为 1022 年至 1026 年间在巴厘留下碑铭的达摩旺夏跋达纳・马拉卡塔潘卡亚塔诺通加德瓦是完全不同于爱尔棱加的另一个人物，他可能是以爱尔棱加的名义执政的副王。[②]

1028 年或 1029 年，爱尔棱加对爪哇发动战争，以收复他的被几个竞争者瓜分了的王国。看来，他首先进攻了比希玛普拉巴瓦。后者是一位国王的儿子。接着，爱尔棱加于 1030 年进攻文克尔(位于茉莉芬平原上)的维阇耶亲王，使之暂受挫败。1031 年，他征服了阿驮摩波努陀，焚毁了他的住所。1032 年，他使国家摆脱了一个“具有可怕的力量，像一个巨人似的”女人，同时，还“用他那火蛇般的舌头”烧毁了爪哇南部地区。同年，他大概还得和武拉瓦里的君王作战。至于打了败仗的文克尔的君王维阇耶，他不得不

① W. F. 斯图特海姆：《考古学评论》，BKI，第 92 期，1934 年，第 200—201 页。

② C. C. 伯格：《关于〈阿周那的婚姻〉》，前引期刊，第 82 页。

“抛弃妻儿、财产和王辇”而逃之夭夭。他于1035年[1]被自己的部下俘获后处死。

1037年，爱尔棱加“踩着敌人的头颅，登上了饰有珍宝的雄狮宝座”。他的版图扩大了许多，并在东爪哇的卡胡利班建都，目前尚未考定出该地的位置。

继节节获胜之后，爱尔棱加建造了甫章干（梵文叫普伽伐，意为“槟榔山”）寺。该寺并非像人们认为的那样，是建在勃南贡安山上[2]，而是建在布兰塔斯河三角洲[3]的甫章干山上。1041年[4]，可能是在他的一个王妃去世之际，举行了该寺的落成典礼。从1030
年到1041年左右的爱尔棱加的文诰中曾提到过这个王妃。诏书 268
称她为宫廷第一显贵（Rakryan mahâmantri i Hino）[5]。她的名字叫僧迦罗摩毗阇耶·达摩普拉沙多栋卡提鞞，这个名字表明她与1025年注辇人突袭时被俘后带回监禁的室利佛逝王僧迦罗摩毗阇瑜滕伽跋摩的名字之间的密切联系。上述事件发生后不久，在爪哇出现了一个名字类似苏门答腊封号的王后。1035年，爱尔棱加建立了一座名为室利毗阇耶湿罗摩的寺院[6]，看来这两件事都说明在室利佛逝衰落和爱尔棱加就位之后，爪哇和室利佛逝这两个对头之间的关系有所改善。至于那个和室利佛逝王同名的王后与爱尔棱加之间的关系，最接近事实的意见认为她是僧迦罗摩毗

---

① H.凯伦：前引期刊，VII，第83页。

② G.P.鲁法埃尔：《巴达维亚协会管委会记录》，1909年，第180页。

③ W.F.斯图特海姆：《考古学评论》，BKI，第95期，1937年，第406页。

④ W.F.斯图特海姆：《贝拉汉的雕像》，爪哇，1938年，第307页。

⑤ C.C.伯格：前引期刊，第92页。

⑥ N.J.克罗姆：《印度化爪哇史》，第262页。

阇瑜滕伽跋摩的一个女儿，[1]爱尔棱加于1030年左右娶她为妻。从这时起，两个长期对抗的国家开始建立起某种平衡：室利佛逝保持着在群岛西部的政治优势[2]，爪哇的政治优势则在群岛东部。但是，当时的资料表明，爪哇的贸易往来也发展到了西部。因为碑铭[3]中提到过诃陵人（羯陵伽的印度人）、阿利亚人（非达罗毗荼族的印度人）、戈拉人（孟加拉的高达人）、僧伽剌人（僧迦罗人）、迦罗那多迦人（加拿拉人）、朱利卡人（科罗曼德尔的注辇人）、马利亚拉人（马拉巴尔人）、班底稽罗（潘地亚人和盖拉人）、达罗毗荼人（泰
269 米尔人）、占婆人（占人）、勒孟人（孟人或拉米人，即亚齐的马来人）、克弥尔人（吉蔑人），他们通过泗水湾的布兰塔斯河口或更靠北的厨闽附近的港口到达爱尔棱加的各属国。

碑铭中提到三个教派：湿婆（湿婆教）、输伽多（佛教）、利希（苦行者），或称输伽多、摩醯首罗、大梵天。这说明在爪哇，佛教和信奉湿婆的婆罗门教和平共处，紧密结合，这同当时柬埔寨的情况完全一样。然而，像他的继承者们后来所做的那样，爱尔棱加把自己装扮成毗湿奴的化身。

爱尔棱加可能从1042年起成为教徒，同时，仍全权在握。他

① C.C.伯格：前引期刊，第64页。我们认为她也可能是僧迦罗摩毗阇瑜滕伽跋摩的遗孀。根据前面提到过的惯例，爱尔棱加也可能娶她，以便使他对室利佛逝的要求合法化。

② 甚至达到了爪哇岛的西部，因为直到十三世纪初，巽他国仍是室利佛逝的附庸国。参看本书第335页，以及F.D.K.鲍斯赫：《一块巽他语的马来碑铭》，BKI，1941年，第49—53页。

③ H.凯伦：《文集》，卷III，第71页；卷VII，第30页。——N.J.克罗姆：《印度化爪哇史》，第264页。

死于 1049 年[1],被葬在勃南贡安山东坡上一个叫作“贝拉汉浴池”的地方。以前,人们能在那儿看到一座骑着迦楼罗的毗湿奴的美丽塑像,两边是洛什弥的塑像,它们分别代表着国王和他诸妻中的两位妻子,还有一块带有纪年铭文的石头,以字谜形式暗示当时的日期为沙迦历 971 年,相当于公元 1049 年[2]。

爱尔棱加统治时期不仅在政治上成就显赫,而且当时的文学活动也甚为突出[3]。但是,人们曾误把实际上是在他的前任达尔玛旺夏德古阿南达威格拉莫统治时期的作品说成是他统治时的作品。人们把德古误认为爱尔棱加[4]。几乎可以肯定,诗人甘瓦于 1035 年写成的《阿周那的婚姻》,[5]是为爱尔棱加和苏门答腊公主 270
的婚姻[6]而写的祝婚诗。

爱尔棱加死前,把王国一分为二,这种划分在理论上一直持续到印度化爪哇时代终结时方告结束。人们对这样一个全力以赴实现国家统一的人采取这一措施的原因进行了各种揣测。我们无从判断谁是他的王储[7],人们推测:他是为了避免两个同为庶出而权利

① W. F. 斯图特海姆:《考古学评论》,BKI,第 92 期,1934 年,第 196 页。

② W. F. 斯图特海姆:出处同上。也见《贝拉汉的雕像》,爪哇,1938 年,第 299 页。

③ 关于用古爪哇语创作的文学,参阅 H. B. 萨加尔:《印度对爪哇和巴厘文学的影响》(《大印度研究》,1934 年,第 1 期)。

④ 见本书边码第 240 页。

⑤ 由保尔巴蒂亚拉卡编注,BKI,第 82 期,1926 年,第 181 页。

⑥ C. C. 伯格:《〈阿周那的婚姻〉:爱尔棱加的祝婚歌》,BKI,第 97 期,1938 年,第 19 页。

⑦ 除非 C. C. 伯格的假设(见前引期刊第 92 页)得到证实。根据这一假设,从 1037 年起,在爱尔棱加的契书中取代苏门答腊公主的摩诃曼特里·依·希诺·室利·沙玛拉毗阇耶达摩……苏巴那……乌栋加德瓦就是这位公主的儿子。

相当的孩子在他死后发生冲突，才决定在生前就为他们作出裁决[①]。

在戎牙路和班查鲁这两个王国之间的界线，或许是至今还能看到其废墟的卡维山和爪哇岛南部沿海之间的一堵墙[②]，或许是布兰塔斯河[③]。位于东部的戎牙路以爱尔棱加的国都卡胡利班为都，戎牙路应当包括玛琅地区和泗水，南望和巴苏鲁安港所在的布兰塔斯河三角洲，位于西部的班查鲁的更为人所知的名字叫谏义里。它的首都是达哈(即今谏义里)，其国土包括谏义里和茉莉芬的王宫和通向泗水湾的出海口。事实上，尽管戎牙路具有优先权，是爱尔棱加王国理论上的继承者，但它还是很快就被班查鲁兼并了[④]。

271 关于巴厘岛，我们有 1050 年至 1078 年间的一些碑铭[⑤]，它们是由一个被称作阿那翁苏(意即“幼子”，也可能是“女婿”之意)的人立的，他是爱尔棱加的亲戚的可能性较大，大概是他的弟弟或内弟。

5. 室利佛逝与注辇王朝(1067 至 1069 年)

我们没有关于 1030 年到 1064 年间室利佛逝发生的事件的原始资料。1064 年，在占碑西部的索洛克的一座玛卡拉塑像上，刻

① N.J.克罗姆:《印度化爪哇史》，第 272 页及其后各页。

② N.J.克罗姆:《印度化爪哇文化导论》，卷 II，第 50 页。

③ W.F.斯图特海姆:《考古学评论》，BKI，第 89 期，1932 年，第 101 页。

④ 关于戎牙路，我们只有一些年代不详的碑铭资料，特别是 1060 年(?)的一项关于灌溉工程的敕令，那是由国王拉凯·诃卢、领主居鲁·室利·萨玛罗沙哈·卡纳克沙纳·达摩旺夏·吉蒂辛哈·查廷塔卡栋加德瓦颁布的。

⑤ P.V.范·斯坦因·卡伦费尔斯:《巴厘的碑铭》，VBG，LXVI，3，1926 年。——W.F.斯图特海姆:《巴厘的古文物》，卷 I，1929 年，第 190 页。——L.C.达梅:《主要碑铭表》，BEFEO.，XLVI，1952 年，第 88—93 页。

有一个在别处未曾见过的名字——达摩毗罗。那座塑像的风格好像受到过爪哇艺术的影响[①]。

1067年，三佛齐的最高官员之一到达中国，《宋史》称之为地华伽啰[②]，即底伐迦罗的规范转音。有些作者[③]倾向于它是提婆俱多的转音，其根据是：此后十年，即1077年遣使去中国的注辇国王注辇·罗贞陀罗提婆俱罗滕伽（又称俱罗滕伽一世）在《宋史》中被指以几乎相同的名字（地华加罗）。[④] 他们认为，这两种记载是指 272
同一个人物；他是罗僧陀罗注辇的女儿和文吉[⑤]的罗阇罗阇一世所生，在1070年登上注辇王朝的王位之前，大概曾在室利佛逝担任要职。他本人在统治初期的碑铭中似乎也曾暗示过这一情形。

无论如何，在1067年遣使之后的第二年，注辇王朝又入侵了马来半岛。曾经指挥过1025年远征的罗贞陀罗注辇的儿子或孙子毗罗罗贞陀罗在他统治的第七年，即1068年或1069年，“为前来向他寻求援助和庇护的国王，征服了吉打兰，并把被征服的国家

① 布兰德斯：TBG，第45期，1902年，第128页；《巴达维亚协会管委会记录》，1902年，第34页；——N. J. 克罗姆：《印度化爪哇文化导论》，卷II，第425页。

② W. P. 格罗内温特：《马来群岛考释》，VBG，XXXIX，1880年，第66页。——G. 费琅：《苏门答腊帝国》，JA，1922年，7—9月号，第20页。见本书边码第490页。

③ S. K. 艾因加尔：《印度史杂志》，卷II，第353页。——R. C 马君达：《金洲》，第86页。K. A. N. 萨斯特里：《室利佛逝》，BEFEO.，XL，第290页。但是，在该作者的《室利佛逝史》第84页注22中，也放弃了这一假设，重新采用底伐迦罗来解释这个名字，因为他不再认为俱罗滕伽在就位之前曾到海外旅行。（〔补遗〕：O. W. 沃尔特斯先生在1963年12月4日的信中热情地向我指出：格罗内温特在写到室利佛逝于1067年向中国遣使时有误。确切的年代应是马端临所说的1077年。同年，注辇也派出了一个使团。）

④ 海勒斯和罗克希尔：《赵汝适》，第100页。

⑤ 为戈达瓦里河与克里希纳河之间的地区。

交还给这位国王”[①]。室利佛逝国王也许是听从了他的注辇大臣提婆俱多的劝告[②]——假如这一考证确实无误的话——才吁请毗罗罗贞陀罗帮助镇压半岛上的叛乱或是分裂阴谋。会不会也是由于室利佛逝宫廷中有个注辇顾问，而注辇国王又好意为这个国家的利益重新夺回了国土，才使中国历史学家们认为1068年至1077年期间“注辇役属三佛齐”呢[③]？

6. 缅甸：阿奴律陀（1044至1077年）

273 哈威写道[④]：“当我们写缅甸古代史时，必须把像阿奴律陀那样的统治者的统治分为两个部分：第一部分可用作原始资料，即根据碑铭指出确有阿奴律陀其人，以及他的所作所为；第二部分则是有关阿奴律陀的传说。”现在还不到写这类历史的时候，但在下文中，取自刚刚开始被利用的碑铭[⑤]中的资料，和有关阿奴律陀的传

① 关于该文的正确解释，参阅K. A. N. 萨斯特里的前引书，第289页注1。

② 因为地华伽啰为了三佛齐的利益于1067年到中国去了，我不知道S. K. 艾因加尔的《古代印度》第130页和K. A. N. 萨斯特里的前引书第290页中怎么会设想提婆俱多，即后来的罗贞陀罗提婆俱罗滕伽会去利用毗罗罗贞陀罗的远征前往马来亚，因为那次远征最早也是发生在第二年。——K. A. N. 萨斯特里已放弃这一推论（见本书第255页注③及〔补遗〕）。

③ 埃尔韦·德·圣德尼：《四裔考》，第586页，见本书边码第289页。——K. A. N. 萨斯特里《室利佛逝史》第84页中就此写道：“这只能被解释为是室利佛逝使臣不负责任的歪曲造成的后果。这些使者可能代表了在这个国家一时占上风的那部分人，并攻击求助于注辇国王毗罗罗贞陀罗的另一部分人。”

④ 《缅甸史》，第17页。

⑤ G. H. 卢斯和他的学派在《缅甸研究学会会刊》的最近几期分册中发表了这篇碑铭。仰光大学在它的集刊《东方研究杂志》（第2至6期）中，以“缅甸碑铭”为题，在1937年和1959年间出版了五大本包括了从1131年到1364年的609幅碑铭的精美复制作的画册，这个集子是这一研究小组的工作基础。

说中不可靠成分最小的材料交织在一起了[①]。

在前一章末，我们已经谈到阿奴律陀[②]是混修恭骠和他的三位王后之一所生。这位王后曾嫁给一个弑君的园丁。阿奴律陀的青年时代是在软禁父王的寺院中度过的。有一天，在和他的表兄弟、国王须迦帝发生争执之后，他在蒲甘附近的敏加巴的一场单人格斗中杀死了须迦帝，王位空缺，阿奴律陀把它奉还给父亲，但他父亲宁愿留在寺院里。

1044 年，[③]阿奴律陀成为国王，开拓了蒲甘王国的疆域，而在 274
他统治初期，该国的领土范围相当小。在国内，他完成了两项最突出的事业，一是在国都以东出产水稻的皎施平原建立了灌溉系统，这个地区成了缅甸北部的粮仓[④]，另一件是使国家改崇上座部佛教[⑤]。

据传说，上座部佛教传入蒲甘，是 1057 年对苏陀摩伐提(即直通，在白古)的战争的结果。

下缅甸，即孟人地区是最早皈依佛教的地区之一[⑥]，但是，也

① 在《琉璃宫史》中有摘要，由佩貌丁和 G. H. 卢斯翻译，见《琉璃宫史》，1923 年版。

② 这个词的缅语发音和巴利文的阿拏卢陀，即“安宁、平和”是一致的；但在他的还愿匾(ARASB，1906 年，第 10 页；1912 年，第 19 页；1915 年，第 15 页)上，他自称阿尼律陀，意为“无可阻挡”。

③ 各种文献中有关阿奴律陀年代的记载各不相同，这里采用的年代是根据碑铭而定的(《缅甸碑铭》，卷 I，第 4 页)，历史学家们通常采纳这些年代。参阅貌拉：《缅甸诸王年表》，JBRS，XIII，1922 年，第 82 页。

④ J. A. 斯图尔特：《皎施的灌溉工程：了解缅甸史的钥匙》，JBRS，XII，1921 年，第 1 页。

⑤ 关于缅甸的佛教，参阅丹吞：《缅甸的宗教》，JBRS，XLII，2，1959 年，第 47—69 页和《缅甸的宗教建筑》，上引期刊，第 71—80 页。

⑥ 见本书边码第 40 页。

必须注意到在这一地区发现的大量婆罗门教文物。它们证明佛教并非当地已知的唯一宗教。十一世纪上半叶，为逃避霍乱流行，或者也可能是为了躲避苏利耶跋摩一世的军队，哈里奔猜的孟人大批来到这里。有人推测[1]，即使佛教不是他们带来的，至少也由于他们的到来而得到了加强。这种假设不无可能。

当佛教开始在印度衰落的时候，孟人仍然与南印度（建志，即康吉弗兰）和锡兰（小乘佛教的圣地）保持着宗教联系。1056 年，
275 僧阿罗汉[2]来到蒲甘，他是直通的一个婆罗门的儿子，大概还是建志教派的信徒，他使国王接受了他的教义。

阿奴律陀决心取得一部巴利文佛经[3]，并为此而派遣一名大臣前往直通，但遭到直通王摩俱多[4]的拒绝。于是，阿奴律陀出兵讨伐这个不通情理的邻国。1057 年，经三个月的围城之后占领了直通城[5]。他在城里找到了 30 部《三藏经》，并把这些佛经与国王摩俱多及其大臣、僧侣和一大批工匠带回蒲甘。

从政治角度来看，征服直通城的结果是使整个三角洲[6]和该

---

① H. G. Q. 韦尔斯：《阿奴律陀与直通的传说》，JRAS，1947 年，第 152—156 页。

② 僧阿罗汉是个称号，他的法名大概是悉罗菩提或达摩陀悉（佩貌丁和 G. H. 卢斯，见前引书，第 71—72 页，第 74 页）。

③ 我们对孟人的历史所知极少。1906 年，P. W. 施密特在《维也纳科学院报告集》（卷 CLI）中发表了《〈斯拉巴罗阇旺〉，即〈国王的历史〉》，并附有译文。R. 哈里戴最近的译文见 JBRS，XIII，1923 年，第 1 页。《须陀摩婆底王系和狮王王史》、《达摩支提传》分别于 1910 年和 1912 年在帕克拉特出版，这些文献尚待翻译。

④ 通常称该国王为摩奴诃，这是由于释读错误所致（JBRS，XXXII，1948 年，第 89 页）。

⑤ 杜罗依赛尔：《缅甸碑铭》，卷 I，第 6 页。

⑥ 白古大概除外，编年史中未提到它。白古的哈里奔猜的移民先是在直通定居，当阿奴律陀占领了这个城市后，他们便外出避难去了（G. 赛代斯.《文献》，BEFEO.，第 4、80 页）。

地的印度化小国[1]归顺了蒲甘，从而给缅人打开了通往大海的道路。从文化方面看，它使蒲甘改信上座部佛教，并造成大乘佛教密教的衰落[2]，使大乘密教大概不得不把庙宇迁往郊外。最后，这次征略还使比较优秀的孟人文化对相当原始的缅族产生了影响。大批被带回蒲甘的直通俘虏把他们的文学、艺术，特别是文字传授给缅族。用孟文字母写的第一块缅文碑铭刻于征服直通后的第二年，即1058年[3]。白古的两座最古老的寺院难帕耶寺和摩努呵寺 276
就是由被俘的国王摩俱多在1060年左右建造的[4]。

毋庸置疑，阿奴律陀是个伟大的征服者，他不满足于已把整个伊洛瓦底江流域置于他的统治之下，又出兵攻打邻国。遗憾的是，我们对这些远征的情况所知甚少，因为谈及他远征的都是些传说。他向西夺取了若开的北部，看来曾推进到吉大港[5]。在柬埔寨方面，湄南河上游的泰族小国的编年史[6]中说，他曾在此打过一仗，但当时的吉蔑资料对此无任何记载。在北边，他越过八莫，直达南

① 室利差呾罗（谬卑）和位于仰光地区的四个小国：波伽罗伐帝、帝利诃鸠婆、阿悉檀阇那、罗摩那伽罗（《缅甸碑铭》，卷Ⅰ，第6页）。

② 关于这种所谓的密教，见本书边码第198页。

③ 关于这块碑铭的可靠性（见《在上缅甸收集的最早的碑铭》，仰光，1913年，第1号）是有争议的。佩貌丁和G. H. 卢斯的《缅甸碑铭集》第一卷中未收入这篇碑铭。——参阅《缅甸碑铭》，卷Ⅰ，第67页、73页。

④ S. 奥康纳：《曼德勒和缅甸的其他城市》，第245、249、283—285页，——L. 德·贝烈：《远东的印度式建筑》，第283页，关于蒲甘建筑的综述，见R. S. 勒梅：《缅甸佛教艺术的发展》，载《皇家艺术研究学会会刊》，XCVII，1949年，第535—555页；和卢佩温：《蒲甘导游图》，仰光，1955年。

⑤ G. E. 哈威：《缅甸史》，第29—30页。

⑥ G. 赛代斯：《关于老挝西部史的文献》，BEFEO.，XXV，第113—114页。

诏的大理，以求获得一颗佛牙，可是仅带回了一尊碧玉佛像[①]。有一个事实是确凿的：从南方的伊洛瓦底江口到北方的孟密都发现了以他名义写的还愿匾[②]。

阿奴律陀的威名一直传播到锡兰，锡兰国王毗阇耶仆呼一世
277 (1055 年或 1056 年至 1110 年或 1111 年)[③]先是向他请求军事援助以击退注辇的入侵[④]；后来，当他于 1071 年成功地单独抵御了注辇之后，又向阿奴律陀索求僧侣和经卷，以恢复战争造成的破坏[⑤]。作为回礼，缅甸使臣将著名的锡兰佛牙的一枚复制品带到蒲甘，它被安放在宏伟的瑞喜宫寺中。这座寺院于 1059 年左右就开始兴建[⑥]，但直到江喜陀统治时期才告竣工。

1077 年，阿奴律陀死于一次打猎事故。他留下的王国的疆域从八莫直达马达班湾，包括若开北部和丹那沙林北部地区，并由一系列设防坚固的城市保护着[⑦]；留下了一个信仰上座部佛教，在艺

---

① G. E. 哈威：前引书，第 30 页。

② ARASB，1906 年，第 10 页；1912 年，第 19 页；1915 年，第 15 页。——吴妙：《缅甸的还愿匾》，第一部分，1961 年（缅文版，附复制件）。

③ 关于这些年代，参阅 S. 帕拉那维达纳：《锡兰碑铭》，卷 V，1955 年，第 10 页及其后各页；《锡兰史》，卷 II，科伦坡 1962 年，第 419 页，第 436 页；《简明锡兰史》，1961 年，第 187 页和 198 页。

④ 《小史》，第 LVIII 章，W. 盖格译，卷 I，第 202 页。

⑤ 出处同上，第 LX 章，第 214 页。C. R. 穆达里雅尔：《波隆纳鲁瓦的毗阇耶仆呼碑铭》，JRASCB，XXIX，1924 年，第 274 页；《锡兰碑铭》，卷 II，第 240 页，第 253—254 页。

⑥ 佩貌丁和 G. H. 卢斯：《琉璃宫史》，第 87 页，——S. 奥康纳：前引书，第 247 页；——L. 德·贝烈：前引书，第 255 页。——G. H. 卢斯认为 Shwezigon（瑞喜宫）中的“zigon”是“zibôn”之讹，“zibôn”即阇耶蒲迷（《蒲甘王朝时的孟族》，第 13 页）。

⑦ 佩貌丁和 G. H. 卢斯：《琉璃宫史》，第 96—97 页。

术和文化方面因受孟族影响而开化起来的王国。从此,这个王国便可以在印度支那半岛扮演一个强国的角色。

在本章中,我们重点介绍了苏利耶跋摩一世、爱尔棱加和阿奴
律陀三位国王。在他们统治期间,由于吉蔑族和缅族消灭了湄南
河和伊洛瓦底江流域的孟族国家,复兴了爪哇国,他们的统治产生
了意义重大的政治后果。此外,这个时期标志着:占族在越族面前 278
后退,他们把北方数省让给越族;由于公元十世纪时的爪哇入侵和
注辇突袭的打击,室利佛逝呈现出衰落的迹象。缅甸、柬埔寨和爪
哇利用了中国宋朝的衰微,从此将成为外印度历史上的三大主角。

第十章　柬埔寨的摩悉陀罗补罗王朝，缅甸的蒲甘王朝和谏义里王国(十一世纪末及十二世纪的前七十五年)

1. 柬埔寨:摩悉陀罗补罗王朝早期诸王(1080 至 1112 年)

曷利沙跋摩三世于 1066 年即位,他注意恢复前朝战争造成的破坏[①]。1074 年至 1080 年间,他自己也与占人反目,据占婆国王
280 诃梨跋摩四世所说,他“在苏摩首罗击败了柬军,俘虏了指挥该军的室利难陀跋摩提婆亲王,他是被作为该军统帅派出作战的”[②],也许就是趁这次战役之机,占婆国王的弟弟邦亲王,即后来的国王波罗摩菩提萨埵,“前往(柬埔寨)夺取了商菩补罗城(即湄公河上的松博),摧毁了城中所有寺庙,并将他俘获的吉蔑人分献给室利

① 巴思:《柬埔寨的梵文碑铭》,第 176 页。——艾莫涅:《柬埔寨》,卷 III,第 508 页。——G. 赛代斯:《柬埔寨碑铭集》,卷 I,第 221 页。

② L. 芬诺:《眉山的碑铭》,BEFEO. ,IV,第 938 页。

伊奢那婆陀首罗（在眉山）的各个寺庙”[①]。

“1076 年，中国人决定讨伐东京后，把东京的邻国占婆和柬埔寨拖入了战争：当郭逵的军队由谅山直下河内时，占人和柬人侵入义安。中国人的失败导致其正在调动中的盟军后撤，但我们不了解占军和柬军的活动情况”[②]。

曷利沙跋摩三世的谥号为沙陀湿婆波多[③]。1080 年，阇耶跋摩六世继承他的王位[④]。据其甥孙苏利耶跋摩二世的碑铭记载[⑤]，阇耶跋摩六世的家谱无论与苏利耶跋摩一世建立的王朝，还是与以前 281
的各个王朝之间都没有任何亲缘关系。他是出生于克悉顶陀罗伽摩（这个地方在别的文献中未出现过）的希勒尼厄跋摩和希勒尼厄罗什弥的儿子；后来，阇耶跋摩七世的碑铭说他是摩悉陀罗补罗的贵族[⑥]，该城的方位尚待考定。他大概是个省总督一级的高级官员，乘优陀耶迭多跋摩二世的统治动荡不安，中央权力有所削弱之际，使自己在北方地区多少获得了独立的地位。在那里，他和他的继承者们修的建筑格外地多。看来，在实现其计划的过程中，他得到了僧侣底伐迦罗槃

① 前引期刊，第 945 页。

② H. 马斯佩罗：《公元八至十四世纪时安南与柬埔寨的边界》，BEFEO.，XVIII，3，第 33 页。

③ 见三隆的碑铭（《柬埔寨碑铭集》，卷 IV，第 175 页）。——由于听信了艾莫涅在《柬埔寨》，卷 II，第 391 页上的那段糟糕的释读，曷利沙跋摩三世的统治时期被推到 1089 年，这就使人不得不把阇耶跋摩六世视为一个篡权者，在曷利沙跋摩统治吴哥的时期，他大概统治着柬埔寨北部。

④ 见勃利禄寺的碑铭。参阅 G. 赛代斯：《关于吴哥王朝的几位国王就位年代的新证据》，BEFEO.，XLIII，第 14 页。

⑤ 见龙山的石碑（《柬埔寨碑铭集》，卷 V，第 297 页）。

⑥ BEFEO.，VI，第 72 页；XXXIX，第 297 页注 1。

帝多的帮助。底伐迦罗槃帝多曾一度为曷利沙跋摩三世效劳，后来又与新国王同舟共济，为阇耶跋摩二世和他的两个继承人举行过加冕礼，并从他们那里得到了几乎相当于王号的称号[①]。

尚不能确定阇耶跋摩六世是否曾经统治过吴哥。在吴哥，只有一块未完成的碑铭曾提到过他[②]，而曷利沙跋摩在吴哥则可能有一个名叫尼波顶陀罗跋摩的继承者，在那里一直统治到 1113 年左右[③]。我们确实将看到，苏利耶跋摩二世声称他在这一年从两
282 位国王的手中夺取了权力。一个是他的叔叔陀罗尼因陀罗跋摩一世，他也没在吴哥建筑群中留下碑铭[④]。引人注意的是另一个国王，他是曷利沙跋摩三世的继承者，他在京城的统治一直持续到十二世纪的头十年。

人们对阇耶跋摩六世统治时期的情况所知甚少。在他的继承者们的碑铭，特别是婆罗门底伐伽罗的碑铭中把他的名字与湿婆

① 艾莫涅：《柬埔寨》，卷 I，第 395—396 页；卷 III，第 510 页。柏威夏寺和桑德山的两块相近的碑铭提到了他的生平，这两篇铭文发表在 BEFEO.，XLIII，1943—1946 年合刊，第 134—154 页。

② 该碑铭在勃利禄寺；除依万的 1082 年的碑铭之外，阇耶跋摩六世统治时期的碑铭只有两块，第一块是 1101 年的，立在吴哥西北 50 公里的波列普农（《柬埔寨碑铭集》卷 III，第 121 页），第二块是 1106 年立在最南部的达山的碑铭（见前引书，卷 V，第 278 页）。

③ 《柬埔寨碑铭集》，卷 VI，第 294 页。

④ 以他的名义立的碑铭分别出自北方的桑德山（立于 1110 年，见《柬埔寨碑铭集》，卷 VI，第 300 页）和披迈寺（立于 1109 年，见 BEFEO.，XXIV，第 345 页）、吴哥西北 30 公里处的波罗萨特禄寺（1109 年立，见《柬埔寨碑铭集》，卷 III，第 97 页）和柬埔寨最南部的拜昂山（立于 1107 年，见《柬埔寨碑铭集》，卷 I，第 267 页）。阇耶跋摩六世和陀罗尼因陀罗跋摩一世的碑铭在南方地区的发现，使我不得不重新考虑我在 BEFEO.，XXIX，第 299—300 页上的关于上述两位国王统治地区的看法，但无论如何，他们的主要建筑均在北方。

教古迹桑德山寺、柏威夏寺和福寺[①]，以及佛教庙宇披迈寺的一些建筑物结合在一起。他的谥号为波罗摩竭伐利耶波多。

在阇耶跋摩六世的两个兄弟中，弟弟本已获得“瑜婆罗阇”，即王储的封号，但他去世过早[②]，他哥哥陀罗尼因陀罗跋摩一世于1107年继任[③]，如前所述，是由底伐伽罗为其加冕的。据一篇碑铭记载：“他对王位并无所图，当他的弟弟、国王归天后，只是出于怜悯之情，他对失去保护人的民众的祈求让步了，他谨慎地统治着国家。[④]”他继续从事前王朝的建筑工程，他因袭传统，甚至将先嫁给就位前死去的王储，尔后又嫁给阇耶跋摩六世的毗阇因陀罗拉克什弥娶作王后[⑤]。

陀罗尼因陀罗跋摩在位五年。据上述同一碑铭记载，在他统治期间，他的甥孙“在学业将成之际，尽管还很年轻，但却认识到需要本家族王权的尊严。然而，当时他的家族还依附于两位主人”[⑥]。这是指苏利耶跋摩二世，下文将谈到他的辉煌业绩。

2.1074至1113年的占婆

1074年，占婆王子淡（即毗湿奴摩帝，又称摩陀婆摩帝或提婆

① 在H.帕芒蒂埃的《古代高棉艺术》(Publ. BEFEO.，XXIX，巴黎，1939年)中对这些寺院均有描述。

② BEFEO.，XXIX，第302页。

③ 见桑德山的碑铭(《柬埔寨碑铭集》卷I，第267页；卷III，第121页)。

④ L.芬诺：《班塔的碑铭》，BEFEO，XII，2，第26页。

⑤ BEFEO.，XXIX，第302页，注1。

⑥ 《班塔的碑铭》，见前引期刊，第27页。

达摩帝)称王,王号为诃梨跋摩(四世)[①],其父是椰子(那利吉罗梵沙)家族,其母是槟榔(迦罗慕迦跋娑)家族。在他统治初期,他就击退了越南人的一次入侵[②],如前所说,他还战胜过吉蔑人,并在吉蔑人的国土上把战争一直带到湄公河。1076 年,他不无顾忌地加入了以中国为首的反大越同盟,翌年却向大越纳贡[③]。

诃梨跋摩四世把其统治的大部分时间用于努力“恢复占婆昔日的荣耀”[④],他重建了占婆补罗和辛诃补罗(在广南),同时给眉山大量捐赠。1080 年,诃梨跋摩四世为九岁的王子瓦加冕,号为阇耶因陀罗跋摩(二世),自己则隐退并于第二年死去[⑤]。

284 由于年幼的国王“未明是非,不能治国,倒行逆施”。[⑥] 所以一个月未竟,就必须找一位摄政者。结果,国王的叔叔邦亲王被选中,他在前朝时曾从吉蔑人手中夺取了商菩补罗。他以波罗摩菩提萨埵的王号加冕即位。看来这是一次真正的篡位,因为在他统治了六年之后[⑦],王侄阇耶因陀罗跋摩二世的党羽重占优势,于1086 年发动军事政变,把王侄重新扶上了王位[⑧]。在王叔波罗摩菩提萨埵统治期间,每年向大越进贡[⑨],并镇压了一向桀骜不驯的宾童龙的自治企图。

---

① L. 芬诺:《眉山的碑铭》,BEFEO.,卷 IV,第 937—938 页。
② G. 马司帛洛:《占婆史》,第 143 页。
③ 出处同上,第 145 页。
④ L. 芬诺:前引期刊,第 940 页。
⑤ G. 马司帛洛:前引书,第 147 页。
⑥ L. 芬诺:前引书,第 949 页。
⑦ E. 艾莫涅:《占婆碑铭初探》,JA,1891 年 1—2 月号,第 33—36 页。
⑧ G. 马司帛洛:前引书,第 148—149 页。
⑨ 出处同上,第 148 页。

一俟复位，阇耶因陀罗跋摩二世就和中国恢复关系；直到1091年，他都按时向大越纳贡。为了整顿秩序，进贡曾中断数年，1095年至1102年又恢复纳贡，但在1103年，在一个越南流亡者的煽动下，他认为能够收复1069年失去的占婆北方三省，（就再次中断向大越进贡，并对这几个省发动进攻。起初，战争获得了胜利，——译者按：此句原书缺，据英译本第155页译补。）但是，他对这三个省的控制仅维持了几个月[①]。此后，他和平地治理国家，同时，他继续重建前朝诸王的工程，并在眉山进行了建筑。他的统治持续到1113年左右。

3. 缅甸：继承阿奴律陀的蒲甘诸王（1077至1112年）

继阿奴律陀之后统治蒲甘的是他的后裔，关于他们后来撰写的编年史记述了许多常常是传奇性的，有时是丑闻性质的轶事。这些都超出了历史的范围。借助碑铭可以确定他们即位的日期， 285
以及他们的建筑物的年代[②]。那些建筑物使他们的首都成为印支半岛最丰富的考古遗址之一。

阿奴律陀死于1077年，留下了两个儿子：一个是他就位之前的妻子所生，名叫修罗[③]；另一个是和印度人或若开人王后槃车伽

---

① G.马司帛洛：前引书，第150页。

② 丹吞最先利用这些碑铭资料，见《公元1000年至1300年的缅甸历史》，载《缅甸历史学会通报》，I，1960年，第39—57页。

③ 佩貌丁和G. H.卢斯：《琉璃宫史》，第65页。

耶尼所生[1],名叫江喜陀,但他大概是负责护送王后到蒲甘去的官员与王后的私生子[2]。江喜陀很小的时候,在阿奴律陀下令进行的“屠杀幼童”的风潮[3]中险些丧命,后来又被怀疑是白古王的女儿,摩尼旃陀王后,即旃陀提鞞王后的情夫而被逐出宫廷[4]。

修罗在貌卢朗的碑铭中被称为“年轻的国王”,他于1077年取得政权[5],他首先和他的岳母、白古王后结婚,赐封给她的称号为金乌,并召回江喜陀,但后者很快又由于与前次被逐的同样原因而遭流放[6]。他的无可匹敌的地位使他再次被召回,协助镇压修罗
286 的同母兄弟雅曼坎的叛乱[7],国王曾委托雅曼坎治理过白古。修罗终究未能逃脱败局,经历了几次传奇性的事件之后,他为反叛者所杀[8]。

江喜陀于1084年继承了修罗的王位[9],碑铭称他为梯林芒[10],密铁拉东北的蒂兰国王。他首先必须从白古的孟人手中收复他的

---

① G. E. 哈威:《缅甸史》,第316页。——《缅甸碑铭集》,卷I,第4、155页。

② 《琉璃宫史》,第66页。事实上,江喜陀在他的任何一块碑铭中都未声称自己是阿奴律陀的后裔;他只是肯定他的父亲属于太阳族。

③ 巫师们曾对阿奴律陀预言,一个注定要统治国家的孩子将诞生,出处同上,第67页。

④ 出处同上,第93页。

⑤ 他的王号可能是巴吉罗婆罗那,在一些还愿匾和一块在墨吉发现的碑铭上都出现过这个称号(L. 芬诺:《暹罗和马来半岛的碑铭》,BCAI,1910年,第153页)。

⑥ 《琉璃宫史》,第100页。

⑦ 出处同上,第101页(又作拉曼坎)。

⑧ 出处同上,第104页。

⑨ 《缅甸碑铭集》,卷I,第4、89页。

⑩ 通常用来指他的名字——江喜陀(Kyanzittha)系迦兰伽沙(Kalan casca)一词的讹读,该词的意思是“战士—官员”。

王国。雅曼坎在后来建起了阿瓦城的那个地方筑垒固守。江喜陀在盛产水稻的皎施平原集合部队，向蒲甘进军，他毫不费力地击溃了白古人。雅曼坎死在撤退途中[1]。

江喜陀大约是在1086年[2]由令人尊敬的婆罗门僧阿罗汉加冕，王号为特里布婆那帝耶·达摩罗阇，此后，蒲甘王朝所有的国王都采用这个王号。他继诸先王之后，也娶了白古的金乌为后[3]，娶了她，大概可以使蒲甘国王在孟族国家的统治权合法化。江喜陀和加冕前娶的王后阿比耶陀那（阿婆耶罗檀那）所生的独女瑞因梯与修罗的儿子修云成亲[4]。他们生了一个儿子，即后来的阿隆悉都（阇耶苏罗一世）。他一出世，江喜陀就宣布其为国王，同时表 287
示自己以阿隆悉都的名义摄政[5]。另外，江喜陀在其父阿奴律陀当朝时被流放期间，和在森林中遇到的一个隐士的侄女沙布罗生有一子[6]。这个妇人来到宫中[7]，他将她立为第四王后，封号为特里罗迦伐多悉迦（缅文为乌修般）[8]，并委派其子罗阇鸠摩罗管辖

① 《琉璃宫史》，第104页。

② ARASB，1916年—1917年号，第19页；《缅甸碑铭集》，卷I，第4页。无论如何，不会晚于1093年（《缅甸碑铭集》，卷III，第3页）。

③ 《琉璃宫史》，第105页。

④ 至少编年史中是这么说的。但丹吞在《公元1000年到1300年的缅甸历史》（见前引期刊，第47页）中推测：这个女儿实际上嫁给了孟人国王摩俱多的曾孙那伽曼。因此，他们的儿子阿隆悉都从父亲算是孟族，从母亲则是缅族，这使他具备了看来江喜陀所没有的那种合法地位。

⑤ 《琉璃宫史》，第105页。

⑥ 出处同上，第93页。

⑦ 出处同上，第107页。

⑧ 《缅甸碑铭集》，卷I，第5页。

丹那伐帝（北若开），封号阇耶吉塔罗[①]。

建在蒲甘的阿难陀寺（其名取自“阿难多般若”一词，意为“智慧无穷”）是江喜陀的杰作，仅这一座寺庙就足以使他名声大振，据传说[②]，这座寺院是仿照甘达马达那山上的难陀木罗窟建造的。也有人说它是仿效奥里萨的乌德耶吉里寺[③]，国王也许曾经从为逃避对佛教的迫害而跑到缅甸的印度僧侣那儿听说过乌德耶吉里寺。但是，阿难陀寺的建筑师也可能是按照孟加拉北部的伯哈尔布尔寺的模式建造该寺的[④]。然而，该寺的建筑师在他的杰作于1090年前后竣工时，却未能逃脱厄运：他和一个儿童一起被活埋，充当了寺庙的守护神[⑤]。

在江喜陀统治期间，还建成了瑞喜宫塔，里面存放着他最重要
288 的碑铭[⑥]，他还对印度的菩提伽耶寺进行了修缮[⑦]。他兴建了灌溉工程，于1101年至1102年左右建立了一座新宫殿[⑧]，并用当时被视为文明语言的孟文刻写了大量碑铭[⑨]。

① 《缅甸碑铭集》，第6页。

② 《琉璃宫史》，第110页；——L. 德·贝烈：《远东的印度化建筑》，第265页。

③ G. E. 哈威：《缅甸史》，第40页。

④ 参阅杜罗依赛尔的《蒲甘的阿难陀寺》，载《印度考古调查论文集》，第56期，1937年。——S. K. 萨拉斯韦蒂：《蒲甘的寺庙》，JGIS，IX，1942年。

⑤ G. E. 哈威：前引书，第41页。

⑥ 《缅甸碑铭集》，卷I，第90页。

⑦ 出处同上，卷II，第154页、164页。

⑧ 出处同上，卷III，第5页。这座建筑是根据毗湿奴教的惯例建造的，其功劳应归于孟人（丹吞：《公元1000年至1300年的缅甸历史》，前引期刊，第46页）。

⑨ 出处同上，卷I，第74页，对阿难陀寺装饰陶板上取自《本生经》的画面所作的解释性传说，就是用孟文写的。它们发表在《缅甸碑铭集》，卷II；参阅E. 于贝尔：《蒲甘阿难陀寺的浅浮雕》，BEFEO.，XI，第1—5页。

无疑，菩提伽耶寺的修缮者、阿难陀寺——他让人在里面安放了他的一座做祈祷姿势的塑像[①]——的建造者，是一个狂热的佛教信徒。他有时也亲自劝人信教，他曾给一位路过缅甸的注辇王公送去一份他自己撰写，并书写在金叶上的关于“三喜”的文章，使他改信佛教[②]。但是，人们也发现了在他执政期间的许多婆罗门教的遗址[③]，而且婆罗门在宫廷的王家仪式上起着重要作用[④]。他对孟人怀有很大的敬意，他的碑铭均用孟文撰写一事，就是证明。雕塑的风格和建筑物的装饰物也都是仿效孟人的。

江喜陀于1103年向中国派遣了第一个缅甸使团，《宋史》曾提到此事[⑤]。三年后，即1106年，“蒲甘遣使入贡，诏礼秩视注辇。
尚书省言：‘注辇役属三佛齐[⑥]，故熙宁（1068—1077年）中敕书以 289
大背纸，缄以匣襆，今蒲甘乃大国蕃王，不可下视附庸小国。欲如大食、交趾诸国礼，凡制诏并书以白背金花绫纸，贮以间金镀匣银管籥，用绵绢夹襆缄封以往’，从之”[⑦]。我之所以全文引用该段，是因为这说明在蒲甘王国的真正创造人阿奴律陀执政六十二年以后，该国在历来注重维持各国君主之间等级的中国宫廷中所享有的地位。

① 德·贝烈：前引书，第267页。

② 《缅甸碑铭集》，卷I，第164—165页。

③ 尼哈尔-伦詹·赖：《缅甸的婆罗门教诸神》，1932年。

④ 《缅甸碑铭集》，卷III，第4页。

⑤ 海勒斯和罗克希尔：《赵汝适》，第59页。我不知道哈威根据什么说这个使团没有到达云南以远的地方（《缅甸史》，第43页）。

⑥ 见本书边码第272页。

⑦ 马端临：《四裔考》，埃尔韦·德·圣-德尼译，第586页（此记载系据《宋史》，参阅海勒斯和罗克希尔：《赵汝适》，第59页）。

江喜陀死于1112年或稍晚，因为，可能就是在他身患使之丧命的疾病时，他与王后特里罗迦伐多悉迦所生的儿子罗阇鸠摩罗就让人铸了一个金佛像，并在蒲甘南部摩耶支提寺的柱子上，用四种文字（巴利文、骠文、孟文、缅文）刻下了那篇珍贵的碑铭[1]。

4. 1078至1109年的马来群岛：谏义里王国

290 对十一世纪后二十五年至十二世纪前十年间的三佛齐历史的了解，仅局限于《宋史》中对它1078年至1097年间的一系列遣使[2]的记载。另外，在苏门答腊岛西海岸的巴鲁斯附近发现的泰米尔文碑铭证实了该岛与南印度的关系。这块碑铭注的日期为1088年，是由南印度强大的商人行会所立[3]。1089年至1090年，朱罗俱罗滕伽一世[4]应吉荼罗王的请求，授予夏连特拉朱多摩尼跋摩提婆寺一个新的特许状[5]，即授予1005年左右由夏连特拉朱多摩尼跋摩提婆下令在尼伽波县建造的那座寺庙[6]一些新的授地。

关于这一时期的爪哇和巴厘岛的资料也不很丰富。

---

① 《缅甸碑铭集》，卷I，第1页。

② W. P. 格罗内温特：《马来群岛考释》，第66—67页；——G. 费琅：《苏门答腊帝国》，JA，1922年7—9月号，第21—22页。

③ 拉布土瓦的碑铭，K. A. N. 萨斯特里：《苏门答腊的泰米尔商会》，第72期，1932年，第314页。

④ 见本书边码第271—272页。

⑤ 名为“莱登小特许状”的碑铭由K. V. S. 埃耶发表于《印度碑铭》，卷XXII，第267页上。参阅K. A. N. 萨斯特里的《室利佛逝》，BEFEO.，XL，第299页。

⑥ 见本书边码第259—260页。关于他改信上座部小乘佛教后这座寺庙的历史，请看S. 帕拉那维达纳：《南印度的尼伽波县和上座部佛教》，JGIS，XI，1944年，第17—25页。

十一世纪时，中国关于爪哇原先的爱尔棱加王国被分成两个国家一事的证据甚少，因此，我们能够推测：唯一留下了碑铭记载的谏义里当时占领着所有沿海港口，对于中国商人来说，阇婆单指谏义里。该王国曾于1709年遣使中国[①]。

关于谏义里的碑铭为数不少，从中可以了解各位国王的姓名 291
和年代，但历史方面的内容极少。特里古纳撰写的关于克里希那的传说的史诗《克里希那耶那》就可上溯到这一时期[②]。查科陵[③]和帕纳塔兰陵[④]的浅浮雕都表现了这一题材。

1098年，在巴厘岛出现了一位名叫萨卡伦杜吉拉纳的公主，她的全称[⑤]表明了她和爱尔棱加家族之间在王朝递嬗上的联系[⑥]。

据《宋史》记载，1082年，婆罗洲西岸渤泥国王室利摩诃罗阇的一个使团在中国。

5. 柬埔寨：从苏利耶跋摩二世就位（1113年）至占人占领吴哥（1177年）

在柬埔寨，苏利耶跋摩二世就位的年代，恰好与占婆王阇耶因陀罗跋摩二世和蒲甘王江喜陀之死同时。[⑦] 如果我们能对这些国

---

① W.P.格罗内温特：前引书，第19页。

② H.B.萨加尔：《印度对爪哇文学的影响》，第322—323页。

③ 布兰德斯：《公鸡陵》，第77页。

④ N.J.克罗姆：《印度化爪哇文化导论》，卷II，第250页；——P.V.V.S.卡伦弗尔斯：TBG，第64期，1925年，第196页。

⑤ 她的全称是：伊沙那古那达摩·拉什明德拉·维查耶栋加提鞞。

⑥ N.J.克罗姆：《印度化爪哇史》，第280页。

⑦ W.P.格罗内温特：前引期刊，第110页。

家之间的关系有更多的了解，也许可以发现这两个强大的君主去世与野心勃勃地东征西讨的吉蔑国王上台之间的因果关系。

292 我们已谈到过，苏利耶跋摩二世“统一了一个双王之国而取得王权”[①]。可以肯定，这两个国王中有一个是陀罗尼因陀罗跋摩一世，“经过历时一天的战斗，毫无防备的室利陀罗尼因陀罗跋摩的王位被室利苏利耶跋摩夺走了”[②]。战斗当是非常严酷的：“（苏利耶跋摩二世）把无数军队送上战场，发动了一场可怕的战斗；他跳上敌王大象的脑袋，像神鹰迦楼罗猛扑到山顶上杀死一条蟒蛇那样，杀死了敌王”[③]。陀罗尼因陀罗跋摩一世的谥号为波罗摩尼奢迦罗波多。我们对另一位国王的姓名和王号则一无所知，如前所述[④]，他大概是曷利沙跋摩二世的后裔。终身任职的婆罗门底伐伽罗于1113年为苏利耶跋摩二世加冕[⑤]，从而使这次军事政变合法化。

新国王立即恢复与中国宫廷的联系，这种关系在好几个国王统治时期似乎一直中断。《宋史》记载了苏利耶跋摩二世于1116年和1120年派往中国的使团。

苏利耶跋摩二世是一个伟大的征服者，他率领吉蔑军队一直打到以往从未到过的地方。“他看到了所有他想征服的国家的国

---

① 见福寺的碑铭，BEFEO.，XXIX，第303—304页；《柬埔寨碑铭集》，卷V，第292页。

② 见波罗萨芝伦的碑铭，BEFEO.，XXIX，第307页；《柬埔寨碑铭集》，卷IV，第230页。

③ 见班塔的碑铭，BEFEO.，XII，2，第27页。

④ 见本书边码第281页。

⑤ BEFEO.，XXIX，第303—304页。

王来向他进贡。他甚至亲自进入敌国，他的荣耀使百战百胜的罗怙（即罗摩的祖先）也相形见绌”[①]。G. 马司帛洛在《占婆史》一书中（第 155—156 页）非常详细准确地叙述了苏利耶跋摩二世进攻大越和占婆的战役。在此，只要转引一下就足够了。

“苏利耶跋摩二世刚就位，就开始侵扰占婆。1123 年和 1124 293
年，大越实际上一直在自己的领土上为逃避敌人追捕而寻求避难的柬埔寨和占婆土匪提供庇护。1128 年，苏利耶跋摩率领两万人攻打大越。在被李公平从义安赶出来后，翌年秋天，他派出拥有七百多艘船只的舰队劫掠了清化沿海，此后，不论占婆愿意与否，苏利耶跋摩经常拉它一道不断地对大越进行袭扰。于是，这个 1131 年初还向大越皇帝李神宗纳贡的国家在第二年就伙同吉蔑人侵入义安[②]。不久，他们就被由栋安内统一指挥的义安和清化驻军驱逐出境。阇耶因陀罗跋摩三世丝毫不愿再冒险，他于 1136 年向李太宗称臣纳贡。他与苏利耶跋摩再次向大越发动的战争（1138 年）没有任何关系[③]。在战争中遇挫的吉蔑国王把急于征服他人的强烈欲望全部转向占婆王。他于 1145 年侵入占婆，占领了佛誓，并自立为占婆王。阇耶因陀罗跋摩三世在战争中销声匿迹，他若非成了胜利者的俘虏，就是在战场上丧生”。

吉蔑人对以佛誓（平定）为中心的占婆北部的占领一直持续到

① 班塔的碑铭，见前引期刊，第 27 页。

② H. 马斯佩罗在《安南与柬埔寨的边界》（BEFEO.，XVIII，3，第 34 页）中解释说：“柬埔寨人可能是通过寮保（沙湾拿吉—顺化）的道路越过安南山脉经占婆到达义安的。”

③ H. 马斯佩罗在上引文章中认为，这次柬埔寨人必须“假道河寨（骄诺山口），也可能取道穆嘉关，因为占婆拒不允许他们通过”。

294 1149年[①]。由于1147年新国王阇耶诃梨跋摩一世在南方的宾童龙定居[②]，苏利耶跋摩二世派遣了一支以僧迦罗为统帅、由吉蔑人和占人组成的军队前去讨伐。该军于1148年在罗阇补罗平原被击垮[③]。另一支比它"强一千倍"的部队在毗罗补罗也遭到同样的下场[④]。就在这个时候，苏利耶跋摩二世在佛誓宣告"一位刹帝利，即他的小叔，他第一个妻子的弟弟诃梨提婆亲王"为占婆王[⑤]。阇耶诃梨跋摩一世向佛誓进军，在摩喜沙平原上"打败并杀死诃梨提婆，消灭了这个国王的全部吉蔑族和占族的统帅，并歼灭了吉蔑族和占族的部队，使他们无一幸免"[⑥]。占王进入佛誓，并于1149年为自己加冕[⑦]。吉蔑人的占领就此告终。

遭此失败后，苏利耶跋摩二世再度与大越为敌，并"于1150年发动了新的征讨，结局比以前更惨。讨伐军没有考虑到季节，便于秋季启程。九、十月份暴雨成灾。在翻越武温山，即安南山脉时，军中热病蔓延。当到达义安时，队伍已十分虚弱，只好不战而退了"[⑧]。

在湄南河上游的泰族小国的编年史中，有一些关于西部战役

① 这次占领在占婆艺术上留下了痕迹，在雄顺尤为明显（参阅Ph.斯特恩：《占婆艺术》，第95、108页；J.布瓦斯利埃：《占婆的雕塑艺术》，巴黎，1963年版，第303页及其后各页）。

② 达内或巴都塔布拉的碑铭（艾莫涅：JA，1891年，1—2月号，第39页）。

③ 眉山的碑铭，BEFEO.，IV，第965页。

④ 艾莫涅：前引期刊，第40页。

⑤ 眉山的碑铭，见前引期刊。

⑥ 同上。

⑦ 关于这些事件，参阅L.芬诺的著作，BEFEO.，VX，2，第50页。

⑧ H.马斯佩罗：前引书，第34页。

的记载。编年史叙述了罗斛（华富里）的柬埔寨人和哈里奔猜（南 295
奔）的罗曼那人（孟族）之间的斗争；哈里奔猜这个由来自罗斛的孟族于公元七世纪时建立的湄南河上游的小国[①]，也曾卷入苏利耶跋摩一世就位时引起的混乱之中[②]。罗斛自十一世纪以来就是吉蔑王国的一部分，所谓“罗斛王”，要么是柬埔寨的一位副王或总督，要么就是柬埔寨王本人。这些编年史还借罗斛的柬埔寨人之口，采用了一些纯粹的吉蔑语汇[③]。根据这些文献记载，战争是由摩诃婆罗差提耶寺（古库寺）的建造者和南奔的伟大的圣物[④]的发现者阿迭多罗阇发动的，他继一系列不见于史载的国王之后，最晚于 1150 年就位[⑤]。他一直打到罗斛，致使吉蔑人把他的部队打得丢盔卸甲，并穷追到哈里奔猜的城墙下。由于无法攻占城池，吉蔑人只得班师回朝。他们后来又发动过两次征讨：第一次征讨以与阿迭多罗阇签订协约及把一些吉蔑人安置在哈里奔猜东南部的一个被称为柬埔寨伽摩的村庄里而告结束；因为这个条约未获吉蔑国王批准，吉蔑人不得不再次出征，结果遭到彻底失败[⑥]。

鉴于编年史未必可靠，无法肯定这些事件是否都发生在苏利
耶跋摩二世统治时期。将给人留下强烈印象的是，如同对占族的 296

① 见本书边码第 146 页。

② 见本书边码第 251 页。

③ G. 赛代斯：《关于老挝西部历史的文献》，BEFEO.，XXV，第 168 页。

④ 出处同上，第 83—86 页。——C. 诺东：《暹罗编年史》，卷 II，第 39—53 页。——J. Y. 克莱斯：《暹罗考古》，BEFEO.，XXXI，第 429—453 页。

⑤ G. 赛代斯：前引期刊，第 23 页。

⑥ 出处同上，第 82—83 页和 162—171 页。——C. 诺东：《暹罗编年史》，卷 II，第 36—40 页。

战争一样，对湄南河上游孟族的战争也遭到不幸的结局。但是，人们只是通过与柬埔寨敌对的原始资料了解这些事件的。而这些资料很可能故意窜改了这些事件。但无论如何，《宋史》中是记载了十二世纪中期，柬埔寨王国在印度支那半岛的大肆扩张的[①]。据《宋史》记载，真腊（柬埔寨）北与占城（占婆）南部边界接壤，东部濒海，西接蒲甘（蒲甘王国），南抵加罗希（在猜亚和马来半岛东海岸的万伦湾地区）[②]。

1128 年，中国皇帝“授予名叫金裒宾深的真腊国王[③]以高官显位，真腊被视为中国的一大属国。（1131 年和 1147 年）双方探讨并解决了贸易事务中的一些困难”[④]。

在柬埔寨国内，像通过碑铭可以看到的那样，苏利耶跋摩二世统治期间给芝索山寺、桑德山寺、福寺、柏威夏寺都捐赠过钱，并修建了一系列建筑，其中有：吴哥通的波列比图的主体工程，城东的召赛代沃达寺和通马农寺，最后是吉蔑艺术的杰作吴哥窟[⑤]，它是
297 国王生前为自己建造的陵寝[⑥]，在该寺中，他大概被神化了，被塑成毗湿奴的样子，其谥号为波罗摩毗湿奴罗伽。

---

① 马端临的《四裔考》转引了这段记载，见 H. 德·圣-德尼的译本，第 487 页。

② 见本书边码第 326、329、335 页。

③ 这个名字实际上是吉蔑国王的称号或是在信件中的谦称，参阅 BEFEO.，XXIX，第 304 页。

④ 马端临，见前引译本，第 487 页。——译者按：此段原文为：“建炎三年，以郊恩制授其王金裒宾深检校司徒加食邑，后以为常。绍兴元年，广南市舶司言，其国附到蕃信与知州提举，诏勿受。如可备官用，即估直偿之，仍以省物回赐。十七年，宰臣奏其国王降制加恩事，上曰：日后郊祀，外国家惠可令先次检举，庶知本朝怀远之意。”

⑤ G. 赛代斯：《关于吴哥窟的建造年代》，AJ，1920 年，1—3 月号，第 96 页。

⑥ G. 赛代斯：BEFEO.，XL，第 339 页及其后各页（附有关于这一问题的著作书目）。

这个谥号标志着毗湿奴教在宫廷里受到笃信，这种笃信与其说是通过建造奉献给毗湿奴的寺庙得到表现，还不如说是通过建筑物的大部分装饰都取材于有关毗湿奴-克里希那的一段神话传说而体现的[①]。同一时期，对这种比湿婆教更能激起虔敬之心（巴克提），使灵魂神秘地超度上天的宗教的迷恋之情在爪哇也风靡盛行，谏义里诸王都装成毗湿奴的化身。与此同时，即在十二世纪初期，印度也出现了笃信当代毗湿奴教的创始人罗摩奴阇的宗教运动[②]。

苏利耶跋摩二世统治末期的情况不明，我们不知道他去世的时间。以他的名义立的最后一块碑铭刻于 1145 年[③]，但有种种理由令人相信他是 1150 年反对东京的战争的煽动者，因此也可以相信，他的统治至少延续到了这个时期。

苏利耶跋摩二世之死有可能又使高棉对罗斛（华富里）的宗主国地位受到动摇。这个被中国人称为罗斛的国家在 1115 年已经 298
为了自己的事务而向中国派过一个使团，当时，苏利耶跋摩二世就位仅两年，大概这位年轻的国王尚未巩固对他的王国周围属国的权力。1155 年，也许是由于苏利耶跋摩二世去世了，罗斛又派了一个新的使团，看来，其目的与要中断对吴哥的依附关系的又一次尝试是一致的[④]。在暹罗的那伽罗室伐伽（那空沙旺）地区发现的

① 参阅《法国远东学院考古论文集》，卷 II，《吴哥的庙宇》，第一集中关于装饰性雕刻和长廊上的浅浮雕的 5 卷著作。

② R. 格鲁塞：《印度哲学》，第十一章。

③ 斯拉盖寺的碑铭（原碑已佚。见艾莫涅：《柬埔寨》，卷 II，第 287 页）发表于《柬埔寨碑铭集》，卷 VI，第 312 页。

④ 《宋史》并未确切提到该使团的来源，因为书中说它来自真腊罗斛（O. W. 沃尔特斯：《单马令》，BSOAS，1958 年，第 605 页）。

碑铭提到:1167 年,一个名叫达摩输迦的君王很可能曾经治理过已获独立的罗斛王国[①]。

苏利耶跋摩二世的继承人陀罗尼因陀罗跋摩二世并不是他的直系后代,而是他的表兄弟[②]。他大概是利用宫廷政变登上王位的,这大概可以解释为什么碑铭中对苏利耶跋摩二世的最后几年缄口不提。此外,新国王是个佛教徒[③],因此,尽管婆罗门教对佛教持宽容态度,他还是与正统的婆罗门教的悠久传统决裂了。有关这位国王的情况,我们只知道他娶了曷利沙跋摩三世的女儿朱多摩尼公主,他们约于 1125 年生了一个儿子,许多年之后,这个孩
299 子统治了国家,他的王号是阇耶跋摩七世[④]。人们可以较有把握地说,磅斯威的波列坎寺的大部分建筑是陀罗尼因陀罗跋摩二世建筑的。[⑤]

陀罗尼因陀罗跋摩二世的继承者是一个叫耶输跋摩(二世)的人,他的就位年代不详,我们对他的家系也不了解。耶输跋摩二世统治时发生了一桩戏剧性事件,在班迭奇马寺的一块碑铭和与碑铭同时的浅浮雕中都提到了这件事。国王遭到一个在碑铭中被称为罗睺(即在日食和月食时吞吃太阳和月亮的阿修罗)——浅浮雕

① G. 赛代斯:《关于印度支那中部历史的新碑铭材料》,AJ,CCXLVI,1958 年,第 139 页。

② 他的父亲摩喜陀罗底耶是苏利耶跋摩二世母亲那伦陀罗拉克什弥的兄弟,这位王后是阇耶跋摩六世和陀罗尼因陀罗跋摩一世的一个姨妹的女儿(BEFEO. ,XXIX,第 301 页)。

③ 阇耶跋摩七世碑铭的第十七节,BEFEO. ,VIII,第 72 页和 XLI,第 185 页。

④ 关于阇耶跋摩七世和他之后各王的统治,参阅 G. 赛代斯:《编年史和系谱方面有关摩喜陀罗补罗王朝的新资料》,BEFEO. ,XXIX,第 304 页及其后文。

⑤ 但这一时期却建造了诸如本密列寺和班迭桑雷寺等大型建筑。

中有他的雕像——的神秘人物的袭击，一位年轻的王子救了他。这位王子大概是后来的阇耶跋摩七世的儿子。

约在 1165 年，耶输跋摩二世死于他的一个大臣之手。那个大臣自封为国王，王号特里布婆那帝耶跋摩。后来的阇耶跋摩七世当时正在占婆，为此，他匆忙赶回来保卫耶输跋摩，他与耶输跋摩大概有些亲属关系，或许只是在这个动乱时期和他才有些关系。但当他赶到，已为时过晚了。

正值这个叛乱者夺取柬埔寨王位时，另一个叛乱分子于 1166 年至 1167 年间夺取了占婆王位，号称阇耶因陀罗跋摩四世。1170 年，他与大越握手言和后，又转而反对柬埔寨。有一块碑铭中写道：“同罗伐那一样傲慢的占婆国王阇耶因陀罗跋摩，用战车运送军队，去攻打那天堂般的国度——甘菩。[1]”但战争不分胜负。于

是，阇耶因陀罗跋摩改变方案，企图出其不意地由海路攻取柬埔 300
寨，这次远征发生于 1177 年[2]。占婆的舰队由一名在海上遇难被 281
救的中国人带路，沿海岸驶达湄公河口，然后溯流而上，直至大湖。吴哥遭到突袭，篡位者特里布婆那帝耶被杀，城市也遭到洗劫。这个国家在经历了二十年内乱之后，又突遇如此巨大的灾难，才步履艰难地重新崛起。

6. 1113 至 1177 年的占婆

占婆国王阇耶因陀罗跋摩二世约死于 1113 年。继承人是其

---

① BEFEO.，XXIX，第 324 页。

② 见本书边码第 300、303 页。

侄诃梨跋摩五世，他和平地进行统治，继续在眉山大兴土木，他和中国、大越保持着良好的关系，在1116年至1126年间与它们多次互派使团[①]。可能由于没有合适的继承人，看来，他于1133年过继了一个生于1106年的身世不详的王子，封其为瑜婆罗阇，后者在1139年继位，王号为阇耶因陀罗跋摩（三世）[②]。

新国王于1140年向眉山[③]和1143年向芽庄的浦那竭罗[④]作的捐赠，表明他的权威在占婆的北部和南部都得到承认。前面已提到，[⑤]1131年他帮助吉蔑人讨伐义安之后，是如何与大越媾和，接着在1145年又如何遭到吉蔑人的入侵，并在那些入侵中销声匿迹的。

301 由于占婆的首都和大部分国土均落入吉蔑人手中[⑥]，宾童龙人就向占婆的新国王律陀罗跋摩四世提供避难所，1145年为他举行了祝圣仪式，但他当年就逃往南方，从未执政，其谥号为婆罗摩路迦[⑦]。他的儿子罗那蒲迷毗阇耶，即湿婆难多那王子是波罗摩菩提萨埵的后裔，在诃梨跋摩五世和阇耶因陀罗跋摩三世统治时期被流放。“起初，他离开了自己的祖国，长期流落国外，经历了幸运和不幸；后来，他又返回占婆的国土”。他曾伴随其父逃往宾童龙，当地居民于1147年拥他为王，王号阇耶诃梨跋摩（一世）[⑧]，

① G. 马司帛洛：《占婆史》，第151页。

② L. 芬诺：《眉山的碑铭》，BEFEO.，IV，第954页。

③ 同上。

④ 艾莫涅：《占婆碑铭初探》，JA，1891年1—2月号，第37页。

⑤ 见本书边码第293页。

⑥ 现在，人们倾向于认为平定寺院的建筑特点以及吉蔑雕塑艺术输入占婆就是因为吉蔑人的这次占领和半个世纪之后发生的第二次吉蔑人的占领而引起的。

⑦ L. 芬诺，前引期刊，第959页，第961页。——艾莫涅：前引期刊，第39页。

⑧ 同上。

1148 年，正是他成功地顶住了苏利耶跋摩二世的进攻，1149 年，他从吉蔑王子诃梨提婆手中夺回了首都佛誓，并立即在那里加冕。

但他的事业总是在从头开始，因为在他统治的 17 年中，为了维持其权力，一直没有停止过战争：首先是攻打那些集合在他的不忠的内弟般舍罗阇指挥下的吉罗多人，即山民；以及“拉德人、马达人和其他的蛮族（弥戾车）”[①]。1150 年，般舍罗阇被击败后向大越皇帝求援，大越皇帝给了他清化和义安的一支 5000 人的军队[②]。据眉山的一块碑铭记载：“耶槃那人（越南人）的国王得知柬埔寨国王向阇耶诃梨跋摩挑起事端，遂立占人般舍罗阇为王；他把好几名  耶槃那的将军给了般舍罗阇，并带来数支骁勇的耶槃那军队，该军拥有十万人和上千……，这些军队一直挺进到达尔瓦（和拉旺）平原。当时，阇耶诃梨跋摩统领着佛誓的所有军队。两军展开了一场恶战，阇耶诃梨跋摩击败了般舍罗阇。耶槃那军队死亡惨重”[③]。阇耶诃梨跋摩继续平定全国，于 1151 年征服了阿摩罗伐蒂（广南）[④]，此后，经历了五年征战，又于 1160 年平定了宾童龙[⑤]。

全线获胜后，阇耶诃梨跋摩加紧修建王国的两处伟大的圣地眉山和浦那竭罗[⑥]。1155 年，他向中国派遣了一个使团，在 1152 年至 1166 年间向大越派去了一系列使者[⑦]。

---

① L. 芬诺，前引期刊，第 965 页。——艾莫涅：前引期刊，第 42 页。

② G. 马司帛洛：前引书，第 158 页。

③ L. 芬诺：前引期刊，第 965 页。

④ 艾莫涅：前引期刊，第 42 页。参阅 G. 马司帛洛：前引书，第 159 页。

⑤ 出处同上，第 41 页。

⑥ L. 芬诺：前引期刊，第 965、966、968 页。——艾莫涅：前引期刊，第 42 页。

⑦ G. 马司帛洛：前引书，第 160 页。

在他的宫廷中，有一位来自伽罗摩补罗的名叫阇耶因陀罗跋摩的勋臣，他“精通所有的兵器，……谙习一切经论，通晓语法、占星术等等；了解所有的哲学理论，懂得大乘学说，熟悉一切法论，特别精通《那罗陀篇》和《婆伽毗耶》，热衷法制……”[①]1163 年至 1165 年，他给了眉山一些捐赠[②]。

人们无从确知阇耶诃梨跋摩一世于 1116 年到 1167 年间逝世时所发生的事情。并不能肯定他的儿子阇耶诃梨跋摩（二世）是否
303 从未执政[③]。无论如何，伽罗摩补罗的阇耶因陀罗跋摩成功地排挤了他，并于 1167 年向中国朝廷要求册封[④]。

阇耶因陀罗跋摩统治初期，一直在与柬埔寨人打仗，考虑到这些战事，他于 1170 年向大越皇帝赠礼言和[⑤]。1177 年，由一个在海上遇难的中国人带路[⑥]，“占城王以其强大的船队突袭真腊国都，他不肯接受任何请和建议，劫掠了都城，并杀死国王。于是两国结下大仇。庆元五年（1190 年）这场仇恨终于结出了苦果”[⑦]。

7. 1113 至 1173 年的缅甸

江喜陀于 1112 年或略晚时在蒲甘去世，由他的 1089 年出生

---

① L. 芬诺：前引期刊，第 973 页。

② L. 芬诺：BEFEO.，XV，2，第 50 页。

③ G. 马司帛洛：前引书，第 162 页。

④ 同上。

⑤ G. 马司帛洛：前引书，第 163 页。

⑥ 根据 G. 马司帛洛所引的《岭外代答》中的一段资料，见前引书，第 164 页。

⑦ 马端临：《四裔考》，埃尔韦·德·圣-德尼译本，第 557 页。——译者按：原文为：“以舟师袭真腊，请和不许，杀之，遂为大仇。庆元己未，真腊大举入占城，俘其主，戮其臣仆，剿杀几无噍类，更立真腊人为主。”

的孙子阿隆悉都（旃苏，即阇耶苏罗）继承王位，加冕时王号为特里布婆那帝耶·婆伐罗达摩罗阇。新国王的父亲可能属孟人[1]，由母系看，他是阿奴律陀的重外孙。在他那长达 55 年的统治的初期，他弹压了若开南部的一场叛乱，并把他的统治一直扩展到丹那沙林[2]。

阿隆悉都进行了这些讨伐并得胜回朝后，年迈的僧阿罗汉在81 岁上死去[3]，正是他在六十多年前使阿奴律陀改信上座部佛教， 304
并间接地导致了对直通的征服[4]。

1118 年[5]，阿隆悉都把被一个篡位者剥夺了王位的合法国王之子梨耶明难重新扶上了若开的王位，为了对此表示感谢[6]，梨耶明难重修了印度的菩提伽耶寺[7]。

据编年史记载，阿隆悉都曾多次在各地旅行，是他兴建了各种公共设施和大批寺院。他可能还到过马来西亚、阿拉干沿海各岛屿、吉大港，大概一直到达孟加拉以及八莫地区的森林。从 1115 年开始，他派出了一个使团到南诏[8]，后来他大概也亲自到那里去，试图找回他的曾外祖父阿奴律陀曾寻找过的佛牙[9]，但没有成功。

阿隆悉都统治期间在都城兴建的主要建筑有 1131 年建的瑞

[1] 见本书边码第 286 页。
[2] 佩貌丁和 G. H. 卢斯：《琉璃宫史》，第 119 页。
[3] ARASB，1919 年，第 23 页。
[4] 见本书边码第 274—275 页。
[5] ARASB，1919 年，第 22 页。
[6] 《琉璃宫史》，第 120—121 页。
[7] ARASB，1919 年，第 18 页。
[8] 圣桑：《南诏野史》，第 102 页。
[9] 《琉璃宫史》，第 122 页。

古寺[1]和1150年造的漂亮的他冰瑜寺(沙般奴,意即“无所不知者”)[2]。它们标志着由受孟族影响的时期向以后各王统治时的典型的缅族时期的过渡。1154,缅人阿伽跋娑编撰的著名的巴利文语法书《语音指南》[3]证实了在上座部佛教传入后的一个世纪,蒲
305 甘成为巴利文的学术中心[4]。

《编年史》记载说,国王与耶多那钵王后所生的暴烈傲慢的长子弥辛修被逐流放后[5],他与江喜陀国王的一个大臣之女所生的次子那罗都(那罗苏罗)参与政事。1167年[6],当81岁的阿隆悉都患病时,那罗都毫不犹豫地要尽快置老人于死地[7]。于是,发生了一系列谋杀事件。在那罗都统治期间,他的哥哥弥辛修、大批贵族、官员、侍者和波帝迦耶的公主都遭谋害[8],在这三年血腥统治之后,那罗都自己也死于王后父亲的密使之手[9]。在他死前,为了平息

① 佩貌丁和G. H. 卢斯在JBRS,1920年号,第67页上说该寺建于1141年,参阅丹吞:《公元1000年至1300年的缅甸历史》,载《缅甸史学会通报》,I,1960年,第47页。

② L. 德·贝烈:《远东的印度式建筑》,第278页。——S. 奥康纳:《曼德勒》,第257、259、263页。——卢佩温:《蒲甘导游图》,仰光,1955年,第32页。

③ M. H. 博德:《缅甸的巴利文文学》,第16页。——H. 史密斯:《阿伽跋娑的巴利文语法》,隆德,1928年版。

④ 关于这一时期蒲甘的生活,请参阅《公元1044年至1287年缅甸的社会生活》,XLI,1—2号,1958年,第37—47页。

⑤ 《琉璃宫史》,第126页。

⑥ ARASB,1919年,第22页。

⑦ 《琉璃宫史》,第127页。

⑧ 这位公主是由其父亲奉献给阿隆悉都的。看来,依照惯例,他后来又嫁给了那罗都。有人考证波帝迦耶(波底迦罗)位于蒲甘西部和西南部,但它更可能是在吉大港以北的蒂佩拉县(参阅G. E. 哈威:《缅甸史》,第326页。尼哈尔-兰金·莱:《缅甸的梵文佛教》,第93—94页)。

⑨ 《琉璃宫史》,第48页。

自己的悔恨之情，他还修建了蒲甘最大的寺庙——达磨衍寺（达摩罗喜寺）[①]。那罗都的儿子那罗帝因迦（那罗辛诃）也只在位三年（1170—1173年），就被他的弟弟那罗波帝悉都（那罗波帝阇耶苏罗，即阇耶苏罗二世）杀了，原因是那罗帝因迦霸占了他的妻子[②]。

这就是编年史对阿隆悉都死后接二连三发生的事件的小说般的记述。但从碑铭上人们只能得知阿隆悉都死于七十余岁时。他的继承人那罗都，在1165年被外国人，大概就是1164年侵入该国 306
的僧迦罗人所杀[③]。编年史声称那罗都有个名叫那罗帝因迦的儿子，他在位三年，于1173年被其弟谋害。看来从不曾有过这个那罗帝因迦。事实上，人们并不知道谁是1165年至1173年间的蒲甘国王。1173年，也许是在僧迦罗人的帮助下，阿奴律陀的后代到那罗波帝悉都时恢复了王位[④]。

8. 1115至1178年的马来群岛。谏义里王国

与吉蔑族和占族的战争及缅族的戏剧性事件相比，马来群岛诸国在整个这一时期内的历史则大为单调。

关于三佛齐王国，我们只知道《宋史》提到其国王室利摩诃罗阇于1156年和1178年曾遣使去中国[⑤]。马端临写到1178年的第三

---

① L.德·贝烈：前引书，第287页；——S.奥康纳：前引书，第221页。——卢佩温：《蒲甘导游图》，第48页。

② 《琉璃宫史》，第134—138页。

③ 《小史》，卷II，第64—70页。

④ 丹吞：《公元1000年至1300年的缅甸历史》，前引期刊，第48页。

⑤ W.P.格罗内温特：《马来群岛考释》，第67页，——G.费琅：《苏门答腊帝国》，JA，1922年，7—9月号，第22页。

个使团，并说派遣使团的国王是在 1169 年开始执政的[1]。阿拉伯的地理学家们继续谈到扎巴格和摩诃罗阇，但只不过是相互抄袭，并没有为其前人的资料增加什么内容。不过在艾德里希 1154 年写的著作中，还是写下了一个有趣的细节：“据说，每当中国由于发生叛乱而动荡不安，每当印度国内专制肆虐，混乱不堪时，中国居民就
307 与扎巴格和隶属该国的其他岛屿通商。因为当地居民公平正直，举止友善，风俗淳朴，易于成交，中国居民与他们建立了联系，彼此亲密无间。正因如此，这个岛上人丁兴旺，并经常有外国人涉足。[2]”

关于爪哇岛，人们只知道谏义里一系列国王的名字[3]，这些名字是记在一些捐赠的契据上的：

巴默首罗（1117—1180 年）[4]，曾于 1129 年和 1132 年得到了中国皇帝的特权证明书[5]。

瓦尔密首罗又名查耶巴耶（1135—1179 年）[6]，可能是巴默首罗之子。在他统治期间，诗人斯达于 1157 年开始，根据《摩诃婆罗
308 多》的战斗故事用爪哇文撰写了史诗《婆罗多之战》，[7]该诗最后是

① H. 德·圣-德尼译：《四裔考》，第 566 页。

② 费瑯：前引期刊，第 66 页。

③ N. J. 克罗姆：《印度化爪哇史》，第 289—297 页。——关于他们的姓名和年代，见 L. C. 达梅的《碑铭表》，BEFEO.，XLVI，1952 年，第 66—69 页。

④ 他的全名是：室利·巴默首罗·萨卡拉布瓦那杜蒂卡拉纳·沙尔瓦尼瓦利耶维利亚·帕拉克拉玛·迪费约栋加德瓦。

⑤ W. P. 格罗内温特：前引书，第 19 页。

⑥ 他的全名是：室利·瓦尔密首罗·玛杜苏达那瓦塔拉宁迪达·苏利辛哈·帕拉克拉玛·迪查约栋加德瓦。

⑦ 1903 年由坎宁发表。参阅 H. B. 萨加尔：前引期刊，第 249 页。——这首诗充满了对当时历史事件的影射。参阅 C. C. 伯格的著作，见于斯塔贝尔的《历史》，卷 II，第 62—64 页。——J. E. 冯·路易森：BKI，CXII，1956 年，第 384 页。

由《诃利世系》[①]，即关于毗湿奴的传说集的作者巴努鲁完成的。

沙尔维首罗[②]，1159—1161 年在位；阿利耶首罗[③]，1171 年在位；格龙查利耶迪巴（又名甘德拉）[④]，1181 年在位。

至于巴厘岛，人们仅知道该岛 1115 年至 1119 年的统治者苏拉底巴的名字以及 1146 年至 1150 年的统治者查耶沙蒂的名字[⑤]。

① H. B . 萨加尔：前引期刊，第 261 页。

② 他的全名是：室利·沙尔维首罗·查那达那瓦塔拉·韦查耶格拉查沙玛·辛哈那达尼瓦利耶维利耶·帕拉克拉玛·迪查约栋加德瓦。

③ 其全名为：室利·阿利耶首罗·玛杜苏达那瓦塔拉利查耶·帕拉克拉摩栋加德瓦。

④ 他的全名是：室利·格龙查利耶迪巴·汉达布瓦那帕拉卡·帕拉克拉玛宁迪达·迪查约栋加德瓦。

⑤ P. V. V. S. 加伦费尔：《巴厘碑铭》，第 33—35 页。

第十一章　柬埔寨的鼎盛时期，僧伽罗佛教传入缅甸以及爪哇的新柯沙里王国（十二世纪的最末二十五年和十三世纪的前六十八年）

1. 柬埔寨：阇耶跋摩七世（1181 至约 1218 年）与吞并占婆

309 1177 年占人的入侵使柬埔寨“陷入苦海之中”[1]，拯救柬埔寨这个艰巨任务，就是落在了阇耶跋摩七世的身上。

310 由于他父亲陀罗因陀罗跋摩二世的关系，他是苏利耶跋摩二世的外甥，按他母亲，即曷利沙跋摩三世的女儿朱多摩尼来算，他属于在几乎整个十一世纪一直统治着这个国家的王室的后代，并与古代前吴哥时期的柬埔寨国王们有密切的联系。他最迟生于 1125 年[2]，苏利耶跋摩二世统治时，他娶了阇耶罗阇提鞞公主为

---

① 披梅那卡寺的碑铭。G. 赛代斯：《柬埔寨碑铭集》，卷 II，第 117 页。

② 关于他的生平详情，参阅 G. 赛代斯的《编年史和系谱中有关摩喜陀罗补罗王朝的新资料》，BEFEO.，XXIX，第 304—328 页；和《为了更好地了解吴哥》第 176 页及其后各页。——B. R. 沙特吉曾写了一篇文章，题为：《阇耶跋摩七世：柬埔寨最后一位伟大的君主》，载《印度史讨论会文集》，加尔各答，1939 年，第 377—385 页。

妻，当时，他大概还相当年轻，看来，这位公主对他有很大的影响。

阇耶跋摩曾离开柬埔寨，率远征军讨伐占婆，但其出征年代不详。他到了佛誓（平定）后，得知父王去世，耶输跋摩二世就位，以及特里布婆那帝耶最终篡夺了王位。披梅那卡寺石碑上这样写道：“他急忙赶回拯救国王耶输跋摩。”我们也可以认为他这样做是为了行使他谋取王位的权力。该碑铭继续写道：“但是，由于篡位者已经夺走了耶输跋摩的王位和性命，阇耶跋摩就留在柬埔寨，伺机拯救灾难深重的国土。”他一直等待了 15 年。

当占人的入侵剥夺了篡位者对国家的统治权后，阇耶跋摩意识到他的时机来临了。但是，在宣布就位之前，必须先把国家从侵略者手中解放出来。他对占人发动了一系列战斗，特别是展开了一场海战，使国家获得彻底解放[①]。在巴容寺和班迭奇马寺的墙上，有逼真的画面描绘了那场海战。

在 1181 年，即占族 1177 年入侵后的第四年，柬埔寨恢复安 311
宁，阇耶跋摩加冕为王。接着，他修复首都，在京城四周修筑了堑壕和城墙，那就是今天的吴哥通的围墙[②]。

据马端临所载[③]，阇耶跋摩在占人入侵时，曾经“誓必报怨”，他经历十八年的韬晦，才实现了这一誓言。

---

① G. 赛代斯：《关于用以解释班迭奇马寺和巴容寺内廊浅浮雕的方法的若干建议》，BEFEO.，XXXII，第 76—78 页。

② G. 赛代斯：《巴容寺的年代》，BEFEO.，XXVIII，第 88—89 页。

③ 埃尔韦·德·圣-德尼译马端临的《四裔考》，第 487 页。——译者按：据马端临《文献通考》，卷 332，“四裔考·九”“真腊”条，原文为：“淳熙四年五月望日，占城主以舟师袭其国都，誓必报怨庆元己未大举入占城，更立真腊人为主。占城今亦为真腊属国矣。”

但是，在履行誓言向占人发动战争之前，他要先在国内对付爆发于今马德望省南部的莫良的叛乱[①]。为了镇压暴乱，他请一位逃亡到柬埔寨的年轻的占婆王子协助，眉山的一则占文碑铭[②]对此作了以下记载：

“毗多难陀那王子少年时期，于塞迦历1104年（公元1182年）前往柬埔寨。柬埔寨国王见他完全具有生来命运不凡者的所有的33个标记，非常喜欢他，像对待一个王子那样教他各门学问和各类兵器。当他在柬埔寨时，该国的莫良城中歹徒麇集，柬人占领了这座城市后，城里发生了反对柬王的暴乱。由于这位占族王子精通各种兵器，柬王就派他率领柬埔寨军队攻取莫良城。王子按柬
312 王的旨意，平定了该城的叛乱。柬王见他才华横溢，就赐他以瑜婆罗阇的尊号，并把柬埔寨的所有享乐和财富都给了他。”

阇耶跋摩把这个年轻的占婆王子作为向占婆复仇的工具。为了确保复仇这个他多年“韬晦”的果实能够到手，他于1190年[③]使大越皇帝李高宗保持中立，这时，他只需静候良机了。同年，占婆王阇耶因陀罗跋摩·翁·瓦杜再次进攻柬埔寨，给他提供了复仇的机会[④]。

阇耶跋摩本人是否也参加了攻击占婆的战役？尽管芽庄的浦那竭罗寺碑铭说他“占领了占婆的首都，夺走了所有的林伽”[⑤]，却

---

① BEFEO.，XXXII，第80页，注1。

② BEFEO.，IV，第974页。

③ 艾莫涅：《柬埔寨》，卷III，第527页。

④ L.芬诺：《眉山的碑铭》，BEFEO.，IV，第975页。——G.马司帛洛：《占婆史》，第161页中认为阇耶因陀罗跋摩·翁·瓦杜即伽罗摩补罗的发动了1177年入侵的阇耶因陀罗跋摩（四世）；——L.芬诺在BEFEO.，XV，2，第50页注2中对这一考证的正确性提出质疑，但这一考证很可能是正确的。

⑤ 艾莫涅：《初探》，JA，1891年1—2月号，第48页。

仍不能肯定他参加了战斗。但无论如何，他把自己军队的领导权交给了年轻的占婆王子毗多难陀那。王子攻占了首都佛誓（平定），并将俘获的占王阇耶因陀罗跋摩押解到柬埔寨。毗多难陀那让阇耶跋摩七世的姐夫英亲王代替自己，以苏利耶阇耶跋摩提婆的称号统治占婆，而他本人则在南方的宾童龙建立了一个王国，王号为苏利耶跋摩提婆。占婆就这样被两个国王瓜分，他们之中，一个是柬王的亲戚，另一个是柬王的属臣。但这种局面并未维持多久。王号为苏利耶跋摩提婆的毗多难陀那利用了佛誓发生的一场将阇耶跋摩七世的姐夫赶回柬埔寨并使占婆的罗苏婆底亲王（阇耶因陀罗跋摩五世）登上王位的暴动，这位藩朗的主人乘机摆脱了柬埔寨国王的约束，他先后杀死了两个阇耶因陀罗跋摩。其中一个是佛誓的占王（即苏罗婆底），另一个原是柬埔寨的俘虏，阇耶跋摩七世大概曾违心地给他留了条性命。然后，毗多难陀那重新为自己的利益统一了占婆。

1192 年，毗多难陀那-苏利耶跋摩提婆在“无人反对”的情况下统治着统一的国家[①]。1193 年和 1194 年，阇耶跋摩七世曾试图使他归顺，但没有成功[②]。直到 1203 年，占王的那个受柬埔寨雇用的叔父瑜婆罗阇·翁·檀那婆底伽罗摩才将他赶走了[③]。毗多难陀那-苏利耶跋摩提婆向大越皇帝请求庇护，尽管 1199 年时越皇还曾给他封号，此时也不理会他；他默默无闻地销声匿迹了。自

① 眉山的一块碑铭叙述了这些事件。该碑铭由 L. 芬诺译出，见 BEFEO.，IV，第 975 页。

② 同上。

③ 出处同上，第 940 页。关于此事的年代，请参阅 G. 马司帛洛，前引书，第 367 页。

1203年至1220年，占婆成为吉蔑的一个行省，由瑜婆罗阇·翁·檀那婆底伽罗摩管辖。不久，在阇耶跋摩七世宫中抚养成人的阇耶诃梨跋摩一世的孙子，杜赖-佛誓的庵舍罗阇也参与执政，并于1201年被封为瑜婆罗阇[①]。1207年，庵舍罗阇亲王率领柬埔寨军队，在缅甸和暹罗军队的配合下攻打大越[②]。他于1226年成为占婆国王，王号为阇耶波罗蜜首罗跋摩二世。在他的统治时期，吉蔑艺术继续对平定的占婆艺术产生一定的影响[③]。

阇耶跋摩七世与其东部邻国的争端并没有使地停止向北方和
314 西方的领土扩张，柬埔寨最北部的碑铭，即1186年立于与万象隔河相对的湄公河中的塞丰碑铭，就是他统治时期留下的。

赵汝适于1225年[④]写的真腊属国的名单中，有一部分录自1178年的《岭外代答》，这份名单说明当时柬埔寨至少在名义上对马来半岛的一部分乃至缅甸行使宗主权。根据同样的看法，阇耶跋摩立于1191年的一块碑铭[⑤]告诉我们，他每天净手的水是“由苏利耶婆多、爪哇国王、耶槃那人的国王和占人的两个国王为首的婆罗门们”提供的。婆罗门苏利耶婆多大概是宫廷婆罗门的首领。其中耶槃那人的国王是大越皇帝，1175年登基，号李高宗，他一直统治到1210年。爪哇国王大概是指卡默首罗。占人的两个国王，如前所述，一个是指阇耶跋摩七世的姐夫、佛誓（平定）的国王苏利

① 艾莫涅，前引期刊，第48页。
② 出处同上，第51页。
③ 参阅斯特恩：《占婆艺术》，第65—66页，第108—109页。
④ 海勒斯和罗克希尔：《赵汝适》，第53—54页。参阅本书边码第329页。
⑤ 即波列坎的碑铭，BEFEO.，XLI，第299页。

耶阇耶跋摩提婆，另一个是受阇耶跋摩七世保护的原毗多难陀那亲王，即宾童龙（藩朗）的国王苏利耶跋摩提婆。我们知道，进贡水是效忠的表示，即使两个占人国王确有此意，爪哇和耶槃那的国王也绝非如此。

阇耶罗阇提鞞死后，国王将第一王后的称号授予她的姐姐因陀罗提鞞，她“以自己的学问战胜了哲学家的学问”，国王曾任命她
为一座佛教寺院的首席教师，她在那里给妇女讲课。正是她用完 315
美的梵文撰写了颂扬她妹妹的披梅那卡寺碑铭[①]，关于阇耶跋摩七世生平的传记性材料，大都取自这块碑铭。

我们不知道阇耶跋摩七世去世的确切日期[②]。他的统治很可能一直延续到 1218 年左右[③]。他的谥号是摩诃波罗摩苏伽多[④]。

阇耶跋摩是个体型肥胖、线条明显的人，他的头发在头顶上梳成一个小髻。这些细节在浅浮雕上都刻画得很清楚[⑤]，在显然是表现同一个人物的四座塑像上都有所反映，大致可以肯定这些塑像都是阇耶跋摩七世的肖像[⑥]。

通过这些内容异常丰富的传记性资料，可以看到一个精力旺

---

① 发表在《柬埔寨碑铭集》，卷 II，第 161 页。

② 在 BEFEO.，XXIX，第 328 页上，我认为可以通过 1200 年由一个在位 20 年的国王派往中国的柬埔寨使团以证明阇耶跋摩七世当时肯定在位。但是，这个使团实际上是由当时隶属于柬埔寨的真里富（见本书边码第 329 页）派出的（参阅 O. W. 沃尔特斯：《单马令》，BSOAS，1958 年，第 606 页）。

③ 见本书边码第 328 页、346 页、356 页。

④ L. 芬诺：《伊奢那补罗的寺庙》，载《法国远东学院考古论文集》，卷 I，第 91 页，注 2。

⑤ 参阅 BEFEO.，XXXII，第 71 页及其后各页。

⑥ G. 赛代斯：《吉蔑艺术中的肖像》，AA，VII，1960 年，第 179 页。

盛、雄心勃勃的人物形象，他在经历了多年的等待和磨难之后，从废墟中拯救了他的国家，并使它的势力达到了顶点。碑铭将他描绘成一个狂热的佛教徒，他坚持其父陀罗尼因陀罗跋摩二世的信仰。他父亲与信奉婆罗门教的诸先王的传统决裂，并在“释迦牟尼宗教——大乘佛教——的仙露中得到满足”[①]。在大乘佛教中，盛行对世尊观自在的崇拜，通过把人神化的仪式，就可以把对被神化
316 成悲天悯人的菩萨形象的死者，甚至对尚活着的人的崇拜与世尊观自在联系起来。

虽然人们很难怀疑阇耶跋摩七世本人是佛教徒，但婆罗门仍然在宫廷中发挥着不可忽视的作用。吴哥通的一块碑铭给我们描绘了一个婆罗门学者的奇特形象[②]，“当他听说柬埔寨有许多深谙《吠陀》的学者后，就到那里去炫耀他的学问”。他名叫曷利希克沙，属于婆罗伐阇的婆罗门氏族，来自那罗波帝德沙，“很可能我们可以考证该地即缅甸，因为当时正是那罗波帝悉都统治缅甸的时期”[③]。阇耶跋摩七世任命他为宫廷祭司，赐封号阇耶摩诃波罗陀那，他后来继续为阇耶跋摩七世的两个继承者效力。

阇耶跋摩七世的个性在碑铭中只是略有反映，而在他设计的建筑物中却得到充分表现。这些杰作就是吴哥通及其城墙、堑壕、五座城门和城中央的巴容寺；在都城周围，它包括班迭格代寺、达勃珑寺、波列坎寺、妮嫔寺以及一个不起眼的寺庙群；在西北地区，

---

① 《波列坎的碑铭》，BEFEO.，XLI，第285页。

② L. 芬诺：《吴哥的碑铭》，BEFEO.，XXV，第402页；《考古论文集》，卷I，第102页。

③ L. 芬诺：BEFEO.，XXV，第396页。

包括班迭奇马寺、磅湛的诺戈寺和巴迪的达勃珑寺，几乎所有这些建筑的特点都是建有装饰着巨大人面的塔[①]；他的建筑杰作还包 317
括那些设置在漫长的填土道路上的凉亭，其中有些道路可能是他开辟的；以及分布在王国四方的102所医院。

面对如此宏伟的工程，我们可以自忖，在某些情况下，他是否并不满足于完成前任诸王遗留的工程，并将它们归功于自己；或者恰恰相反，是否他的继承者们未能完成他已开始建造的建筑。前一种猜测难以成立，因为从吴哥窟的建造者苏利耶跋摩二世统治末年到阇耶跋摩七世统治初期，国家一直处于一系列动乱之中，无法进行大规模建筑群的建造[②]。第二种猜测，依我所见[③]，倘若正统的湿婆教的短暂复辟不早于阇耶跋摩七世的第二个继承者阇耶跋摩八世统治的时期（即十三世纪上半叶）的话，那倒还有几分可能。这次复辟导致发生许多破坏文物的行动，阇耶跋摩七世建造的寺院也因此而遭到毁坏。

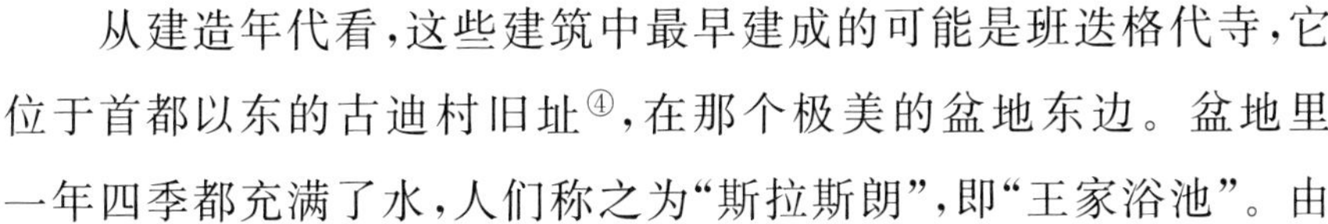

从建造年代看，这些建筑中最早建成的可能是班迭格代寺，它位于首都以东的古迪村旧址[④]，在那个极美的盆地东边。盆地里一年四季都充满了水，人们称之为“斯拉斯朗”，即“王家浴池”。由

---

① 关于它们所表现的含义，可参阅艾莫涅的《柬埔寨》，卷III；L.德·拉戎基埃：《清册》，卷III；由J.考马耶（1912年）、H.马夏尔（1928年）、H.帕芒蒂埃（1936年）、M.格莱兹（1948年）等编写的《吴哥考古指南》；——又见J.布瓦斯利埃：《关于阇耶跋摩七世统治时期的艺术上的思考》，BSEI.，1952年，第261—270页。Ph.斯特恩：《关于巴容寺风格的吉蔑寺庙的问题和阇耶跋摩七世》，载《第二十一届东方学家国际会议文集》，巴黎，1948年，第252页。

② 参阅本书第279页注⑤。

③ 见本书边码第384页。

④ 见本书边码第185—186页。

于没有记载该寺古名的石碑，我们可以猜测班迭格代一词就是普尔瓦达伽达，即碑铭中说的“东方的佛陀”[①]。

班迭格代寺紧邻罗阇毗诃罗寺，即今达山寺。它的围墙的东南角几乎要碰到达勃珑寺的西北角。达勃珑寺建于1186年，里面
318 保存着王太后阇耶罗阇朱多摩尼的塑像，这座塑像把她描绘成神奇的众佛之母，无上聪慧的般若波罗蜜多的形象。此外，寺中还放着国王的导师阇耶曼伽罗陀的像[②]。

达勃珑寺建成后五年，即1191年，国王在都城北部为阇耶室利寺举行了落成仪式，该寺今称波列坎寺，当时它是修建来供奉国王的父亲陀罗尼因陀罗跋摩二世的塑像，他被神化成观自在菩萨的形象，名叫阇耶跋摩首罗世尊[③]。

据波列坎寺墙基的石碑记载，在该寺的附属建筑中，有一座建造在开凿于寺院东部的大蓄水池中央的小庙，名叫罗阇耶室利，它以妮嫔寺这一名称而闻名。铭文将它描绘成“一座隆起的小岛，从池水中汲取魔力，并能清洗所有靠近它的人的罪孽和污浊”。这是阿那伐达普多湖在建筑上的表现，根据印度传说，该湖位于喜马拉雅山边缘，湖水由兽头形的排水口流出[④]。

大约从1190年起，开始对原有寺院进行大规模修缮，特别是新建了人面形塔和回廊。在阇耶跋摩七世统治末期，又开始在都城中部建造班迭奇马寺和巴容寺。巴容寺位于重建起的都城的正

---

① BEFEO.，XLI，第298页，注2。

② G.赛代斯：《塔勃珑寺的石碑》，BEFEO.，VI，第75页。

③ G.赛代斯：《吴哥波列坎寺的石碑》，BEFEO.，XLI，第288页。

④ L.芬诺和V.格鲁贝：《妮嫔寺的象征主义》，BEFEO.，XXIII，第401页。

中央，值得注意的是，该城长达 12 公里的城墙和城中央的庙宇都
是新建的。尽管由于在施工过程中，原计划有过两次，甚至三次改
动①，我们对该城建筑的象征意义不太清楚，但是可以肯定，城中
央的高地相当于旧都中央的山包。唯一的不同之处在于：以前各 319
朝都是以金制林伽代表提和罗耶，而此时，在中央神庙中供奉着巨
大的佛王石雕像②。佛教用它来代替过去湿婆教的提和罗耶，同
时，庙里还放着被神化了的建造该庙的国王的塑像。在各座塔的
顶上，看到的大概也是这种国王的相貌，它是世尊观自在菩萨三磨
钵耽目佉的形象，“他在每一个方向都有一张脸”③。巴容寺内外
走廊刻满了浅浮雕，它们是了解十二世纪吉蔑人的物质生活的不
可多得的材料④。

巴容寺入口处的碑铭还说明它是先贤祠一类的建筑⑤，这里集中了对王族的崇拜和国内各省的崇拜，正如带有城墙和中央高地的都城是宇宙的缩影一样，巴容寺是王国的缩影。

由巴容寺出发，有通向四方的四条轴向大道。它们都是在第

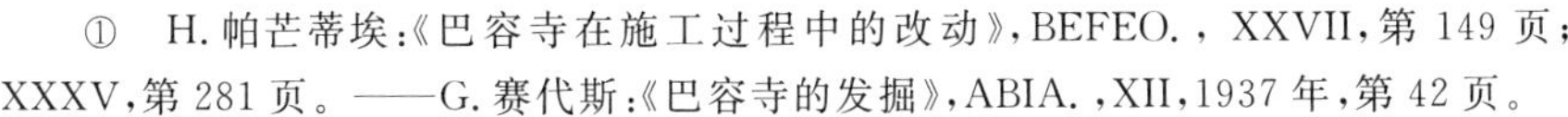

① H. 帕芒蒂埃：《巴容寺在施工过程中的改动》，BEFEO.，XXVII，第 149 页；XXXV，第 281 页。——G. 赛代斯：《巴容寺的发掘》，ABIA.，XII，1937 年，第 42 页。

② 1933 年出土。BEFEO.，XXXIII，第 1117 页。

③ P. 米斯：《吴哥通的象征主义》，CRAIBL，1936 年，第 57 页。《从日本看吴哥》，载《法国—亚洲》，第 175—176 期，1962 年，第 521 页。人面装饰大概来源于印度，义净在有关那烂陀的记载证实了这一点（BEFEO.，X，第 206 页，注 1）。J. 布瓦斯利埃在《巴容寺艺术中的金刚手》一文（《第二十二届东方学家国际会议文集》，伊斯坦布尔，第 324 页）中认为：这些人面是持金刚的像，表现正在说法的世尊观自在的金刚手的形象。

④ 已由印度支那考古团发表。见 H. 迪富和 C. 卡尔波：《吴哥通巴容寺的浅浮雕》，巴黎，1910 年。

⑤ G. 赛代斯：《巴容寺的碑铭》，BEFEO.，XXVIII，第 104 页；《阇耶跋摩七世时的寺庙碑铭》，BEFEO.，XLIV，第 97 页。

五条道路的基础上增修的;第五条道路是前王朝遗留下来的,它从旧王宫入口处向东伸展。这五条道路通往五座雄伟的城门,这些
320 城门在东南西北四个基点上表现了建造中央庙宇,即人面塔的基本主题。装有蛇形栏杆的各条通道象征着彩虹,据印度的传说,彩虹联结着人间和天界,王城则是天界在地上的代表[①]。

波列坎寺石碑上的铭文中列举的阇耶跋摩七世的大量宗教建筑中[②],包括二十三尊名为阇耶佛陀摩诃那多的塑像,分别保存在二十三座城市里,其中的华富里、素攀、叻武里、佛丕和芒新,如今都在暹罗境内。也许正是为了存放这些代表了各个国王的塑像,在外省建造了一些寺庙。这些寺庙的风格说明它们建于阇耶跋摩七世统治时期。例如:磅湛的诺戈寺及巴迪的达勃珑寺[③]。至于班迭奇马寺[④],是为了纪念阇耶跋摩七世的一个儿子室利陀罗俱摩罗王子和他的四位战友而建的,这四个人曾救过王子的命,特别是在对魔王罗睺的战斗和向占婆发动的军事征讨中保护过他[⑤]。

波列坎的石碑[⑥]中提到的 121 座“带炉火的房子”,即驿站。
321 它们之间的距离约为 15 公里,是阇耶跋摩七世沿遍布王国的道路修建的;其中 57 座在从吴哥通往占婆首都(藩朗或是平定的佛誓)

① P. 米斯:《阇耶跋摩七世时期的吴哥》,载《印度艺术与文学》,XI,1937 年,第 65 页。——M. 拉萨内:《彩虹-天桥》,载《东方研究》,XIV,1950 年,第 1—11 页。

② BEFEO.,XLI,第 295—296 页。

③ J. L. 德·拉戎基尔:《清册》,卷 I,第 37 页和第 92 页。

④ 出处同上,卷 III,第 391 页。

⑤ 见本书边码第 299 页。

⑥ BEFEO.,XLI,第 296—297 页,参看 G. 赛代斯:《驿站》,BEFEO.,XL,第 347 页。

的道路上，17 座（已经发现了其中的 8 座）分布在从吴哥到呵叻平原上的披迈的道路上，44 座在连接一些城市的环形道路上，现在还无法肯定这些城市的位置，另有一座在芝索山，其余两座的所在地尚待考订。一个世纪后，这种驿站系统依然存在，它曾使中国使臣周达观大为吃惊，他在游记中写道：“大路上自有歇脚去处，如邮亭之类。[①]”

在建造这些驿站时，还兴建了遍布全国的 102 所医院[②]。由于在一些医院的原址发现了刻在基石上的内容都基本相同的梵文碑铭[③]，我们已能够确定其中 15 所医院的地址。由于在另外的看来都是同时期的 17 座建筑物中也有与上述发现了石碑的遗址的建筑设计相似的情况，所以，可以说我们已发现了阇耶跋摩七世时 102 所医院中的 30 多所的遗址，即将近总数的三分之一[④]。

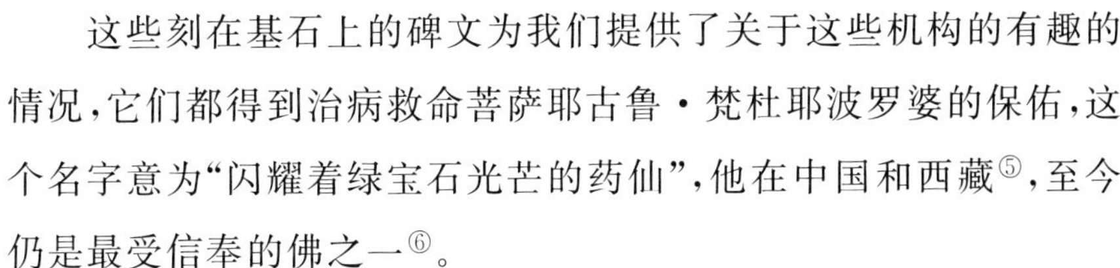

这些刻在基石上的碑文为我们提供了关于这些机构的有趣的情况，它们都得到治病救命菩萨耶古鲁·梵杜耶波罗婆的保佑，这个名字意为“闪耀着绿宝石光芒的药仙”，他在中国和西藏[⑤]，至今仍是最受信奉的佛之一[⑥]。

概括地说，以上便是阇耶跋摩七世的业绩，对于一个被战争和苏利耶跋摩二世大兴土木弄得筋疲力尽的民族来说，这过于沉重 322

① BEFEO，II，第 173 页。

② 这是达勃珑寺石碑提供的数字，BEFEO.，VI，第 80 页。

③ L. 芬诺：《塞丰的梵文碑铭》，BEFEO.，III，第 18 页。

④ G. 赛代斯：《阇耶跋摩七世的医院》，BEFEO.，XL，第 344 页。

⑤ G. 赛代斯：《十二世纪末柬埔寨的医药救济》，载《法国远东医学杂志》，1941 年 3—4 月号，第 405 页。

⑥ P. 伯希和：BEFEO.，III，第 33 页。

了，从此这个民族再也无力反抗邻国的进攻。

2. 缅甸：那罗波帝悉都(1173至1210年)与僧伽罗佛教的传入

据《编年史》记载，那罗波帝悉都(那罗波帝阇耶苏罗，即阇耶苏罗二世)在杀死其兄那罗帝因迦(那罗辛诃)之后，于1173年在蒲甘成为国王。因为这场谋杀是他本人策划的，因此，他首先要使自己摆脱凶手的罪名，并清除前任国王的主要谋臣[1]。但碑文并未提到这些事件，尽管这并不意味着这些都纯属臆测。

在那罗波帝悉都的统治初期，他与锡兰国王波罗迦罗摩仆呼一世的代表发生纠纷。这个代表被安置在三角洲的一个港口，大概即勃生港，那罗波帝悉都一怒之下，监禁了僧迦罗的使者和商人，扣押货物，乃至劫持了一位经缅甸前往柬埔寨的锡兰公主。结果，波罗迦罗摩仆呼于1180年发动了一场报复性袭击。由于突然刮起的风暴，僧迦罗船队被冲散。其中一艘到达卡迦底波(意为“乌鸦岛”)，另外五艘到达俱苏弥(勃生)，而指挥官乘坐的那艘船到了波帕罗。僧迦罗人上岸大肆抢劫、纵火、杀人，并把俘虏带走[2]。

但这次突袭并未阻止锡兰与缅甸此后在宗教方面关系的加
323 强。佛教僧侣的领袖、僧阿罗汉的继承者般他求，在那罗都国王犯下了最初的罪行之后，就于1167年离开蒲甘，隐居锡兰[3]，在那罗

① 佩貌丁和G. H. 卢斯：《琉璃宫史》，第138—139页。

② W. 盖格译：《小史》，卷II，第65—70页，第LXXVI节。

③ 《琉璃宫史》，第133页。

波帝悉都即位后不久，他又从锡兰返回蒲甘。1173 年过后没多久，他就在蒲甘去世，终年 90 岁。看来他也曾宣扬过僧迦罗佛教的卓越之处。实际上，波罗迦罗摩仆呼一世(约 1153—1186 年)刚刚恢复了僧迦罗佛教，他以前曾经承认大寺派佛教是正宗[①]。般他求的继承人，一个名叫乌多罗阇婆的孟人于 1180 年来到锡兰[②]，与他同来的还有一群僧人，他们肩负向岛国国王亲善的使命[③]。其中一个名叫车波多的 20 岁年轻的孟族初学僧侣留在锡兰，在那里住了十年，于 1190 年与另外四个僧侣一起回国：其中有一个是柬埔寨国王(大概就是阇耶跋摩七世)的儿子多摩林陀[④]。他们都根据大寺派的礼仪接受了一个宗教职称。

他们的返回是缅甸教派分立的起因，我们记得，缅甸的这个教派是由建志学派的信徒僧阿罗汉所创建的[⑤]。这是僧迦罗佛教正式传入印度支那半岛的开端[⑥]。车波多，又名沙陀摩觉帝波罗，他著有一系列巴利文著作，其中，以巴利文语法书《经集论疏》和题为《摄阿毗达摩义论》的玄学纲要的注释著作《僧吉波伐那纳》尤为著名[⑦]。

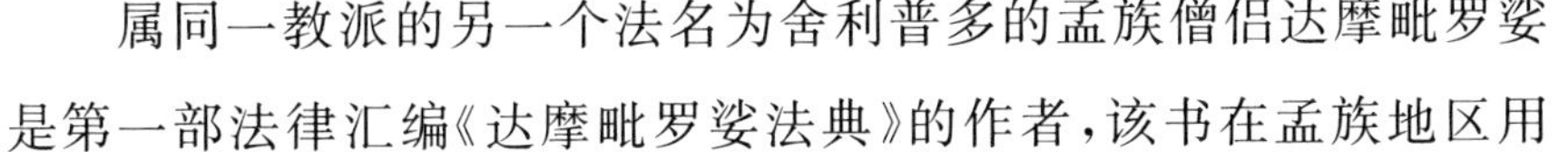

属同一教派的另一个法名为舍利普多的孟族僧侣达摩毗罗娑 324
是第一部法律汇编《达摩毗罗娑法典》的作者，该书在孟族地区用

① 《小史》，见前引书，第 103 页，第 LXXVIII 节。

② 《琉璃宫史》，第 142 页。

③ 《小史》，见前引书，第 70 页，第 LXXVI 节。

④ 《琉璃宫史》，第 143 页。

⑤ 见本书边码第 274—275 页。

⑥ 关于这些事件，参阅杜盛柯：《卡利亚尼碑铭初探》，载《印度文物》，卷 XXII，1893 年，第 17 页，第 29—31 页。

⑦ M. H. 博德：《缅甸的巴利文文学》，第 17—18 页。

巴利文撰写而成，并由于十八世纪的缅文译本而闻名[①]。

1197年，那罗波帝悉都从锡兰接受了几颗新的舍利[②]。

那罗婆帝悉都的统治范围直到墨吉和掸族诸国，看来他的统治期间是比较和平繁荣的时期，这使他能够发展灌溉工程[③]。他在首都建了好几座庙宇，其中两所主要建筑是苏罗摩尼寺[④]（建于1183年）和拘陀波林寺（建于1230年以前）。苏罗摩尼寺是孟族影响衰落的标志。

在他去世之前，选择其与妃子所生的幼子齐耶帝因迦（阇耶辛诃）为推定继承人[⑤]，并成功地使他得到地位比他高贵的哥哥们的承认[⑥]。

3. 十二世纪末的马来群岛：对末罗游（占碑）有利的室利佛逝（巨港）的衰落

上文谈到的1178年时在中国的三佛齐使团，是在《宋史》记载中的最后一个三佛齐使团。周去非的《岭外代答》也成书于这一

① E. 寅沙梅：《了不起的贾尔汀》，第35—36页；——M. H. 博德，前引书，第31—33页。

② JBRS，XLII，2，1959年，第67页。

③ 《琉璃宫史》，第141页。

④ L. 德·贝烈：《远东的印度式建筑》，第271页。——S. 奥康纳：《曼德勒》，第269页，第280页。——卢佩温：《导游图》，第41页和63页。

⑤ 《琉璃宫史》，第141页。

⑥ 出处同上，第151页。

年。1125 年赵汝适撰写的《诸蕃志》[①]援引了这部书的大部分内容。 325
容。但是，在读《诸蕃志》时，给人的印象是：苏门答腊王国在十二世纪末已经开始分裂了。詹卑（占碑）即原先的末罗游未在三佛齐的属国之列。《岭外代答》则说，从 1079 年起，詹卑先后于当年、1082 年和 1088 年根据自己的意愿向中国派遣使者[②]。尽管单马令、凌牙斯加、佛罗安、新拖、监拖[③]、监篦、兰无里（亚齐）被列为三佛齐的属国，但在书中都有独立的篇章记载[④]，原书在写到监篦（坎珀）国时，说它“旧属三佛齐，后因战争，遂自立为王”[⑤]。

因而，尽管现在来谈论从 1178 年起室利佛逝的衰落尚为时过早[⑥]，但仍必须考虑到大岛，特别是末罗游（占碑）的新因素。从那个时期开始，末罗游就以牺牲巨港而成为摩诃罗阇王国的重心[⑦]。1183 年，一个叫作特莱罗吉亚罗阇·马利布沙那跋摩德瓦的国王让人在万伦湾的猜亚铸造了一尊被称为“来自加罗希”的青铜 326

① 关于这些著作，请参阅 P．惠特利：《宋代海上贸易中的几种商品产地考》，JRASMB，XXXII，2，1959 年。

② 海勒斯和罗克希尔：《赵汝适》，第 66 页，注 18。

③ 监拖（Kien-t'o），查赵汝适《诸蕃志》，无此国。——译者

④ 出处同注②，第 67—72 页。

⑤ 出处同上，第 71 页。

⑥ 我在 1927 年就是这样认为的。R. C. 马君达和 K. N. N. 萨斯特里则认为室利佛逝的衰落晚于 1178 年，见《室利佛逝王国的衰落》，BKI，第 83 期，第 459 页。——R. C. 马君达：《金洲》，第 197 页和 K. N. N. 萨斯特里：《室利佛逝》，BEFEO.，XL，第 296 页。

⑦ 这大概可以解释“詹卑”[占碑（国王）]这个称号。《宋史》用这个称号来称呼三佛齐国王，所根据的材料肯定是赵汝适时期的（见 W. P. 格罗内温特：《注释》，第 63 页；G. 费瑯：《苏门答腊帝国》，JA，1922 年，7—9 月号，第 66 页）。参阅 P. 伯希和：《中国的航海壮举》，TP，XXX，1933 年，第 376 页；J. L. 芒斯：《室利佛逝、耶婆和迦陀诃》，TBG，第 77 期，1937 年，第 459 页。

佛像[①]。这个国王的名字令人吃惊地联想到末罗游所使用的封号[②],因而我们可以考虑这座在马来半岛铸造的塑像的作者是否并非末罗游的国王。

无论被中国人称为三佛齐的苏门答腊王国的中心是在巨港或是在占碑,当时它仍然是个大国。周去非说:三佛齐“是在外国人往返中国的海路上一个重要的十字路口”[③],并凭借同时占有海峡两岸而继续加强自己的力量。

关于爪哇在十二世纪最后两个十年的情况,我们只知道谏义里的两位国王的名字。

一位是卡默首罗,我们掌握了他于1182年和1185年立的碑铭[④]。在他统治期间,塔纳孔撰写了关于诗律的论著《功德集》[⑤]。此外,达玛查写成了描写爱神被湿婆烧为灰烬的故事的诗篇:《爱神的被焚》[⑥]。但是,根据该诗的标题,就足以看出它是借古喻今

① G.赛代斯:《室利佛逝王国》,BEFEO.,XVIII,6,第34页,和《暹罗碑铭集》,卷II,第45页(关于其年代参阅BKI,第83期,第468页)。塑像中的蛇是这一时期完成的,而佛像可能是晚些时候的(P.杜邦:《加罗希的佛像》,BEFEO.,XLII,第105页)。关于在碑铭中被叫作塔拉奈的摩诃赛那巴蒂(大统帅),参阅G.赛代斯:《塔拉奈》,JGIS,VIII,1941年,第61页。关于加罗希,参阅本书第296页和第329页、第335页。

② 见本书边码第367页。

③ 海勒斯和罗克希尔:《赵汝适》,第23页。——译者按:原文为:“三佛齐国在南海之中诸蕃水道之要冲也。东至阇婆诸国,西自大食故临诸国,无不由其境而入中国。”

④ N.J.克罗姆:《印度化爪哇史》,第298页。他的全名为:室利·卡默首罗·梯里维克拉玛瓦达纳·阿尼瓦利耶维利耶·帕拉克拉玛·迪吉约栋加德瓦。——L.C.达梅斯:《碑铭表》,BEFEO.,XLVI,1952年,第68—71页。

⑤ 由弗里德里希发表于VBG,XXII,1849年。——参阅H.凯伦:《文集》,卷IX,第70页;H.B.萨加尔:《印度对爪哇文学的影响》,第115—117页。

⑥ 保尔巴蒂亚拉卡发表和翻译,载《爪哇文图书》,卷III,1931年;——参阅H.B.萨加尔:前引书,第307页。

的诗[①]。卡默首罗的妻子是一位戎牙路公主。关于拉登潘吉的一 327
组故事可能就是以卡默首罗国王夫妇的历史为基础写成的[②]，这部作品家喻户晓，并以“伊璐”(爪哇语为“希诺”)为标题，流传到泰族地区[③]和柬埔寨[④]。

另一位是室利卡，我们有他 1194 年和 1205 年的碑铭，下文将以格尔达阇耶的名字谈到他[⑤]。

爪哇在这一时期商业兴旺，在周去非的《岭外代答》中也有所反映：“诸蕃国之富盛多宝货者，莫如大食国，其次阇婆国，其次三佛齐国……”[⑥]

在巴厘岛，1178 年至 1181 年间的碑铭是以阇耶潘古的名义立的[⑦]，1204 年的碑铭由阿胝昆底计多那和他的儿子巴拉密首罗所立[⑧]。坦帕西林的墓地和该岛的考古胜地之一——石窟寺院就是在这个时期修建的[⑨]。

① J. E. 冯・路易森：BKI，CXII，1956 年，书名中的“Samara”是国王名字的前半部分卡默(Kâma)的别称，“dahana” 即指达哈，为谏义里的别名。

② 保尔巴蒂亚拉卡：《潘吉的故事》，载《爪哇文图书目录》，卷 IX，1940 年。——R. O. 温斯泰德：《潘吉的故事》，JRASMB，XIX，1941 年，第 234 页。

③ 十九世纪初由国王帕・普塔・洛・拉作的暹罗文剧本已于 1921 年由丹隆亲王在曼谷发表，并加了一个有关其历史的序言，参阅达尼・尼瓦：《藩吉故事的暹文译本》，载《古代印度》，莱登，1947 年，第 95 页。

④ J. 穆拉：《柬埔寨王国》，卷 II，第 416—445 页。

⑤ L. C. 达梅：《碑铭表》，前引期刊，第 69—73 页；及 TBG，LXXXIII，1949 年，第 10—15 页。

⑥ 海勒斯和罗克希尔：《赵汝适》，第 23 页。

⑦ L. C. 达梅：《碑铭表》，前引期刊，第 96 页。

⑧ P. V. V. S. 卡伦费尔斯：《巴厘碑铭集》，第 35—59 页，——L . C. 达梅：出处同上。

⑨ N. J. 克罗姆：《印度化爪哇文化导论》，卷 II，第 52 页和 420 页。——W. F. 斯图特海姆：在《巴厘的古文物》第 86、145 和 192 页中，认为该地是国王[即本书边码第 271 页中提到的“幼子”(阿纳翁苏)]的埋葬处。

4. 十三世纪上半叶的柬埔寨

328 关于阇耶跋摩七世的许多继承人怎样在吴哥就位的情况非常模糊。他的子嗣颇多，我们所知道的至少就有四个：达勃珑碑铭的作者苏利耶俱摩罗[①]；波列坎碑铭的作者、罗贞陀罗提鞞所生的毗罗俱摩罗[②]；阇耶罗阇提鞞王后之子、罗斛总督……因陀罗跋摩[③]；最后是室利陀罗俱摩罗，他的塑像供奉在中心寺院班迭奇马寺，周围是他的四个战友的塑像[④]。是否即室利陀罗俱摩罗以因陀罗跋摩（二世）的王号继承了父位？但姓名相似并不能说明什么问题。另据班迭奇马碑铭记载[⑤]，他是在1165年以前帮助耶输跋摩二世抗击罗睺的，很难说他一直能活到1243年，即因陀罗跋摩二世去世的那年[⑥]。由于整个十三世纪初期的碑铭匮缺，使人对此一无所知。

从中国和越南方面，我们知道1216年和1218年“柬埔寨军队最后几次直下义安，这是假道占婆并伙同占婆的军队进行的；但联
329 军仍遭击败，被迫撤退”[⑦]。1220年，柬埔寨人撤出占婆[⑧]，重新把杜赖-佛誓的占婆亲王庵舍罗阇扶上佛誓的王座。他的阇耶诃梨

① BEFEO.，VI，第81页。

② BEFEO.，XLI，第269、301页。

③ 《柬埔寨碑铭集》，卷II，第176页；参阅BEFEO.，XXIX，第326页。

④ BEFEO.，XXIX，第309—319页。

⑤ 同上。

⑥ BEFEO.，XXV，第296、394页。

⑦ H.马斯佩罗：BEFEO.，XVIII，3，第35页。

⑧ 艾莫涅：《占婆碑铭初探》，JA，1891年1—2月号，第51页。

跋摩二世的长子，如前所述，阇耶诃梨跋摩是在阇耶跋摩七世的宫廷中被抚养成人，并在吉蔑人入侵占婆的初期返回祖国的[①]。柬埔寨的这次退却与泰人小国的独立是同一时期发生的事情，可能是阇耶跋摩七世去世所产生的后果[②]。

赵汝适在他1225年撰写的《诸蕃志》中谈及柬埔寨与占婆之间在十二世纪最后二十五年间的战争以及前者对后者的兼并[③]。据他说，柬埔寨南与三佛齐的属国加罗希接壤，我们已谈到过加罗希位于马来半岛临万伦湾的地区[④]。柬埔寨的属国有：

登流眉（在马来半岛上）[⑤]，

波斯兰（在暹罗湾沿岸），

罗斛（华富里），

三泺（湄南河上游的暹族地区？）[⑥]，

真里富（在暹罗湾沿岸）[⑦]，

麻罗问（可能是莫良，在马德望南部），

绿洋（？），330

---

① 见本书边码第313页。

② G.赛代斯：《兔年：公元1219年》，载《古代印度》（福盖尔编），1947年，第83页。

③ 海勒斯和罗克希尔：《赵汝适》，第53页。

④ 见本书边码第296、326和335页。

⑤ P.伯希和：《两道考》，BEFEO.，IV，第233页，如果这个国家确实即丹马令（这无从肯定，因为赵汝适把另一个王国称作单马令），那么它必定已经兼并了加罗希，这在1280年时已成事实（见本书边码第335页）。因为如果单马令（洛坤）还隶属于柬埔寨的话，那我们就无法清楚地了解加罗希怎么会是三佛齐的属国。

⑥ G. H.卢斯反对这一考证，见《古代暹罗·续编》，JSS，XLVII，1959年，第60页。

⑦ O. W.沃尔特斯：《真里富》，JSS，XLVIII，1960年11月号，第1—36页，除了1200年的使团之外，这个国家还于1202和1205年向中国派遣过使节（O. W.沃尔特斯：BSOAS，1958年，第606页及注2）。

吞里富(?),

蒲甘,

窊里(在上缅甸),

西棚(?),

杜怀浔(?)。

这张名单表明,在泰人推进的前夕,柬埔寨仍是湄南河流域和马来半岛一部分地区的主宰。对缅甸的觊觎可能是由于1207年缅军曾随同柬军对大越的远征而引起的[①]。

关于因陀罗跋摩二世,人们只知道一个日期,即他死于1243年[②]。

5. 吉蔑人占领结束后的占婆 (1220至1257年)

阇耶跋摩七世的继承者无法使帝国的各部分保持一致。这一点从1220年起,就在占婆反映出来了。据碑铭记载,那年"吉蔑人前往神圣的国度,占婆人则来到佛誓"[③]。这次主动或被迫的撤退发生在王号为阇耶波罗蜜首罗跋摩二世即杜赖-佛誓的庵舍罗阇王子就位六年之后[④]。这位占王是阇耶诃梨跋摩一世之孙,是在阇耶跋摩七世的宫廷中长大的[⑤]。G. 马司帛洛写道[⑥]:"占婆人与

① 见本书边码第313页。

② BEFEO.,XXV,第296、394页。

③ 艾莫涅:《占婆碑铭初探》,JA,1891年1—2月号,第51页。

④ 同上。

⑤ 见本书边码第313和329页。

⑥ 《占婆史》,第169页。

吉蔑人之间的百年战争就此结束了。此后，吉蔑人忙于对付新敌暹 331
罗，不再梦想征服占婆了。在几个世纪中，吉蔑人只是关注着占婆王国先后发生的事件。贪图战利品和荣誉的冒险家们成为非法集团的首领，他们竭力为各个王位觊觎者效劳，并积极参与每一场内战”。阇耶波罗蜜首罗跋摩二世统治时期的大部分时间用于修复灌溉设施，并在被历年战争破坏的废墟上重新兴建工程。“他重建了南方所有的林伽，如扬普那伽罗（芽庄的浦那竭罗）的全部林伽，也重修了北方的林伽，如室利伊奢那婆陀首罗（眉山）[①]的那些林伽。”

在阇耶波罗蜜首罗跋摩二世统治末期，与大越发生了冲突。1225 年起，大越由陈氏新王朝统治。越皇陈太宗就占人不断在大越沿海进行劫掠向他提出指责，他则答复说要求归还北方三省，长期以来，这三个省是两国不和的根源。1252 年，大越皇帝亲自率兵对占婆进行了一次惩罚性的讨伐，掳走了许多俘虏，其中有达官贵人和宫廷妇女[②]。

占婆国王可能也死于这场冲突，因为不久之后，他的小弟弟、沙坎-佛誓的诃梨提婆亲王就登上了王位。这位亲王曾于 1249 年以瑜婆罗阇的身份[③]率兵讨伐宾童龙。这个新国王“通晓各种知识，精通各派哲学”[④]。他的统治年号为阇耶因陀罗跋摩六世，他在位的时间很短，于 1257 年遭其甥诃梨提婆谋杀[⑤]。 332

① L. 芬诺：《眉山的碑铭》，BEFEO.，IV，第 976 页。

② G. 马司帛洛：前引书，第 172 页。

③ 艾莫涅，前引书，第 57 页，关于其年代，请参阅 L. 芬诺的著作，载于 BEFEO.，XV，2，第 51 页。

④ L. 芬诺：BEFEO.，IV，第 954 页。

⑤ BEFEO.，XV，2，第 51 页，注 1。

6. 缅甸：蒲甘的后期诸王（1210 至 1274 年）

据《编年史》记载，那罗波帝悉都在 1210 年去世之前，曾经选定其庶出幼子齐耶帝因迦（阇耶辛诃）为继承人。齐耶帝因迦又叫那东摩耶。他的那些出身比他高贵的兄弟们都接受了这一选择，因为“王伞曾奇迹般地偏转”向他，他因此得到醯路弥路的名字，并以这个名字而闻名。此外，新国王明智地让他的兄弟们分享大权[①]。看来，事实真相未必如此。齐耶帝因迦于 1211 年[②]登基之后，只是听任他的大臣们分掌权力。他的统治最晚至 1231 年。在此期间，建造了首都的最后两座大寺院，一个是仿照印度著名的菩提伽耶寺而
333 建的摩诃菩提寺[③]，另一个是醯路弥路寺[④]，建在“王伞偏转”的地点。

如果《编年史》的记载属实，醯路弥路的继承人是他的儿子憍苴，他是个笃信宗教的王子，他把实权让给儿子乌娑那，自己则和佛教僧侣们一起度其时光[⑤]。但据碑铭记载，那东摩耶的继承人是其长子那罗辛诃乌娑那[⑥]，后来，在 1235 年时，他的次子憍苴

① 《琉璃宫史》，第 153 页。

② 他的正式称号是特里布婆那帝耶·波伐罗达摩罗阇，见丹吞：《公元 1000 年至 1300 年的缅甸历史》，载《缅甸史论文通报》，卷 I，1960 年，第 50 页。巴利文编年史《佛教史》中说他在 1203 年曾为《菩提史注疏》作论（G. 赛代斯：《关于老挝西部历史的文献》，BEFEO.，XXV，第 11 页注）。

③ L. 德·贝烈：《远东的印度式建筑》，第 299 页。——S. 奥康纳：《曼德勒》，第 221、270、275 页。——卢佩温：《导游图》，第 44 页。

④ S. 奥康纳：前引书，第 260 页；——卢佩温认为该寺的名字系由于对一个代表帝罗迦曼伽罗的孟语词汇的误读所致。见前引书第 25 页。

⑤ 《琉璃宫史》，第 155—156 页。

⑥ 即特里布婆那帝耶·波代罗达摩罗阇提罗阇·陀那波底，见丹吞：《公元 1000 年至 1300 年的缅甸历史》，前引书，第 51 页。

继位[1]，后者加强了国内治安，恢复经济。在娇苴统治期间，文学，特别是语法学的活动很活跃[2]。他死于 1250 年，其侄儿（同时又是他的女婿）乌娑那继位。乌娑那在位权四年，就死于一次狩猎事故之中[3]。

乌娑那死后，他的合法继承人梯伽都（辛诃苏罗）被庶出的 16 岁的那罗帝诃波帝（那罗悉诃波帝）驱逐。那罗帝诃波帝以德鲁披依的名字而闻名[4]，意为“在德鲁人（蒙古人）面前闻风而逃的人”。据《编年史》记载，曾经把那罗帝诃波帝扶上王位的大臣耶娑提犍（罗阇僧罗摩）很快被他赶走，“就像那宝塔一旦竣工，脚手架就立即被拆除”。[5] 但是那娑提犍不久又被召回，以镇压马达班和若开的叛乱[6]。关于这些说法，碑铭中未提供任何证据。 334

为了安置当朝王子和公主们的塑像，国王那罗帝诃波帝于 1274 年兴建了弥伽罗悉提寺[曼伽罗悉提寺（曼伽罗奢迭耶）]，该寺的占卜者预言该寺建成之时，即是王朝覆亡之日[7]。实际上，蒲甘在不久之后就落入蒙古人的手中。

7. 解体前夕的室利佛逝（1225 至 1270 年）

十三世纪初，尽管三佛齐已有即将分崩离析的各种前兆，但它

① 即特里布婆那帝耶·波伐罗槃底多·达摩罗阇，见丹吞：前引期刊，第 53 页。

② M. H. 博德：《缅甸的巴利文文学》，第 25 页。——1237 年和 1248 年之间有一个宗教使团前往锡兰，使者们回来时带回了僧伽罗佛教徒，他们净化了蒲甘的佛教，并效法了僧伽罗的一些仪式。丹吞：前引期刊，第 53 页。

③ 丹吞：前引期刊，第 54 页，其称号为特里布婆那帝耶·达摩罗阇·阇耶苏罗。

④ 《琉璃宫史》，第 156—158 页。

⑤ 出处同上，第 161 页。

⑥ 出处同上，第 162 页。

⑦ 出处同上，第 171。

仍然是一个大国。赵汝适列举了它的不下十五个属国的名单[①]：

蓬丰(彭亨),

登牙侬(丁加奴),

凌牙斯加(郎迦斯迦),

吉兰丹,

佛罗安(瓜拉贝琅)[②],

日罗亭(位于半岛的东部沿岸?)[③],

潜迈拔沓(?)[④],

335 丹马令(洛坤地区),

加罗希(位于万伦湾一带)[⑤],

巴林冯(巨港),

新拖(西爪哇的巽他)[⑥],

监篦(坎珀,在苏门答腊东海岸),

---

① 海勒斯和罗克希尔:《赵汝适》,第 62 页。——G. 费瑯:《苏门答腊帝国》,JA,1927 年,7—9 月号,第 13 页。——R. C. 马君达:《金洲》,第 193 页。——K. A. K. 萨斯特里:《室利佛逝》,BEFEO.,XL,第 294 页。

② 该地位于溯丁加奴河而上约 30 公里处,在那儿曾发现半岛上最古老的伊斯兰教遗物。P. 惠特利:《产地考》,JRASMB,XXXII,1959 年,2,第 11 页;《黄金半岛》,第 70 页。

③ 见本书边码第 262 页。

④ R. 惠特利:《黄金半岛》,第 71—72 页。

⑤ 见本书边码第 296、326、329 页。

⑥ 赵汝适在“三佛齐”条末写道:“其国东接戎牙路(即 Jangala)”,因此,可以看出,起初,戎牙路曾一度被班查鲁(又名谏义里)超过了,在赵汝适写书的时候,即 1225 年,刚刚恢复它的优势,首都是杜马坡。这并不等于说三佛齐的属地包括爪哇岛的西部和中部,直至戎牙路的边境,因为当时赵汝适在三佛齐的属国中只列举了新拖,即巽他。赵汝适所说的戎牙路,大概是指由爱尔棱加处继承下来的整个爪哇王国。参看 J. L. 芒斯:《室利佛逝、耶婆和迦陀诃》,TBG,第 77 期,1937 年,第 410、414 页。

兰无里(苏门答腊北端)，

细兰(锡兰?)。

这张名单包括了万伦湾以南的整个马来半岛和马来群岛的整个西部：摩诃罗阇一直因同时占有海峡两岸(即室利佛逝到迦陀诃或称斯里布扎至卡拉的地区)而获得力量。

然而，三佛齐的这种制海权变成了名副其实的海盗行径。赵汝适写道："其国在海中，扼诸蕃舟车往来之咽喉。……若商舶过不入，即出船合战，期以必死，故国之舟幅凑焉"[①]。

在前一章已谈到：自从十一世纪末以来，苏门答腊东岸的坎珀和末罗游就摆脱了室利佛逝。赵汝适在他的名单里没有进一步提 336
到占碑或末罗游，却包括了巨港，这说明该地不再是三佛齐帝国的首都[②]。1230年，它在马来半岛上的统治衰落了。那一年，属于"莲花家族"的丹马令(洛坤)国王达摩罗阇·旃陀罗跋努命人在猜亚，大概就是刚刚被并吞了的加罗希旧址上镌刻了一块碑铭[③]，其内容完全像是出自一个独立的君主[④]之手。僧迦罗的《大史》曾提到旃陀罗跋努，并称之为耶婆迦人的国王。在印度最南部的潘地亚人的碑铭中，以萨瓦坎的名字出现过的也应当是他[⑤]。通过对

① 海勒斯和罗克希尔：前引书，第62页。——G.费瑯：前引期刊，第13页。

② P.惠特利在《产地考》(前引期刊，第12页)中提请人们注意这一观点：尽管我们尚不了解从巨港迁都至占碑的确切年代，但这一迁都当在十三世纪时，这已是一个既成的史实了，因为格尔达纳卡拉对苏门答腊的远征就是针对占碑的(见本书边码第361、367页)。

③ G.赛代斯：《暹罗碑铭集》，卷II，第41页。

④ 如果赵汝适在列举柬埔寨诸属国时提到的登流眉(见本书边码第329页)就是加罗希王国的全部或一部分的话，那么当时这个国王可能是承认了柬埔寨的宗主权的。

⑤ L.德·拉·瓦莱·普森：《迦腻色迦以后的印度诸王朝及其历史》，第251页及其后诸页。

这些碑铭[①]和巴利文编年史《佛教史》[②]的对照研究，可以认为旃陀罗跋努大概是出于获得佛牙或佛像的和平目的，于 1247 年向锡兰派遣了一个使团。此后却发生了武装冲突，其结果可能是在岛上建立了一个耶婆迦人的殖民地。1263 年左右，阇多跋摩·毗罗·槃底耶被召到锡兰，以镇压 1258 年由他哥哥阇多跋摩·孙陀罗·
337 槃底耶在岛上建立了潘地亚人的宗主权而引起的动乱。他必须与两个僧迦罗君王和一个耶婆迦君王作战，后者大概是旃陀罗跋努之子，在锡兰就位。这次被阇多跋摩征服。旃陀罗跋努大约在 1270 年发动第二次远征，这一次他要求收回佛牙和佛陀的钵。他再度遭受惨败[③]。

丹马令是室利佛逝在半岛上的最重要的属国，它与苏门答腊宗主国仅仅保持着松散的联系。丹马令的衰落有利于一位泰人征服者于二十来年后对半岛的征服。此外，看来旃陀罗跋努和泰人之间的睦邻关系[④]，可能已经意味着对素可泰宗主权的承认[⑤]。但是，爪哇给室利佛逝的打击是最重大的。现在就来叙述十三世纪头七十五年间的爪哇历史。

---

① 在下列著作中都对这些铭文进行过讨论：N. J. 克罗姆：《室利佛逝的没落》，MKAWAL，第 62 期，1926 年，B 集，第 5 号；G. 赛代斯：《室利佛逝王国的衰落》，BKI，第 83 期，1927 年，第 459 页；K. A. N. 萨斯特里：《室利佛逝，旃陀罗跋努和毗罗槃底耶》，TBG，第 77 期，1937 年，第 251 页。

② G. 赛代斯：《关于老挝西部历史的文献》，BEFEO.，XXV，第 99 页。

③ 同上。——关于这些事件的僧迦罗史料，请阅 C. W. 尼古拉和 S. 帕拉那维达纳：《简明锡兰史》，科伦坡，1961 年，第 281—289 页。

④ G. 赛代斯：《文献》，前引期刊，第 99 页。

⑤ 这至少是 F. H. 詹理斯的意见，《戈拉的传说》，JSS，XXX，1938 年，第 18—21 页。

8. 爪哇：谏义里王国的终结(1222年)与自建立至1268年的新柯沙里王国[1]

在十三世纪初，格尔达阇耶(又名室利卡)占据着谏义里的王位[2]。大约在他的统治末期(1222年)，一个名叫安禄的冒险家把 338
原先的戎牙路置于他的统治之下。在此之前，他管辖着玛琅东北部的杜马坡。此后，安禄又利用了反叛其主谏义里国王的一个良机。新王朝在戎牙路的杜马坡建立，被视为戎牙路和班查鲁(谏义

① C.C.伯格曾发表过研究谏义里王国末期和新柯沙里王国初期的一系列著作，在F.D.K.鲍斯赫的《C.C.伯格和爪哇古代史》(BKI，卷CXII，1956年，第1页)一文中能找到这些著作的一览表。他的最后的，也是最重要的有关这方面的学术论文刊载在阿姆斯特丹科学院的《丛刊》，卷LXIX，1962年第1期上，其题目为《五重佛陀的王国》。读者大概会因为我的这本书没有引用伯格的这些博学的、肯定有很多东西可以汲取的著作而感到吃惊。其原因就在于它们已超出了"反映史实"的范围。这些著作并不是运用当时当地的文献或可靠的外国原始资料来复原各种事件的脉络。C.C.伯格却是出于以下的历史学原则(他在D.G.E.霍尔编的《东南亚的历史学家》(伦敦，1961年版)——第13页上的"爪哇文学"一文中阐述了这一原则)：凡是能够根据已知的铭文和编年史还原的历史，都不是真实的历史，而是王家历史编纂者们企图使同时代人相信的历史。因此，伯格试图确定那些人究竟是根据哪些政治和宗教的观念来"伪造"历史的。这种还原历史的方法对研究古代爪哇人的社会学和心理学很有益，而与我的本来意义而言的历史学的观念是不相干的。鉴于我讨厌加入一场超出我的能力的论战，在此，谨引用L.C.达梅的一段话(BEFEO.，L，1962年，第416页)作为结束：

"在提出大胆的理论之前，必须不抱成见地考察一些流传至今的文献。如有可能，应尽量根据这些文献现存状况所允许的条件，通过古文字学和文献学研究，以从中确定具体的材料，而不能不惜任何代价地在那些文献中看来能够证实其所谓的理论的那些部分，把与其理论有明显抵触之处的文献都视为捏造的资料，而它们所提供的证据也就此被丢掉了。"

② 关于室利卡和格尔达阇耶的考证，请参阅本书边码第327页。

里）两个王国合并的标志，当时它们是爱尔棱加王国的两个部分。
339 但人们记得，戎牙路从一开始就被谏义里吞并[①]，它们的融合实际上在很久以前就完成了。但是，因为旧都在戎牙路，篡位者就在爱尔棱加王国的两部分中的最重要的那个部分称王，这才使人产生古老的爪哇国家的传统又重新恢复的印象。

撰于1225年的《诸蕃志》中有关爪哇的记载，反映了十三世纪二十年代当地的动荡局势。赵汝适记载中的矛盾之处，显然就是由于直到1222年谏义里最终覆灭期间的形势的急剧变化而造成的。

赵汝适在《诸蕃志》第十四节[②]中提供了关于阇婆的情况。阇婆是该地的原名，又名蒲家龙（北加浪岸）。这些内容大部分取自1178年的《岭外代答》一书，赵汝适在这一节的末尾谈到，中国为了阻止私自出口铜币，“朝廷屡行禁止与（阇婆）贩，番商诡计，易其名曰苏吉丹”，赵汝适在第十五节中就是以苏吉丹这个名称为标题，描述了当时的爪哇王国。

人们曾把好几个地方考证为苏吉丹，其中可能性最大的是在紧靠泗水[③]附近的苏卡达纳。苏吉丹的领土范围很难确定，因为赵汝适所提供的材料相互矛盾，其原因在于这些材料的年代互不
340 相同，最新的材料是在谏义里衰落之后的。因此，他在这节的开头说苏吉丹西接新拖（巽他），东连打板（厨闽或杜马坡），这大致相当于除已获独立的戎牙路版图以外的谏义里领土。但在苏吉丹的属

① 见本书边码第270、290页。

② J.海勒斯和罗克希尔：《赵汝适》，第82页。

③ B.施里克：TBG，第65期，1925年，第126页，注36。关于苏吉丹和打板，也可参阅R.A.凯伦：《重新被发现的约阿尔坦？》，BKI，第102期，1943年，第549—551页。

国名单中却包括打板和戎牙路（即今戎牙路，或作乌莱加卢，是布兰塔斯河三角洲上的一个港口）[①]，这里所反映的是戎牙路独立之前的情况。在关于三佛齐的那章的末尾，赵汝适又写到这个国家（新拖即巽他，也在其属国之列）东接戎牙路[②]，这就只能使人认为，戎牙路不仅获得了独立，甚至还兼并了谏义里。

除打板和戎牙路之外，赵汝适还把下列各国列为爪哇岛上的苏吉丹的属国[③]：

百花园（?），

麻东（默当），

禧宁（?），

东峙（东部海岬），

附近岛屿上的属国有：

打纲（?），

黄麻驻（?），

麻篱（巴厘?），

牛论（?），

丹戎武啰（婆罗洲西南部的丹戎补罗），

底勿（帝汶），

平牙夷（西里伯斯东部的邦盖），

① 海勒斯和罗克希尔：前引书，第 83 页。

② 出处同上，第 62 页。

③ 下述各处曾对这一名单作过研究：海勒斯和罗克希尔：前引书，第 86 页；G. P. 鲁法埃尔：《马六甲的贸易中心》，BKI，第 87 期，1921 年，第 137 页。N. J. 克罗姆：《印度化爪哇史》，第 309 页。

勿奴孤(文老古)[①]。

341 爪哇的历史随着杜马坡王国的创立者安禄而改观。这一新面貌一直维持到印度化阶段的终结。实际上,对这一时期爪哇史的了解,大部分是依赖于两部爪哇文的编年史:一部是勃拉邦加的《爪哇史颂》(1365 年)[②],另一部是十五世纪末的《列王志》[③]。它们和缅甸的《编年史》一样,提供了不见于碑铭记载的有关诸王及其周围人的传记、他们的私生活、宫廷丑闻和轶事的细节。

安禄是农民的儿子,后来他自称是湿婆·祇利因陀罗(意为"山王湿婆")之子[④],这个称号可能是有意令人联想到夏连特拉的古老称号。安禄年轻时,是个拦路强盗,后来他为杜马坡总督通古尔阿默栋效力,但他谋害了总督,并娶了他的妻子德德斯[⑤]。他加强了自己在卡维山以东地区的地位,然后利用国王格尔达阇耶与祭司的冲突,以罗查沙的封号自立为王[⑥]。当时,这个祭司的希望是寄托在安禄身上的。

1221 年,安禄向谏义里发动进攻,在甘特尔(至今该地的位置尚未确定)举行决战[⑦]。格尔达阇耶败逃,随后就销声匿迹了。于

---

① 关于最后这两项考证,参阅 G. 费瑯的著作:JA,1919 年 3—4 月号,第 281 页。

② 曾由布兰德斯发表(VBG,第 54 期,1902 年),并由 H. 凯伦译出,载于《文集》,卷 VII 和 VIII(1919 年由克罗姆再版)。Th. G. Th. 比古以《十四世纪的爪哇》为题,在皇家荷属东印度语言、地理和民族学研究院的《译丛》第 4 集上发表了五卷本的第三版。海牙,1960—1963 年。

③ 曾由布兰德斯出版,VBG,第 49 期,1896 年(N. J. 克罗姆于 1920 年再版之,载于前引期刊,第 62 期,1920 年)。

④ 《爪哇史颂》(H. 凯伦:《文集》,卷 VIII)第 7 页。

⑤ 《列王志》(VBG,第 62 期)第 61 页。莱登博物馆藏的著名的般若波罗蜜多塑像大概就是表现这个女人的。见 N. J. 克罗姆:《印度化爪哇文化导论》。

⑥ 《列王志》,第 54 页。

⑦ 出处同上,第 63 页。

是，谏义里成为杜马坡王国的一部分，该王国以它的首都新柯沙里 342
为名而更为人所熟知。新柯沙里的原名是哥打拉贾。

罗查沙进行了看来相当平静的六年统治之后，于 1227 年被谋杀。这是在德德斯王后与前杜马坡总督的儿子阿努沙巴迪的指使下进行的，阿努沙巴迪就此报了杀父之仇[①]。

阿努沙巴迪，又名阿努沙那他。他继承了罗查沙的王位，一直统治到 1248 年。那一年，在一次斗鸡中，他也被罗查沙的庶子陀阇耶谋杀[②]。玛琅东南的基达尔陵庙即阿努沙巴迪的陵寝[③]，这座建筑还完全保持着古代爪哇的传统风格。

1248 年，陀阇耶在位仅数月，就死于宫廷暴乱之中。这次暴乱是由他的两个侄子，即阿努沙那塔的儿子朗卡武尼和罗查沙的孙子玛希沙詹巴卡策动的[④]。这两位王公共掌朝政，前者号为毗湿奴跋达拿，后者号为那拉辛哈穆蒂[⑤]。毗湿奴跋达拿统治期间(1248—1268 年)的主要事件是镇压了一个叫林加巴迪的人发动的叛乱[⑥]。自 1254 年起，毗湿奴跋达拿就把实权交给了他的儿子格尔达纳卡拉，同年，首都库达罗阇更名为新柯沙里[⑦]。毗湿奴跋达拿于 1268 年突然死去后，被神化为瓦烈里(勿里达附近默烈里)

---

① 《列王志》，第 64—65 页。

② 出处同上，第 72 页。

③ N. J. 克罗姆：《印度化爪哇文化导论》卷 II，第 55 页。

④ 《列王志》，前引期刊，第 73—76 页。

⑤ 出处同上，第 77 页。

⑥ 《爪哇史颂》，前引期刊，第 12 页。

⑦ 同上。有关这一遗址的考古文物，参阅布兰德斯：《新柯沙里陵简介》，1909 年；N. J. 克罗姆：《导论》，第 68—93 页；J. 布罗姆：《新柯沙里的文物》，莱登，1939 年。

343 的湿婆形象和查查胡（查科陵）的不空罥索菩萨（观世音菩萨的形象之一）的形象[①]。著名的查科陵饰有以《象耳书》[②]、《波罗陀后裔纪事》[③]、《阿周那的婚姻》[④]和《克里希那耶那》[⑤]等不同的印度化爪哇诗篇为题材的浅浮雕，与以往各个陵庙相比，它具有更为强烈的印度尼西亚风格[⑥]。这种伴随着自己的原始传统的回潮而出现的印度文化的衰落是十三世纪外印度的普遍现象。

在此，对前面提到的这种衰落现象的内部原因还可以作两点补充[⑦]：一个原因是穆斯林入侵印度，在造成知识分子外流之后[⑧]，在印度的各个殖民地需要用以再沐浴的源泉一时枯竭了，另一个原因是蒙古人的征服，它导致了各个古老印度化王国的毁灭。这在下一章里将作介绍。

① 《爪哇史颂》，前引期刊，第 14 页。参阅 N. J. 克罗姆：《印度化爪哇史》，第 327 页。

② H. 凯伦：《文集》，卷 X，第 1—76 页；——H. B. 萨加尔：《印度对爪哇文学的影响》，第 83—87 页。

③ H. B. 萨加尔：前引书，第 224—278 页。

④ 见本书边码第 269—270 页。

⑤ H. B. 萨加尔：前引书，第 322—323 页。

⑥ 布兰德斯：《通庞村的查科陵废墟简介》，1904 年。——N. J. 克罗姆：《导论》，第 95—136 页。

⑦ 见本书边码第 70 页。

⑧ 达拉那塔说，在印度被德罗什卡人征服时（指十二世纪末年穆罕默德·依·巴克提亚的入侵），大批佛教学者逃往蒲卡姆（蒲甘）、蒙詹（哈里奔猜？）、柬埔寨和其他地区。在这些学者中，包括桑伽摩·室利阇那、罗毗室利婆陀罗、旃陀罗迦罗笈多以及 16 位大法师和 200 个小学者。参阅 N. R. 莱：《缅甸的梵文佛教》，第 76、81、85 页。

第十二章　蒙古人征服的影响（十三世纪的最后三十三年） 345

十三世纪时，整个欧亚大陆都被置于蒙古人的影响之下。外印度也没有躲过他们的锋芒，因为自中国的征服者、成吉思汗的孙子忽必烈可汗从 1260 年即大汗位开始，他便力图使那些过去习惯于向中国宋廷称臣的外国君主们向他宣誓臣服。1280 年，他在中 346
国建立了新的王朝——元朝。尽管汉—蒙军队在这些国家只经历了一些挫折和取得短暂的胜利，但他们的打击却产生了深刻的影响，其中最重要的是在湄南河流域和缅甸[1]出现了泰族强国，并且因此而对柬埔寨、湄公河和马来半岛诸小国造成了严重的后果。

1. 泰族

泰族产生于云南，长期以来，人们认为他们于公元八世纪时在云南建立了南诏王国（那里的居民看来实际上讲的是一种藏缅语

① 有关泰人散布情况的理论，参阅 L. P. 布里格：《泰、泰人、暹罗人和老挝族等术语的出现及其在历史上的运用》，JAOS，LXIX，1949 年，第 60—73 页；J. 里斯波："云南和缅甸的傣族史导言"，《法国—亚洲》，XVII，第 166 期，1961 年，第 1849—1879 页。

族的方言，即罗罗语或民家语)[①]，只是很久之后，他们才在印度支那中部和缅甸的山谷地区获得独立。有时，人们说“泰族的入侵”是十三世纪时“蒙古人推进”的后果。事实上，它是泰族沿着大江和河流进行的缓慢的渗入，并且大概已有很悠久的历史了。它是印度支那半岛移民特有的居民自北向南迁徙运动的一部分[②]。但是，在 1220 年左右，也许是在阇耶跋摩七世去世之后(这略早于1220 年)，云南南部边境实际上发生了大规模的动荡。根据传统
347 的年代——在此我列举了这些年代，但对其可靠性持保留意见——八莫以北莫冈的泰人小国大约建于 1215 年，萨尔温江右侧支流的孟奈人小国可能建于 1223 年，而阿萨姆可能是 1229 年被泰人征服的[③]。约与此同时，湄公河上游的依央(景线故址)和景洪的泰人首领通过子女联姻结成同盟[④]。坤博隆的传奇性入侵和大批泰人沿着南乌江到达琅勃拉邦地区很可能也发生在同一时期[⑤]。十三世纪中叶，泰人已经强有力地打入南部山谷中印度化吉蔑族、孟族和缅族的核心，况且蒙古人征服各国的惊人业绩已打动了泰人的想象力，一旦他们在一定程度上取得了一致，他们的首

① G. H. 卢斯:《缅甸史上的古代暹罗人》，JSS，XLVI，1958 年，第 141 页。——参阅许云樵:《南洋学报》，IV，2，1947 年 12 月，第 11 页。

② 见本书边码第 30 页。

③ P. 勒费弗尔—蓬达利斯:《兰那王国或巴鲁王国的云族》，TP，XI，1910 年，第 107 页。G. H. 卢斯对这些年代提出质疑(见前引书第 126 页)，理由是:蒲甘的权势在整个十三世纪中都是完整无缺的，而且还有可以证实缅甸对北方诸省拥有主权的碑铭证据。

④ J. C. 诺东:《暹罗编年史》，卷 III，第 20 页。

⑤ 《帕维使团的综合研究》，卷 II，第 7—17 页。——L. 芬诺:《老挝文学研究》，BEFEO.，XVII，5，第 160—164 页。

领们就会为各小国的内部组织,同时为了实施他们对谷地和三角洲古老的印度文化的政策而竭力效法蒙古人。我们将会看到,十三世纪末期伟大的暹罗征服者拉玛甘亨的一些碑铭有时甚至反映出了他与成吉思汗武功的共鸣。在蒙古人方面,自 1253 年 1 月 7 日夺取大理和 1257 年平定云南后,对于通过破坏古老的印度化王国而建立起来的一系列更易于驾驭、能令其听命于中国的泰人小国并不敌视。但是,看来这种政治形势的后果更多的是使一个出 348
身于泰族的领导阶层取得了权力,而很少在半岛的居民中造成突然的动乱。在缅甸,蒙古人于 1287 年占领蒲甘致使该王国一时消失,国土被分成由泰族首领管辖的小邦。在湄公河上游地区,一个来自清莱的泰人首领把孟人王朝赶出了哈里奔猜,并在离旧都不远的地方建立了新都清迈。素可泰在宣布独立后,迅速对外征服,结果在湄南河流域和湄公河上游地区,泰人的政府取代了吉蔑人的行政机构。

泰人是在公元十一世纪才进入外印度历史的,那时的占文碑铭中曾提到暹族奴隶或战俘,他们是与中国人、越南人、柬埔寨人和缅甸人一起出现的[①]。在十二世纪的吴哥窟南廊大过道起点处的浅浮雕中,描绘了一组服装完全不同于吉蔑人的兵士,只有两则短短的碑铭说他们是暹人[②]。他们很可能是湄南河中游的泰人,因为中国人在十二世纪时就是用暹来称呼素可泰王国的,《元史》在记载 1282 年的一个由海道派往中国、途中曾遭占婆人拦截的使

---

① 见本书边码第 257 页。

② “吴哥窟寺庙”,《法国远东学院考古论文集》,图版 558、559、572、573。

团时，首次提到了这个名称[①]。

349 人们有时把吴哥窟浮雕反映的暹称作“蛮子”，其实他们只是在穿奇装异服上显得有些“野蛮”。他们应当已有社会组织，它的某些遗迹在老族小国中依然存在[②]，在东京和清化的封建小国大概也有类似的情况[③]。由于泰人长期生活在中国文明范围内的云南，所以不应当仅仅具有相当先进的物质文明，而且通过阿萨姆和云南之间连接印度和中国的道路而与印度和佛教有所接触[④]。这大概就可以解释为什么湄南河流域最北部的泰族佛教艺术受到孟加拉的巴拉王朝和森纳王朝艺术的非常明显的影响[⑤]。不过，泰人一向很擅长吸收别人的长处：他们很快就能吸收邻国和支配者的文化中能使他们战胜这些邻国和支配者的那些部分。

如我们将看到的那样，泰人在湄南河流域的迅速胜利是柬埔寨王国衰微的后果，也是在蒙古人多次打击下，缅人国家衰败和覆灭的结果。人们越来越倾向于认为这些胜利与其说是大规模人口迁徙的结果，毋宁说是为数越来越多的移民逐步吞噬了当地(讲孟—高棉语
350 或藏—缅语)居民的结果，同时，他们迫使当地居民把自己尊为主子。

---

① G. H. 卢斯：《缅甸历史上的古代暹罗人》，前引期刊，第 140 页。

② J. 里斯波：《傣族诸小邦的数词名称》，JSS，XXIX，1937 年，第 77 页。——P. 列维：“老挝人名地名中的同源对似词”，《印度支那人文研究所学报》，V，1942 年，第 139 页。

③ P. 格罗闪：《孟人小邦：和平》，河内，1926 年。——参阅：罗贝吹：《清化》，卷 I，(Publ. EFEO，XXIII，1929 年)。

④ P. 伯希和：《两道考》，BEFEO.，XV，第 167 页。

⑤ G. 赛代斯：《曼谷博物馆收藏品》，AA，XII，第 31 页；“印度对暹罗艺术的影响”，《印度艺术与文学》，卷 IV，1930 年，第 36 页。——R. S. 勒·梅：《暹罗的佛教艺术》，第 103 页。

2. 柬埔寨:1282年蒙古人入侵企图的失败

在柬埔寨,继承因陀罗跋摩二世的是阇耶跋摩八世,他可能并不是因陀罗跋摩二世的直接继承者。在他统治期间,蒙古人对柬埔寨相当宽容。

1268年,由于大越皇帝在忽必烈可汗面前抱怨柬埔寨人和占人的袭击,大汗命令他在缅军援助下进行自卫[①]。但是,仅过了十五年之后,即1283年,唆都元帅率领的一支蒙人军队便侵入了柬埔寨领土。下文将谈到,这支部队当时刚刚入侵了占婆的北部和中部。唆都元帅大概是通过由广治到沙湾拿吉的道路[②]派出了一个百户长和一个名叫速鲁蛮的千户长同去柬埔寨国都,但他们"竟为拘执不返"[③]。但柬埔寨认为还是应当谨慎些,1285年[④],它向忽必烈可汗纳贡。我们将会看到,阇耶跋摩八世在与湄南河流域的泰人打交道时,就不那么幸运了。

3. 占婆:蒙古人的入侵(1283至1285年)

在占婆"强取王位"的诃梨提婆[⑤]取王号阇耶・辛诃跋摩,后 351

① 《元史》(根据陈文玾先生的善意指教)。

② H.马斯佩罗:BEFEO.,XVIII,3,第35页。

③ 根据周达观记载。参阅P.伯希和:BEFEO.,II,第140页;IV,第240页注5。在P.伯希和死后出版的《真腊风土记译注》新版本的第119页及以后各页,伯希和怀疑这一说法的可靠性。

④ 同上。

⑤ L.芬诺:BEFEO.,IV,第51页注1。

来，他在1266年加冕时改号为因陀罗跋摩（五世）[①]。为了与大越保持良好的睦邻关系，他在1266至1270年间至少向大越派遣了四个使团。但他不久仍遭受了蒙古人的入侵[②]。

1278年，因陀罗跋摩曾受到北京朝廷的诏请，1280年，再次被诏请。1281年，元廷委派唆都和刘深在占婆建立了蒙古人的行政机构，他靠多次遣使和大量赠送礼品才躲过了对他的这次邀请。在王子诃梨纪特的鼓动下，占婆民众抵制了这种监护。

于是忽必烈就组织了一次历时两年多的征讨（1283—1285年）。其细节已超出本书范围，而且也已为人们所熟知。占婆老王撤往山中[③]。越南人拒绝蒙古人假道其国，使得这场艰难的，而且在远征军中也不得人心的战争大为延长。忽必烈之子脱欢对东京的入侵也转而对蒙古人不利，尽管1285年他们曾一度占领了大越

352 首都，但最终在清化被陈仁宗击败。脱欢被赶到北方，而从南方来和脱欢会师的唆都在占婆上岸后也被斩首。

“于是，占婆摆脱了蒙古人，后者因此而损失了大批官兵，却没有从占婆得到多大的好处。因陀罗跋摩想避免蒙古人卷土重来，向忽必烈派去了一个使者，他在1285年10月6日拜谒了可汗，同

① 艾莫涅：JA，1891年，1—2月号，第58页。关于其年代，请参阅L.芬诺：BEFEO.，IV，第51页。

② 关于这段插曲，请参阅G.马司帛洛：《占婆史》，第175—187页。

③ 马可波罗曾于1285年访问过占婆（贝内德托：第167—168页），他说：占婆“国王年事甚高，而且没有足够的兵力抵御大汗的军队。于是，他退入竖固的要塞，设防固守，以求安全”。——贝内德托认为，马可波罗的一些著作把占婆国王的名字称作阿坎巴尔，这可能是由于混淆而造成的。A.C.穆尔和伯希和也同意这一意见，参阅他们写的《马可波罗》，卷I，第366页注5。

时被接见的还有一位柬埔寨使者”[1]。

因陀罗跋摩五世“年事甚高”(马可波罗语),此后不久就去世了。

4. 缅甸:自1271年至蒙古人占领蒲甘(1287年)

蒙古人于1253年至1257年兼并了云南。1271年,大概是在泰人阴谋家们的煽动之下,该省总督(应是“大理、鄯阐等路宣慰司都元帅府”。——译者)以忽必烈可汗的名义向缅甸派去一个使团,命其称臣纳贡[2]。那罗帝诃波帝(那罗悉诃波帝)国王没有接见使团成员,他派遣一名官员携带致大汗的友好书信与他们一起回中国。

1273年3月3日,忽必烈的一个使团由北京启程,带了一封
要求缅甸向北京朝廷派遣由王子和大臣组成的代表团的信件来到 353
蒲甘。人们一般都认为是缅甸国王下令处死了来使,然而,他们也可能是在返回途中的云南被害。云南总督(应是“大理、鄯阐等路宣慰司都元帅府。”——译者)将此事报告了北京,但皇帝决定暂缓对这次侮辱进行报复。

---

① G. 马司帛洛:前引书,第186页。

② 关于缅甸和蒙古人的关系以及蒲甘王朝的覆灭,请参阅于伯尔编著的《蒲甘王朝末年》,BEFEO.,IX,第633页,特别请看G. H. 卢斯的《缅甸历史上的古代暹罗人》,JSS,XLVI,1958年,第123页和XLVII,1959年,第59页,以及丹吞的《公元1000年到1300年的缅甸历史》,《缅甸史论文通报》,卷I,1960年第1期,第39页。本节及下文与缅甸有关的各节的历史和编年史资料就取自上述两篇重要文章。

1277年,缅人侵占了八莫上游太平江畔的“金齿国”,此前该国已臣服于忽必烈。马可波罗记道:缅人之所以这么干,“是想迫使大汗再也不敢派军进驻这一地区”[1]。金齿国的首领向大汗请求保护,后者决定采取行动,并指定当地驻军去实现他的意图。大理军队向缅人迎头冲击,在江畔将他们打败,但这只不过是一次普通的边界冲突。

“1277年与1278年之交的冬季,中国发动了由纳速剌丁指挥的第二次征讨,这次占领了冈辛,该地是保卫八莫隘道的缅甸要塞。……但是,在这两次征讨中,中国军队都未能穿过由为数众多的泰族小国组成的宽阔地带,时至今日,它们仍然把云南和严格的意义上的缅人国家分隔开来。最终的灾难到1283年才发生”[2]。

正是在这一年,相吾达尔指挥了一次新的征讨。继12月3日的牙嵩羌战役之后,蒙古人的军队于12月9日再次夺取了要塞江新,并沿伊洛瓦底江河谷南进,然而并没有到达蒲甘。面对中国人的步步紧逼,那罗帝诃波帝退出了蒲甘,逃到卑谬。在(1284年1
354 月)占领达昂之后,中缅就建立一个中国的保护国举行了会谈。翌年,缅王表示臣服并派遣使者去北京,使者成功地说服皇帝撤回了军队。缅甸北部成为中国的征缅省,并一直保持到1303年;至于较靠南部的缅中省,则于1290年8月18日就被撤销了。

1287年,那罗帝诃波帝国王正准备返回都城,却被他的亲生子僧哥速(悉诃苏罗)毒死在卑谬。由此而产生了动乱,云南平章

---

① 《马可波罗游记》,贝内德托编著,第121页。

② 于贝尔:前引书,第679—680页。

政事也不理睬撤军的命令了。

“1287 年,由也先帖木儿王子率领,发动了第四次征讨,中国军队付出了重大损失的代价,终于到达蒲甘,我们不知道首都是否因中国军队的到来而遭受破坏”①。

蒲甘的陷落在缅甸的泰人中引起反响,下文还将谈到这一点。下面我们再看看由此而在湄南河流域的泰人中产生的反应。

5. 十三世纪下半叶湄南河流域泰族的解放:素可泰王国的兴起(约 1220 至 1292 年)

人们还记得,湄南河流域最初是孟人聚居的地方,公元七世纪 355
时,曾是堕罗钵底王国的所在地。十一世纪时,吉蔑人在罗斛定居,并于十二世纪时把吉蔑的统治一直扩张至哈里奔猜王国,并与阿迭多罗阇国王发生了冲突。

十三世纪初期,哈里奔猜王国一直由孟人王朝统治,该国编年史中提到过的一位国王在原为哈里奔猜故址的南奔留下了一些间有几段巴利文的孟文碑铭。这位国王就是沙婆底悉提,我们掌握着他的两块碑铭,其年代为 1213 年、1218 年和 1219 年。这些碑铭叙述了对一些佛教寺院的捐赠②。其中有一座寺院叫古库寺,

① 于贝尔:出处同上注。——在装饰蒲甘瑞喜宫寺附近一个被称作“冠齐塔石窟”的建筑的壁画中,还保留着描绘一位蒙古首领和一个弓手的珍奇画面(ARASB,1922 年,第 17 页,图 1)。

② G. 赛代斯:《关于老挝西部历史的文献》,BEFEO.,XXV,第 19—27 页,第 189—194 页。——R. 哈里戴:《暹罗的孟文碑铭》,BEFEO.,XXX,第 86 页。

即阿迭多罗阇建的摩诃婆罗差提耶寺[①]。继沙婆底悉提之后，直至泰人征服该国为止，编年史提供了一张国王的名单。关于这些国王，我们仅仅知道他们的姓名[②]。

他们的东北邻居是依央（景线）的寮族王公，其中的最后一位是孟莱，他生于1239年，1261年继承了其父的王位。第二年将国都南迁，建立了清莱。然后，他向东北和西南扩张其势力，于1269年占领清孔，1273年建立了孟芳[③]。据一本古书记载，1287年，清莱的孟莱亲王、孟帕尧（在英河上游）的昂孟亲王和素可泰国王拉玛甘亨“在一吉祥之地会晤，缔结了牢固的友好条约之后各自回国”。[④]

这三位泰人首领的结盟和汉—蒙军队占领蒲甘发生在同一
356 年，这大概并非纯系巧合。我们将看到，在此后的十年里，孟莱结束了孟人对哈里奔猜的统治，并在离该城不远处建立了泰人的“新都”清迈。至于拉玛甘亨，他的成就当更为辉煌，以下所述的只是他建立的王朝的开端。

在湄南河中游地区，大概自从相当长的时期以来，被邻国称为暹人的泰族就在那里立住了脚[⑤]。在素可泰和宋加洛尚能见到的吉蔑遗址[⑥]，证明吉蔑统治曾扩张到这个地区，可能自苏利耶跋摩

① 见本书边码第295页。

② G.赛代斯：前引期刊，第86页。

③ 出处同上，第87页。

④ 出处同上，第88页。

⑤ 关于柬埔寨和占婆铭文中有关暹人的最早记载，请阅本书边码第348页。缅甸的有关暹人的最早记载是1120年的铭文（在尔汉。G. H.卢斯：《缅甸历史上的古代暹罗人》，前引期刊第124页），中国于1278年以“百夷”为名在《元史》中首次提到泰人（G. H.卢斯，出处同上，第125页）。

⑥ J. Y.克莱斯：《暹罗考古》，BEFEO，XXXI，第410—420页。

二世时期起吉蔑的扩张就到达这一地区，至少也是在阇耶跋摩七世时期。约十三世纪中叶，素可泰的暹人获得独立，写于大约一个世纪之后的一篇碑铭使我们知道了当时的形势[①]。

泰族王公帕蒙是孟叻的首领[②]，并可能是吉蔑统治时期素可泰的原泰人首领之子。帕蒙接受了柬埔寨君主给他的封号：甘拉登·安·室利·因陀罗波顶陀罗迭多，并娶吉蔑公主悉迦罗摩诃 357
提鞞为妻。他和另一位泰族君王、邦央的首领邦康陶建立了友好关系。继一些情况不详的事件之后[③]，他们与素可泰的吉蔑总督发生了冲突。在占领了素可泰的姨妹城西沙差那莱（即今日宋加洛）之后，两个盟友将驻素可泰的柬埔寨官员赶走了。帕蒙让位给他的伙伴邦康陶，并将自己的封号甘拉登·安·帕·蒙·室利·因陀罗波顶陀罗迭多授予他，为他举行了国王加冕仪式。

我们不了解关于标志着素可泰的泰人取得政治独立，以及导致因陀罗迭多就位的各种事件的确切年代。然而，鉴于拉玛甘亨（他的第三个儿子是他的第二任继承者）十三世纪末的二十年中在位，我们可以推定因陀罗迭多大约于1220年前后就位。后来，罗斛国似乎也摆脱了柬埔寨，因为我们看到1289年到1299年间该国曾遣使去中国[④]。下文将谈到，十四世纪中叶时，一位泰族王子

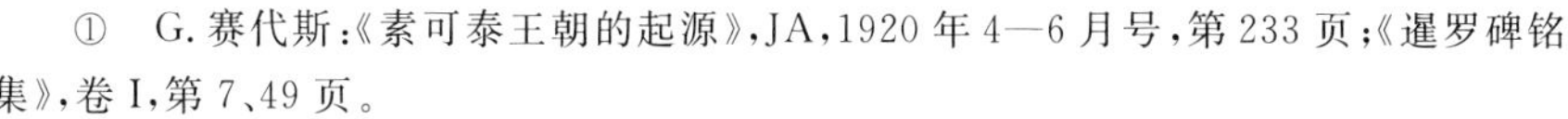

① G.赛代斯：《素可泰王朝的起源》，JA，1920年4—6月号，第233页；《暹罗碑铭集》，卷I，第7、49页。

② 该地位置尚未考出，可能是在南萨科河上游。

③ 可能是阇耶跋摩七世之死——R.C.马君达在《素可泰的崛起》（JGIS，X，1943年，第44—51页）中认为帕蒙室利因陀罗波顶陀罗迭多就是吉蔑国王阇耶跋摩八世的女婿，即后来的室利陀罗跋摩，因而，素可泰的解放是他与其内弟斗争的一个插曲，可以确定这个事件发生在1275年之前。但这一假设缺乏确凿根据。

④ P.伯希和：《两道考》，BEFEO.，IV，第241页。

统治着罗斛。

我们所了解的有关因陀罗迭多和他的直接继承者的情况都来自拉玛甘亨1292年写的石碑铭文开头部分所介绍的内容。此外，这则著名的碑铭还提供了关于拉玛甘亨青年时期的有趣细节，特抄录如下[①]：

“我父亲名为室利因陀罗迭多，母亲名叫南颂，哥哥叫班蒙。我们五个孩子都是一母所生：三男二女。大哥幼年夭折。当我19岁时，孟雀的首领坤讪宗前来攻打孟达[②]。我父亲由左方迎战，坤
358 讪宗从右方大举进攻。我父亲的人马四散逃窜，溃不成军。而我却未逃跑，翻身跳上大象阿涅甲蓬（意为“力大无穷”），冲到父亲的前头，与坤讪宗展开了一场大象决斗：我击中了他那名叫玛孟（意为“国中黄金”）的大象，使之败下阵去。坤讪宗逃跑了。于是，父亲送我一个外号：帕拉玛甘亨（意为“勇士拉玛”），因为我击败了坤讪宗的大象。

“父亲在世时，我侍奉父母。只要打到一件猎物或一条鱼，就把它交给父亲，如果我有一只果子，不管它是酸是甜，只要美味可爱，就把它送给父亲。当我猎获了大象，就把它们都献给父亲；当我攻下一座村庄或城市，就把从那里带回来的大象、男童、女孩、白银、黄金都送交给父亲[③]。

---

① G.赛代斯：《暹罗碑铭集》，卷I，第37页。

② 即现在的达府。孟佐即今之夜速，位于达府以北。

③ 这一段使我们想到，它与成吉思汗的臣民们对他的誓词竟出乎意料地如此相似：“在战场上，我们定将率先冲杀，如果我们俘获了妇女和姑娘，就把她们献给你；在围猎时，我们必将作为先锋，如果我们逮到猎物，就把它献给你。”（R.格鲁塞：《草原帝国》，第258页。）

“父亲去世后,哥哥还在[①],我继续像对待父亲那样为他效力。哥哥去世后,整个王国都归我所有了。”

在下文中,我们将看到拉玛甘亨国王的辉煌业绩,在他的统治下,终于按照僧迦罗佛教和吉蔑文明造就了年轻的泰人王国。然而,这并未使它的社会结构中那些属于蒙古人社会结构的特征消失。 359

居于蒙古人社会结构顶端的是“黄金家族”,大汗是其首,大汗诸子为王公[②]。同样,在这个泰人王国中,拉玛甘亨是婆坤,即诸神之父,王公和高官为卢坤,即诸神之子。蒙古人的贵族划分了各个社会阶层:“武士或忠诚者,他们是出色的自由民,庶民组成一般的平民,最后是农奴阶层,基本上他们都是非蒙古族人”[③],同样,泰人社会中尚武的贵族与被征服民族的区别之大已达到如此地步:表示民族的词“泰”字,在暹罗语中的意思就是“自由人”[④],自由人与泰人社会中被划为农奴的土著居民是相对的。

最后,蒙古人中能带武器者以十、百、千、万为单位,分派给贵族“那颜”委任的指挥官带领[⑤]。在这一点上,泰人的军事和行政组织也和蒙古人完全相同[⑥]。

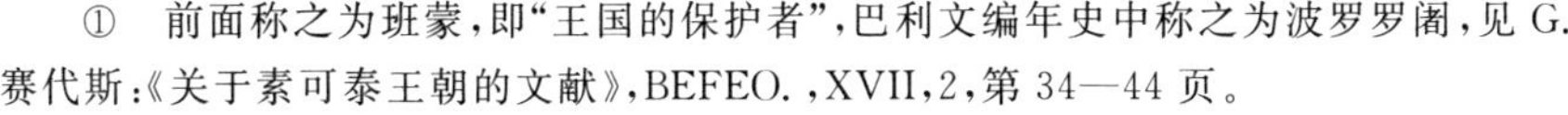

① 前面称之为班蒙,即“王国的保护者”,巴利文编年史中称之为波罗罗阇,见 G. 赛代斯:《关于素可泰王朝的文献》,BEFEO.,XVII,2,第 34—44 页。

② R. 格鲁塞:前引书,第 281 页。

③ R. 格鲁塞:《草原帝国》,第 281 页。

④ 这同封建初期“Franc”(法兰克)一词的语义演变是一样的,因为只有自由民才属“Populus Francorum”(法兰克民),它是根据民族的名称及其法律地位而产生的同义词。参阅马克·布洛克:《封建社会》(《人类的演化》,卷 34),第 390 页。

⑤ R. 格鲁塞:前引书,第 282 页。

⑥ H. G. Q. 韦尔斯:《古代暹罗人的政府和行政机构》,伦敦,1934 年,——但这种制度也可能来源于印度。

我们不知道素可泰王朝创始人之子拉玛甘亨继承其兄班蒙的王位的年代。他的碑铭[1]仅提到三个日期：

360 1283 年，发明了暹罗文字，或更准确地说，是发明了碑铭使用的字体。“以前，这些泰语书写字母是不存在的。在羊年 1205 年（即公元 1283 年），拉玛甘亨国王以其全副精力和全部心血发明了泰语书写字母。现在，这些字母之所以存在，就是因为国王创造了它们。”我们知道：这些字母是对原始泰文字体的改进，而这种原始泰文字体本身，又是由泰语中曾使用过的十三世纪时柬语草书改变而成的。[2]

1285 年，在西沙差那莱城（室利沙耆那来耶，即宋加洛）中心建造了一座窣堵波，前后用了六年时间[3]。

1292 年，在素可泰制成了一尊石质宝座，取名摩南悉罗波陀罗[4]：“置宝座于此，以令天下之人均可见到室利因陀罗迭多之子，西沙差那素和素可泰诸邦之主拉玛甘亨国王，并可看到前来向他致敬的马族、高族、寮族以及居住在天穹之下的泰人[5]和住在南乌河与湄公河畔的泰人。”

---

① G. 赛代斯：《暹罗碑铭集》，卷 I，第 37 页。

② J. 比尔内和 G. 赛代斯：《素可泰手写体文字的来源》，JSS，XXI，1928 年，第 87 页。

③ 可能即昌隆寺。参阅 J. Y. 克莱斯：《暹罗考古》，BEFEO，XXXI，第 411、412 页。

④ 在建立这块碑铭的那年，这个石座就被国王孟固运回曼谷，安放在王宫里，用于加冕仪式（见 JSS，XVII，1923 年，第 117—118 页和第 120 及 160 页旁边的插图）。

⑤ “居住在天穹之下的泰人”可能是指居住在中国的傣人，汉语中的“天下”一词，常被用以指中国。

根据这些纪年材料,可以推算出拉玛甘亨是在 1283 年之前取得政权的。

但是,如果摩迦陀确实是在 1281 年夺取了马达班政权的 361
话[①],那么显然就应该把拉玛甘亨就位的时间追溯到更早的时候,因为 1281 年时,他大概已十分强大,以致能给一个处于如此遥远地区的受他保护的人授爵。

6. 爪哇:新柯沙里王国的末期(1269 至 1292 年);1293 年蒙古人的远征和满者伯夷王国的建立

后来以湿婆佛陀的名字而闻名的爪哇国王格尔达纳卡拉是合并后的戎牙路与班查鲁的国王,他留下的碑铭,特别是 1266 年和 1269 年的碑铭提供了一些有关他那个时代的行政情况[②]。

在国内,他不止一次地与叛乱者作战:1270 年与巴亚罗阇,1280 年与玛希沙朗卡交战[③]。

他对外则向四方大规模开拓爪哇国的疆土。1275 年,他利用室利佛逝的衰落向西发动军事征讨,在末罗游[④],可能还在巽他岛、马都拉以及马来半岛的部分地区都建立了爪哇的宗主权,因为

---

① 见本书边码第 374 页。

② N. J. 克罗姆:《印度化爪哇史》,第 328—330 页。

③ 《爪哇史颂》(H. 凯伦:《文集》,卷 VIII),第 15—16 页;《列王志》,VBG,第 62 期,第 79 页。

④ 出处同上,并参阅本书边码第 367 页。

《爪哇史颂》所载的格尔达纳卡拉的名单中有彭亨[①]。

362 格尔达纳卡拉在苏门答腊建立了权力之后，转而对付巴厘岛。1284年，他把巴厘国王掳至爪哇[②]。格尔达纳卡拉自以为相当强大，尤其是觉得自己离中国相当遥远，足以抗拒蒙古人自1279年以来提出的将爪哇的一名王室成员派往北京元朝宫廷的要求。中国于1280年和1281年派去的使团均无结果。1289年，忽必烈的使者看来受到爪哇人的虐待，为了报复这一侮辱，大汗于1292年决定对爪哇进行讨伐。[③] 下文将谈到这次远征。

在泗水，可以看到格尔达纳卡拉的塑像是按无动佛面貌塑成的[④]。该王是一位重要人物，但在《爪哇史颂》和《列王志》这两部史籍中，对他的描述却大相径庭；他时而被描写成聪慧的文士，时而被说成为酒鬼。可以肯定的是，他是一位伟大的国王，他以对将爪哇的统治扩张到邻国的热情和对佛教密宗时轮派的虔诚而令人瞩目。时轮派约于巴拉王朝末期在孟加拉发展起来，然后传播到了西藏、尼泊尔和马来群岛。由于它是一种虔信湿婆-跋罗伐的诸

---

① 前引书第17页。N.冯卡塔拉马纳亚在《特里布兰塔卡的威格拉莫栋加·拉延德拉·卡克拉瓦提的碑铭》(JGIS, XIV, 1955年，第143—149页)中认为：该碑铭的作者，即四岛之主并非他人，就是格尔达纳卡拉。但是，此人向特里布兰塔卡神献祭的日期为塞迦历1214年布舍月5日，星期一，即公元1292年12月15日，这当在格尔达纳卡拉去世之后。参阅本书边码第363页。

② 《爪哇史颂》，前引书，第17页。

③ 关于这一时期的爪哇与蒙古人的关系，参阅克兰普：《凯伦文选》，第357页；W. W. 罗克希尔：《中国的对外关系和贸易考》，TP, XV, 1914年，第444—445页。

④ N. J. 克罗姆：《印度化爪哇史》，第341—342页。——转载于TBG，第52期，1910年，第108页。H. 凯伦曾经发表了塑像上的碑铭，见《文选》，卷VII，第190页；B. R. 沙特吉：《印度与爪哇》，卷II，“碑铭”，第75页。

说混合宗教,到爪哇时就变成了一种对湿婆-佛陀的信仰,[1]这种信仰主要是可以赎救死者的灵魂,它在印度尼西亚的祖先崇拜中 363 找到了最为适宜的土壤。

格尔达纳卡拉是在戏剧性的情况下去世的。他曾把一个社会地位低下的人提拔到阿利耶·维拉罗阇的显位,却又对他怀有戒心,便任命他为马都拉岛东部的总督[2],使之远离宫廷。另一方面,自1271年以来,谏义里的副王是个名叫查耶卡旺的人[3],他很可能是故王的后裔,对最高权力有觊觎之心。他与维拉罗阇结盟,并在良机到来时通知他去袭击格尔达纳卡拉。这场战役发生在1292年,在经历了《列王志》描述的种种曲折之后[4],他们终于占领了王宫,并在当年的5月18日至6月15日间杀死了格尔达纳卡拉。

爪哇的主人查耶卡旺可以说已成为谏义里的一个新王国的创

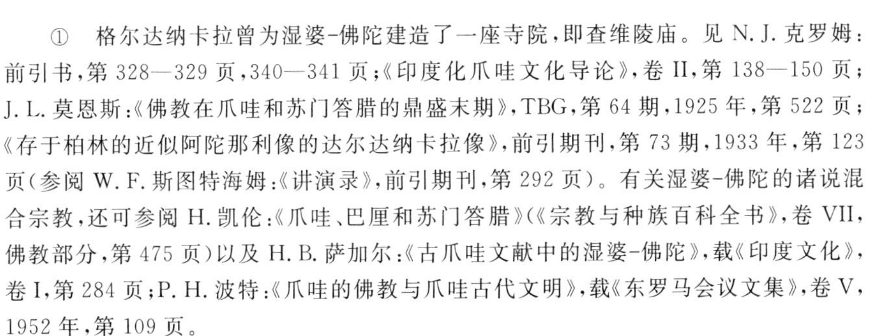

① 格尔达纳卡拉曾为湿婆-佛陀建造了一座寺院,即查维陵庙。见N.J.克罗姆:前引书,第328—329页,340—341页;《印度化爪哇文化导论》,卷II,第138—150页;J.L.莫恩斯:《佛教在爪哇和苏门答腊的鼎盛末期》,TBG,第64期,1925年,第522页;《存于柏林的近似阿陀那利像的达尔达纳卡拉像》,前引期刊,第73期,1933年,第123页(参阅W.F.斯图特海姆:《讲演录》,前引期刊,第292页)。有关湿婆-佛陀的诸说混合宗教,还可参阅H.凯伦:《爪哇、巴厘和苏门答腊》(《宗教与种族百科全书》,卷VII,佛教部分,第475页)以及H.B.萨加尔:《古爪哇文献中的湿婆-佛陀》,载《印度文化》,卷I,第284页;P.H.波特:《爪哇的佛教与爪哇古代文明》,载《东罗马会议文集》,卷V,1952年,第109页。

② 《列王志》,前引期刊,第79页。

③ 《爪哇史颂》,前引书,第24页。——J.E.冯·路易森·德·勒乌:《查耶卡旺究竟是作为篡位者还是复位者而就位的?》,载《赛令纪念文集》,阿姆斯特丹,1949年,第151—162页。

④ 见前引书,第79页。——L.C.达梅:《忽必烈可汗的军队征爪哇和满者伯夷建立的年代》,载《第二十二届东方学者国际会议文集》,伊斯坦布尔,1951年,第322页。本书以下诸页中的年代即引自该文。

始人，但他只是昙花一现而已，因为蒙古人发动的惩罚格尔达纳卡拉的远征，使王位回到了它的合法所有者的手中。

新柯沙里之主查耶卡旺不久就遇到罗登韦查耶的反抗[①]，后
364 者是玛希沙詹巴卡的孙子、罗查沙的曾孙，因此，这位王公是新柯沙里王朝创始人的嫡系后代，加之他曾娶了当时刚刚死于查耶卡旺叛乱的格尔达纳卡拉国王的女儿卡耶特里（罗阇巴尼）为妻。1292 年，韦查耶由查耶卡旺之子（也是格尔达纳卡拉的女婿）阿尔达罗阇协同，指挥着一支军队。这支队伍是格尔达纳卡拉生前派往北方镇压叛乱的，而查耶卡旺的军队尚未与之交锋。

韦查耶袭击了查耶卡旺的部队，并三度将其击败。但这都只是暂时的胜利，起初对韦查耶有利的局势，由于谏义里援军的到达，加之新柯沙里陷落的消息产生了挫伤士气的作用而急转直下[②]。韦查耶被迫出逃后来到马都拉岛，向维拉罗阇求援。他对维拉罗阇的背叛一无所知，还以为今后把希望寄托在他身上是有好处的。

在维拉罗阇的帮助下，韦查耶和一支马都拉部队重返满者伯夷所在的布兰塔斯河下游[③]，后来，这里成了复兴后的爪哇王国的首都。

这一切都发生在 1292 年的最末数月中，当时忽必烈已向格尔

---

① 他的全名为：纳拉利亚・桑格拉玛威查耶（《列王志》，前引期刊，第 98 页）。

② 在 1294 年的一块碑铭中对这些事件作了详细记载。该铭文已由布兰德斯翻译发表，见《列王志》，前引期刊，第 94—100 页。

③ 《列王志》说当时他假装臣服于查耶卡旺。但这个查耶卡旺看来并非在中国史料中再度出现过的查耶卡旺。参阅 R. C. 马君达：《金洲》，第 315 页。

达纳卡拉发动惩罚性远征，但他还不知道格尔达纳卡拉已经死了。韦查耶得知远征军抵达的消息后，想出了一个聪明的主意，利用中国人来实现他的宏大计划。我们将在下文中看到中国舰队如何沿 365
占婆海岸航行，却未能上岸[①]。然后，这支舰队就经卡里马塔群岛和格兰小岛（位于婆罗洲西南）驶往爪哇。1293年年初，舰队的三位首领，即蒙古人史弼、对于在海外旅行训练有素的维吾尔人伊克穆林（即亦黑迷失）[②]和汉人高兴曾在格兰岛停留，举行会商。在前往爪哇北部沿岸的厨闽港会师之前，他们向新柯沙里派遣了一个使者，他带回了格尔达纳卡拉已死和韦查耶归顺的消息。

集中在泗水河口的查耶卡旺的爪哇船队被中国人捕获，接着，中国人便开始进入内地。于是韦查耶给中国人去信，请求他们协助抵御正在向满者伯夷挺进的查耶卡旺。中国人成功地阻挡了查耶卡旺的攻势，于1293年3月3日解救了满者伯夷，接着又让韦查耶殿后，向谏义里进军。经过一场长期的血战，谏义里军队溃逃。1293年4月26日，被围困在王宫里的查耶卡旺终于宣布归顺。

于是，韦查耶请求中国人准许他由中国卫队护送返回满者伯夷，去寻找他已承诺奉献给大汗的贡品。实际上他是在力图摆脱其盟友，在自己的对头失败之后，这些盟友已毫无用处。1293年5月26日，韦查耶开始屠杀他的中国卫队，尔后率领其爪哇部队反

---

① 见本书边码第392页。

② 这些汉语音译均出自“Yighmiš”一词（谨得M.L.汉比斯的指教）。

过来攻打谏义里的中国人,迫使他们撤退到战船上。5 月 31 日,中国人启程回国,同年 8 月 8 日回到中国。

366 中国舰队的首领们是在经过讨论之后才决定带着他们的俘虏离开爪哇的。这些俘虏约有 100 多人,其中包括查耶卡旺的孩子们。查耶卡旺本人则在被监禁后不久就死了。蒙古人原为惩罚格尔达纳卡拉而发动的远征的结果,出乎意料地把王位的合法继承者重新送上了王位。

满者伯夷王国的创始人韦查耶取王号为格尔达拉查沙·查耶跋达拿。他娶了格尔达纳卡拉的四个女儿为妻[1]。他与格尔达纳卡拉的长女巴拉密·斯瓦利·特里布婆那王后生有一子[2],即卡拉吉墨特,他于 1295 年被封为谏义里亲王,称号查耶纳卡拉[3]。

满者伯夷似乎又与中国恢复了正常关系,因为我们看到史书中曾提到过格尔达拉查沙统治时期爪哇的四次遣使[4]。

在其国内,根据 C. C. 伯格拟定的历史年表[5]:格尔达拉查沙的继承者查耶纳卡拉所应付的各次叛乱,实际上发生于格尔达拉查沙统治时期。下一章将谈到这一点。

---

① 《爪哇史颂》,前引书,第 28—29 页。——保尔巴蒂亚拉卡:《四件铜器考》,TBG,第 76 期,1936 年,第 380—381 页。

② 此结论出自保尔巴蒂亚拉卡发表的一篇铭文(见前引期刊,第 381 页),其表面看来是可靠的,但与《列王志》中的说法截然不同(见前引期刊,第 92 页及第 123 页),后者称查耶纳卡拉的母亲是由爪哇人在一次远征中从末罗游带回的苏门答腊公主达拉珀塔。

③ 《爪哇史颂》,前引书,第 31 页。

④ W. W. 罗克希尔:TP,1914 年,第 446 页。

⑤ 《满者伯夷最早的编年史》,BKI,第 97 期,1938 年,第 135 页。

7. 马可波罗时代的苏门答腊及其属国；伊斯兰教传入的初期

在占碑河畔的上巴当哈里发现的一块碑铭[①]提供了关于爪哇 367
控制了苏门答腊的确凿证据。据该碑铭记载，1286 年有四个爪哇官员把一尊不空羂索菩萨的塑像(在查科陵，格尔达纳卡拉的父亲就是被神化为不空羂索菩萨的形象)从爪哇(爪哇蒲迷)带到了黄金国(苏勿吒蒲迷)。根据摩诃罗阇提罗阇·室利·格尔达纳卡拉·威格拉玛达摩栋卡德瓦的命令，将这尊佛像竖立在达磨奢罗耶，它使末罗游国中的臣民(普拉查)，首先是其国王摩诃罗阇·室利玛·特里布婆那罗阇·毛利跋摩德瓦[②]，无不欢天喜地。

爪哇对其西邻的控制与泰人对马来半岛的征服发生于同一时期，孟族的编年史早在 1280 年之前就曾暗示过这次征服[③]。另一方面，据《元史》记载，1295 年："暹人(暹罗人，即素可泰的泰人)与麻里予儿(末罗游)旧相仇杀。[④]"

即使爪哇人和泰人没有采取联合行动，至少也是同时下手的，
这使室利佛逝同时丧失了在群岛和大陆上的属地，并剥夺了它对 368

---

① 即帕当梧槽的碑铭，曾由 N. J. 克罗姆发表在 VMKAWAL，第 5 集，卷 11，阿姆斯特丹，1916 年，第 306 页。——参阅 G. 费琅：《苏门答腊帝国》，JA，1922 年 10—12 月号，第 179—181 页。

② 关于这尊塑像，参阅普莱特的著作，见 TBG，第 49 期，1906 年，第 171、177 页；N. J. 克罗姆：《印度化爪哇文化导论》，第 131—133 页；F. M. 斯赫尼特格：《印度化苏门答腊考古》，图版 XVI，以及《被忘却了的苏门答腊诸王国》，莱登，1939 年，图版 IV。

③ C. O. 布莱格登：《摩诃罗阇帝国》，JRASSB，第 81 期，1920 年，第 25 页。

④ P. 伯希和：《两道考》，BEFEO.，IV，第 242 页。

马六甲海峡和巽他海峡的控制权。同时,苏门答腊王国开始感受到来自印度—马来文化解体这个新因素的影响。1281年,通过商人传播的伊斯兰教在苏门答腊已有相当大的进展,以至于连中国朝廷都选派了名叫速鲁蛮和沙姆苏丁的穆斯林出使末罗游[①]。十年之后,马可波罗在描述苏门答腊最北部的八儿刺克时写道[②]:“因为撒拉逊商人时常乘船来到费尔莱克,曾劝化当地人信奉穆罕默德教。”此外,死于1297年的马利克·阿-沙莱苏丹的墓志的发现,使我们得知约属同一时期的须文答剌小国已伊斯兰教化了[③]。

紧接着关于占婆的章节之后,马可波罗首先用短短的一段话谈到爪哇,他称爪哇乃“世界上最大的岛屿”,他本人并未到过爪哇。他关于群岛的情况写于蒙古人的远征之前,因为他说爪哇人“不向世界上的任何人交纳贡赋”,他还写道:“由于路途遥远,而且海途多险,大汗始终未能夺取该岛。[④]”

倘若是在1293年的征讨之后,马可波罗不可能写出这句他在
369 写到马来半岛和苏门答腊时又重复过的话,其原因在于:1293年伊克穆苏出发去爪哇作战,“又遣郑珪诏谕木来由诸小国,皆遣其子弟来降”[⑤]。

① P.伯希和:《两道考》,BEFEO.,IV,第326页。

② 贝内德托编:《游记》,第171页。

③ 《荷属东印度考古局报告》,1913年,第1页。——R.O.温斯泰德在《巴赛编年史》(JRASMB,XVI,2,1938年,第25页)中说巴赛是公元十三世纪下半叶接受伊斯兰教的第一个马来王国。

④ 《游记》,第169页。

⑤ P.伯希和《两道考》,BEFEO.,IV,第326—327页。《元史》中还确切指出它们是南巫里、速木都剌、不鲁不都、八剌剌和木来由(W.P.格罗内温特:《马来群岛考释》,前引期刊,第30页),它们正好是马可波罗提到的那些国家。

继松杜尔岛和贡杜尔岛(昆仑岛)之后,马可波罗谈到洛恰克王国,即马来半岛上的郎迦斯迦[1]:“其地远僻,无人能来侵,故不向任何人纳贡。如果有人能到该地,则大汗就会立即将其全部征服。[2]”

接着,他又写到朋丹(宾坦岛)和麻里予儿城:“其城宏大而美观,各种物品和香料的贸易十分繁盛。[3]”

看来,马可波罗并不知道麻里予儿城已在苏门答腊,他称之为“小爪哇”。他还列举了“小爪哇”的八个王国,它们各有自己的国王和语言。他到过其中的六个国家。除最后一个国家外,其余五国都在该岛的最北部。

正如我们所知,马可波罗证实在费尔莱克(八儿剌克)有穆斯林,“但仅限于城市居民,而山地居民的生活如同禽兽”[4]。

巴斯曼(即西南沿海的巴萨曼)。马可波罗写道:“当地人没有任何法律,除非是像野兽那样的法律。他们自称臣属于大汗,但由于地处遥远,乃至大汗的军队无法到达,因而不纳贡赋。[5]” 370

苏门答腊(须文答剌,即巴赛)[6]。“马可波罗阁下曾因气候恶

---

① G. 费琅:JA,1918年,7—8月号,第138页。

② 《游记》,第169页。

③ 出处同上,第170页。

④ 出处同上,第171页,即中国人所称的八剌剌。《元史》也称之为别里剌,说它于1284年遣使去中国(W. W. 罗克希尔:《中国的对外关系和贸易考》,TP,XV,1914年,第439页。参阅P. 伯希和:前引期刊,XXX,1933年,第308页,注3)。

⑤ 《游记》,第171页。——P. 伯希和在《马可波罗游记诠注》,卷I,第86页,“巴斯曼”条的注释中认为马可波罗既未到过巴斯,也没有到过班卒尔(见下文)。

⑥ 见本书第245页注③。该国约建于1250年,曾于1294年遣使去中国(BEFEO.,IV,第327页和注4)。

劣，无法继续前行，因而在此停留了五个月”。这个威尼斯人在此饮用过棕榈酒，其味“胜过酒和其他饮料”[1]。

达果延。马可波罗描述了那里吃人肉的仪式[2]。

兰布里（兰无里，即亚齐）。他提到那里的“长尾巴的人”[3]。

班卒尔（即位于西部沿海的巴鲁斯）。它是樟树和面粉树之国，这种面粉树的粉可以制面包，“马可波罗曾多次食用过”，觉得“其味甚美”[4]。

此后，马可波罗还谈到尼科巴群岛、安达曼群岛和锡兰。

看来，马可波罗并未想到他所横越的是一个帝国的废墟，75 年前，赵汝适曾记载过这个帝国，并视其为占据着海峡两岸的巨大的贸易中心。这时已不是摩诃罗阇，而成为每一个都“自成王国”的八
371 个国家了。马可波罗提到的六个王国确实只不过是集中在苏门答腊岛北部角落的一些很小的小国。他仅简略地提到，但是大概未曾到过的末罗游，仍当是个相当重要的国家，它曾于 1299 年和 1301 年遣使去中国[5]。但是，1275 年爪哇的远征剥夺了室利佛逝继承者对海峡的控制权[6]，大概爪哇人就是从这一时期起，在单马锡，即今新

① 《游记》，第 172 页。

② 出处同上，第 173 页。达果延可能是笔录者对达棉这个地名，即现在的塔米昂（位于德利和亚齐角之间）的笔误。《爪哇史颂》称之为图米杭，而汉籍则叫它毯阳或淡洋（BEFEO.，IV，第 328 页；JA，1918 年，7—8 月号，第 65 页）。毯阳曾于 1294 年向中国派遣了一位使者。

③ 《游记》，第 174 页。中国人所记载的南巫里，亦曾于 1284 年（W. W. 罗克希尔：《中国的对外关系和贸易考》，前引期刊，第 439 页）和 1294 年（BEFEO.，IV，第 327 页，注 3）遣使去中国。

④ 《游记》，第 174 页。

⑤ P. 伯希和：《两道考》，BEFEO.，IV，第 243、328 页。

⑥ 见本书边码第 361 页。

加坡定居[1]。他们曾在那里立了一块爪哇文石碑,不幸已经毁坏[2]。

我们可以说:在十三世纪末期,摩诃罗阇的帝国(即室利佛逝,或称扎巴格、三佛齐)已不复存在。曾经成功地同时控制了群岛和半岛的唯一的国家也随之消失了。这个国家的强盛和得以长期存在的原因就在于:它同时把握住海峡的水道和半岛上的陆路,成为西方与中国海之间贸易的绝对主宰。它的衰亡是由同时来自其两翼的暹罗和爪哇的压力造成的,它们首先夺走了它的陆上属国,然后又剥夺了它对群岛和海峡的控制权。其衰落的原因之一是它推行贪婪的唯利是图的政策,造成了敌对和冲突。伊斯兰教使印度的精神遗产最终破产,而这种精神财富在公元七世纪时曾得到中国求法僧义净的赞赏。

8. 十三世纪末期泰族的素可泰王国:拉玛甘亨 372

1292年,拉玛甘亨已经在一大批泰人部落中享有霸权。他建立石碑和向蒙古人朝廷奉献金字表文的事,很可能也发生在这一年[3]。在他的碑铭上有一篇附言,这篇附言看来是在后来刻写的,其中提供了拉玛甘亨进行征服的细节:

“拉玛甘亨是全体泰人的首领和君主。他是教导全体泰人,以

---

① 中国人称之为单马锡。P. 伯希和:前引期刊,第345页,注4。

② G. R. 鲁法尔:《马六甲的贸易中心》,BKI,第77页,1921年,第35—67、370—372、404—406页。——关于马六甲建立之前的新加坡史,参阅W. 林汉:《十四世纪时新加坡诸王》,JRASMB,XX,1947年,2,第117—126页。关于单马锡,请参阅R. 布拉德尔:《龙牙门和单马锡》,前引期刊,XXIII,1950年,第37—51页。

③ P. 伯希和:《两道考》,BEFEO.,IV,第242页。

使他们真正地懂得了功罪与法律的导师，在泰人地区居住的所有人中，他的学问、知识、果敢、胆略、体魄和精力都是无与伦比的。他战胜了许多拥有宏伟城池和大批战象的敌人，他征服的疆土向东一直到沙拉銮（披集）、颂奎（彭世洛）、伦（隆塞）、巴柴，包括湄公河两岸的沙卡，直到作为边界的万象和文坎。他征服的疆土向南延伸到空提（在甘烹碧和那空沙旺之间的滨河上）、佩列（北榄坡）、素攀那喷、叻武里、佛丕、是贪玛叻（洛坤）、直到作为边界的大海。他所征服的疆土向西扩展到孟雀（夜速）、罕沙瓦底（白古），直到作为边界的大海。他征服的疆土向北扩展到孟普列（帕府）、孟曼、孟普叻（在难河上），在湄公河对岸则直至孟乍瓦（琅勃拉邦）才算边界。”

“他使这些国家的所有居民无一例外地都遵纪守法。[①]”

373 这里列举的征服地区与一般的夸口是不一样的，我们可以通过各种外国原始资料的印证来证明这一点。

素可泰对原先占据着湄南河和湄公河流域的吉蔑人的征服，看来就是这场战争后果。蒙古人于 1296 年派往柬埔寨的使者周达观曾谈到这场战争：“近与暹人交兵，遂皆成旷地。[②]”

泰人自旃陀罗跋努时期就开始进入马来半岛[③]，但他们对该地的最终征服当在 1294 年左右。事实上，1295 年觐见中国朝廷的暹罗使者得到了一块金符，并有一个中国使团随他回国；《元史》还写道：“以暹人与麻里予儿旧相仇杀，至是皆归顺，有旨谕暹人：

① G. 赛代斯：《暹罗碑铭集》，卷 I，第 48 页。

② P. 伯希和：《真腊风土记译注》，BEFEO.，II，第 173、176 页。

③ 关于这一进入的回忆可能在当地传说中留下了一些痕迹，参阅：F. H. 詹理斯：《戈拉的传说》，JSS，XXX，1938 年，第 1 页。

‘勿伤麻里予儿，以践尔言。[①]’”看来，为了指挥这场战役，拉玛甘亨有一段时间待在佛丕，因为《元史》在记载中国皇帝于1294年7月“诏谕暹国王敢木丁(Kamrateng，吉蔑王号)来朝”[②]之前，提到必察不里城的敢木丁在当年6月份时曾遣使来贡[③]。

拉玛甘亨的统治向西的扩张——待谈及缅甸时将对此进行更 374
为详尽的研究——的起源有着浪漫的奇遇。据传说，洞温(在直通附近)有个祖上是泰人的年轻商人，名叫摩迦陀。有一天，他来到素可泰为国王服务。他非常聪明，很快就得到宠信并成为宫廷总管。他趁国王不在，勾引了他的一个女儿，一起私奔到马达班。在那里，他几经曲折，终于让人杀害了缅甸总督阿梨摩，自己取而代之。这些事件可能是发生在1281年，即在蒲甘陷落之前。摩迦陀成为马达班的最强者之后，就向拉玛甘亨讨封。拉玛甘亨饶恕了他诱拐女儿之事，并赐给他泰族的封号：昭法雷[④]。缅甸的编年史称他伐丽流，下文还将谈到他。

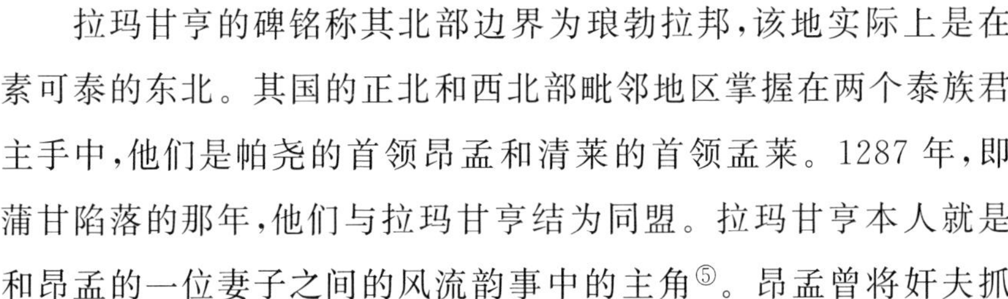

拉玛甘亨的碑铭称其北部边界为琅勃拉邦，该地实际上是在素可泰的东北。其国的正北和西北部毗邻地区掌握在两个泰族君主手中，他们是帕尧的首领昂孟和清莱的首领孟莱。1287年，即蒲甘陷落的那年，他们与拉玛甘亨结为同盟。拉玛甘亨本人就是和昂孟的一位妻子之间的风流韵事中的主角[⑤]。昂孟曾将奸夫抓

① P. 伯希和：《两道考》，BEFEO.，IV，第242页。

② 出处同上。

③ P. 伯希和的通信(1928年3月10日的信)。

④ C. 哈杜因：《暹罗史传说：摩迦陀的传说》，载《印度支那杂志》，1904年，2月号，第121页。

⑤ C. 诺东：《暹罗编年史》，卷III，第30—34页。

获，但为是否要处死他而犹豫不决，因为他惧怕两国之间会从此结下大仇。于是，昂孟决定请他们共同的朋友、清莱的君王孟莱来仲
375 裁，后者让诱奸者拉玛甘亨偿付 990,000 个贝币作为罚款，从而使这两位情敌言归于好。三位君王共饮血酒，再次发誓结盟，这体现出他们民族内部团结的意识，这种团结使泰族首领在他们进行扩张的时期具有强大的力量[①]。

《元史》把中国和暹罗之间的最早的外交往来上溯到 1282 年，它还提到 1292 年、1294 年、1295 年、1297 年、1299 年，直至 1323 年的暹国遣使。[②] 我们不知道 1294 年中国皇帝的诏令是否确被遵从，该诏书令暹王“或有故，则令其子弟及陪臣入质”。[③]

暹罗的传说称帕銮——由于传说中使用这个名字，混淆了素可泰初期诸王，尽管这个名字更多地是专门指拉玛甘亨——曾亲自前去中国一次，也可能是两次，并从那里带回了陶瓷艺术[④]。从这一点来看，该传说也许有部分真实性，因为素可泰和宋加洛的一些瓷窑几乎毋庸置疑是中国人设置的[⑤]。

1292 年的碑铭提供了拉玛甘亨的行政情况，值得全文转引：

---

① 见本书边码第 406 页。

② P. 伯希和：《两道考》，BEFEO.，IV，第 240—243 页。——G. H. 卢斯：《缅甸历史上的古代暹罗人》，JSS，XLVI，1958 年，第 140 页（《元史》在 1299 年 6 月 15 日提到素可泰城的名字）。

③ 出处同上，第 242 页。

④ 帕勒果阿：《泰王国简述》，卷 II，第 66 页。——C. 诺东：《关于暹罗和柬埔寨的传说》，第 21—23 页。

⑤ 关于素可泰和宋家洛的陶瓷，请参阅 R. C. 勒梅：《暹罗中北部的陶瓷器皿》，载《伯林顿杂志》，LXIII，1933 年 7—12 月号，第 156—166 页和 203—221 页；帕亚那空帕拉：《泰国的陶器制作》，JSS，第 29 期，1937 年，第 13 页。

“拉玛甘亨国王在世时,素可泰城繁华兴隆。这是一个鱼米之乡,领主们不向居民收税,属民们成群结伙地赶着牛,或骑着马,沿着大路去做买卖。任何人想买卖大象或马匹、从事金银买卖,均可为之。如果一个平民、一个贵族或是一个首领患病、死亡或失踪,他祖上传下来的房子、他的衣服、大象、家庭、谷仓、奴隶及其祖上传下的槟榔树和蒌叶全部传给他的孩子。如果平民、贵族或首领中出现不和,国王在经过彻底的调查后,为他的臣民们作出公正的裁决;国王不与小偷和窝主串通一气;当他看到别人的大米,并不垂涎;看见他人的财富,也不嫉妒。无论谁骑着大象来找他,请他保护自己的土地,他都给予援助;如果外来者既没有大象、马匹,也没有仆役、妻室和金银,国王就把这些都赐给他,使他感到如同在自己的国家里一样。如果国王俘获了敌人的官兵,他既不杀害,也不殴打他们。在王宫的门洞里悬挂着一口钟,如果国中居民有任何抱怨或任何使之有肺腑之痛或使之精神不宁的事情想向国王陈述,这并不困难:他只要敲响那口挂钟就行了。每当拉玛甘亨听到钟声的召唤,就会询问申诉者,并公正地作出判决”[①]。 376

接着,碑铭描述了素可泰城的三重围墙、四座城门和标志着该城中央的池塘,说那“是一片美妙的水塘,池水清澈甘美,如同旱季的湄公河水”。碑铭还提到城里的寺庙,城西是波吠你野静修林(达攀新寺),从那伽罗室利达摩罗阇(洛坤)来的学者摩诃陀罗就住在那里,城东有一个大湖;城北是一座市场(talat pasan,即“集市”)和一座菩萨庙(当是吉蔑人建的帕沛銮寺)[②];城南有座丘陵 377

① G. 赛代斯:《暹罗碑铭集》,卷 I,第 44—45 页。

② J. Y. 克莱斯:《暹罗考古》,BEFEO.,XXXI,第 417 页。

（銮岛），可怕的帕卡蓬神就住在那山上[①]，“它高于全国一切神祇，只要统治素可泰国家的任何一位君主虔诚地崇拜它，为它供奉祭祀，那么这个国家就会稳定繁荣；但是，如果国君不按规定敬奉和祭祀这位山神，那么这位山神就不再保护和重视这个国家，这个国
378 家就将衰落。”泛灵论的仪式并不妨碍国王和他的人民信奉巴利语的小乘佛教，在拉玛甘亨的继位者统治时期，小乘佛教越来越受到僧伽罗正统教义的影响。“这个素可泰王国的国王拉玛甘亨以及王子、公主、男人、妇女、贵族、首领，无论等级，不分性别，无一例外地虔信佛教，遵循雨季退省的箴言。雨季结束时，则举行为期一个月的‘格廷’仪式（向和尚布施衣服）”。其中，以在城西波吠你野静修林举行的这种仪式规模最大。由那里回来的人组成一支欢乐喧闹的队伍。“格廷”结束时，恰好就是“燃灯节”。这种习俗起源于印度（在印度称为底波利或底波伐利）[②]，中国使臣周达观曾描述

① 克邦（Khpong）是一个柬语词汇，意为“山顶”。帕卡蓬是指高地之君，山巅之主。这个名字使人立刻联想到“纳”，即缅甸的神祇摩诃祇利的名字。如前所述，此神住在位于蒲甘东南的圣山——布波山上，这标志着几个各有其自己的神祇的地方集团汇集在唯一的首领，即蒲甘的首领的统辖之下。我们已经看到，在扶南国因之而得名的那座山上，被认为有一位强大的神祇在那里称王，这座山也象征着集合在唯一的君王，即“山王”的统治之下的各民族的联合。吉蔑国王阇耶跋摩二世 802 年在古伦山建造国王林伽和公元八世纪时支离破碎的国家的重新统一正好同时。因此，我们把素可泰的帕卡蓬神（“高于全国一切神祇的”山巅之主）视为像缅甸的布波山上的摩诃祇利神、吉蔑人的建于古莱恩山的国王林伽那样能起保护者和统一者的作用。帕卡蓬在巫术-宗教方面实现了被拉玛甘亨征服和集中起来的领土的合并。它是一种在王城附近的高地上统治所有地方神的国家之神。在拉玛甘亨统治时期，对帕卡蓬的崇拜纯属泛灵论，但是，这种国家崇拜在后来的几个世纪中被佛教所吸收，于是，这个“高于全国一切神祇的”强有力的神祇便表现为佛陀的塑像，并与之合为一体了（G. 赛代斯：《印度支那半岛诸民族》，巴黎，1962 年，第 136 页）。

② 直到十九世纪，暹罗仍庆祝燃灯节，参阅 H. G. Q. 韦尔斯：《暹罗国的庆典》，第 288—294 页。

过这个时期吴哥的燃灯节[①]。“这座素可泰城有四座大门,无边的人群拥向这些大门,进城观看国王点燃蜡烛和放烟火,素可泰城挤满人群,几乎把城市撑破”。

9. 泰族的兰那王国:清迈的建立(1296 年)

在拉玛甘亨试图建立起泰人对从琅勃拉邦到洛坤的印支半岛中部(碑铭中未提到的罗斛,即华富里除外,它于 1289 年至 1299 379
年间曾向中国派遣了一系列使者)的人民的统治时[②],他的盟友,1262 年时的清莱的创建者孟莱把孟人赶出了哈里奔猜(南奔)。

早在蒲甘陷后的第二年,孟莱与拉玛甘亨和昂孟结盟之后,就向哈里奔猜派去了一个密使。这个密使骗取了孟人国王伊巴的信任,伊巴把税务官的职权交给了他。当他用苛捐杂税使居民们怒不可遏时,就给孟莱通风报信。于是,后者于 1291 年至 1292 年间向哈里奔猜城进军,并像摘取一颗成熟的果子那样拿下了这座城市[③]。孟人国王逃到他儿子居住的克隆(南邦旧址),他的儿子在一次收复哈里奔猜城的尝试中丧生,在这一失败之后,伊巴逃亡到了彭世洛[④]。

1296 年,孟莱在哈里奔猜以北二十多公里的滨河畔的一块早在 1292 年就选定了的场地上建起了清迈城,其意为“新城”。该地

① 见本书边码第 389 页。

② P. 伯希和:《两道考》,BEFEO.,IV,第 241—243 页。

③ G. 赛代斯:《关于老挝历史的文献》,BEFEO.,XXV,第 88 页;C. 诺东:《暹罗编年史》,卷 III,第 34—44 页。——我采纳了巴利文编年史《佛教史》中的年代。

④ 前引期刊,第 90 页,注 1。——C. 诺东:前引书,第 61 页及其后诸页。

以清迈寺著称，孟莱曾经和他的两个盟友主持了这座庙宇的建设[①]。新城的前程辉煌，它不仅是政治中心，也是文化中心[②]，至今仍是暹罗的第二大城。以这座新城为首都的国家在巴利文编年史中被称作庸那或庸那迦罗陀（即“永族王国”）也叫宾伽罗陀（滨河
380 王国）[③]，这就是泰族的兰那国，也是中国人于 1292 年 10 月 11 日在《元史》中首次提到的八百媳妇[④]。

据清迈编年史记载，孟莱曾到了白古，在那里和一位公主结婚，然后去缅甸，从那里带回了一些工匠[⑤]，但在孟人和缅甸方面，我们没有见到关于这些旅行的任何证据。

10. 十三世纪末期缅甸的泰族

蒲甘陷落之后，伊洛瓦底江流域陷入无政府状态，建立在缅甸王朝废墟上的泰人小国名义上由中国管辖。在此，不可能对这些泰人小国的历史作详细介绍。大体说来，缅甸成三分之势，南部是摩迦陀统治下的孟人聚居的三角洲，摩迦陀又叫昭法雷或伐丽流，自 1281 年起，他便被委派到了马达班；北部的上缅甸，即未来的阿瓦王国所在地，仍由蒲甘的国王的后裔在泰族三兄弟阿散哥也（阿

---

① G. 赛代斯：前引期刊，第 89 页，注 1；——C. 诺东：前引书，第 54—61 页。——清迈寺的碑铭：《帕维使团的综合研究》，卷 II，第 308 页。

② G. 赛代斯：《泰人国家的巴利文著作考》，BEFEO.，XV，3，第 39 页。

③ 宾加罗陀专指清迈地区。而庸那迦罗陀指以清莱为中心的古代小国（G. 赛代斯：《文献》，前引期刊，第 91 页，注 2）。

④ P. 伯希和：《两道考》，BEFEO.，IV，第 244 页，注 4。——G. H. 卢斯：《缅甸历史上的古代暹罗人》，JSS，XLVI，1958 年，第 186 页。

⑤ C. 诺东：前引书，第 47—52 页。

散吉耶)、阿剌者僧吉兰(罗阇散吉兰)和僧哥迷(悉诃苏罗)的保护下进行统治,三兄弟的父亲是一个泰人首领,他因与家庭不和,于1260年到敏桑定居,并在那里结了婚;锡唐河东南,是1280年建立的东吁王国。

前面已提到,1287年,那罗帝诃波帝被蒙古人撵出蒲甘,在卑谬被其子僧哥速(辛诃苏罗)毒死[①]。此后,僧哥速清除了他为数不 381
少的弟兄,并试图夺取罕沙瓦底(白古),但他在那儿丧生,该城仍在总督多罗跋手中,早在蒲甘陷落之前,他就在该城获得了独立[②]。

马达班的泰人首领摩迦陀,又叫伐丽流,他和多罗跋有共同利益,他们彼此娶对方的女儿为妻。两个盟友一致行动,将缅人总督赶走后占领了三角洲,但他们之间很快就出现纠纷,伐丽流不得不清除他的对手。他成为白古的唯一国王之后,继续住在马达班。1313年,他死在马达班,是被多罗跋的孩子(也是他自己的外孙)们杀害的。著名的《伐丽流法典》是由伐丽流编纂的[③],它可能是《摩奴法典》传入暹罗的最古老的媒介之一[④]。

那么,在此期间,该国的东部和中部发生了些什么事情呢?

僧哥速(悉诃苏罗)在白古被害之后,蒲甘的王位又回到曾经反抗过他的哥哥侨苴(二世)手中,侨苴二世回到首都,于1289年

---

① 见本书边码第354页。请勿将这位缅甸王公与同名的泰人三兄弟之一混为一人。

② A. P. 费尔:《缅甸史》,第64页;——G. E. 哈威:《缅甸史》,第75页。

③ J. 贾尔汀:《伐丽流王的〈摩奴法典〉的原文、译文和注释》,仰光,1892年,参阅E. 富沙梅:《了不起的贾尔汀》,第36—42页。

④ R. 兰加:《古代暹罗法律中的印度影响》,1937年(《社会学、种族学和法学研究》,XXV)。

382 5 月底在那里加冕登基[①]。1297 年，他派遣长子（僧诃波底）前往中国代他受封。然而，看来北京宫廷采取了“分而治之”的政策，所以它要使尽可能多的地方首领称王。正因为如此，中国宫廷于 1297 年授予缅甸国王一颗银印和封号，同时也授予三兄弟中的长兄阿散哥一块信符。兄弟三人共同管理着盛产水稻的皎施地区，自 1294 年起，他们都逐步窃取了国王的称号。

三兄弟曾由他们的父亲介绍给国王那罗帝诃波帝，这位国王给他们各人均委以使命。怜苴（二世）保持了王室对他们的宠信，委派他们管理敏桑、米加耶和宾莱三省。在 1284 年至 1289 年的王位空位期间，他们占领了皎施地区的很大一部分地盘。国王的恩宠并没有得到善报，因为在阿散哥也接受信符的当年，即 1297 年 7 月就抓走了国王，把他囚禁在敏桑。

于是，全国叛乱蜂起：从 1289 年开始，三角洲的孟人就已起来反抗，1289 年，北方的部落也纷纷起义。蒲甘城被造反者们洗劫一空，陷于一片火海。阿散哥也让逊位国王的儿子邹聂继位，但形同虚设。邹聂于 1299 年 5 月 8 日首次接见外人，碑铭中称他为貌卢朗[②]。5 月 10 日，三兄弟命令处决怜苴国王和他的儿子僧诃波底。另一位王子鸠摩罗迦什波是邹聂的对手，他逃到中国，并于 1300 年 6 月 22 日在那里称王。在他的煽动下，中国人于 1300 年
383 秋季沿伊洛瓦底江河谷而下，对缅甸发动了第五次，即最后一次讨伐。1300 年至 1301 年冬季，远征军包围了敏桑，阿散哥也和两个兄弟重贿蒙古人的参谋，成功地解了敏桑之围。中国军队和鸠摩

① 其王号为特里布婆那帝耶·婆伐罗槃帝多·达摩罗阇。——此后的历史和大事年表基本上以本书第 329 页注③中提到 G. H. 卢斯和丹吞的著作为依据。

② 其王号为特里布婆那帝耶·波伐罗达摩罗阇。

罗迦什波撤退,1303 年 4 月 4 日,征缅省被撤销,邹聂和儿子邹蒙聂在名义上继续统治着蒲甘。

11. 十三世纪末期的柬埔寨:周达观的描述(1296 年)

我们已经看到,在中国使者周达观 1296 年出使柬埔寨前不久,柬人与素可泰人之间发生了一场灾难性的战争,兵燹遍及全国。在发生这些事件时,阇耶跋摩八世年事已高,一块碑铭记载说:[①]“由一个衰老国王支撑着的国土,遭受着(敌人带来的)无数痛苦的磨难。”根据十四世纪的两块碑铭记载[②],1295 年,阇耶跋摩八世退位,并为娶其长女室利陀罗蒲卑首罗朱多为妻的室利陀罗跋摩亲王加冕[③]。但是,根据 1296 年到达柬埔寨的周达观所提供的证据,说明王位的转移具有更多的戏剧性。

周达观写道:“新主乃故国主之婿,元以典兵为职。其妇翁殂,其女密窃金剑以付其夫,以故亲子不得承袭。尝谋起兵,为新主所 384
觉,斩其趾而安置于幽室。[④]”室利陀罗跋摩的一则碑铭实际上谨慎地暗示了他就位前的这场竞争:“以往各方土地同时蔽于**一群国王的白色华盖之下**,却遭受着阳光的烤灼;现在,在(新国王的)唯一的白色华盖的遮盖下,土地却再也感觉不到丝毫炽热。”[⑤]

---

① L. 芬诺:《伊奢那补罗的寺庙》,BEFEO. ,I,第 89 页。

② 同上,第 105 页。——巴思和贝尔盖尼:《柬埔寨的碑铭》,第 584 页。

③ 同上,第 80—81 页。

④ BEFEO. ,II,第 176 页。

⑤ L. 芬诺:前引书,第 89 页。

能够从中获得极少的有关阇耶跋摩七世的继承者们的材料的碑铭是由婆罗门学者们纂写的。看来，他们想把自己和被陀罗尼因陀罗跋摩二世和阇耶跋摩七世，以及他们的妻子的佛教狂热割断了的前几个世纪的僧侣大家族的历史联系起来，可能正是在这湿婆教正统教义的短暂复辟过程中，发生了对阇耶跋摩七世时建的建筑物的大肆破坏。结果，装饰在寺院柱子上和墙上的无数佛陀浅浮雕刻像被铲掉，代之以林伽或是正在祈祷的苦行僧的浮雕像。

从碑铭告诉我们的关于阇耶跋摩八世的统治的少量情况以及他的谥号波罗蜜首罗波多[①]来看，破坏文物行为的一部分责任当归咎于他。他的一位妻子，即遮罗跋帝罗阇提鞞王后，是阇耶跋摩七世统治时来自缅甸，并被授予阇耶摩诃波罗陀那称号的那位婆罗门的女儿[②]。这位婆罗门的嫂子嫁给了一个称号为阇耶曼伽罗
385 陀的学者，与他生有一子，其称号和他的父亲相同。阇耶跋摩八世对后者非常宠信，1295 年，当他自愿或是被迫退位时，让人在京城造了一座寺庙[③]，在里面供奉小阇耶曼伽罗陀的塑像。他是王后的表兄弟，活了一百多岁，到阇耶跋摩八世的第二个继承者统治时期才死去[④]。此外，据被叫作吴哥窟碑铭的柬埔寨最末一块梵文碑铭记载，我们知道了另一位叫毗耶娑毗的婆罗门，也是那位"生

① L. 芬诺:《伊奢那补罗的寺庙》,BEFEO.,I,第 80 页。

② 见本书边码第 316 页。

③ H. 马夏尔:《吴哥寺庙考古指南》,第 136、138 页;——M. 格莱兹:《吴哥寺庙群》,西贡,1914 年,第 179—180 页。

④ L. 芬诺:《吴哥的碑铭》,BEFEO.,XXV,第 395—406 页;《考古论文集》,卷 I,第 95—106 页。

在阿利耶德沙(即印度),出于怜悯而来到甘菩"[1]的名叫沙伐耆那牟尼的婆罗门的后代。他是阇耶跋摩八世的国师,就是他根据阇耶跋摩八世的要求,给后者的女婿室利陀罗跋摩加冕[2]。

但是,当周达观在柬埔寨居留时,已有僧迦罗佛教(人们还记得,阇耶跋摩七世的一个儿子曾经到锡兰学习僧迦罗佛教[3])的信徒和僧侣。周达观于 1295 年作为中国使者的随从被派往柬埔寨,以图让它臣服纳贡。1296 年 2 月 20 日,他由温州(浙江)出发,1297 年 8 月 12 日返回中国[4]。"据他说,使臣获得圆满成功,柬埔寨臣服。但是,大概由于他与出使之事的关系过密,使人难以完全
相信他所说的话。事实上,1296 年出使之后,两国间并无官方定 386
期往来的任何迹象"[5]。

周达观这次旅行的主要成果是编写了著名的《真腊风土记》,对历史学家来说,这比他获得贡品更为重要。该书曾于 1819 年由 A. 雷米扎译出[6],1902 年,伯希和又重新翻译了一遍[7]。

真腊或称占腊,也叫作甘孛智或澉浦只。周达观在介绍了该国的地理位置后,扼要叙述了他从中国到湄公河口,然后沿大湖的

---

① 巴思和贝尔盖尼:《柬埔寨的梵文碑铭》,第 579 页。

② 出处同上,第 584 页。关于这一碑铭,请参阅本书边码第 411—412 页。

③ 见本书边码第 323 页。

④ BEFEO.,II,第 141 页。

⑤ 同上,第 131 页。

⑥ 《新旅游年鉴》,卷 III。在《新版亚洲文集》卷 I 中重印,1829 年,第 100—152 页。

⑦ 《真腊风土记译注》,BEFEO.,II,第 123—177 页,参阅 G. 赛代斯:《关于周达观的注释》,BEFEO.,XVIII,9,第 4 页;《新注释》,TP,XXX,1933 年,第 224 页。——在伯希和去世后出版的文集第三卷中,发表了有大量注释的《真腊风土记》的新译文。在此,凡与旧译本相比有所改进之处者,均采用了新译本的内容。

一条支流溯流而上，经查南（磅清扬）、佛村（菩萨）抵达首都附近的码头干傍的路线。他对这个首都做了描述，其情形非常像阇耶跋摩七世的都城，即今吴哥通。其中对城墙、堑壕、五座城门、门前带有蛇形栏杆的大桥、城中央的金塔（巴容寺）、金塔以北一里的铜塔（巴芳寺），以及位于巴芳寺以北一里许的王宫等所作的描绘，与实物十分相像。他提到的城外建筑有：城南的鲁般塔（巴肯山寺）、鲁般墓（吴哥窟）、城东的东池（东巴赖）、城北的北池（文列芝达，或称波列坎寺的水池）以及池中央的妮嫔寺。

387 接着，周达观描述了各种类型的住房。他首先写到王宫："其内中金塔（披梅那卡寺），国主夜则卧其下，土人皆谓之中有九头蛇精，乃一国之土地主也。系女身，每夜则见，国主则先与之同寝交媾。"

谈到服装，他指出西洋织物最为时髦，并对国王的服装记载如下："惟国主可打纯花布。头戴金冠子，如金刚头上所戴者；或有时不戴冠，但以线穿香花，如茉莉之类，周匝于髻间。项上戴大珍珠三斤许。手足及诸指上皆带金镯，指环上皆嵌猫儿眼睛石。其下跣足，足下及手掌，皆以红药染赤色。出则手持金剑。"

周达观在写到"丞相、将师、司天"等官员和官吏们时，对柬埔寨行政部门的等级特点的描述十分准确。他说官员们"大抵皆国戚为之，否则亦纳女为嫔"。他证实了碑铭资料中有关金银轿杠和金银伞柄等表示等级尊严的资料："金伞柄以上官，皆呼为巴丁，或呼暗丁（mrateng，amteng），银伞柄者，呼为厮拉的（çreshthin）。"

388 周达观说柬埔寨有三个宗教派别：班诘（pandita）即婆罗门，"但见其如常人打布之外，于项上挂白线一条，以此别其为儒耳。"

苧姑（暹语作昭古，意为“大师”，是对佛教僧侣的通称）“削发穿黄，偏袒右肩，其下则系黄布裙，跣足”。他们崇拜的神祇“正如释迦佛之状，呼为孛赖（Preah）”，他们“每日一斋”，“所诵之经甚多，皆以贝叶叠成。”八思惟（[ta]pasvin，即苦行僧）崇拜林伽，“所供无另像，但止一块石，如中国社坛中之石耳”。

周达观对“粗丑而甚黑”的当地居民的风俗表示了一定的轻视，但他也看到贵族妇女“多有其白如玉者”。据他所载，“国主凡有五妻，正宫一人，四方四人”，还不包括上千嫔妃。

周达观用很长的篇幅写到一种叫作“阵毯”的破坏达到婚龄的少女贞操的仪式。“阵毯”一词来源不明，而且周达观亦未肯定他的描述的准确性，因为这种阵毯仪式“不容唐人见之，所以莫知其的”。

看来，奴婢几乎都是来自“野人”，即“山中之人”，他们能听懂常用的话语，还有的“野人”则“不属教化，……巡行于山”。

书中把吉蔑语与汉语作了比较，非常精确地指出了它的特征：
吉蔑语中的词序与汉语相反，限定词接在被限定词后面。书里列 389
举的各类词汇，如数词和亲戚的称谓等都是很容易还原的。周达观还提到当时人们用粉笔在染黑的皮革上写字，尽管我们尚未发现这类书写物的任何样品，但无疑现代的被称作“克朗”（krang）的黑纸就是由这类黑皮纸演变而来的。

接着，饶有趣味的一章介绍了十二个月的节日，但在中国历和柬埔寨历的月份顺序之间似乎有些含糊不清之处。周达观提到一个灯火节，这应当是和死人有关的节日。现在，在新年时还有“抛球”活动，同时还伴有男女青年的轮番歌唱。新年时，还要浴佛，国王登楼观看群众，这是人口普查的一种形式，过去在暹罗也有这种做法。在表示收获结束的农业节中，则要焚烧稻谷。

在谈到法律时，周达观写道："民间争讼，虽小事亦必上闻国主。"此外，他只写到了刑罚和神断法。

关于疾病，他提到了麻风病："或谓彼中风土有此疾。又云曾有国主患此疾，故人不之嫌。"

写到殡葬仪式时，他说人们差不多都陈尸于田野之中。他又说："今亦渐有焚者，往往皆是唐人之遗种也。……国主亦有塔葬埋，但不知葬身与葬骨耳。"

390 接着，周达观讲到了农业。他提到了浮稻，接着记载该国的地形、物产、贸易，称当地人喜爱中国商品，还写了柬埔寨的植物和动物。他描述了柬人一直沿用至今的简陋家具和器皿，以及车辆、轿子和船只（小船和独木舟）。

在 90 个省中，周达观列举了真蒲、查南、巴涧、莫良、八薛、蒲买、雉棍、木津波、赖敢坑、八厮里等省。今天，其中只有少数省份还可辨认出来[①]。

"每一村，或有寺，或有塔。人家稍密，亦自有镇守之官，名为买节（mé srot?），大路上自有歇脚去处，如邮亭之类，其名为森木（Samnak）。"

在介绍了收集人胆（当柬埔寨成为法国的保护地时仍有人干

① 查南即磅清扬，现在，那里的淡水虾仍然像周达观时期的那样肥美（"查南之虾，重一斤已上"）；莫良即今莫良（本书边码第 311 页）；蒲买大概是披迈；其余各地至今尚未考出。

此事)、洗浴和武器[①]之后，周达观用一个国王的出行作为全书结尾，这一段很值得全文照录：

“余宿留岁余，见其出者四、五。凡出时，诸军马拥其前，旗帜 391
鼓乐踵其后。宫女三五百，花布花髻，手执巨烛，自成一队，虽白日，亦点烛。又有宫女皆执内中金银器皿及文饰之具，制度迥别，不知其何所用。又有宫女，手执标枪标牌为内兵，又成一队。又有羊车、马车，皆以金为饰。其诸臣僚国戚，皆骑象在前。远望红凉伞不计其数。又其次则国主之妻乃妾媵，或轿或车，或马或象，其销金凉伞何止百余。其后则是国主，立于象上，手持金剑，象之牙亦以金套之。打销金白凉伞凡二十余柄，其伞柄皆金为之。

“其四围拥簇之象甚多，又有军马护之，若游近处，止用金轿子，皆以宫女抬之。大凡出入，必迎小金塔、金佛在其前，观者皆当 392
跪地顶礼，名为三罢(sampeah)，不然则以貌事者所擒，不虚释也。每日国主两次坐衙治事，亦无定文。凡诸臣与百姓之欲见国主者，皆列坐地上以俟。少顷闻内中隐隐有乐声，在外方吹螺以迎之。

“闻止用金车子，来处稍远。须臾，见二宫女纤手卷帘，而国王已仗剑立于金窗之中矣。臣僚以下皆合掌叩头。螺声绝，方许抬头。国主随亦就座。闻坐处有狮子皮一领，乃传国之宝。

“言事既毕，国主寻即转身，二宫女复垂其帘，诸人各起身。

“以此观之，则虽蛮貊之邦，未尝不知有君也。”

---

① “右手执标枪，左手战牌”，这与浅浮雕中所示相符，但是，他还加上了柬埔寨“别无所谓弓箭炮石甲胄之属”，则是错误的。除非当时的军械与建造吴哥窟时期相比，发生了严重的倒退。那时，战士们都身披甲胄，而且在巴容寺时期还有来自中国的奇特的弩炮(P. 米斯：《巴容寺的弩炮》，BEFEO.，XXIX，第331—341页)。

12. 十三世纪末的占婆

1283 年，当马可波罗途经占婆时，占婆王因陀罗跋摩五世年事已高，不久即去世。他的继承者是王子诃梨纪特，其王号为阇耶辛诃跋摩（三世），越南人称之为制旻[①]。

1292 年，一支蒙古船队沿占婆海岸驶往马来群岛，以报复爪
393 哇对忽必烈派遣的使者的侮辱及降服苏门答腊诸小国。阇耶辛诃跋摩三世以其强硬态度，避免了该船队在占婆登陆[②]。

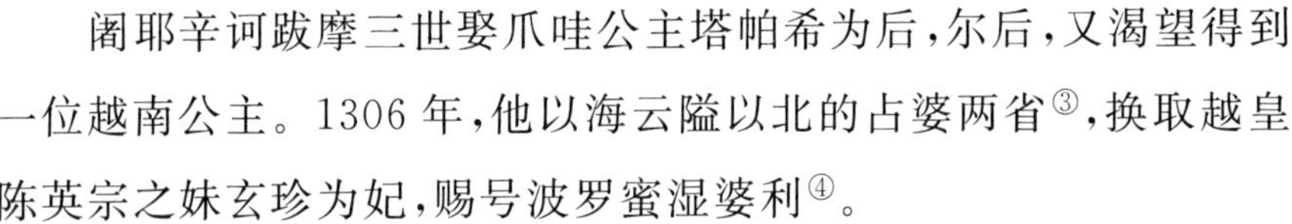

阇耶辛诃跋摩三世娶爪哇公主塔帕希为后，尔后，又渴望得到一位越南公主。1306 年，他以海云隘以北的占婆两省[③]，换取越皇陈英宗之妹玄珍为妃，赐号波罗蜜湿婆利[④]。

该王死于 1307 年。生前曾修建了藩朗的博克朗加赖寺[⑤]和多乐的扬普隆寺[⑥]。

① G. 马司帛洛：《占婆史》，第 188 页。

② 出处同上，第 392 页。

③ 出处同上，第 189—190 页。

④ E. 艾莫涅：《波萨的占婆碑铭》，BCAI，1911 年，第 15 页。

⑤ H. 帕芒蒂埃：《占婆庙宇说明细册》，卷 I，第 81—95 页。

⑥ 出处同上，第 557—559 页。

第十三章　十四世纪上半叶诸印度化王国的衰落

前一章曾谈到蒙古人入主中国所引起的政治反响。与此同 395
时，精神领域中也出现了巨大的变化。十四世纪初，梵文文化已全面衰落，外印度的最后一批梵文碑铭为1253年的占婆碑铭、1330年左右的柬埔寨碑铭和1378年的苏门答腊碑铭。在湄南河和湄公河流域，由缅甸的孟人引入印度支那半岛，并经泰人传播的巴利文僧伽罗正统佛教取代了原来的婆罗门教和大乘佛教。苏门答腊
开始出现伊斯兰教。在爪哇和巴厘岛，印度的密教至少是在文学 396
和艺术的表现形式上受到印尼土著因素的强烈影响。

由于与印度本土的文化交流减少，以及穆斯林对印度的入侵，外印度历史上的印度化时期已近尾声。

1. 泰族的素可泰王国的终结和阿瑜陀耶的建立(1350年)

我们不知道拉玛甘亨去世的确切日期。根据《元史》的一段记载[①]，

① P. 伯希和:《两道考》，BEFEO.，IV，第243和251页。

看来他死于1295年和1299年暹国向中国的两次遣使之间。因为《元史》写道：1299年时，"暹国主上言，其父在位时（重点号系作者所加。——译者），朝廷尝赐鞍辔、白马及金缕衣，乞循旧例以赐"。这个请求的一部分被拒绝了，看来它是出自一位新国王。然而，认为拉玛甘亨的继承人于1299年之前即就位的说法，看来难以和《罗阇提罗阇》即《马都八史》提供的材料相符。这些材料谈到，1313年伐丽流死后，他的继承人从帕銮那里接受了拉玛普拉帝悉塔的封号，意为"拉玛选定的"。这个封号多半只可能由拉玛甘亨授予[①]。此外，如果拉玛甘亨的儿子是在1299年以前继承父位，那么他就统治了约50年，对于一个我们了解甚少的国王来说，这段时间似乎太长了。最接近于事实的是，拉玛甘亨统治的结束略早于
397 1318年。1318年是马都八国王入侵土瓦和丹那沙林的日期[②]。

如果这个推测是准确的，那么，越南编年史提到的1313年对占婆入侵也是由拉玛甘亨发动的[③]。为此，他的军队必须穿越原属于柬埔寨的领土，柬埔寨已经失去了这些领土，或者是它再也无力抵御它的可畏的邻国。

据传说，帕銮死于宋加洛河的激流之中[④]。但很难肯定这个传说是否有历史事实作根据，也很难肯定它究竟是说拉玛甘亨，还是说他那个王朝的别的某个君王。

拉玛甘亨的继承人是他的儿子卢泰，由于释读的错误，人们一

① 丹隆亲王：《阿瑜陀耶建立前的暹罗史》，JSS，XIII，1919年，第51页。

② 出处同上，第52页。

③ G.马司帛洛：《占婆史》，第196—197页。

④ G.诺东：《关于暹罗和柬埔寨的传说》，第26页。

直称他为“泰瓦泰”，意为“泰族之虎”。这个谬读了的名字现在还时常在书籍中出现[①]。

与卢泰有关的历史事件极为少见。

在缅甸方面，他似乎利用了马达班出现的混乱，收复了土瓦和丹那沙林[②]。但是，当他试图为曾想谋取马达班王位而被杀害的孙子复仇时，却太不幸运了：他的军队战败，马达班不再承认他的宗主权[③]。

根据年代判断，1335 年向位于印度支那山脉的饶门隘派去一
个使团的还是卢泰，旨在向大越皇帝陈宪宗致意。当时，陈宪宗正 398
在进行反对哀牢（云南西南部）的泰族王国的战役[④]。

约在 1340 年时，卢泰任命其子吕泰为西沙差那莱（宋加洛）的副王。卢泰很可能死于 1347 年[⑤]。他对佛教的虔诚和他的宗教功德使他获得了达摩罗阇或达弥迦罗阇的称号，其意为“虔诚的国王”[⑥]。他的继承者们也采用了这个称号。他的主要建筑是建立了一批佛足，即佛陀的脚印，那是模仿锡兰大佛山，或称亚当峰巅上的被人崇敬的足迹而建的[⑦]。

① 《帕维使团的综合研究》，卷 II，第 235 页；参阅 G. 赛代斯：《关于素可泰王朝的文献》，BEFEO.，XVII，2，第 5 页。

② A. P. 费尔：《缅甸史》，第 66 页。

③ 出处同上，第 67 页。

④ H. 马斯佩罗：《安南与柬埔寨的边界》，BEFEO.，XVIII，3，第 35 页。

⑤ G. 赛代斯：《关于素可泰王朝的文献》，BEFEO.，2，第 9 页和第 45 页。

⑥ 在这一点上，我采纳了帕亚那空帕拉的结论。见他的《谁是素可泰的达摩罗阇一世？》，JSS，XXVIII，1935 年，第 214 页。

⑦ G. 赛代斯：《暹罗碑铭集》，卷 I，第 89—90 页，127—129 页。我赞同前注所提及的那篇文章，现在我认为这些足迹是卢泰而不是他的儿子吕泰建立的。

在卢泰统治时期，素可泰和佛教大国锡兰之间的关系密切起来了。其部分原因是一个身着黄袍的泰王子到印度和锡兰旅行，并从那里带走了一些舍利。这位王子在这次旅行之后获得了摩诃陀罗·室利·室罗陀罗阇朱罗牟尼·室利·罗多那兰迦底波·摩诃沙弥的称号。他是帕蒙的孙子。我们已谈到过，帕蒙曾使拉玛甘亨的父亲登上了素可泰的宝座。这位泰王子年轻时过着世俗生活，他“时而行善，时而作恶，一会儿笑，一会儿哭，有时获胜，有时失败，
399 忽而幸福，忽而痛苦，一颗不安的心在这轮回之世中来回徘徊”。大约在他三十岁时失去了一个儿子，这件丧事使他明白了“这个轮回世界是动荡不稳、转瞬即逝和虚幻缥缈的”，他效法佛陀超脱尘世时的做法，先慷慨布施，尔后就“斜挎着化缘钵脱离红尘，出家为僧去了”。在暹罗，直到二十世纪中期还有为数不少的这类奇特的“王子和尚”。在素可泰的一篇很长的碑文介绍了这个王子一生的事业，以上所引就是摘自这篇铭文[①]。还有一篇铭文谈到的可能也是这个人物[②]，根据那篇铭文记载，这个王子曾游历北部的孟芳、帕府、南奔、孟达，后来又到印度的“羯陵伽王国、华氏城、朱罗曼荼罗、马拉王国，一直来到楞迦岛(锡兰)以寻求珍贵的舍利”。

这两篇铭文对于这位王子造的建筑物谈得极其含糊，以至于难以确考它们的所在。他曾对一座寺庙进行了重大的修复扩建工程，这座庙宇就是素可泰的玛哈他寺。[③] 这项工程中有一部分是由他从锡兰带来的工匠完成的。这就是一个珍贵的材料，它表明

① G. 赛代斯:《暹罗碑铭集》，卷 I，第 49—75 页。

② 出处同上，第 145—149 页。帕亚那空帕拉:前引书，第 218—220 页。

③ L. 富尔内鲁:《古代暹罗》，卷 I，第 257 页(其中称此庙为瓦乍)。

了这可能是在素可泰艺术中发现的僧伽罗影响的来源之一[①]。

卢泰的继承人是他的儿子吕泰，即西沙差那莱（宋加洛）的副
王[②]。这位君王是个文人，他在 1345 年撰写了一本佛教宇宙论巨 400
著：《三界论》，它以《帕銮三界》为名流传至今，这个版本是用略有变化的古暹罗语编纂的[③]，它的现代译文目前仍是有关暹罗和柬埔寨民间情况的基本资料。

1347 年，吕泰来到素可泰，大概由于他父亲去世，那儿发生了骚乱。他攻占了城市，在那里为自己加冕，王号为室利·苏利耶跋娑·拉玛·摩诃达磨罗阇提罗阇[④]。

一俟登上素可泰的宝座，与武力征服相比，吕泰似乎更关心他的臣民们的道德和宗教。

吕泰的一篇碑铭记载道："陛下研究了全部经典，他开始时通过婆罗门和苦行僧，沿用师傅口传的方法，学习了《律藏》和《阿毗达磨》。国王从学习天文学论著入手，掌握了吠陀、各种论著和传说，通晓了法律和格言……，他的学问是无与匹敌的……，他懂得平年和闰年，节气和二十八星宿。他运用自己的权威，重新编撰了历法。[⑤]"

另一篇碑铭说："这位国王以王者十诫治国。他能够怜悯一切臣民。当看到别人的稻米，他不垂涎；看见他人的财富，也不嫉

---

① R. S. 勒梅：《暹罗的佛教艺术》，第 114—119 页。

② 本书边码第 398 页。

③ 该书于 1912 年在曼谷出版。参阅 G. 赛代斯：《关于素可泰王朝的文献》，BEFEO.，XVII，2，第 4—6 页；《〈三界论〉：佛教的宇宙论和道德规范》，《东方与西方》，卷 VII，1957 年，第 13、45 页。

④ G. 赛代斯：《关于素可泰王朝的文献》，前引期刊，第 13、45 页。

⑤ G. 赛代斯：《暹罗碑铭集》，卷 I，第 98—99 页。

妒……，当他抓获犯有搞阴谋和犯上罪行的人，一些在他的食物里
401 投毒企图使他生病或死亡的人，他也从不杀死或处罚他们，而是饶恕了所有加害于他的人。他之所以收心敛性，之所以能当怒而不怒，就是因为他希望成佛，并把众生渡脱轮回苦海。[①]”

对于这位博学而虔诚，曾修纂历法，并能以德报怨的君主来说，不幸的是他的南部有一个实在胆大妄为的邻国。我们对于十三世纪时被《元史》称作罗斛的王国发生的事一无所知，《元史》列数了该国于1289年至1299年间派往中国的若干使团[②]。按照一个尚无历史根据的传说，一个名叫阇耶室利的泰人首领在佛统建国，他是景线的一位王公的后裔，招了乌通王国的首领为婿[③]。在素攀地区尚可发现乌通古城的遗迹[④]。1347年左右，因霍乱流行，此时乌通亲王已继承了岳父的王位，他放弃了自己的住地，到罗斛（华富里）以南五十公里处建造了一座新都[⑤]，新都设在湄南河的一个岛上，位于几条大河道汇集处。他给该城取名为堕罗钵底·
402 室利·阿瑜陀耶[⑥]。同时，他于1350年加冕，王号为拉玛铁菩提。

① G.赛代斯：《暹罗碑铭集》，卷I，第107页。

② 见本书边码第379页，汪大渊的《岛夷志略》（1350年）提到了罗斛的属国（但其地无考），其中的一些国家在前一个世纪赵汝适的《诸蕃志》中，它们都作为柬埔寨的属国出现过。

③ 丹隆亲王曾对此作过简述和讨论，见《阿瑜陀耶建立以前的暹罗史》，JSS，XIII，1919年，第35—40页。

④ H.G.O.尔斯：《走向吴哥》，第IX章（“一个毁于霍乱的城市”），第132—146页；《堕罗钵底王国考》，JGIS，V，1938年，第24—32页。

⑤ 丹隆亲王：前引期刊，第63—66页。

⑥ 我认为，在这一名字中重现了恰好是以湄南河下游为中心的堕罗钵底王国（见本书边码第145页）的名字。参阅达尼·尼瓦亲王：《堕罗钵底·室利·阿瑜陀耶城》，JSS，XXXI，1939年，第147页。

在此之前，他曾于1349年对北方发动征讨[①]，轻而易举地征服了素可泰和那位虔诚的国王。素可泰王爱好和平的禀性可能对阿瑜陀耶创始人的决定并非毫无影响。吕泰国王在丧失其独立地位之后，越来越倾心于宗教。他建造了庙宇和寺院，接待来自锡兰的僧侣，终于在1361年出家为僧。

正是在1250年至1350年的素可泰奠定了暹罗的文化、政体和艺术的一些重要特征。

素可泰城位于吉蔑影响地区和孟、缅影响地区的边缘。该城通过永河，很容易与华富里以及湄南河下游的原吉蔑的省份往来。另一方面，它坐落在通往下缅甸的路口，这保障了它和西部，特别是和锡兰的来往。

如果说在素可泰时期，暹罗人在某些领域，特别是政治和艺术方面表现出与吉蔑文明有显著的，也许是截然的区别[②]；那么，恰恰相反，从阿瑜陀耶建立时起，暹罗人就借用了柬埔寨的政治组织、物质文明、字体和大量的词汇。暹罗的艺术家向吉蔑艺术家学 403
习，并用自己的天赋改造了吉蔑艺术，特别是他们在与西部近邻孟人和缅人的接触中受到他们的影响时，更是如此。暹罗人从孟人和缅人处接受了他们的源于印度的立法传统，特别是僧伽罗佛教及其艺术传统。

---

① 这是《岛夷志略》中提供的年代，见E.于贝尔：BEFEO.，IX，第586页，有关这一战役的巴利文编年史的证据，请参阅G.赛代斯：《关于素可泰王朝的文献》，BEFEO.，XVII，2，第40和43页。

② G.赛代斯：《印度支那半岛诸民族》，巴黎，1962年，第136—138页；“素可泰时期的暹罗艺术”，《亚洲艺术》，卷I，1954年，第281页。——关于艺术，参阅A.B.格里斯沃德：《关于确定素可泰艺术的年代的新证据》，AA，XIX，1956年，第240页。

2. 老挝南掌王国的建立(1353 年)

我们已看到,十四世纪初,现在的暹罗领土除了东部诸省仍属柬埔寨之外,都已在素可泰的泰人统治之下。但是,东部的柬埔寨诸省中的一部分不久就落入泰人家族的另一支的统治之下,他们便是所谓的老挝人。

我们还记得,在十二世纪末,吉蔑的统治沿湄公河一直扩张到万象高地,因为在赛丰发现过一块阇耶跋摩七世时医院的石碑。H. 马斯佩罗写道[①]:“此外,我们还知道,在十三世纪末年,万象被拉玛甘亨征服,从而落入暹人统治之下,拉玛甘亨可能是从柬埔寨人手中夺走万象的。遗憾的是十三世纪时的安南和中国史料对此均无记载,因而无法确定这一事实。所能肯定的是,即使在万象陷落后,柬人在很长时期内仍是从湄公河大拐弯处起的下游地区的主人,直到十四世纪上半叶,他们仍然占据着那片土地。必须通过

404 芒乍瓦(即今日的琅勃拉邦)和万象等小国的联合,组成一个相当强大的老挝国家,他们才能够把柬埔寨人向南驱赶,逐步把他们局限于柬人聚居的领土上。”

素可泰的衰微有利于老挝国家的形成。法昂在素可泰归顺年轻的阿瑜陀耶王国四年之后[②],即于 1353 年建立了万象王国,这

---

① 《安南和柬埔寨的边界》,BEFEO.,XVIII,3,第 36 页。

② H. 马斯佩罗(在前引书中)写道:“万象和琅勃拉邦的编年史中把攻占万象归功于法昂国王,并称这些事件发生于十四世纪下半叶。由于法昂的继承者桑森泰国王于 1404 年被中国册封为宣慰使,所以,老挝编年史的年代就不至于太不精确。因此,所有这能够互作补充的外国文献就能使我们即使不是绝对精确地,至少可以大致相近地了解柬埔寨统治在老挝结束的年代。”

大概并非偶然。

L.芬诺写道[1]:“当地的传说没有提到过神秘的坤洛(相传为坤博隆之子)时期至十四世纪之间的任何情况。它只保留了一份首领们的名单。这些首领的名字先是以‘坤’为号,后来用‘昭’作号,最后则以‘帕耶’为称号。名单中有15个坤和6个昭。其中最后一位是昭达旺,其子为帕耶朗,他是第一位帕耶:老挝人对自己历史的记忆就是从他开始的。

“由于治国无方,帕耶朗被放逐到山中(据另一传说,他被囚禁在北乌),由其子帕耶坎丰取而代之。帕耶坎丰得子,给被废黜的国王去信,询问他希望给孙子取个什么样的名字。怒不可遏的老人未作任何答复,只说了句‘费法帕’,意为‘愿天神劈了你!’帕耶坎丰听到这个回音并未因此而很不安,就给儿子起名‘费法’,意思是‘天神’。这个夸张的名字几乎没有得到证实。除了非常好色,费法和他因之而得名的天神毫无共同之处,他甚至连父王的后宫嫔妃也不放过。他没有即位就被赶出宫廷。在遭逐之前,他于 405
1316年生了一子,即后来的帕耶法昂。”

被逐的王子费法和他的儿子来到柬埔寨国王的宫廷中避难,当时的柬王是阇耶跋摩底波罗蜜首罗,他于1327年登上吴哥王位[2]。柬埔寨都城的一位僧侣学者抚养了年幼的法昂,老挝编年史称这个僧人为摩诃·帕斯曼·昭·帕摩诃沙玛耶。法昂16岁时,柬王把女儿巧,也称约巧或胶洛法公主许配给他。后来,在一

① 《老挝文学研究》,BEFEO.,XVII,5,第164—165页。

② 见本书边码第411页。

个尚未考证清楚的年份——但当在 1340 年至 1350 年之间——委派他率军夺回他祖先的王国。

老挝编年史《尼坦坤博隆》详尽地描述了沿着湄公河谷，经巴塞、甘蒙、镇宁、华藩（在这里，老挝和大越是以红河与湄公河的分水线确定边界线的）、西双版纳，然后直下钦栋-钦通（琅勃拉邦）的胜利进军（其历史真实性尚待用其他材料加以证实），法昂最后在钦栋-钦通称王[①]。仍据此书记载，后来，法昂沿湄公河溯流而上，取得了打击兰那的战役的胜利。兰那国国王讪帕耶在景线尽力抵
406 抗之后，直逃到清莱，他在那里与法昂缔结了和约。在回师途中，法昂又征服了卡族居民，至此，只剩下万象了。他用传统的计策夺取了万象：把金银满地抛撒，佯作撤军，然后乘敌兵四下捡拾这些贵重金属之机，以迅雷之势进行反击。占领万象之后，法昂继续向呵叻高原挺进，直至黎逸。法昂对他的征服地善加组织，然后经万象返回钦栋-钦通，在那里举行了隆重的加冕仪式。根据《尼坦坤博隆》——适才已对此书作了极为简要的分析——的记载，法昂之所以能够轻而易举地使被征服地区的首领归顺，并获得邻国君主的友谊，是由于同出一族的感情。镇宁的使者对他说："和您一样，我们都是坤博隆的后代。"西双版纳的卢族首领确认："我们因坤博隆而成为兄弟，我们之间不应以武力相争。"为了阻止法昂向呵叻高原的进军，连阿瑜陀耶国王本人也提醒法昂：他们"自从博隆以来就是兄弟"，向他奉献了一些土地，并允诺把一个女儿许配给他。

---

① 《帕维使团的综合研究》，卷 II，第 1—77 页中有该书的译文，关于法昂，请参阅该书第 17—38 页。

这些都是前面已提到过的泰人首领之间共同的种族血缘关系的感情的新例证[①]。

据另一种《蓬萨瓦丹》史料记载，法昂远征的路线则比较短，他直接由镇宁到达钦栋-钦通，他和大越划定国界的谈判，以及呵叻高原战役都是在他加冕之后才进行的[②]。

无论如何，各种不同资料都提到1353年法昂举行了盛大的加冕礼，这是南掌王国[③]建立的标志，这个年代极可能是正确无误地 407
流传于后世的。据我所知，唯一提到法昂的碑铭资料见于1359年之后的一块素可泰的碑刻：其中讲到素可泰在湄公河上的东邻是昭帕耶法昂[④]。

法昂就位是个重要事件，这不仅因为它标志着一个注定将在印度支那中部发挥举足轻重的政治作用的国家的诞生，而且也因为它使吉蔑文化和僧伽罗及巴利语佛教通过柬埔寨而传入上湄公河地区。事实上，法昂即位不久，就从柬埔寨请来了他过去的宗教导师摩诃巴帕斯曼带领的由僧侣和工匠组成的使团。他们不仅带来了为数可观的经典，还带来了著名的勃拉邦塑像，南掌的国都就是以此命名的。由于这个使团是在已被柬埔寨佛教留下烙印的地方工作，所以它能够获得较多的成就[⑤]。

① 见本书边码第375页。

② P.勃·布朗热：《法属老挝史》，第41—51页。

③ 关于这一名字，请参阅G.赛代斯：《琅勃拉邦的旧称》，BEFEO.，XVIII，10，第9—11页。

④ G.赛代斯：《暹罗碑铭集》，卷I，第129页。

⑤ P.莱维：《佛教传入琅勃拉邦的行迹》，BEFEO，XL，第411页，——见本书第253页。

3. 泰族的兰那王国

我们方才谈到了法昂对兰那的入侵，他一直进军到清莱，国王讪帕耶就在那里避难。从年代来看，讪帕耶应是指国王法尤，即孟莱的重孙。

孟莱在位五十余年，约于 1315 年去世[①]，这成了他的继承人
408 之间争权夺位的信号。编年史提到过孟莱的三个儿子，他废黜了长子[②]，为了使幼子离自己远些，孟莱把他派到萨尔温江上游地区的泰人之中，在那里建立了孟奈小邦[③]。只留下次子伽罗摩（坤坎）即阇耶桑伽罗摩。他曾参加过对诃利槃阇耶的末王伊巴的战役[④]。正是伽罗摩继承了孟莱的王位，但几个月之后，他就让儿子盛富在清迈接替他的王位，把另外两个儿子分别立为孟芳和清孔之主，他自己则隐退到清莱[⑤]。

但是，当孟奈亲王得知父王孟莱逝世的消息后，就来要求继位，至少是要得到他的那部分继承权。当盛富和他兄弟南吞（即清孔的亲王）的叔父占领了哈里奔猜，他们就来到清莱，在他们的父亲身边避难[⑥]。

此后发生的事情就很模糊了，在此只需指出南吞成功地驱逐了入

---

① 据《佛教史》，为 1311 年（G. 赛代斯：《文献》，BEFEO，XXV，第 91 页）；据《清迈编年史》，则为 1317 年（C. 诺东：《暹罗编年史》，卷 III，第 74 页）。

② 《编年史》，第 72 页。

③ 《耆那伽》，第 92 页，注 2。——《编史年》，第 73 页。

④ 《编年史》，第 71 页。

⑤ 《耆那伽》，第 91—92 页。——《编年史》，第 74 页。

⑥ 《耆那伽》，第 92 页。——《编年史》，第 75 页。

侵者，并收复了哈里奔猜。但他的父亲没把该城交给他，而把他派往景栋[1]，并于1322年或1324年让盛富重新登上清迈的王位[2]。

盛富不久也让他的儿子坎富在清迈就位，以便能够前往清莱 409
照顾他的父亲（阇耶桑伽罗摩）。后者死于1325年或1327年[3]。

于是，盛富重新执掌全国。1325年或1328年[4]，他在一片当时已很古老的地方建立了以他的名字命名的景线城。他于1334年去世[5]，其子坎富继位，他仅在位几年，就死在清莱[6]。

坎富的儿子法尤在清莱加冕之后三年，又返回清迈，并扩建和加固了该城[7]。他在城中央建造了一座寺庙，安放父亲的骨灰[8]。后来，在把帕辛或帕锡辛，即“僧伽罗佛”塑像安置在那里时[9]，这座寺庙取名为帕辛寺。法尤的去世日期不详[10]。

4. 泰族统治下的缅甸

十四世纪上半叶，在缅甸的泰族诸小国中发生的事件极为复

① 《耆那伽》，第92—93页。——《编年史》，第75—77页。

② 前一个日期是《佛教史》中的日期，见该书第93页；后一个日期是《清迈编年史》中的日期（《编年史》第77页）。

③ 出处同上。

④ 出处同上。

⑤ 《耆那伽》，第93页；——《编年史》，第80页。

⑥ 据《耆那伽》为1336年（见该书第94页），或据《编年史》，第85页，为1345年。

⑦ 《耆那伽》，第94页。

⑧ 出处同上。——《编年史》，第84—85页。盛有这些骨灰的罐于1925年重被发现（参阅《编年史》，第84页旁的图版以及“插图”，1925年9月5日，第238页）。

⑨ 在《耆那伽》，第97—103页中曾谈到这尊神奇塑像的历史。

⑩ 据《耆那伽》，第94页，为1355年；《编年史》，第85页为1367年。

杂，在此仅抽叙下列事实。

在南部，伐丽流被刺是与素可泰王国发生一系列冲突的信号，
410 前面已经提到过这些冲突。[①] 泰族首领的后代自频耶宇（1353—1385年）起，就统治着罕沙瓦底（白古）[②]，直到1539年东吁的缅王夺取该城时为止。

在中部，泰族三兄弟成功地摆脱了蒙古人之后，又努力与他们言归于好，并在1303年得以撤销中国在缅甸的行省。从1306年起，最年轻的僧诃都[③]就显示了他的霸权，他在1309年4月20日加冕为王[④]。1310年，长兄阿散哥也死后，他和另一个哥哥继续控制着局势。1312年，他选择了邦牙，又称毗阇耶补罗为都[⑤]，他的后代在那里继续统治，直到1364年。

1315年，僧哥速的一个儿子阿廷迦耶在实皆即位[⑥]，统治着北部和西部地区。1364年，实皆这一支的后代他拖弥婆耶在皎施平原的伊洛瓦底江口建立了阿瓦城[⑦]，它在后来的五个世纪中一直是缅甸的都城。

最后，在东部，1280年建立的要塞东吁城仍然是企图躲避泰

---

① 见本书边码第397页。

② A. P. 费尔：《缅甸史》，第67—68页。——G. E. 哈威：《缅甸史》，第111—112页。

③ 当时的称号为阿难多悉诃苏罗・阇耶提婆。

④ 王号为特里布婆那帝耶・波伐罗悉诃苏罗・达摩罗阇。

⑤ A. P. 费尔：前引书，第59页。——G. E. 哈威：前引书，第78—79页。

⑥ A. P. 费尔的前引书和G. E. 哈威的前引书中称他为苏云。

⑦ A. P. 费尔：前引书，第63页。——G. E. 哈威：前引书，第80页。——有关整个这一时期，参阅丹吞：《公元1300年至1400年的缅甸历史》和丁拉陶：《公元1400年至1500年的缅甸历史》，JBRS，XLII，2，1959年，第119—152页。

人统治的缅人的避难处。当 1347 年梯迦婆在这里称王时[1],他成为一个新的缅人国家的都城。正是梯迦婆的一个后裔于 1539 年攻占了罕沙瓦底(白古),并在那里建立了一个强大的缅人 411
国家。

5. 柬埔寨:碑铭中有记载的最后几位国王

周达观到达时就已在吴哥王位上的室利陀罗跋摩直到 1307 年仍然在位。这一年,他"为王储(瑜婆罗阇)而退位,并隐居在森林之中"[2]。柬埔寨最古老的巴利文碑铭[3]就是他于 1309 年(即退位两年之后)为纪念一座寺院和一尊佛像的落成而写的。

人们不知道新国王和室利陀罗跋摩的亲戚关系。有一则铭文提到他们是亲戚,但未作进一步的说明。他就位时取名为室利陀罗阇耶跋摩,在位 20 年。他充实了阇耶跋摩八世为婆罗门阇耶曼伽罗陀建造的寺院。他在室利陀罗阇耶跋摩统治期间去世,终年 104 岁[4]。1320 年,一支中国使团到柬埔寨购买驯象[5],除此之外,人们不知道和室利陀罗阇耶跋摩有关的其他事件。

1327 年,阇耶跋摩底波罗蜜首罗接替了他[6],我们不了解他们

① A. P. 费尔:前引书,第 83 页。——G. E. 哈威:前引书,第 123 页。

② G. 赛代斯:《最古老的碑铭》,XXXVI,第 15 页。

③ 出处同上,第 14—21 页。

④ L. 芬诺:《吴哥碑铭》,BEFEO.,XXV,第 403—406 页;"伊奢那补罗的寺庙",《法国远东学院学报考古论文集》,卷 I,第 103—106 页。

⑤ P. 伯希和:《两道考》,BEFEO.,IV,第 240 页,注 5。

⑥ G. 赛代斯:《阇耶跋摩底波罗蜜首罗的就位年代》,BEFEO.,XXVIII,第 145 页。

之间的关系。人们几乎只是通过巴容寺的一篇吉蔑文碑铭[①]和那
412 篇据说是吴哥的梵文碑铭[②]才知道这位国王。实际上这块梵文碑铭来自吴哥窟东北的一个过去被叫作迦毗罗补罗的地方[③]。它是由柬王室利陀罗跋摩、室利陀罗阇耶跋摩和阇耶跋摩底波罗蜜首罗的侍者，婆罗门学者毗耶娑提曼写的[④]，是柬埔寨的最后一块梵文碑铭。这块碑铭笼罩着湿婆教的神秘主义色彩，它表明在僧伽罗佛教已大为发展的国度中，印度教在阇耶跋摩七世继承人的宫廷里找到了最后的庇护所。此后的六个世纪中都未能把它从那里赶走，因为在现代柬埔寨，仍是由宫廷中的“巴古”即婆罗门主持王家仪式[⑤]。

我们不知道阇耶跋摩底波罗蜜首罗统治了多久。1330 年遣使中国的大概就是他[⑥]，1335 年他又紧急遣使去饶门隘，向大越皇帝陈宪宗致意，该使团在那里还遇到素可泰的使者[⑦]。目前，不可能断定吴哥窟大碑铭中提到的最后一个君王阇耶跋摩底波罗蜜首罗和柬埔寨编年史中约从 1350 年开始提到的最初诸王之间的关系[⑧]，其中第一个国王的谥号为摩诃尼班或尼班巴特，即涅槃波

① G. 赛代斯：《柬埔寨碑铭集》，卷 II，第 187 页。

② 由巴思和贝尔盖尼发表于《柬埔寨的梵文碑铭》第 560—588 页。

③ L. 芬诺：BEFEO.，XXV，第 365 页。

④ 巴思和贝尔盖尼：前引书，第 585—588 页。

⑤ A. 勒克莱尔：《柬埔寨，民间节日和宗教节日》（《吉梅博物馆年报》，第 42 卷，1917 年）。关于暹罗宫廷中的婆罗门，请参阅 H. G. Q. 韦尔斯：《暹罗国的仪式》，伦敦，1931 年。

⑥ P. 伯希和：前引期刊，第 240 页，注 5。

⑦ 见本书边码第 397—398 页。

⑧ 见本书边码第 425 页。

陀。目前看来，古代碑铭记载的诸王与编年史诸王之间绝对存在着空白。

有趣的是，在十四世纪中叶阿瑜陀耶建立和暹罗这一王朝的 413
第一位国王——他不久就把吴哥夷为废墟——加冕前夕，汪大渊在《岛夷志略》一书中仍写到，柬埔寨被通称为“富贵真腊”[1]。

6. 占婆

1307 年，“室利诃梨纪特之子”，即阇耶辛诃跋摩三世和拔释迦罗提鞞王后的儿子在占婆就位，时年 23 岁。G. 马司帛洛[2]有些武断地称之为阇耶辛诃跋摩四世。越南编年史称他制至。在位于海云隘以北，为交换越南公主而割让给大越的几个原占婆省份中[3]，连年发生的叛乱迫使越帝陈英宗于 1312 年对那里发动征讨。占婆国王在这场讨伐中被越军掳走，于 1313 年死在东京[4]。他的兄弟以“亚侯”身份管理国家。正因如此，大越皇帝才以占婆的监护君主的身份，在当年（即 1313 年）暹罗入侵[5]时保卫占婆。这次入侵前面已谈及。

1314 年，陈明宗即位，他的父亲陈英宗是为他而逊位的。在 414

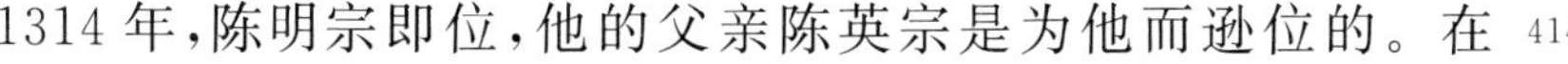

① W. W. 罗克希尔：《中国的对外关系及贸易考》，TP，XVI，1915 年，第 106 页。在 P. 伯希和死后出版的周达观著作译文第 136 页和以后诸页中，对《岛夷志略》的这一段落重新做了更为确切的翻译。

② 《占婆史》，第 193 页。

③ 见本书边码第 393 页。

④ G. 马司帛洛：前引书，第 195 页。

⑤ 见本书边码第 397 页。

《大越史记全书》中被叫作制能的占婆“亚侯”试图趁机收复北方各省,并恢复独立。1318 年,制能战败,逃往爪哇避难[1]。

于是,大越皇帝把一位军事首领扶上占婆王位,越南史料称此人为制阿难。不久,制阿难就企图依靠蒙古人争取独立。1326 年,他战胜越军,不再称臣[2]。此后,他的统治平安无事。方济各会修士波代诺内的奥多里克曾在制阿难统治时途经占婆[3],他在游记中有一段提到“一个名叫占婆的王国[4],那是个非常美丽的国度,有数量丰富的各类食物和大批的财富”。他说该国国王生了 200 个孩子,“因为他娶了好几位妻子,还有一大批嫔妃”。他提到经常出现在沿海的许多鱼群,说它们“来向国王致敬”。在他的记载中,最有意思的是提到了一种叫作“萨蒂”的印度习俗:“在这个国家里,无论哪个男人死了,人们都要将其妻子与之同时下葬[5],因为人们认为,在另一个世界中,她也必须和丈夫一起生活。”

1342 年制阿难去世后,他的女婿(越南史料称作茶和布底)成
415 功地排除了王位合法继承人制莫。在把制莫最终赶走之前,茶和布底曾与之进行了十来年斗争。他乘此机会战胜了越军,这使他于 1353 年试图夺回顺化地区,但他在这次行动中被击败。我们不

① G. 马司帛洛:前引书,第 197—198 页。

② 出处同上,第 199—200 页。

③ H. 柯尔迪埃编:《十四世纪波得诺内的真福修士奥多里克在亚洲的旅行》。

④ 拉丁文和意大利文的史料称占婆为:Zampa,Zapa,Campa,Canpa,Capa。

⑤ 拉丁文文献中明确地提到人们把死者的妻子和他一起活活烧死。参阅 H. 科尔迪埃关于《古代中国见闻录》的注释。见该书新版本,卷 II,第 167 页。

知道他的统治结束于何时[1]，如果像人们认为的那样，柏柏尔旅行家伊本·巴图塔在他的游记中提到的塔瓦利西确实是指占婆的话[2]，那么他就是在茶和布底统治时到那里的。

7. 马来半岛和苏门答腊：伊斯兰教的进展

在马来半岛上，北京朝廷于1295年向素可泰的泰人提出的“勿伤麻里予儿，以践尔言”[3]的谕旨看来并未被长期遵守，如果我们相信汪大渊在他于十四世纪中叶写的《岛夷志略》中所说的话[4]。他写道：暹罗“俗尚侵掠。……近年以七十余艘来侵单马锡，攻打城池，一月不下。本处闭关而守，不敢与争”[5]。此外，汪
大渊还提到其他国家，如丁家庐（丁加奴）[6]、彭坑（彭亨）[7]、吉兰 416
丹[8]、单马令[9]、龙牙犀角（郎迦斯迦）[10]以及一些仅列举其出产，而未提供其任何历史细节的岛屿。位于半岛东海岸的丁加奴的一块

---

① G.马司帛洛：前引书，第201—203页。

② T.雅马莫多：《关于伊本·巴图塔笔下的塔瓦西里》，《〈东洋文库〉研究部论文集》，第8集，1936年，第93页。这一考订是巧妙地根据这个名称接近当时占婆采用的王号“taval”的说法而提出的。在越南史书中，这个王号的确切译音即“茶和”（“布底”即“pati”的音译）。

③ 见本书边码第373页。

④ W.W.罗克希尔：《中国的对外关系及贸易考》，TP，XVI，1915年，第100页。

⑤ 单马锡即今新加坡，参阅本书边码第371页。

⑥ W.W.罗克希尔：前引期刊，第118页。

⑦ 出处同上，第120页。

⑧ 出处同上，第121页。

⑨ 出处同上，第123页。

⑩ 出处同上，第125页；参阅P.伯希和：TP，XXX，1933年，第330页，注3。

马来文碑铭，是关于半岛伊斯兰教化的最早的文献[1]。人们认为这块碑铭的年代为 1326 年或 1327 年，但它可能要晚一些[2]。

相反，大约在 1345 年至 1346 年，德里・穆罕默德・伊本・图格卢派遣的使者伊本・巴图塔曾经谈到过穆勒贾瓦（他用以指马来半岛的名称）的苏丹是个不信教者[3]。伊本・巴图塔访问了哥谷罗[4]，并到过中国。我们在前一章中已提到过有关伊斯兰教大约于 1281 年开始传入苏门答腊的证据。伊本・巴图塔声称在苏门答腊苏丹王国曾受到马利克・阿-扎希尔的接见，有人对此表示怀疑[5]。但无论如何，伊本・巴图塔的故事中包含了一个有趣的细节。他实际是说苏门答腊的苏丹是沙斐仪派的信徒，他的周围尽是不信教者。“他经常作战，尤其是对不信教者开战，……他的臣民也遵循沙斐仪派的礼仪；他们乐于攻打异教徒，心甘情愿地随国王出征。他们战胜了邻近的不信教者，使那些人向他们纳贡求和。[6]”
417 在须文答剌，即巴赛发现的最古老的墓志的年代为 1320 年[7]。

看来，伊斯兰教主要是由来自古吉拉特和坎贝湾的人们带入

---

① H. S. 佩特森：《丁加奴的一块古马来文碑铭》，JRASMB，1924 年，卷 II，第 252 页。——C. O. 布莱格登：《丁加奴碑铭考》，出处同前引期刊，第 258 页。

② 关于伊斯兰教在印度尼西亚的传播，参阅 A. H. 希尔的《伊斯兰教传入北苏门答腊》，JSEAH，IV，1963 年，第 6 页。

③ G. 费琅：《旅行往来》，卷 II，第 450 页。

④ 关于这个国家，参阅 P. 惠特利的《黄金半岛》，第 224—228 页。

⑤ J. P. 莫盖特：《荷印考古局报告》，1913 年，第 11 页。——G. 费琅：“麻喇甲、末罗瑜和末罗游”，JA，1918 年 5—6 月号，第 474—475 页。也可参阅 N. J. 克罗姆：《印度化爪哇史》，第 396 页。

⑥ G. 费琅：《阿拉伯、波斯和土耳其的旅行往来及地理著作》，卷 II，第 440 页。

⑦ H. K. 戈万：《关于北苏门答腊伊斯兰教的最早的重要证据》，BKI，第 117 期，1961 年，第 410—416 页。

苏门答腊的[①],因此,在十四世纪中叶,伊斯兰教尚远未征服该岛
北部的所有小国。波代诺内的圣僧奥多里克曾在 1321 年[②]提到
这些小国中的南巫里(即亚齐),他说那里“所有的妇女均为人们共
有”,那儿的人“食人肉”,他还提到苏门答腊的居民“无论男女,均
用烧热的小铁块在自己的脸上烫出多处烙印”[③]。汪大渊则在
1350 年写到了这两个国家,称其为喃哑里[④]和须文答剌[⑤],还记叙
了淡洋[⑥](即马可波罗所说的达果延?)。但是,汪大渊仅列举了它
们的物产,而未确述它们的政治形势。他只对苏门答腊岛中部和
南部的两个国家有所了解,一个是三佛齐[⑦],他认为该国在占碑河
谷[⑧],即原末罗游之所在。正如前所述,这一地区在十三世纪时就 418
成为古老的摩诃罗阇帝国的重心。另一个国家是旧港[⑨],即巨港。

碑铭方面的材料表明末罗游仍是唯一具有一定政治地位的苏门答腊国家。面对着已经或正在伊斯兰教化的北方各苏丹国,它

① J. P. 莫盖特:《锦石的巴赛墓志与同样的印度墓志之比较》,TBG,第 54 期,1912 年,第 536—548 页,但是,这一观点被 G. E. 马里桑驳倒了。后者在《伊斯兰教传入东印度》(JRASMB,XXIV,1951 年,第 28—37 页)一文中证实马来的传统使得伊斯兰教从科罗曼德尔沿海传来。——参阅 R. A. 威诺诺阿特莫诺:《荷属东印度的伊斯兰教》,FEQ,卷 II,1942 年,第 48—49 页。

② H. 科尔迪埃:《十四世纪波得诺内的真福修士奥多里克在亚洲的旅行》,第 136 页。

③ 出处同上,第 153 页。

④ W. W. 罗克希尔:《中国的对外关系及贸易考》,TP,XVI,1915 年,第 148 页。

⑤ 出处同上,第 151 页。

⑥ 出处同上,第 143 页。

⑦ W. W. 罗克希尔:《中国的对外关系及贸易考》,79,XVI,1915 年,第 134 页。——G. 费瑯:《苏门答腊帝国》,JA,1922 年,7—9 月号,第 30 页。

⑧ P. 伯希和:《中国的航海壮举》,TP,XXX,1933 年,第 376 页。

⑨ W. W. 罗克希尔:前引期刊,第 135 页。——G. 费瑯:前引期刊,第 31 页。

成了印度文化的庇护所。但它的中心离苏门答腊东海岸越来越远，深入到内地，那里后来成为米南卡保的所在地。

好几则碑铭都使我们了解到：十四世纪中叶这一地区有个“金地王”(卡那卡梅迪宁德拉)[1]，他是阿德瓦耶跋摩之子，名字叫阿迪耶跋摩。1343 年，他的名字就出现在一尊最初被安放在查科陵[2]的文殊师利菩萨的塑像上。他在这里的出现，似乎表明后来成为国王的那个与格尔达拉查沙之妻，即与罗阇巴尼有些亲戚关系的人[3]，当时仍在满者伯夷宫廷中生活。

1347 年，阿迪耶跋摩在末罗游补罗，并命人在兰巴汉发现的一尊不空羂索菩萨塑像背面刻了一条梵文碑铭[4]。帕当梧槽的碑铭说这座塑像是 1286 年被带到爪哇的[5]。阿迪耶跋摩在末罗游
419 补罗的王号是乌达亚迪耶跋摩(或阿迪耶跋摩达亚)·普拉塔巴巴拉克玛拉延德拉·毛利玛利跋摩德瓦。人们可以从这个王号中看出他试图把室利佛逝和末罗游使用的传统王号都综合起来[6]。

此外，这则碑铭还对十四世纪印尼的密教礼仪作了有趣的介绍，其中许多仪式至今仍在巴厘流行[7]。国王阿迪耶跋摩的佛教被认为是世尊观自在的化身，也作为信奉时轮派的满者伯夷诸王

---

① K. 凯伦：《文集》，卷 VII，第 219 页。

② 布兰德斯：《新柯沙里陵》，第 99—116 页。

③ N. J. 克罗姆：《印度化爪哇史》，第 392—393 页。——K. A. N. 萨斯特里：《室利佛逝》，BEFEO.，XL，第 303 页。

④ H. 凯伦：《帕当陵不空羂索菩萨像铭文的拓片》，《文集》，卷 VII，第 163 页。——B. R. 沙特吉：《印度与爪哇》，卷 I，“碑铭”，第 79—84 页。

⑤ 见本书边码第 367 页。

⑥ J. L. 芒斯：《室利佛逝、耶婆和迦陀诃》，TBG，第 77 期，1937 年，第 457 页。

⑦ S. 累维：《巴厘的梵文文献》(巴罗达，1933 年)。

的佛教而中兴了[①]。

在米南卡保的腹地帕加尔鲁莱发现了另一块同一时期的碑铭[②]，但它对了解当时的历史没有什么意义。阿迪耶跋摩的漫长统治至少持续到1375年，在上述地区还发现了好几块当时的碑铭。

8. 爪哇：直至1350年哈奄乌禄就位时的满者伯夷王国

我们在上文中已经看到，人们原先认为格尔达拉查沙统治时期是和平的，而根据一个新的历史年表[③]，当时的情况可能完全相反，是动乱不安的。那时，曾经发生过一系列叛乱，但过去人们以为这些叛乱发生于他的继位者查耶纳卡拉统治时期。1295年，格

尔达拉查沙的老战友之一，后来成为王国勋臣的朗卡拉威在厨闽 420

地区发动了一场流产暴动[④]。接着，老维拉罗阇在东爪哇紧挨马都拉岛南部的卢马姜宣布独立[⑤]。1298年至1300年发生了对梭拉的战争，后者是国王的另一位最老的战友，他最后失败被诛。接着，撤退到伦贝的维拉罗阇的儿子南比在那里修筑工事进行自卫。

① J. L. 芒斯：《佛教在爪哇和苏门答腊的鼎盛末期》，TBG，第64期，1924年，第558—579页。

② H. 凯伦：《米南卡保的所谓“巴图贝拉贡”石刻铭文》，《文集》，卷VI，第249页。

③ C. C. 伯格：《评满者伯夷最早的编年史》，BKI，第97期，1938年，第135页。参阅该作者的《中爪哇的历史传说》，1927年。

④ 布兰德斯编：《列王志》，（VBG，第62期，1920年，第125页）。——C. C. 伯格：《朗卡拉威》，1930年。

⑤ 《列王志》，出处同上。

最后是梭拉的同伙居鲁德蒙于1302年发动的叛乱[①]。

格尔达拉查死于1309年。从建在新平的湿婆教陵寝[②]里发现的那尊精美的塑像，就是体现了诃梨诃罗的形象[③]，这座塑像现存于巴塔维亚博物馆。格尔达拉查沙之子查耶纳卡拉(即《列王志》中所说的卡拉吉墨特)当政时的王号为室利·宋达拉潘地亚德瓦迪斯瓦拉·威格拉摩栋卡德瓦，它突出了爪哇和印度最南部的国家潘地亚之间的宗教联系[④]，从珊阇耶时代就已证明存在着这种联系。查耶纳卡拉上台两年后，那个曾给他的先王们造成许多麻烦的年迈的维拉罗阇就去世了。1312年，国王在普瓦帕塔潘[⑤]为20多年前死去的格尔达纳卡拉举行葬礼。翌年，他清除了他父亲的另一个对手，即发动1302年叛乱的居鲁德蒙；但是，1314年又发生了梭拉的另一个同谋卡查比鲁的暴乱[⑥]。

1316年南比去世，卢马姜地区归顺[⑦]，此后，人们已经认为和平
421 得到了恢复，但在1319年又发生了古蒂叛乱，为此，国王不得不在25个卫兵保护下暂时撤离国都。这些卫兵是由卡查玛达指挥的[⑧]，在叙述摄政时期(1328—1350年)时，我们还要谈到此人。尽管发生了编年

---

① 《列王志》，前引期刊，第125—126页。

② N.J.克罗姆：《印度化爪哇文化导论》，第159—166页。

③ 出处同上，第65页。

④ K.A.N.萨斯特里：《阿曷多》，TBG，第76期，1936年，第502页；参阅前引期刊，第75期，1935年，第611页。

⑤ 《列王志》，前引期刊，第125页。尚未确切考订出该地之所在。N.J.克罗姆：《印度化爪哇史》，第345页。

⑥ 出处同上，第126页。

⑦ 出处同上，第126—127页。——爪哇史颂，(凯伦编：《文集》，卷III)第34页。

⑧ 出处同上，第127—128页。

史中提到的这些暴乱，但满者伯夷仍表现出它是个强国。1321年访问过爪哇的波代诺内的奥多里克对这座岛屿作了有趣的描写：“岛的周长足有三千英里，有七位加冕国王臣服于该岛的国王。岛上人口众多，是世界上第二个最出色的岛屿，……国王居住在一座宏伟壮观的宫殿里，……中国的大汗，即一切鞑靼人的皇帝经常聚集军队，向该岛的国王开战，而国王总打胜仗，并把大汗击退[1]。”

自1325年至1328年，查耶纳卡拉每年按时向中国朝廷遣使[2]。其中，1325年的使臣僧迦里也就应当是1375年的苏门答腊国王僧伽烈宇兰[3]。1328年，查耶纳卡拉因为诱奸一个贵族的妻子而被这个贵族谋害[4]。帕纳塔兰陵的大部分建筑都是在查耶纳卡拉统治时期建成的[5]。

由于他身后无嗣，王冠又落到了格尔达纳卡拉的女儿罗阇巴尼·卡耶特里，即格尔达拉查沙的第一个妻子的手中。但她已出家为比丘尼[6]，于是由其女儿特里布婆那以母亲的名义摄政[7]。 422
1329年至1330年间，这位摄政嫁给一位名叫沙克拉达罗[8]或沙克

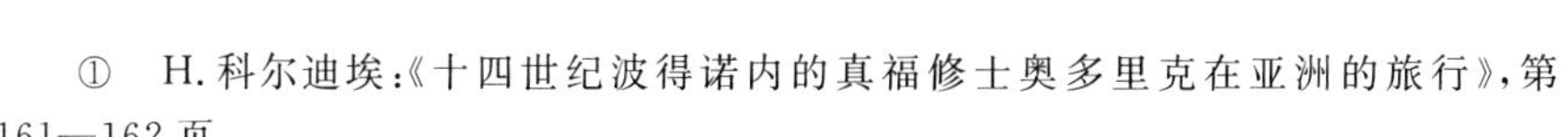

① H.科尔迪埃：《十四世纪波得诺内的真福修士奥多里克在亚洲的旅行》，第161—162页。

② W.W.罗克希尔：《中国的对外关系及贸易考》，TP，XV，1914年，第446—447页。

③ 见本书边码第438页。

④ 《列王志》，前引期刊，第128—129页。

⑤ N.J.克罗姆：《印度化爪哇文化导论》，卷II，第245—284页。——M.E.吕留士·冯·果尔：《帕纳塔兰陵遗址简介》，Et. Asiat. EFEO，II，第375页。

⑥ 《爪哇史颂》，前引书，第257页。

⑦ 她的王号是特里布婆诺栋加德维·查耶毗湿奴瓦达尼。——N.J.克罗姆：《印度化爪哇史》，第383页。——《爪哇史颂》，出处同上。

⑧ 《列王志》，前引期刊，第129页。

勒首罗的贵族。他改名为格尔达跋达拿，并接受了新柯沙里的王号[①]。1334 年，他们生了一子，即哈奄乌禄[②]，他在外祖母于 1350 年去世后成为国王。

卡查玛达是这一时期的重要人物。前面已谈到，当查耶纳卡拉国王由于古蒂暴乱而逃跑后，正是卡查玛达接过了国王的财富。他起初是卡胡利班的帕蒂，后来任达哈的帕蒂，1331 年则成为满者伯夷的帕蒂，即王国的宰相[③]。他为把爪哇的霸权扩展到整个群岛而作了不懈的努力[④]。正因如此，她于 1343 年发动了对巴厘岛的征讨。当时，由于 1284 年格尔达纳卡拉对巴厘的战争之后果已经消除，该岛已获独立。卡查玛达的讨伐摧毁了当地的王室家族[⑤]，并使巴厘岛爪哇化了。后来，在哈奄乌禄统治时期巴厘岛的爪哇化进一步加强了。

关于与中国的关系，《元史》[⑥]提到 1332 年的由僧伽利率领的爪哇使团，看来，1325 年的使团也是由同一个人率领的。1350 年，汪大渊[⑦]把爪哇描绘成一个繁荣富饶的国家。他说那里的人口稠密，民性淳和，称它“实甲东洋诸国”。

1350 年，年迈的罗阇巴尼之死结束了由其女摄政的时期。特里布婆那让位给她的儿子哈奄乌禄，后者的王号为罗查沙纳卡拉。

---

① N. J. 克罗姆：前引书，第 384 页。

② 《列王志》，前引期刊，第 139 页。

③ N. J. 克罗姆：前引书，第 387 页。

④ 出处同上，第 390 页。

⑤ 出处同上，第 391 页。——《爪哇史颂》(H. 凯伦：《文集》，卷 VIII)，第 37 页。

⑥ W. W. 罗克希尔：《中国的对外关系及贸易考》，TP，XV，1914 年，第 447 页。

⑦ 出处同上，TP，XVI，1915 年，第 236—237 页。

第十四章　印度化王国的终结：自十四世纪中叶至葡萄牙人占领马六甲(1511年)

十四世纪中期是外印度历史上的一个转折点。1347年，缅族 423
的东吁王国和苏门答腊的阿迪耶跋摩王国同时建立。十六世纪时缅族强大的白古王国的创始人即来自东吁王国。阿迪耶跋摩王国虽仍叫末罗游，但已迁至后来的米南卡保王国所在的地区。1353年，法昂建立了老族的南掌王国，频耶宇则重建了罕沙瓦底(白古)。

哈奄乌禄(罗查沙纳卡拉)于1350年即位，他是满者伯夷最伟大的国王之一，他把满者伯夷的宗主权扩展到了其极盛时期；完全 424
出于巧合，拉玛铁菩提也在这一年即位，他是阿瑜陀耶的创建者，他统一了暹罗人的国家和罗斛的国家(即素可泰和华富里)。阿瑜陀耶和满者伯夷分别成为外印度陆地和岛屿上的两极，外印度的大部分地区就此分为两大势力范围。阿瑜陀耶和满者伯夷的属国名单里甚至还包括马来半岛南部的部分地区。

有意义的是：各小国被组合进入两个大国的势力范围的事件，恰巧发生在蒙古王朝开始衰落的时候。蒙古人的政策则相反，它促成建立许多小国，以便于它对这些小国进行控制。

1350年前后诞生的国家有泰族的阿瑜陀耶和南掌王国，缅族的东吁和阿瓦王国，而这些国家的历史已超出本书所论及的外印度古代史的范围。本书只需介绍到印度支那和印度尼西亚的印度化王国的衰落就足够了，同时也对在直到大约于 1430 年放弃吴哥时的柬埔寨和到 1470 年越南人夺取佛誓时的占婆以及到 1511 年葡萄牙人占领马六甲时的马来西亚和群岛等地区发生的事件作一极为简略的叙述。

1. 柬埔寨：自 1350 年至十五世纪中叶放弃吴哥

在那些古老的王国中，只有柬埔寨诸王一直到十四世纪中
425 叶[①]仍然居住在旧都耶输陀罗补罗(吴哥)。但是他们在那里几乎再也无法平安度日了。从 1352 年起，阿瑜陀耶的建立者和第一位国王拉玛铁菩提包围了由涅槃波陀(1346—1351 年)的儿子兰蓬罗阇统治的都城[②]。如果阿瑜陀耶的编年史可靠的话，翌年吴哥

① 关于柬埔寨编年史的各种修订本，请参阅 G. 赛代斯：《略论法国远东学院图书馆馆藏柬埔寨历史文献的分类》，BEFEO.，XVIII，9，第 15 页。冯萨·沙尔贝芝·农的校订本(1818 年)已由 F. 加尼埃译出，见 JA，1871 年 10—12 月号，第 336 页。还可参阅 G. 马司帛洛：《吉蔑帝国》，金边，1904 年；A. 勒克莱尔：《柬埔寨史》，巴黎，1914 年。关于中文的原始资料，见 A. 雷米扎：《亚洲新论文集》，卷 I，第 90—97 页。下文出现的年代，除了引自中文资料的之外，都是需要审定的。

② W. A. R. 伍德：《暹罗史》第 65 页。下文中有关 1431 年柬埔寨首都最终被弃之前暹罗人曾两度占领吴哥的故事，是根据《阿瑜陀耶编年史》写成的。但是，这些占领即使是短暂的，也都是些根本无法肯定的事件，而且还引起许多困难。L. P. 布里格斯在一篇题为《1430 年前暹罗人对吴哥的进攻》(FEQ.，VIII，1948 年，第 1—33 页)的文章中对这些占领提出异议。他的论点即使不是定论，但至少与事实最为接近。

即被攻占，暹罗国王让他的一个儿子即吴哥王位，但他不久就死去。另外两位暹罗王子相继统治吴哥，直到 1357 年。那一年，兰蓬罗阇的一个在老挝避难的兄弟又夺回了都城，并在那里加冕为王，号称苏利耶跋娑·罗阇提罗阇[①]。

苏利耶跋娑抵御暹罗新的入侵，保卫自己的国家。看来他北方的边界保持在呵叻，西边的保持在巴真。可能就是他在 1370 年接受了明朝的第一位皇帝命他臣服的诏书，并立即交纳了贡品。《明史》称他为忽尔那[②]。他在位二十余年，他的侄子（即兰蓬罗阇之子）继承了他的王位，王号为婆罗摩罗摩。

1379 年，《明史》提到的一个新国王参答甘武者持达志（Samdach Kambujadhirāja）[③]可能就是指婆罗摩罗摩，可是我们对他的 426
情况一无所知。

1380 年左右，婆罗摩罗摩的兄弟达摩索卡罗阇提罗阇继位[④]，《明史》在关于 1387 年的记载中提到过他，称之为参烈宝毗邪甘菩者（Samdach Chao Ponhea Kambuja）[⑤]。

1393 年，暹罗王腊梅萱（腊梅首罗）入侵柬埔寨，围困了京城。据暹罗编年史记载：他于翌年攻占柬都[⑥]。达摩索卡国王被杀，暹王的一个儿子因多罗阇取而代之，但他不久即遭暗害[⑦]。

① F. 加尼埃：前引书，第 341—342 页。——A. 勒克莱尔：前引书，第 195—207 页。

② A. 雷米扎：前引书，第 91 页。

③ 出处同上，第 92 页。

④ F. 加尼埃：前引书，第 343 页。——A. 勒克莱尔：前引书，第 211 页。

⑤ A. 雷米扎：前引书，第 93 页。

⑥ W. A. 伍德：前引书，第 76 页。

⑦ F. 加尼埃：前引书，第 344 页。

1404 年，《明史》提到过一位叫作参烈婆毗牙（Samdach Chao Ponhea）的国王[①]，但不知究竟是指哪一位[②]。1405 年，中国朝廷宣布了参烈婆毗牙的死讯，其子参烈昭平牙[③]（无疑即 Chao Ponhea Yat[④]）继承了王位。他就位时，采用苏利耶跋摩这一荣号。在他大约长达 50 年的统治期间，于 1431 年决定放弃面临敌人而且难以据守的都城。他曾在巴桑（斯雷桑托）短期居留，但洪水迫使他离开了那里。后来，他在“四臂河”一带，即今金边城的所在地定都[⑤]。

2. 占婆：从制蓬峨统治时期（1360 至 1390 年）到最终放弃佛誓（1471 年）

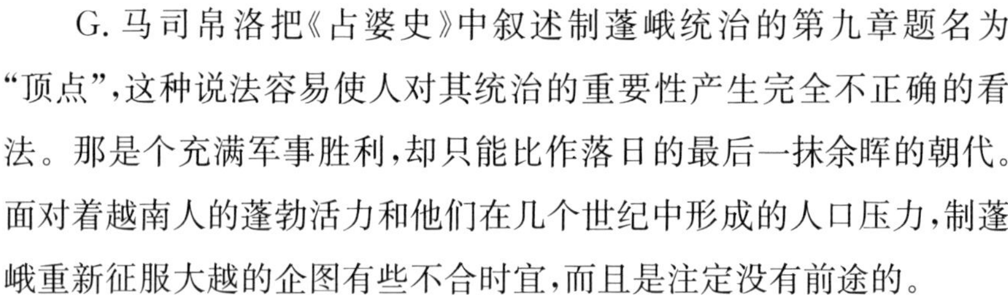

427 G. 马司帛洛把《占婆史》中叙述制蓬峨统治的第九章题名为“顶点”，这种说法容易使人对其统治的重要性产生完全不正确的看法。那是个充满军事胜利，却只能比作落日的最后一抹余晖的朝代。面对着越南人的蓬勃活力和他们在几个世纪中形成的人口压力，制蓬峨重新征服大越的企图有些不合时宜，而且是注定没有前途的。

我们对被《明史》称作阿答阿者的制蓬峨的身世毫不了解。看来，在占婆人的历史传说中，他存在，名为比那索尔[⑥]。制蓬峨的

① A. 雷米扎：前引书，第 95 页。

② A. 勒克莱尔：前引书，第 215 页提到吴哥的第二次被占领和昭平牙就位之间有两位国王曾进行过统治。

③ A. 雷米扎：前引书，第 96 页。

④ F. 加尼埃：前引书，第 344 页。——G. 马司帛洛：《吉蔑帝国》，第 56 页。——A. 勒克莱尔：前引书，第 216 页。

⑤ G. 赛代斯：《金边的建立》，BEFEO.，XIII 期，第 6 卷，第 6 页。

⑥ E. 埃莫涅：《占婆的历史传说》，载《游历与探索》，XIV 卷，第 32 期。

统治始于 1360 年左右。他首先利用了蒙古人的衰微，接着又与明朝的第一位皇帝言和，后者于 1369 年承认他为占婆王[①]。1361 年至 1390 年间，他几乎从未间断地对大越进行了一系列胜利的战役：1361 年劫掠了陀里港[②]；1368 年在今日广南的被叫作“占洞”的地方击败越南人[③]；1371 年，占婆军侵入东京三角洲，并洗劫河内[④]；1377 年在平定的佛誓（阇班）城下大败越军，接着在越王陈睿宗死后，占婆军再度入侵东京并又一次劫掠了河内[⑤]；1380 年，占 428
军抢劫义安和清化[⑥]；1384 年又从陆路袭击了东京[⑦]；1389 年在东京再战又获胜利，使占人得以长驱直入今日的兴安省[⑧]。“这时，由于制蓬峨的一个下级军官的背叛阻止了占人的胜利进军，把安南从可能使之丧失独立的侵略中拯救出来”[⑨]，制蓬峨被困在战船上，1390 年 2 月丧生，他的军队溃退了。

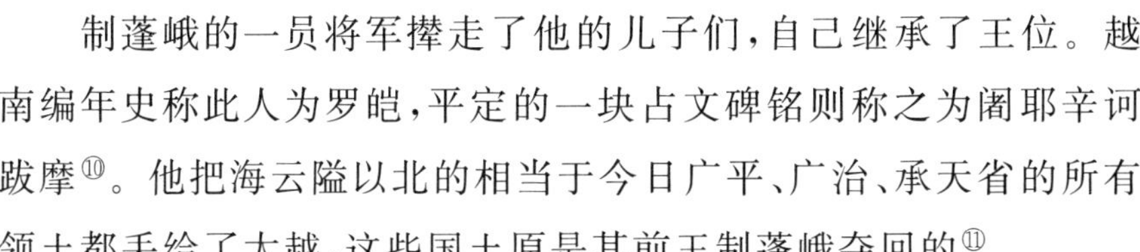

制蓬峨的一员将军撵走了他的儿子们，自己继承了王位。越南编年史称此人为罗皑，平定的一块占文碑铭则称之为阇耶辛诃跋摩[⑩]。他把海云隘以北的相当于今日广平、广治、承天省的所有领土都丢给了大越，这些国土原是其前王制蓬峨夺回的[⑪]。

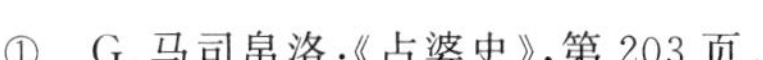

① G. 马司帛洛：《占婆史》，第 203 页。
② 出处同上，第 204 页。
③ 出处同上，第 205 页。
④ 出处同上，第 206 页。
⑤ 出处同上，第 209—210 页。
⑥ 出处同上，第 211—212 页。
⑦ 出处同上，第 214 页。
⑧ 出处同上，第 216—217 页。
⑨ 出处同上，第 217 页。
⑩ L. 芬诺：BEFEO.，XV，2，第 13—14 页；XXVIII，第 291 页。
⑪ G. 马司帛洛：前引书，第 220 页。

罗皑死于 1400 年，由其子敖克朗毗阇耶接任，起初他取毗罗婆陀罗跋摩为号，1432 年加冕时又取王号因陀罗跋摩[①]。《明史》称他占巴的赖（Champâdhirâja），越南编年史称之为巴的吏。

因陀罗跋摩的统治从一开始就对其不利。因为 1420 年，为了避免与大越重开战端，他被迫割让了位于阿摩罗伐蒂地区北部的
429 因陀罗补罗省[②]，即今日的广南，那里的婆多利神寺（眉山）曾是古代占婆的心脏。1407 年，因陀罗跋摩在中国的支持下收复该省[③]。当时，中国刚刚废除由篡权者建立的胡朝（1400—1407 年），彻底兼并了大越。

占婆北部重获自由后，占王向由最后一位吴哥国王本夏牙统治下的柬埔寨寻衅。1421 年，他在边和立下一块毗湿奴教的碑铭[④]，纪念对吉蔑人的胜利。

1428 年越南的光复者黎利就位，标志着占婆与其北方邻国恢复了睦邻关系[⑤]。

据爪哇的传说，十五世纪初，伊斯兰教由一位占婆公主，即占王的妹妹传入爪哇。她大概是嫁给了满者伯夷的一位国王[⑥]。然而，这个传说很难与仍完全属于婆罗门教的占婆碑铭中最后的那些证据相符。实际上，我们没有任何足以说明伊斯兰教在占人于 1471 年被排挤出佛誓城之前就已传入占婆的确凿证据。

---

① L. 芬诺：前引期刊。

② G. 马司帛洛：前引书，第 221 页。

③ G. 马司帛洛：《占婆史》，第 224 页。

④ A. 卡巴东：《边和的占婆碑铭》，BEFEO.，IV，第 687 页。

⑤ G. 马司帛洛：前引书，第 226—227 页。

⑥ 出处同上，第 228 页。——N. J. 克罗姆：《印度化爪哇史》，第 452、463 页。

敖克朗毗阇耶（又名因陀罗跋摩六世）的统治较久，而且十分幸运。在他的统治于1441年结束后，占婆迅速衰落。三十年间，有五位国王在内战和越南皇帝黎仁宗和黎圣宗的入侵中先后就 430
位[1]。1446年，设在平定（阇班）的都城佛誓首次被越军占领[2]，后又被占人夺回。1471年，佛誓最终落入越南人之手，越军在城里屠杀了六万人，掳走三万名俘虏，其中包括占婆国王和五十位王室成员[3]。从此以后，占婆领土仅限于伐勒拉岬以南地区，并苟延了一段时间。今天在那里还能找到残留的占人[4]。

3. 爪哇：从1350年哈奄乌禄（即罗查沙纳卡拉）即位至满者伯夷王国的终结（约1520年）

在爪哇，罗查沙纳卡拉（1350—1389年）的长期统治标志着满者伯夷王国的鼎盛时期。他的统治是由一次血腥事件开始的，这次事件的牺牲者是一位摩诃罗阇。1333年的一条碑文称他是巴查查兰王国的创始人[5]，该国是直到十六世纪初仍占据着西爪哇

① 他们是：贲该（即毗阇耶，1441—1446年），因陀罗跋摩六世的侄子；贵来（1446—1449年），因陀罗跋摩六世之子，贵由（1449—1458年），贵来之弟；槃罗茶悦（汉籍称槃罗悦，1458—1460年），为贲该之婿；槃拉茶全（汉籍称槃罗茶全，1460—1471年），为槃罗茶悦之弟（见G.马司帛洛：前引书，第230—239页）。

② 出处同上，第231页。

③ G.马司帛洛：《占婆史》，第237—239页。

④ J.勒巴：《占人及其艺术》，巴黎，1923年。

⑤ 茂物的巴杜图利斯寺碑铭。R.N.保尔巴蒂亚拉卡对这块最早闻名的碑铭作了最新的研究，见TBG，第59期，1921年，第380页。

岛的巽他人王国。1357年，摩诃罗阇带着他那许配给罗查沙纳卡拉的女儿来到满者伯夷。[①] 他和随从们住在满者伯夷都城以北的甫拔特。摩诃罗阇认为这是平等的婚姻，而罗查沙纳卡拉的宰相卡查玛达却把国王的未婚妻作为属国奉献的公主来对待。争论变431 成了武装冲突，巽他国王及其随从就是在这场冲突中丧生的[②]。

《爪哇史颂》中流传下来的满者伯夷属国的名单，反映了罗查沙纳卡拉时期爪哇国势的扩张情况[③]。名单大致包括了整个荷属东印度群岛（西利伯斯岛北部可能除外）和马来半岛的大部分地区[④]，但未及菲律宾群岛。

在巴厘，1384年至1386年间的以韦查耶罗查沙，又称勃烈文克尔的名义颁布的特许状[⑤]，似乎证明罗查沙纳卡拉的叔叔在巴厘所行使的即使不是真正的君王权，也是一种总督的权力。十四世纪时，在巴厘最初由于1343年的征服而出现的爪哇化加强了，对于该岛的未来命运来说，这比十五世纪时爪哇人大批移居巴厘的影响更为重要[⑥]。

松巴哇岛上发现的一块当时的爪哇语碑铭[⑦]，是满者伯夷向

---

① 巴罗斯：《亚洲》，第IV卷，1，第12章。

② 《列王志》，布兰德斯编：VBG，第62期，1920年，第157—158页。——C. C. 伯格：《巽他诗歌》，BKI，第83期，1927年，第1页——N. J. 克罗姆：《印度化爪哇史》，第402—404页。

③ H. 凯伦：《文集》，卷VIII，第240—242页，第278—279页。

④ 见本书边码第439页。在苏门答腊和马来半岛上的属地名单，与原室利佛逝的属地相符。

⑤ W. F. 斯图特海姆：《巴厘的古文物》，卷I，第191页。——C. C. 伯格：《中爪哇的历史传说》，第95页。

⑥ N. J. 克罗姆：《印度化爪哇史》，第410页。

⑦ G. P. 鲁法尔：《巴达维亚协会管委会记录》，1910年，第110—113页。——F. H. 范·纳森：《松巴瓦的印度化爪哇遗物》，TKNAG，1938年，第90页。

群岛东部扩张的有力证据。据《爪哇史颂》记载[①]，与满者伯夷保持友好关系的国家有：暹迦瑜帝耶补罗（暹罗的阿瑜陀耶王朝）、达磨那伽利（洛坤）、摩卢摩（马达班）、罗阇补罗（?）、僧伽城（?）、占婆、柬埔寨和耶槃那（大越）。

《明史》证实了罗查沙纳卡拉与中国的关系[②]，它记载了 1370 432
年到 1381 年间由八达那巴那务（Bhatara Prabhu，为其王号的简称）的多次遣使。在谈到 1377 年和 1379 年的使团时，《明史》指出爪哇岛有东、西二王。西王叫勿劳波务（Bhatara Prabhu，更可能是“Bhra Prabhu”的另一种音译）；东王叫勿院劳网结[③]，我认为他就是勃烈温克尔，即韦查耶罗查沙。方才曾介绍过他于 1384 年至 1386 年在巴厘的敕令铭文。如果《明史》提供的资料确实可上溯到 1377 年至 1379 年的话，就必须得出以下结论：爪哇国家被一分为二这个对后来朝代的统治造成巨大不幸后果的事件，大概发生在罗查沙纳卡拉统治时期，他可能把国家的部分统治权分给了他的叔父。

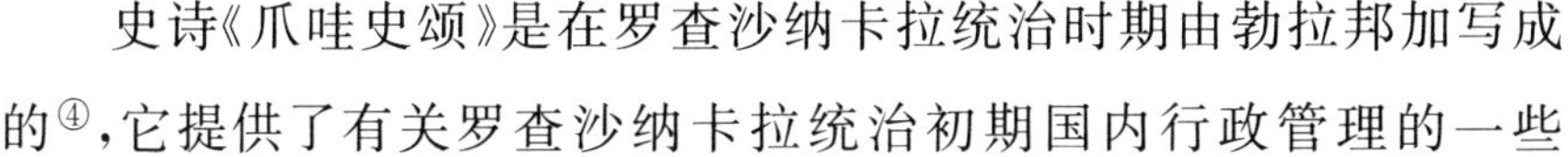

史诗《爪哇史颂》是在罗查沙纳卡拉统治时期由勃拉邦加写成的[④]，它提供了有关罗查沙纳卡拉统治初期国内行政管理的一些

① 前引期刊，第 279 页。

② W. P. 格罗内温特：《马来群岛考释》，VBG，第 39 期，1880 年，第 35—36 页。——《列王志》，前引期刊，第 164 页。

③ W. P. 格罗内温特在前引文章中把这个名字还原成为“Bogindo Bongkit”；G. 费琅则将它还原成“Bhra Wangye”，这两个名字都丝毫不为人们所知。G. 费琅认为该名字中的第二个字，即“院”字应当删去，这样就比较相似了。“网结”似乎是“Wengker”的非常规则的对音。

④ 由 H. 凯伦出版和翻译，载于《文集》卷 VII 和卷 VIII。Th. G. Th. 比古的新译注本题为《十四世纪时的爪哇》（1962 年，1963 年第三版），载于《科学研究所集刊》，海牙（译文集，第四集）。参阅海曼苏 · 布闪 · 萨加尔：《印度对爪哇文学的影响》，第 385 页。

情况[①]：国王在中央，由其父格尔达跋达拿和叔父韦查耶罗查沙辅佐；此下是一个等级森严的官员集团，由五位大臣组成的参议会是
433 该集团的最高阶层。五个大臣中的主要人物玛帕提(摩诃帕底)是年迈的卡查玛达，他为王朝效劳了半个世纪之后，于 1364 年在政治舞台上销声匿迹了。他曾编撰过一部法典，现在只有后来编写的该法典的改写本[②]。

从文学角度来看，除了前面已提到过的《爪哇史颂》的作者勃拉邦加之外，罗查沙纳卡拉的统治还因诗人坦图拉尔而倍添光彩。坦图拉尔是《阿周那的胜利》和《人寿终论》(即《苏达索玛》)的作者[③]，这些作品对了解湿婆—佛陀混合宗教甚为珍贵。

这一时期还建造了大量宗教建筑。在此唯一值得谈论的是帕纳塔兰陵的中央庙宇[④]，那里有反映《罗摩衍那》和《克里希那耶那》中情节的浅浮雕。这座寺庙始建于 1347 年摄政时期，在罗查沙纳卡拉统治期间竣工，是他最喜爱的神殿。

罗查沙纳卡拉死于 1389 年，他的继承者威格拉玛跋达拿既是其外甥，又是其女婿。满者伯夷从这个朝代起开始衰落，到他的继承者们统治时期，国家更为迅速地趋于衰微。满者伯夷衰败的主要原因是由于作为贸易中心和伊斯兰教传播的策源地的马六甲的发展。伊斯兰教首先由马六甲传入爪哇沿海[⑤]，接着很快便渗透到了

---

① N. J. 克罗姆：《印度化爪哇史》，第 419—421 页。关于其国都，请参阅 W. F. 斯图特海姆：《满者伯夷的王宫》，VKI，海牙，卷 VII，1948 年。

② 《列王志》，前引期刊，第 196 页。

③ 海曼苏・布闪・萨加尔：前引书，第 230、第 318—322 页。

④ 见本书边码第 421 页。

⑤ 1413 年随太监郑和远航的马欢在他的《瀛涯胜览》中把爪哇的居民分为三类：作为商人到当地定居的西方人(穆斯林)，遵循穆斯林习俗的中国人以及当地人(W. W. 罗克希尔：《中国的对外关系及贸易考》，TP.，XVI，1915 年，第 242 页)。

内地。有关伊斯兰教在爪哇岛上出现的最古老的证据是 1082 年
到 1102 年间的勒朗碑铭[①]，但它纯系孤证。其后，有锦石的 1419 434
年的马利克易卜拉欣的墓志[②]，此人大概是新宗教的传播者。

满者伯夷衰落的另一个原因是威格拉玛跋达拿与他的表兄弟威拉布弥（罗查沙纳卡拉的庶子）之间的内讧战争。威拉布弥像他的叔爷韦查耶罗查沙（勃烈温克尔）一样，被立为东爪哇的统治者。他们之间的对抗开始于 1401 年，1406 年以威拉布弥之死而告终[③]。这场分裂战争的后果首先是满者伯夷王国的衰落，同时间接地导致了 1402 年马六甲王国的建立，如果这个新的政治和贸易中心的
创始者拜里迷苏剌真的在开始时就是这场悲剧的主角之一，后来 435

① 莫盖特：《爪哇语言、地理和民族学首届讨论会记录汇编》，1919 年（1921 年），第 31 页。——拉维斯：TBG，第 65 期，1925 年，第 668 页。

② 施赫里埃克：《博囊史书》，1916 年，第 28 页。

③ 《列王志》，前引期刊，第 177 页。——N. J. 克罗姆：《印度化爪哇史》，第 430—432 页。——据《明史》记载（W. P. 格罗内温特：前引期刊，第 36 页；《列王志》，前引期刊，第 180 页），1403 年时该国分裂成西王，即杜马班（王）都马板和东王孛令达哈（Bhreng Daha 或 Putreng Daha）。受明朝永乐皇帝派遣的太监郑和首次出使外国时，于 1406 年到达东王国，当时正值该国被西王所灭。西王还杀死了郑和的 170 名随从，但郑和接受了西王对此事所表示的歉意（W. P. 格罗内温特：前引期刊，第 36—37 页）。

根据这一记载，都马板应当就是威格拉玛跋达拿，也可能是他的儿子，后者确实采用过"勃烈·杜马帕尔"的称号。孛令达哈（Putreng Daha）则指威拉布弥（N. J. 克罗姆：《印度化爪哇史》，第 431—432 页）。根据《列王志》提供的有关满者伯夷王室谱系的资料，很难复原这个时期的爪哇历史，因为那些资料杂芜含混，就可能让人们对其作出不同的解释。因此，R. C. 马君达（《金洲》，第 339—345 页）提出了他的假设，认为 1400 年威格拉玛跋达拿可能曾为其死于 1429 年的妻子而逊位，后于 1415 年复掌朝政，正是在这一年，《明史》写道，爪哇国王取名扬惟西沙（Hyang Viçesha）（W. P. 格罗内温特：前引期刊，第 37 页；P. 伯希和：TP，卷 XXXI，1935 年，第 301 页），扬惟西沙实际上是威格拉玛跋达拿的名字之一。他可能并不像人们认为的那样，统治到 1429 年，而是直至 1436 年，他的女儿勃烈达哈也可能于该年继位。勃烈达哈大概是苏希达公主的别名。

又逃离爪哇在单马锡避难的话[①]，上述结论便是成立的。另外，在永乐皇帝时，中国尽力排挤爪哇对群岛和半岛的宗主权，这是宦官郑和几次著名的出使的原因之一[②]。郑和的出使，导致许多原先向满者伯夷称臣纳贡的国家分别遣使中国[③]。

威格拉玛跋达拿的女儿苏希达的统治持续到1447年，她的继承者是其兄弟勃烈杜马帕尔，又名格尔达威查耶(1447—1451年)[④]。看来，从这个时期起，由于伊斯兰教的蓬勃发展，受到土著仪式沾染的印度宗教退缩到原为前印度化时期印尼宗教所在地的高地山区去了，因为我们通过1434年至1442年间在勃南贡安山、1449年在维利斯山、1438年和1449年在默巴布山，以及1437年至1457年间在拉武山建造的寺庙[⑤]可看到这一点。

拉查沙跋达拿(1451—1453年)、补尔伐维西沙(1456—1466
436 年)、辛诃威格拉玛跋达拿(1466—1478年)[⑥]等满者伯夷后期的几

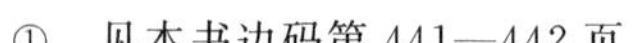

① 见本书边码第441—442页。

② 关于1405年至1433年间郑和的几次出使，见W. P. 格罗内温特：前引期刊，第41—45页；——W. W. 罗克希尔：《中国的对外关系及贸易考》，TP.，XVI，1915年，第81—85页；——J. J. L. 杜温达克：《马欢再考》，VKNAWAL.，阿姆斯特丹，1933年，XXXII，第3期；——P. 伯希和：《十五世纪初中国的远洋航行》，TP.，XXX，1933年，第237页；——山本达郎：《明朝郑和向南洋的远征》，《东洋学报》，XXXI，1934年，第374—404页；506—554页；——P. 伯希和：《郑和下西洋考补编》，TP.，XXXI，1935年，第274页；——J. J. L. 杜温达克：《十五世纪初中国海上远征的确切年代》，TP.，XXXIV，1938年，第341页。

③ N. J. 克罗姆：《印度化爪哇史》，第439页。

④ 《列王志》，前引期刊，第177—190页。——N. J. 克罗姆：前引书，第429—432页，444—446页。

⑤ N. J. 克罗姆：《印度化爪哇文化导论》，卷II，第325页及其后诸页。——W. F. 斯图特海姆：《对索南贡安山的考察》，ABIA.，第XI期，1936年，第25—30页。——F. M. 斯赫尼特格：《爪哇巨石建筑的平台》，RAA.，XIII，1939—1942年，第105—112页。

⑥ 《列王志》，前引期刊，第199页；——N. J. 克罗姆：《印度化爪哇史》，第448页。

位国王的谱系关系不详，其年代也待核定。

1478 年，满者伯夷遭到一次入侵，人们对这次入侵的起因尚有争议[①]。从 1486 年起，吉林德拉跋达纳新王朝出现了，它的敕文证实其仍属印度文化[②]。爪哇派往中国的最后一个使者的年代为 1499 年[③]。伊斯兰教进展迅速，有关婆罗门教在爪哇存在的最后一个确凿证据是 1513 年至 1515 年间的[④]，即在葡萄牙人占领马六甲之后不久。

1513 年到 1528 年之间，就找不到关于满者伯夷存在的证据了，但确切地说，并不是满者伯夷的残存部分在穆斯林的冲击下突然消失了，而应当是，当穆斯林掌握的港口殖民地渐趋繁荣强盛的时候，满者伯夷的都城逐渐衰弱了。[⑤]

印度文化残存于东爪哇的一些地区，特别是巴厘岛。因而，巴厘岛成为至今仍保存着印度化爪哇文学和宗教的基本特征的文化中心，而伊斯兰教很快就把这些文化特征由爪哇岛上清除干净了。对印度尼西亚来说，巴厘岛起着西藏对佛教印度来说所起的那种保存者的作用。

4. 苏门答腊：十四世纪时摩诃罗阇的古老王国的继承者

在苏门答腊的米南卡保地区，阿迪耶跋摩至少持续统治到 437

① N. J. 克罗姆：前引书，第 449—450 页。

② 出处同上，第 450—451 页。

③ W. P. 格罗内温特：前引期刊，第 39 页。

④ N. J. 克罗姆：前引书，第 458 页。

⑤ C. 霍依卡斯：JGIS，XV，1956 年，第 21 页。

1375 年，这是现有的关于他的最后一块碑铭的年代[1]。在双溪朗沙的美丽塑像中被表现为湿婆—跋罗伐形象的可能正是这个在上文提到过的对佛教密宗时轮派极为虔诚的国王[2]。

他的瑜婆罗阇（即王储）是他的儿子阿南加跋摩，我们不知道他是否确实继承了王位[3]。

我们缺乏从 1350 年撰写《岛夷志略》时起，到 1370 年明朝第一位皇帝向海外遣使索取贡品期间有关苏门答腊东部沿海情况的资料。

1371 年，《明史》记载了当时中央在占碑的三佛齐的国王马哈剌扎八剌卜（Mahārāja Prabhu）[4]，并提到两年后的怛麻沙那阿者[5]，1376 年他被儿子麻那者巫里（Mahārāja Mauli...，摩诃罗阇毛利）所接替[6]。

438 但是，当时的国家为三王所分[7]，另外两个国王是麻那哈宝林邦（Mahārāja Palembang，摩诃罗阇·巴邻旁）和僧伽烈宇兰[8]，他们分别于 1374 年和 1375 年向中国遣使。上文曾提到过的僧伽烈

---

① H. 凯伦：《文集》，卷 VI，第 257—261 页。

② F. M. 斯赫尼特格：《印度化苏门答腊考古》，第 8 页，图版 XIII—XVI。

③ N. J. 克罗姆：VMKAWAL.，1916 年，第 338 页。

④ W. P. 格罗内温特：《马来群岛考释》，VBG，第 39 期，1880 年，第 68 页。——G. 费瑯：《苏门答腊帝国》，JA，1922 年 7—9 月号，第 24 页。

⑤ 这个名字可能纯属摩诃罗阇的音译。J. L. 芒斯将其复原为"Haji Dharmaçraya"，其根据是汉语的句法（见《室利佛逝，耶婆和迦陀呵》，TBG，第 77 期，1937 年，第 456 页）。我们记得："Dharmaçraya"（达摩奢罗耶）是指上巴当哈里，1286 年那里曾建起一座从爪哇搬来的不空羂索菩萨的塑像（见本书边码第 367 页）。

⑥ W. P. 格罗内温特：前引期刊，第 69 页；——G. 费瑯：前引期刊，第 25 页。

⑦ W. P. 格罗内温特：同上；G. 费瑯：同上注。

⑧ J. L. 芒斯在前引期刊第 457 页认为：这个名字应还原成 Sang Adityavarman（桑·阿迪耶跋摩），从语音学角度来看，这种说法似乎很难成立。

宇兰大概就是在1325年和1332年被满者伯夷宫廷派往中国的爪哇使臣[①]。

我们对于这三个国王如何瓜分原室利佛逝领土的情况一无所知。摩诃罗阇巴邻旁这个称号就是以确定该王之所在，而摩诃罗阇毛利……的称号表明该王系末罗游的毛利跋摩德瓦的继承者，因而他是统治着占碑地区和巴当哈里河流域的国王。1376年，他得到中国皇帝恢复册封的称号："三佛齐王"，但据《明史》记载："时爪哇强，已威服三佛齐而役属之，闻天朝封为国王与已埒，则大怒，遣人诱朝使邀杀之。[②]"

这里谈到的爪哇征服大概是对一个表现出令人讨厌的独立倾向的属国发动的惩罚性征讨[③]。《明史》继续写道：此后，"其国（三佛齐）益衰，贡使遂绝"[④]。接着又说："时爪哇已破三佛齐，据其国，改其名曰旧港（〔穆西河〕上的老港口，即巴邻旁〔巨港〕）[⑤]，三 439
佛齐遂亡。国中大乱，爪哇亦不能尽有其地，华人流寓往往起而拒之。有梁道明者，广州南海县人，久居其国。闽、粤军民泛海从之者数千家，推道明为首，雄视一方。"[⑥]

关于这个落入中国海盗之手的贫瘠穷困、每况愈下的苏门答腊王国的历史，我就此住笔。我们已经看到，它以往的属国这份遗产已被

① 见本书边码第421页。

② W.P.格罗内温特：前引期刊，第69页。——G.费瑯：前引期刊，第25—26页。

③ N.J.克罗姆：《印度化爪哇史》，第412页。

④ W.P.格罗内温特：前引期刊，第69页；——G.费瑯：前引期刊，第26页。

⑤ 关于这个名字的演变，参阅P.伯希和："中国的航海壮举"，TP，XXX，1937年，第274、372—379页。

⑥ W.P.格罗内温特：前引期刊，第71页；——G.费瑯：前引期刊，第27—28页。

具有宗主权的暹罗和爪哇所瓜分。一部年代为1358年，而实际应是十五世纪的暹罗法律[1]提到阿瑜陀耶在南方的属国有：乌荣达那（柔佛）、麻喇甲、末罗游、婆罗伐利[2]。另一方面，1365年的《爪哇史颂》在续文中列举了满者伯夷在马来半岛上的各属地[3]：彭亨、胡荣塔纳（柔佛）、郎迦斯迦、赛（赛武里）、吉兰丹、廷加诺、纳索尔（北大年?）、帕卡（在东翁以南）、穆瓦尔（柔佛西北）、龙运（丁加奴以南）、单马锡（新加坡）、桑扬胡琼（拉哈多角）、克朗（董里）、克达、哲雷（古奴哲赖，
440 在吉打附近）、坎贾普（?）、尼兰（?）；在苏门答腊的属地有：占碑、巨港、卡里唐（因德拉吉里以南）、特巴（即多巴，上占碑）、达磨奢罗耶（上巴当哈里）、坎迪斯（在达磨奢罗耶以北）、卡瓦斯（坎迪斯以西）、马南卡博、西亚克、勒坎（巴内以南的罗坎）、金宝、巴内、坎珀、阿鲁（坎珀以南）、曼达希林、图米杭、八儿剌克、巴拉特（亚齐西海岸）、拉瓦斯（帕拉克以南）、须文答剌、兰无里、巴坦（?）、楠榜、巴鲁斯[4]。

然而，室利佛逝贸易繁荣的真正继承者是阿拉伯人，他们垄断香料贸易，充当马来小国的同盟者和保护人，而中国人在永乐年间

---

① 即王室特权法《拘多曼底罗波罗》，发表在布拉德莱编撰的《暹罗法律》卷I和R.兰加的《暹罗法律》卷I，第58页。参阅G.E.杰里尼：《托勒玫地理学研究》，第531—532页；C.O.布莱格登：JRAS，1928年，第915页。

② 关于这个尚未考订出的地名，参阅本书边码第266—267页。

③ H.凯伦：《文集》，卷VII，第241页，第278—279页。N.J.克罗姆：《印度化爪哇史》，第416—417页。这里对现仍使用的或易于辨认的地名未加任何说明。

④ 在《明史》及马欢和费信随太监郑和出洋后著的《瀛涯胜览》和《星槎胜览》中，能够找到公元十五世纪上半叶时这些苏门答腊小国中部分国家的历史的某些细节（W.P.格罗内温特：前引期刊，第77—101页；W.W.罗克希尔：《中国的对外关系及贸易考》，TP，XVI，1915年，第129—159页；P.伯希和：《中国的航海壮举》，TP，XXX，1933年，第275、290—294页）。

的远洋航行之后就退回到本国境内，此后就仅满足于对南方诸国的名义上的政治宗主权。

阿拉伯人主宰了贸易之后，早先已在苏门答腊的珀拉克国（据马可波罗），尔后又在萨姆德拉（据伊本·巴图塔）立足的伊斯兰教在全岛迅速传播。十五世纪初，曾在1413年伴随宦官郑和出使的中国穆斯林马欢在他著的《瀛涯胜览》一书中记载，在阿鲁（哈鲁）和南浡里（兰布里）国已有伊斯兰教存在[①]。苏门答腊北部取得了作为伊斯兰教传播中心的重要地位，这是由于十三世纪萨姆德的邻国马赛取代了半岛上作为贸易中心的吉打[②]。十五世纪时，马
六甲挤垮了巴赛，但马六甲衰落之后，苏门答腊由于亚齐而再度成 441
为穆斯林的贸易中心[③]。

5. 马六甲：自1403年建国至1511年被葡萄牙人占领

无论是马可波罗、波代诺内的奥多里克，还是伊本·巴图塔，

---

① W. W. 罗克希尔：前引期刊，第141及150页。

② 而不是政治中心，因为根据《托梅·皮雷斯的〈东苏门答腊〉》（A. 考尔台索编，伦敦，1944年，卷I，第108页；卷II，第248页），直到被芒速沙征服之前的吉打王国（见本书边码第443—444页）一直保持着对各产锡省份的控制权。也可参阅温斯泰德：《十四世纪时巴赛统治过吉打吗？》，JRASMB，XLVIII，2，1940年，第150页。

③ R. O. 温斯泰德：《穆罕默德教在马来半岛和马来群岛的出现》，JRASSB，第77期，1917年12月，第171页。这位作者就伊斯兰教在苏门答腊的传播补充道：伊斯兰教是由亚齐出发，征服了乌拉坎，然后到米南卡保的。十七世纪，兰蓬县沿海的居民开始改奉伊斯兰教，至十八世纪，伊斯兰教向内地传播。十六世纪中期，一个巨港的传教者来到婆罗洲，在苏卡达纳和马丹传教。1606年，米南加保的一位商人曾使西里伯斯的巴罗王信奉伊斯兰教。

乃至《爪哇史颂》(1365 年)都未提到过马六甲[①]。以前,苏门答腊人有可能曾在此地建立过殖民地,圣保罗山上还遗留着玛卡拉的石像[②]。但是,马六甲实际上只是到十五世纪初才成为政治和贸易中心的。

据亚伯奎所说,这个国家的建立者是原籍巨港的一个拜里迷
442 苏刺,总之,他是满者伯夷公主的丈夫[③]。在哈奄乌禄死后(1389年),他可能曾经利用随之而来的满者伯夷国势的衰落而发动暴乱。后来,他逃亡到单马锡(新加坡)。在位于半岛上的巨港王国的所有属地中,单马锡离阿瑜陀耶王国最远。拜里迷苏刺杀死了当地以暹罗的名义,或更可能是以暹罗的属国(彭亨或北大年)的名义实行其统治的马来人首领。统治了几年之后,拜里迷苏刺被阿瑜陀耶撵出了单马锡。他先逃到麻坡,后又跑到巴丹,最后来到马六甲。宦官尹庆说他于 1403 年在马六甲即位[④]。拜里迷苏剌

① C. O. 布莱格登:“马六甲中世纪年表”,《第十一届东方学家国际会议文集》,巴黎,1897 年,卷 II,第 239—253 页。G. 费琅:《麻喇甲、末罗瑜和末罗游》,JA,1918 年,5—6 月号,第 391—484 页和 7—8 月号,1918 年,第 51—154 页。G. P. 鲁法埃尔:《公元 1400 年以前马六甲的贸易中心》,BKI,第 77 期,1921 年,第 1—174 页,第 359—604 页。威尔金森:《马六甲苏丹王国》,JRASMB,XIII,2,1935 年,第 22—67 页。

② 《马六甲历史指南》,1936 年,第 25 页。

③ N. J. 克罗姆:《印度化爪哇史》,第 436—437 页。——R. O. 温斯泰德:《马来亚史》,新加坡,1962 年,第 45 页。——P. V. 冯·斯坦因·卡伦费尔斯:《马六甲的建立者》,JRASMB,XV,1937 年,第 160 页。——关于其历史和大事年表,我采纳了 R. O. 温斯泰德的观点。见其《中世纪马六甲的马来人缔造者》,BSOAS,XII,1948 年,第 728 页,以及他著的《马来亚史》。

④ P. 伯希和:《中国的航海壮举》,TP,XXX,1933 年,第 397 页,《明史》中称之为拜里迷苏刺(出处同上,第 389 页)。另一篇十六世纪的文献称之为西利八儿速拉(杜温达克;TP,1938 年,第 368 页,注 3)。

的政策是依靠中国。1405 年，他派遣了一个使团去中国，随后中
国皇帝册封其为“满剌加王”。1409 年，宦官郑和访问马六甲之
后，拜里迷苏剌本人也于 1411 年携家眷前往中国[1]。他为马六甲
的繁荣奠定了基础[2]，并于 1414 年再度去中国。1419 年，他带全
家又一次来到中国，[3]寻求支持以对抗暹罗。马六甲与暹罗长期处
于敌对状态，阿瑜陀耶王国打算乘满者伯夷王国衰落之机取代它对
马六甲的宗主权。拜里迷苏剌娶了巴赛国王的女儿。这位巴赛国
王的王朝大概对巨港昔日在半岛上的领地尚怀奢望。拜里迷苏剌 443
72 岁时改奉伊斯兰教[4]，此后，他取名为满加特・伊斯康德・沙[5]。

1424 年，拜里迷苏剌之子室利摩诃罗阇继位，他在就位的当年去中国，并于 1443 年携家眷再度前往中国。1435 年之前，他一直向中国遣使[6]。1444 年，室里摩诃罗阇逝世，由其子罗阇・易卜拉欣接替[7]，《明史》称之为息力八密息瓦儿丢八沙[8]（Sri Parameç-

① P. 伯希和：出处同上。——关于中国和马六甲之间的使臣往来，请阅 V. 珀塞尔：《马六甲的中国殖民地》，JRASMB，XX，1947 年，第 115—125 页。

② 有关《瀛涯胜览》中对此所作的描述，请参阅 W. W. 罗克希尔：前引期刊，第 114—117 页。马六甲是一个能够控制海峡的货物集散港，关于它的建立和繁荣在贸易方面的原因，与前面谈到过的室利佛逝建立和兴盛的原因相同。请参阅 P. 惠特利：《黄金半岛》，第 VII 章，第 306 页。

③ P. 伯希和，前引期刊，第 397—398 页，第 451 页。

④ N. J. 克罗姆：前引书，第 438—439 页。——R. O. 温斯泰德：前引书，第 49 页。

⑤ 《明史》称之为母干撒于的儿沙，大概系“母干撒干的儿沙”之误（W. P. 格罗内温特：前引期刊，第 130 页；G. 费瑯：前引期刊，第 403 页）。——R. O. 温斯泰德在一封信中认为，这次改名导致中国史料把同一个人物作为两个不同的国王。

⑥ P. 伯希和：前引期刊，第 398 页。《明史》称其为西里麻哈剌（W. P. 格罗内温特：同上注；G. 费瑯：同上注）。

⑦ R. O. 温斯泰德：前引书，第 50 页。

⑧ W. P. 格罗内温特：前引期刊，第 131 页。

varadeva Shah)[①]。

两年后，息力八密息瓦儿丢八沙在一次宫廷政变中丧生。这次政变使他的同父异母兄弟罗阇卡西姆登上了王位。卡西姆的母亲是个妃子，她是巴赛的一位穆斯林泰米尔商人的女儿[②]。罗阇卡西姆的王号为穆扎法尔沙[③]，在位 13 年，直至 1459 年。

卡西姆的儿子苏丹曼苏尔沙[④]开拓疆土，特别是兼并了吉打
444 王国的产锡地区[⑤]。但他也成为后宫阴谋的牺牲品[⑥]。1477 年 10 月他死后[⑦]，其子阿拉乌丁里阿亚特沙继位。后者于 1488 年神秘地死去，由其弟马哈茂德继承王位，马哈茂德是马六甲的最后一位苏丹[⑧]。

445 马六甲一度成为能够对抗暹罗压力的最重要的政治强国，成为一个大贸易中心和伊斯兰教传播的强大策源地。正是这个时期，瓦斯科·达·伽马绕道好望角抵达卡利卡特(1498 年)，开辟

① G. 费瑯：前引期刊，第 404 页。

② R. O. 温斯泰德：前引书，第 50 页。

③ 即《明史》中的速鲁檀无答佛哪沙(W. P. 格罗内温特：前引期刊，第 131—132 页；G. 费瑯：前引期刊，第 404 页)。——关于他与阿瑜陀耶的对抗，参阅 G. E. 马里桑：《穆扎法尔沙统治期间暹罗与马六甲的战争》，JRASMB，XXII，1949 年；XXIV，1951 年，第 191 页。

④ 《明史》称之为苏丹芒速沙(W. P. 格罗内温特，同上注；G. 费瑯：同上注)。

⑤ A. 考尔台索：《托梅皮雷的〈东苏门答腊〉》，伦敦，1944 年，卷 II，第 248 页。

⑥ N. J. 克罗姆：前引书，第 453 页。——R. O. 温斯泰德：前引书，第 55 页。

⑦ 《马六甲曼苏尔·沙·苏丹的石刻》，载《历史上的马来亚》，卷 V，1959 年 2 月 1 日，第 36 页。

⑧ N. J. 克罗姆：前引书，第 453—454 页。——R. O. 温斯泰德：前引书，第 57—60 页。——《明史》称马哈茂德为马哈木沙(W. P. 格罗内温特：前引期刊，第 133 页；G. 费瑯：前引期刊，第 18 页)。

了一条参加香料贸易的道路。当时，香料贸易正使阿拉伯人和威尼斯人大发其财。不久，葡萄牙人就为了寻找这些在欧洲极为难得的食物的生产中心而把他们东进的步伐推进到更远的地方去了。1509 年 8 月 1 日，第一批葡萄牙船队在迭戈·洛佩兹·德·塞克拉船长率领下进入马六甲。为了对船队的几个水手在岸上受到的虐待进行报复，两年之后（1510 年 11 月 25 日），果阿的征服者阿丰索·德·亚伯奎来到马六甲，他利用了马六甲城里的动乱，于 1511 年 8 月 10 日占领了该城，这个日期标志着远东各国历史上一个新时期的开始。

结　　论

在以上的叙述结束时，回顾一下构成本书主要内容的十四个世纪的历史，可以使我们对那些最突出的历史事件的次序及这些事件之间的关系有一个更清楚的印象。同时我们将看到，本书为这些事件而划分的十二章（第三章至第十四章），正像我在《序言》中指出过的那样，大体上是与同样多的时期相一致的。这些时期的上下限，都是依据与在印度，特别是在中国发生的事件有关的那些关键日期划定的。

东南亚第一批印度化王国的历史开始于公元二世纪。多亏了中国史家的记载，我们才得以知道其中最古老、最著名的是扶南和林邑。扶南是位于湄公河下游流域的柬埔寨的前身，公元二世纪时，它征服的范围一直扩展到马来半岛，看来是建立了一个帝国，或者是诸印度化小国的一种联邦，其统治者所用的称号为“山王”。林邑即古代占婆，其发祥地在顺化地区。它力图向北扩展，与越南人向相反方向的推进及对立的中国政治势力发生了冲突。这就是在以后漫长的若干世纪中，具有印度文化的占人跟受中国文明影响的越南人彼此对抗这出戏的序幕（第三章）。

四世纪中叶，三莫陀罗笈多皇帝对恒河流域和南印度的征服，
446 再次引起了大批人口东迁。在扶南，其结果是一个印度—斯基泰

人取得了政权；另一方面，这次大规模移居再次普遍引起了海外各国的印度化。在这次印度化中，南印度，尤其是建志拔罗婆人统治的地区似乎起了决定性的作用。碑铭揭示了在婆罗洲和爪哇五世纪时存在着一些印度化小王国（四世纪之前几乎没有碑铭），并且使我们得以印证中国编年史中跟扶南和林邑有关的从四世纪到六世纪的材料（第四章）。

整个这一时期的标志是扶南的霸权。扶南称霸的时期跟中国历史上三国和六朝的动乱时期大致同时。

六世纪下半叶，扶南帝国崩溃，在其废墟上，吉蔑人即柬埔寨人的王国在湄公河下游建立了起来。与此同时，在印度支那半岛西部出现了两个新兴的强国：孟人的国家（在湄南河流域，那里是堕罗钵底王国的发祥地）和骠人的国家（在伊洛瓦底江流域）。中国晋朝和陈朝的衰弱有利于海云隘两侧的占族国王巩固他们的权力。随着在中国史籍中一个名为诃陵的国家的出现，爪哇开始被载入史册（第五章）。

七世纪末叶苏门答腊的室利佛逝王国（巨港）的诞生和迅速扩张，是扶南解体的一个深远的后果，它标志着一个新纪元的开始。
在柬埔寨，整个八世纪都处于混乱状态，分裂为上下两个地区。在 447
占婆，中央政权撤退到了该国的南部。八世纪下半叶，在爪哇中部出现了一个信奉佛教的王朝，它骤然接替了信奉湿婆教的统治者，恢复了“山王”（夏连特拉）这个帝王称号，在全国各地兴建了许多伟大的佛教建筑物，而且似乎对南海行使着某种盟主权，其势力一直延伸到柬埔寨。同一个时期，来自巽他群岛的一系列海上袭击，从北到南蹂躏了印度支那半岛的沿海各地。这个混乱时期是继唐朝皇帝们的统治建立之后而出现的，并且与信奉佛教的夏连特拉王朝鼎盛时期同时，它也是在印度的巴拉王朝和孟加拉那烂陀大学的影响下大乘佛教在外印度传播的时期（第六章）。

吉蔑王国在 802 年复兴，它摆脱爪哇的宗主权，建立了吴哥王权。这一切都得益于信奉佛教的夏连特拉王朝的势力在爪哇逐渐衰落。以后四个世纪，吴哥王权将成为外印度占统治地位的强国之一。随着夏连特拉王朝的衰落，湿婆教在中爪哇复兴起来。湿婆教信仰来自东爪哇，从前信奉湿婆教的那个王朝的王公们就蛰居在那里。而夏连特拉王朝在九世纪中叶则是统治着曾是其蕃属的室利佛逝，然后在那里建立了他们国家在以后好几个世纪中的活动中心。在九世纪的头二十五年中，缅甸历史上未来的两个主角——孟人的白古王国和缅甸人的蒲甘王国前后相隔几年，都建立了自己的首都（第七章）。

448 吴哥文明在九世纪末叶和整个十世纪的蓬勃发展，占人王权中心随着因陀罗补罗王朝的出现在广南地区的重建，航海国室利佛逝完全控制海峡后的飞跃发展，这一切都与唐末和五代前后中国权力的衰弱发生在同一时期。约十世纪末宋朝的兴起，复兴了中国，中国再度能够对南海进行干涉，并参与解决苏门答腊的夏连特拉王朝和爪哇马打兰王国的统治者们之间的那场争端。马打兰王国是在东爪哇建立的一个爪哇人政权（第八章）。

十一世纪的前七十五年，是一个人杰辈出、重大事件迭起的时期。在柬埔寨，1002 年创立了一个新王朝的苏利耶跋摩一世，把自己的统治权一直扩展到了湄南河，取代了原先占领着该河流域的孟人。他的统治与爱尔棱加的统治几乎完全处于同一时期。爱尔棱加使爪哇摆脱了室利佛逝的侵略政策所造成的混乱状态，他在重新征服的基础上扩大了自己国家的疆域，并且乘 1025 年左右注辇人袭击后室利佛逝的暂时衰弱，把他昔日的对手遣往苏门答腊，然后强迫他与自己结成联盟。十一世纪中叶，当苏利耶跋摩一世和爱尔棱加即将退出历史舞台之际，蒲甘国王阿奴律陀则把他的征服推进到了伊洛瓦底江三角洲地区，并从那里带回了孟族文化和小乘佛教，使之牢固地扎根于自己的国家（第九章）。

十一世纪末叶中国宋朝的衰弱，助长了吉蔑族、占族和缅族统
治者的雄心。在柬埔寨，1080 年建立了一个新王朝，在自负的国 449
王、吴哥窟的建造者苏利耶跋摩二世治下，这个王朝使该国势力第一次臻于鼎盛。但是随着他的去世而来的动乱，把该国带到毁灭的边缘，致使 1177 年吴哥被占人夺取。在缅甸，阿奴律陀的继承者发展壮大了他们的国家，在首都兴建了大量建筑物。在马来群岛，苏门答腊的室利佛逝王国继续扮演着海上强国的角色，至于在爪哇，爱尔棱加所建立的国家的继承者——谏义里王国则继续走着相当安定的历程（第十章）。

十二世纪末叶，柬埔寨几乎是奇迹般地复兴起来，在神庙的伟大建造者、信奉佛教的国王阇耶跋摩七世的统治下，国势再度进入极盛时期。它并吞占婆约二十年。但是在作出这一巨大的努力而疲惫之后，便开始衰落了。缅甸方面，印度文化通过锡兰在那里产生了影响。僧迦罗佛教十二世纪在锡兰经国王波罗迦罗摩仆呼改革之后，传入缅甸，在那里形成了一个中心，以后则从那里散布到印度支那半岛。在马来群岛，由于室利佛逝开始表现出衰老和分裂的征兆，末罗游（占碑）已准备继承室利佛逝（巨港）的遗产。在

爪哇，1222 年新柯沙里王国接替了谏义里王国，它的崛起标志着印度文化在印度尼西亚原生文化的涌泉面前衰退的开始（第十一章）。

十三世纪，蒙古人的征服和宋朝皇帝们的接替者忽必烈汗从
450 1260 起试图在南海各国建立其盟主权之举，对这些国家产生了重
大影响。[①] 蒙古军事首领在占婆、缅甸和爪哇的征战，以及北京朝
廷要把这些古老的印度化小国分割成小侯国的政策，在十三世纪
上半叶引起湄南河中游的泰族摆脱了原来所屈从的吉蔑人，建立
了暹罗人的素可泰王国。十三世纪最后十五年间，发生了以下事
件：1287 年蒙古人摧毁了蒲甘，蒲甘王国从此宣告衰亡。泰族在
缅甸扩张，在湄南河各支流上游取代了孟人，在湄南河下游和湄公
河流域取代了吉蔑人。与此同时，占人放弃了海云隘以北诸省。
在爪哇，1292 年爪哇人建立的满者伯夷王国，对苏门答腊的室利
佛逝王国施加压力，加上素可泰的泰族在马来半岛的扩张，导致了
451 摩诃罗阇的这个古老帝国的瓦解。伊斯兰教徒涌进印度本土，以

① “我们看到，十三世纪印度文化在整个东南亚衰落了，尽管蒙古人造成的动荡加速了印度文化的衰落，但是这些动荡却不是它的直接原因，因为从前一个世纪开始，我们就可以观察到印度文化衰落的先兆。印度文化的衰落有其深刻的原因：印度文化被为数越来越多的土著所采用，他们自己原始文化的倾向渐渐地渗透到这种文化中，同时，作为梵文文化捍卫者的文雅的贵族集团逐渐消亡了。以国王崇拜和个人崇拜的特殊面貌出现的婆罗门教和大乘佛教是与大众关系甚微的宗教，这就可以说明为什么民众会很容易而且很快地就接受了僧伽罗佛教。蒙古人的征服造成的动荡仅仅起到了使那些古老的国家和文化共同体解体的作用，这些国家是：吉蔑帝国、占人王国、缅人王国。接着它们被分开的各部分又重新组合起来，形成了一些新的联合体。我们将看到这些联合体代替了原来那些国家。这些新国家有：缅族的阿瓦王国和白古王国，泰族的阿瑜陀耶王国、兰那王国和南掌王国。”（G. 赛代斯：《印度支那半岛诸民族》，第 128 页）

及伊斯兰教在马来群岛的发展,在外印度敲响了印度文化的丧钟。尽管如此,从缅甸传入暹罗的僧伽罗佛教,还是在湄南河和湄公河诸沿岸国家取得了迅速的进展(第十二章)。

十四世纪上半叶,泰族加强了对印度支那半岛的控制,已经占据了缅甸和湄南河上游(素可泰王国和兰那王国)。在印度支那半岛上,他们在湄公河流域建立了老挝人的南掌王国,与此同时,在湄南河下游流域建立了阿瑜陀耶王国,后来,该王国吞并了它的北邻素可泰王国。柬埔寨受到了其前属国的威胁,多亏了昔日伟业的魅力,它才得以将自己所保留的印度文化传给泰人。占婆则日益遭受到来自北方越南人的压力。在南方,满者伯夷行使着无可争议的宗主权,因为室利佛逝已寿终正寝。外印度的印度化时期进入了尾声(第十三章)。

十四世纪下半叶蒙古王朝的衰落,为诸小国在两强——阿瑜陀耶和满者伯夷的势力范围之间重新建立提供了便利。十五世纪中叶吉蔑诸王遗弃吴哥和1471年占人放弃佛逝,标志着这两个古老的印度化王国在泰族和越南人的"向南推进"之下的最终衰亡。在马来群岛,1520年左右,伊斯兰教在爪哇获胜,印度文化退避到巴厘岛上去了。自十五世纪初以来继承了苏门答腊诸王国商业权力的马六甲则于1511年落入欧洲人之手(第十四章)。

从以上概述可见,外印度受到了印度,尤其是中国的政治事件的影响,同时在若干个世纪中也接受了印度传来的伟大思潮。 452

以外印度为舞台发生的急剧变革的情况正相反,它们都没有对世界历史产生任何显著的影响,并且除艺术领域外,这个地区对丰富人类精神遗产没有发挥任何首创作用。

正因为纯粹接受外来文化的这种特性，外印度理所当然地在很长时期内不为人所知。它只是在人们谈到它受印度文化影响时才被记入史书。没有印度，则它的过去将几乎无人知晓，我们对它的过去的了解将会比对新几内亚或澳大利亚的过去了解更少。

本书概述了其历史的这些国家，尽管它们的全部贵族称号，甚至它们能够在历史上占有一席之地都应归功于印度，然而缄口不谈它们作为交换给予印度的间接回报，那将是不公平的。首先，该地区使印度人知道他们曾是一个伟大的拓殖民族（这里是取该词最崇高的意义），尽管有种种似乎会阻止他们扮演这种角色的观念方面的障碍以及种族偏见。印度人的文化的传播力量和他们的文明的活力，在他们移居的所有国家里都放射出了夺目的光彩，而过去他们从未明确地意识到自己的文化和文明有这样的力量。

其次是外印度提供了一些珍贵的资料，对这些资料的研究必将推进对古代印度的认识。全面观察的结果告诉我们，在殖民地的习俗、信仰和语言中，一般都保存着许多古代的特征。这些特征可以上溯到殖民化开始的时期，然而在宗主国它们却早已不复存在了。外印度也没有逃脱这条规律。从“东方着眼”[1]对古代印度
453 的研究刚刚开始，[2]看来它必将取得丰硕的成果。

但是我们研究东南亚诸印度化国家的兴趣，首先在于观察印

---

① P. 米斯语，见《从东方着眼看印度，占婆的印度化宗教信仰和当地宗教信仰》，BEFEO. 第 XXXIII 期，第 367 页。

② 我们在 K. A. 尼拉坎塔 · 萨斯特里的《阿加斯蒂耶考》（TBG.，第 76 期，1936 年，第 533 页）中可以得到一些宝贵的线索。——W. F. 斯图特海姆，《拉弗尔斯博物馆集刊》，丛书 B，卷 I，1937 年，第 148 页。

度文化和各种原始文化之间发生冲突后的反应。让我们再重复一遍，东南亚诸印度化国家从来不是印度的政治蕃属，而是它的文化殖民地。本书的目的，仅在于提供印度文化与当地社会接触后产生变化的历史和年代范围。虽然这些东南亚国家，除暹罗外，先后都转到欧洲人的统治之下去了，并且其中一大部分改信了伊斯兰教，但是我们仍然可以根据这些国家依靠印度文化的程度，来衡量这种文化的渗透力。

除了在巴厘岛[1]和某些占人集团[2]以外，印度古代的各种宗教信仰——湿婆教、毗湿奴教、梵文小乘佛教和大乘佛教——均已消失，但并非没有留下痕迹。在金边和曼谷，一些血缘极为混杂的婆罗门(他们是佛教徒，但是蓄着发髻，佩着婆罗门的饰带)，仍在主 454
持一切宫廷大典，这种规矩就是从印度化时代继承下来的。[3] 然而，这不过是一种残存礼仪，它仅仅使宫廷感兴趣，跟普通民众则不相干。

十二、十三世纪，东南亚人民接受了从印度传来的以僧伽罗佛教为形式的一种新思潮，无可置疑，这种宗教进入了民间。在柬埔寨、暹罗、老挝和缅甸，通过佛教僧侣的教导，这种宗教的宇宙起源

① W. F. 斯图特海姆:《印度对古代巴厘艺术的影响》，伦敦，1935 年。——K. C. 克吕克:《Bijdrage tot de Kennis van het Balisch Doodenritueel》，1928 年。——P. 德卡特·安格利诺:《巴厘的母陀罗》，海牙，1923 年。——R. 戈里斯:《Bijdrage tot de Kennis der Oud-Javaansche en Balineesche Theologie》，莱登，1926 年。——S. 累维:《巴厘的梵文文献》，巴罗达，1933 年。

② A. 卡巴通:《占族新探》，1901 年(Publ. EFEO.，第 II 集)。——J. 勒巴:《占族及其艺术》，巴黎，1923 年。

③ A. 勒克莱尔:《柬埔寨，世俗节日和宗教节日》，巴黎，1907 年。——H. G. 夸里奇·韦尔斯:《暹罗的国家大典》。伦敦，1931 年。

说和宇宙论、业报和轮回说在最卑贱的阶级中都已深入人心。

如果不是由于伊斯兰教的到来切断了马来群岛与婆罗门教盛行的印度的宗教联系，那就很难说在马来群岛将会出现什么样的情况。人们常常认为爪哇伊斯兰教的仁慈和宽容是爪哇人的性格使然。可是，就其渊源而论，爪哇人与其他印度尼西亚人、苏门答腊的巴达克人、婆罗洲的大雅克人，以及印度支那山脉的山民并非完全不同。而且这几种人并不以其德行仁慈而出名。所以我们同样可以考虑，伊斯兰教在爪哇呈现出的特殊面貌，也许毋宁说是该岛居民的性格在十多个世纪中受到印度各种宗教信仰影响的结果。

东南亚国家从古代印度继承下来的文学遗产比宗教遗产更为显眼。在整个印度化时期，《罗摩衍那》[①]、《摩诃婆罗多》、《诃利世系》和《往世书》这些著作，即使不是各国文学吸取灵感的唯一源
455 泉，也是主要源泉。在整个印度化印度支那、马来亚和爪哇，这类叙事诗和传奇文学，辅之以《本生经》中的佛教民间传说，仍然是古典戏剧、舞蹈、皮影戏和木偶戏的主要内容。在整个外印度，当观看这些戏剧表演时，观众继续为罗摩和悉多的悲欢离合而悲伤，即受到菩萨德行的感化。这些表演自始就保持着共同的特点——哑剧。在这种哑剧表演中，姿势、臂和腿的动作以及手势构成一种哑语，它可以表现一个对象，描绘一种活动，表达一定的感情，完全和印度的舞蹈动作一样。

印度法学的影响也不浅。各种法论，尤其是其中最著名的《摩

---

① W. F. 斯图特海姆：《印度尼西亚的罗摩传说和罗摩浮雕》，慕尼黑，1925 年。

奴法典》，构成了一个框架，各印度化国家的地方习惯法就是在这个框架内形成的。它的作用和拉丁法规对于建立在罗马帝国废墟上的蛮族社会的作用有些相似。[①]

《阿他奢萨怛罗》即《政事论》对培育外印度各国按等级制度组织的行政管理机构也作出了贡献。这种行政管理机构由国王本人控制，而国王的行为在理论上仍然受《国王处世训》中的规则指导。

毋庸置疑，印度移民的后代操的是普拉克利特语的各种方言或各种达罗毗荼语。尽管如此，不论过去还是现在，以大量词汇丰 456
富了当地各种语言的词汇的却是那种深奥的语言——梵语。可是与人们通常所说的相反，被借用的词汇并不仅仅是一些宗教和社会方面的词及抽象词，也有一些物质生活方面的技术词汇，以及一些用于语法的虚词。这一点极其重要，因为借入这些虚词的目的是使这些孤立语变得灵活起来，并帮助它们表达那些要用有词形变化的语言才能表达的思想。

印度不仅使土著的各种语言更丰富和更具灵活性，而且更主要的是还使这些语言具有了稳定性，这多亏了印度字体的使用。时至今日，孟人、缅人、泰人、吉蔑人、占人、爪哇人和巴厘人的字体的共同起源仍然清晰可辨。

在另一个领域里，尽管各国官方几乎全都采用了格里历，但是

① R. 兰加：《从碑铭看印度在法律方面对占婆和柬埔寨的影响》，JA.，第CCXXXVII期，1949年，第273—290页；《缅甸和暹罗的法的观念的演变》，JSS.，第XXXVIII期，1950年，第9—31页；《信奉小乘佛教的印度支那的法的观念》，BEFEO?，第XLIV期，1951年，第163—188页。——F. H. 范·纳尔森：《De Ashtadaçawyawahâra in het Oudjavaansch》，BKI.，第C期，1941年，第357—376页。

在日常生活中，印度的阴-阳历仍然很盛行。至于说纪元，不论是公元前543年为元年的佛历，抑或公元638年为元年的“小历”，也都是来源于印度。

最后，在艺术领域内，这种被人们自由地接受了的优秀文明惊人地显示出了其有益的影响，因为正如S.累维所写的那样，[1]印度“只是通过外国人的活动即在异邦的土地上才产生了其登峰造极之作……在建筑方面，要寻找出自印度天才的两座奇观，必须到遥
457 远的柬埔寨和爪哇去，这就是吴哥和婆罗浮屠”。

移植到柬埔寨、爪哇和其他国家的印度美学，是怎样产生出吉蔑艺术、爪哇艺术和远东的其他印度化艺术的呢？这是摆在考古学家们面前的最棘手的问题之一。[2] 在研究这些艺术的共同的印度起源时，不应当忘记，从公元初年前后印度化开始到已知的最早那批古迹（它们能追溯到的时期不会早于公元六世纪）之间，在已收集到的资料中，有一段长得异乎寻常的空白时期。从占婆、柬埔寨、爪哇的最古老的建筑和雕塑来看，它们那些非常显著的特色就

① 《文明的印度》，第28页。——关于雕塑，参阅D.戈戴因的《印度支那、暹罗和爪哇的雕塑》，JRSS.，1942年，第132—138页；R. O.温斯泰德的《马来亚和苏门答腊的佛像》，载《印度的艺术和文学》，1942年，第41页。

② F. D. K.鲍斯赫：《Een hypothese omtrent den oorsprung der Hindoe-Javaansche Kunst》，Congrès Weltevreden，1921年（该文的英译本载于《Rûpam》，第XVII期，1924年）。——H.帕芒蒂埃：《印度和远东的印度式建筑的共同起源》，Et. Asiat. EFEO.，第199—251页。——A. K.库马拉斯瓦米：《印度和印度尼西亚艺术史》，1927年，第VI章。——H.马夏尔：《印度和远东的比较建筑学》，巴黎，1944年。——H. G.夸里奇·韦尔斯：《大印度的文化变迁》，JRAS.，1948年，第2—32页；《东山文化的创造力和占族艺术的演变》，JRAS.，1949年，第34—45页；《大印度的形成》，伦敦，1951年。——参阅本书第35页注①。

已经把这些艺术与印度本土的艺术明显地区别开了。如果我们掌握了我们现在所缺乏的那些中间阶段的建筑物，那么这些很显著的特色大概就不会使我们如此惊异了。就建筑特征而论，处于这个中间阶段的那些建筑物无疑是用轻质材料建造的。

在这个领域内，当地文化基础的影响主要是形式上的、外在的。正因为如此，一开始它给人的印象很强烈，而把外印度的造型艺术同印度连接在一起的那些内在联系使人产生的印象却不那么突出。据我们所知，在印度没有像吴哥通巴容寺和婆罗浮屠那样的建筑物，甚至些微相似的都没有。然而，这些却都是印度人天才的纯粹产物，其深刻意义只有印度学学者能看出。[①] 458

宗教、文学、法律等其他领域里的情形也如此。在外印度诸文化的多样性之下，在它们表面上的独特性（其形成的原因在第二章中已作过详细说明[②]）之下，印度人的天才留下的痕迹，使本书所研究的这些国家具有了同族的面貌，并且使它们与受中国文化影响的那些地区形成了鲜明的对照。

① P. 米斯：《婆罗浮屠》，BEFEO.，第 XXXII—XXXIV 期，《吴哥通的象征意义》，CRAIBL.，1936 年，57—69 页。——G. 赛代斯：《为了更好地了解吴哥》，巴黎，1947 年；《吴哥概况》，香港，1963 年。——J. E. 洛休增・德利尤：《东南亚的建筑与南登加尔的窣堵波》，AA.，第 XIX 期，1956 年，第 279 页。

② 参阅本书边码第 71—72 页。

注释中的刊名缩写、全称及其中译

AA	*Artibus Asiae*,《亚洲艺术》。
ABIA	*Annual Bibliography of Indian Archaeology*,《印度考古书目年鉴》。
ARASB	*Annual Report, Archaeological Survey of Burma*,《缅甸考古调查年报》。
ARASI	*Annual Report, Archaeological Survey of India*,《印度考古调查年报》。
BCAI	*Bulletin de la Commission Archéologique Indochinoise*,《印度支那考古团集刊》。
BEFEO	*Bulletin de l'Ecole Française d'Extrême-Orient*,《法国远东学院学报》。
BKI	*Bijdragen tot de Taal-, Land-, en Volkenkunde van Nederlandsch-Indië, uitgegeven door het koninklijk Instituut voor Taal-, Land-, en Volkenkunde van Nederlandsch-Indië*,《荷属东印度语言、地理和民族学通报》,皇家荷属东印度语言、地理和民族学研究院出版。
BMFEA	*Bulletin of the Museum of Far Eastern Antiquities*,《远东博物院院刊》。
BRM	*Bulletin of the Raffles Museum*,《拉弗雷博物院院刊》。
BSEI	*Bulletin de la Société des Etudes Indochinoises de Saigon*,《西贡印度支那研究会会刊》。
BSOAS	*Bulletin of the School of Oriental and African Studies*,《亚非研究学院学报》。

Cahiers EFEO	*Cahiers de l'Ecole Française d'Extrême-Orient*,《法国远东学院手册》。
CRAIBL	*Comptes-Rendus de l'Académie des Inscriptions et Belles-Lettres*,《碑铭和文学研究院报告集》。
ET. Asiat EFEO	*Etudes asiatiques*. Publications de l'Ecole Française d'-Extrême-Orient (Paris, 1925), 2 vols.,《亚洲研究》,法国远东学院出版物。
FEQ	*Far Eastern Quarterly*,《远东季刊》。
IAL	*Indian Art and Letters*,《印度艺术与文学》。
IHQ	*Indian Historical Quarterly*,《印度史季刊》。
JA	*Journal Asiatique*,《亚洲学报》。
JAOS	*Journal of the American Oriental Society*,《美洲东方学会会刊》。
JAS	*Journal of Asian Studies*,《亚洲研究杂志》。
JASB	*Journal of the Asiatic Society of Bengal*,《孟加拉亚洲学会会刊》。
JBRS	*Journal of the Burma Research Society*,《缅甸研究学会会刊》。
JFMSM	*Journal of the Federated Malay States Museum*,《马来亚联邦博物院院刊》。
JGIS	*Journal of the Greater India Society*,《大印度学会会刊》。
JRAI	*Journal of the Royal Anthropological Institute*,《皇家人类学研究院集刊》。
JRAS	*Journal of the Royal Asiatic Society*,《皇家亚洲学会会刊》。
JRASCB	*Journal of the Ceylon Branch of the Royal Asiatic Society*,《皇家亚洲学会锡兰分会会刊》。
JRASMB	*Journal of the Malayan Branch of the Royal Asiatic Society*,《皇家亚洲学会马来亚分会会刊》。
JRASSB	*Journal of the Straits Branch of the Royal Asiatic Society*,《皇家亚洲学会海峡分会会刊》。

JSEAH	*Journal of Southeast Asian History*,《东南亚历史杂志》。
JSS	*Journal of the Siam Society*,《暹罗学会会刊》。
JSSS	*Journal of the South Seas Society*,《南洋学会会刊》。
MKAWAL	*Mededeelingen der Kooinklijke Akademie van Wetenschappen, Afdeeling Letterkunde*,《皇家科学院文学院通报》。
Publ. EFEO	*Publications de l'Ecole Française d'Extrême-Orient*,《法国远东学院出版物》。
RA	*Revue archéologique*,《考古杂志》。
RAA	*Revue des Arts Asiatiques*,《亚洲艺术杂志》。
TBG	*Tijdschrift voor Indische Taal-, Land-, en Volkenkunde uitgegeven door het Bataviaasch Genootschap van Kunsten en Wetenschappen*,《印尼语言、地理和民族学集刊》,(荷兰)巴达维亚科学文化研究院出版。
TKNAG	*Tijdschrift van het Koninklijk Nederlandsch Aardrijkskundig Genootschap*,《荷兰皇家地理研究院院刊》。
TP	*T'oung Pao*,《通报》。
VBG	*Verhandelingen van het Bataviaasch Genootschap van Kunsten en Wetenschappen*,《巴达维亚科学文化研究院学报》。
VKI	Verhandlingen van het Koninklijk Instituut voor Taal-, Land-, en Volkenkunde van Nederlandsch Indië,《皇家荷属东印度语言、地理和民族学研究院学报》。
VMKAWAL	*Verslagen en Mededeelingen der Koninklijke Akademie van Wetenschappen, Afdeeling Letterkunde*,《皇家科学院文学院通报》。
VKNAWAL	*Verhandlingen der Koninklijke Nederlandse Akademie van Wetenschappen, Afdeeling Letterkunde*,《荷兰皇家科学院文学院集刊》。

索　　引

（索引页码为原书页码，即本书边码）

I. 地名、民族名、考古遗址名

II. 人名及朝代名

III. 宗教名词及其用语

IV. 文献

V. 其他

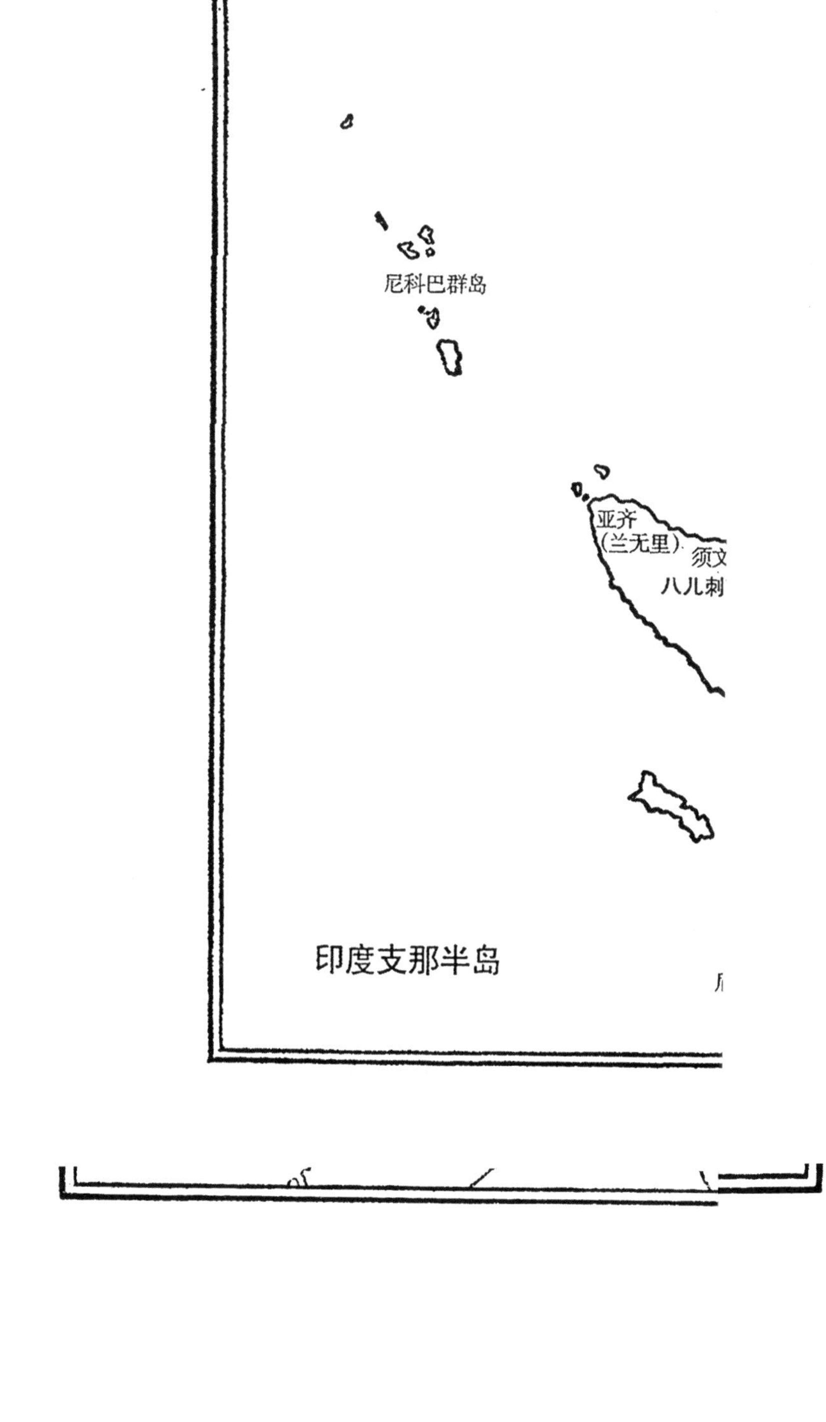

尼科巴群岛
亚齐
(兰无里)
须文
八儿剌
印度支那半岛

中
国
东
广
北山
谅山
京
趾）
河内
兴安
华闾
宁平
化
安
海南岛
蒙
横山或安南门
广平
嘉关
广治
顺化
寮保隘
承天
岘港
海云隘
(阿摩罗伐蒂)
广南
眉山
茶乔
东洋
中
河
巴塞
福寺
沙萤
公
河
平定
(佛逝)
归仁
上丁
富安
伐勃拉角
(陵伽钵婆)
多乐
庆和
松博
桔井
芽庄
(古笪)
武庚
磅湛
波萝勉
巴南
潘朗
(宾童龙)
潘切
国

图书在版编目(CIP)数据

东南亚的印度化国家/(法)G.赛代斯著;蔡华,杨保筠译.—北京:商务印书馆,2017
(汉译世界学术名著丛书:120年纪念版:珍藏本)
ISBN 978-7-100-14795-8

Ⅰ.①东… Ⅱ.①G… ②蔡… ③杨… Ⅲ.①东南亚—古代史—研究 Ⅳ.①K330.2

中国版本图书馆CIP数据核字(2017)第160914号

汉译世界学术名著丛书
(120年纪念版·珍藏本)
东南亚的印度化国家
〔法〕G.赛代斯 著
蔡华 杨保筠 译
蔡华 校

商 务 印 书 馆 出 版
(北京王府井大街36号 邮政编码100710)
商 务 印 书 馆 发 行
北京中科印刷有限公司印刷
ISBN 978-7-100-14795-8

2017年12月第1版 开本710×1000 1/16
2017年12月北京第1次印刷 印张30¼ 插页3
定价:150.00元